Peter Roth

KULTUR-SPONSORING

Peter Roth

KULTUR-SPONSORING

Meinungen
Chancen und Probleme
Konzepte
Beispiele

verlag
moderne industrie

CIP-Titelaufnahme der Deutschen Bibliothek

Roth, Peter
Kultur Sponsoring: Meinungen, Chancen u. Probleme;
Konzepte, Beispiele/Peter Roth. – Landsberg am Lech:
Verl. Moderne Industrie, 1989
ISBN 3-478-21730-X

Schutzumschlag: Hubert Wehrs
Satz und Druck: Schoder, Gersthofen
Printed in Germany 210 730/12 88 301
ISBN 3-478-21730-X

INHALTSVERZEICHNIS

Teil III

Beispiele für Kultur-Sponsoring

TEIL IV

INFORMATIONEN UND DATEN ZUM THEMA KULTUR-SPONSORING

ANHANG

Vorwort

Als ich mit den Recherchen zum Thema Kultur-Sponsoring begann, fand ich nur wenige Veröffentlichungen. Erst 1987 sind dann die ersten Berichte in Fachzeitschriften erschienen. Heute, ein Jahr später, ist das Thema hochaktuell. Nicht nur die Wirtschafts- und Marketing-Fachpresse befaßt sich damit, auch die Wirtschafts- und Feuilleton-Redaktionen der großen Tageszeitungen und des Fernsehens. Gemessen am Interesse der Medien möchte man meinen, die Zahl der Projekte habe sich in kürzester Zeit vervielfacht und damit auch die Aufwendungen der Wirtschaft. Das ist ein Trugschluß. Die Aufwendungen für Kultur-Sponsoring werden für 1988 auf DM 200 Mio. geschätzt, das sind etwa 5 % vom meßbaren Gesamtwerbeaufkommen (die Steigerung gegenüber 1987 soll etwa 20 % betragen). Wieso also das Interesse? Zweifelsohne spielen die finanziellen Nöte der Kultur-Verantwortlichen und das Bemühen vielerorts, mit der Wirtschaft ins Gespräch zu kommen, wie auch das Interesse der Wirtschaft an neuen Möglichkeiten für die Kommunikation eine wichtige Rolle. Hinzu kommt die Tatsache, daß der Begriff Sponsoring durch den Sport eine ungeheure Aktualität erhalten hat. Sicherlich auch deshalb wird das Interesse, gerade der Presse, gespeist von der Sorge, hier könnte die Wirtschaft einen Bereich annektieren, der traditionell unabhängig ist und dessen Finanzierung allein der Staat zu besorgen habe.

Kultur-Sponsoring, obwohl bereits heftig diskutiert, ist in der Bundesrepublik erst am Anfang seiner Entwicklung. Dieser Situation will das Buch Rechnung tragen. Es versucht, die neu entstehende Beziehung zwischen Kultur und Wirtschaft zu beschreiben und Wege aufzuzeigen, die zu einer sinnvollen Zusammenarbeit führen können. Es berichtet über Meinungen, Konzepte, aber auch über Probleme und Hemmnisse, die bedacht sein müssen. Es will vermitteln zwischen Partnern, die einen Dialog führen wollen aber oftmals noch eine unterschiedliche Sprache sprechen.

Deshalb verzichtet das Buch weitgehend auf theoretische Modelle und Überlegungen aus der Markt-Kommunikation und, soweit das möglich war, auch auf Fachtermini und bedient sich einer illustrativen Darstellungsweise, die auch dem nicht wirtschaftswissenschaftlich geschulten Leser den Zugang zum Stoff ermöglicht. (Der Verfasser ist sich bewußt, daß dies einen Bruch mit akademischen Gepflogenheiten darstellt.)

Vielfach bin ich auf Unsicherheiten in der Einschätzung von Einstellungen und Motiven der jeweiligen Partner, sowohl auf Seite der Kultur, als auch bei der Wirtschaft gestoßen. Deshalb habe ich prominente Kultur-Politiker und Leiter von Kultur-Instituten über ihre Meinung zu Sponsoring befragt und den Gefahren, die sie sehen. Für die bereitwillige und offene Auskunft danke ich diesen Herren sehr.

Wenn ein Thema noch wenig erforscht und dokumentiert ist, empfiehlt es sich, anhand von Fallbeispielen aufzuzeigen, wie anderswo Kultur-Sponsoring aufgefaßt und praktiziert wird. Ich habe deshalb gerade Fallbeispielen viel Raum gewidmet, sie farbig illustriert und aus Ländern zusammengetragen, wo Kultur-Sponsoring schon eine lange Tradition hat. Die Situation in den USA ist zwar nur bedingt vergleichbar, die gewählten Beispiele geben jedoch Einblick in Überlegungen zu Konzepten und deren Realisierung, wie sie auch bei uns Gültigkeit haben. Zum Ablauf des Buches: Teil I schildert die historische Entwicklung und befaßt sich mit der Situation von Kultur-Sponsoring in der Bundesrepublik heute.

In Teil II werden Chancen und Probleme, die sich sowohl für Kultur-Institute als auch für die Wirtschaft ergeben, dargestellt. Es folgen Anregungen und Modelle für Strategien und Konzepte und Spezial-Aspekte wie die Rolle der Berater, die Situation für die Kommunen und die Frage der steuerlichen Behandlung.

In Teil III werden Fallbeispiele aus mehreren Ländern und von Unternehmen unterschiedlicher Größe beschrieben. Und es werden Institutionen vorgestellt, die in einzelnen Ländern gegründet wurden, um die Kontakte zwischen Kultur und Wirtschaft zu verbessern.

Teil IV bringt Zahlen und Informationen zu Einstellungen, Verhalten, Motivationen von Zielgruppen in der Bevölkerung und auch zu Einstellungen und Verhalten von Unternehmen im Bereich der Kultur-Förderung. Sie sollen dem Leser Einblick in quantitative und qualitative Größenordnungen und dem Planer gewisse, allerdings noch bescheidene Hilfen an die Hand geben.

Zu besonderem Dank bin ich den Mitautoren verpflichtet, die ich bat, spezielle Fragen aus ihrem Fachbereich zu behandeln oder wie bei den Kollegen aus dem Ausland über die Situation in ihrem Land zu berichten.

Besonders danken möchte ich auch den vielen Unternehmen und ihren Vertretern im In- und Ausland, die mir für Gespräche zur Verfügung standen und bereitwilligst Material beisteuerten.

Erhard Thiel hat auch bei diesem Buch die Darstellung der Fallbeispiele übernommen und ist mir ein wichtiger Diskussionspartner gewesen. Manfred Hanrieder hat nicht nur den Beitrag zur Planung geschrieben sondern auch das umfangreiche statistische Material aufbereitet. Maria Bruckmeier hat mich wiederum sehr unterstützt bei der Material-Sammlung, Gisela Waterman bei der Übersetzung und Interpretation ausländischer Texte und mit einer Vielzahl von Anregungen. Tina Thumser bei mannigfaltigen Termin- und Textabstimmungen unter allen Beteiligten und das Erstellen von Manuskripten. Ihnen allen schulde ich Dank für die gewährte Hilfe.

München, im Dezember 1988   Peter Roth

Teil I

Einführung

Erhard Thiel

**Die Geschichte des Förderns:
Vom Trieb der Jäger und Sammler und
der wunderbaren Wirkung des schlechten Gewissens**

Auf der Suche nach neuen Formen der Kommunikation und des Dialogs sind all jene, für die es eine existentielle Frage ist, Aufmerksamkeit zu erregen, wieder auf eine gute alte Tugend zurückgekommen – die Förderung der schönen und der bildenden Künste, immer dann, wenn sie ihr Licht vorteilhaft auf den Förderer zurückstrahlen, „Kultur-Sponsoring" genannt. Dieser Förderer ist nach der neuen Sprachregelung also ein „Sponsor", eine Bezeichnung, die, steigen wir am Wortstamm ein Stück zurück, auch einiges mit Werbung zu tun hat. Es geht um den „Sponsorierer", einen Mann, der nach dem Sinn dieses so gut wie vergessenen alten deutschen Wortes für und um etwas wirbt. Im Auftrag eines jungen Mannes beispielsweise um ein Mädchen, mit der Absicht, eine Ehe zu schließen, was sich denken läßt. Die Gebrüder Grimm haben den „Sponsorierer" noch in ihrem legendären Wörterbuch und übersetzten ihn im Sinne von „Freier" und „Werber". Auf verschlungenen Pfaden fand das Wort den Weg in die neue Welt und jetzt in leicht gekürzter Form wieder zurück. Da sich die Begriffe „Mäzen", „Sponsor", „Förderer", „Gönner" guten Gewissens doch nicht so klar trennen lassen, werden sie – was auch in diesem Kapitel geschieht – häufig gemischt. Bis das Wort für die Sache (Förderung von Kunst und Kultur mit Geldmitteln) einen festen Platz gefunden hat, wird sich wenig dagegen vorbringen lassen.

Ein naher Verwandter aus der Gewichtsklasse der „big spender" ist der Mäzen, wenn wir so wollen, der Stammvater des Sponsoring. Ob er so uneigennützig war, wie er immer dahingestellt wird, ist noch die Frage. Der Stammvater läßt sich durchaus personifizieren, nämlich in Maecenas, genauer Gaius Maecenas, einem römischen Ritter, wie es in Nachschlagewerken heißt. Ein reicher Römer mit literarischen Neigungen, der es sich leisten konnte, dem Schriftsteller Horaz wie auch dessen Kollegen Virgil und Properz dank Einsatz seiner beträchtlichen Barmittel sorgenfreies Dichten zu ermöglichen. Ob die Motive des Maecenas nun wirklich so uneigennützig waren, also nach unserem Verständnis durch und durch „mäzenatisch", läßt sich im zeitlichen Abstand von gut zwei Jahrtausenden nicht mehr klären. Der Literatur-Förderer, auch ein Berater von Kaiser Augustus, bezog aus seinen noblen Taten ja auch einen beträchtlichen Image-Gewinn. Ein Sympathie-Kapital, das Maecenas bis in unsere Zeit hinübergerettet hat. Aber auch zu seinen Lebzeiten wird ihm aus seinem gezielten Großmut sicherlich kein Nachteil erwachsen sein. Der Kultur-Sponsor/Mäzen Maecenas war zu seiner Zeit eine Art Trendsetter, förderten doch ähnlich betuchte Zeitgenossen in erster Linie geschickte Wagenlenker, Gladiatoren, Faustfechter, Schwertkämpfer – betätigten sich also, um es in die Begriffe unserer Tage umzusetzen, im Bereich des Sport-Sponsoring.

Doch das Vorbild des Förderers Maecenas machte Schule. Justinian, Marc Aurel und Hadrian, bedeutende Männer Roms, die in unseren Geschichtsbüchern zu finden sind, versammelten auch Gelehrte und Dichter um sich. Karl der Große, acht Jahrhunderte später, hielt es in Aachen nicht anders.

14

Und wenn die Förderer, Gönner, Mäzene im Gespräch sind, wird der Name Medici genannt. Der Name, ein Synonym des Gönnertums, verpaßte doch ein Düsseldorfer Werber seinem Kunden (einem Waschmittelkonzern) das Etikett „Medici vom Rhein". Doch kehren wir zurück zum Renaissance-Original. Die großen Financiers – auch die Medici, hatten ihre gönnerhafte Konkurrenz – lieferten sich in den italienischen Kleinstaaten im ausgehenden Mittelalter Gefechte der Generosität; Materialschlachten, deren überaus erfreuliche Auswirkungen bekanntlich bis in unsere Zeiten hinüberreichen und in den großen Museen dieser Welt zu besichtigen sind. Neben den Medici zeichneten die Familien der Este, der Sforza, der Visconti dafür verantwortlich, aber auch die Dogen Venedigs. Sie alle waren nicht nur Geldgeber, sondern ausgesprochen kunstsinnige Förderer und Ratgeber, nicht selten auch in künstlerischen Techniken bewandert. An den Arbeitsabläufen ihrer Günstlinge nahmen sie gewöhnlich lebhaften Anteil.

Allerdings, dies sollte nicht verschwiegen werden, stand am Anfang des Mäzenatentums à la Medici so etwas wie ein schlechtes Gewissen. Bankleute waren sie bekanntlich, die Medici, und das seit Ende des 14. Jahrhunderts. Ganz offensichtlich konnten sich die erfolgreichen Geldmenschen aus Florenz an den satten Erträgen ihrer Geschäfte nicht so recht von Herzen freuen. Schließlich existierte damals noch das traditionelle biblische Vorurteil gegenüber Zinsgeschäften, und um dem Vorwurf der Wucherei etwas entgegensetzen zu können, widmeten die Medici einen nicht unbeträchtlichen Teil ihrer Gewinne allerlei wohltätigen Zwecken. Nutznießer waren zuerst einmal die Kirchen. Beim Kunst-Mäzenatentum der Renaissance ging es ja vorrangig um den Glauben, religiöse Projekte wurden gefördert, und was dabei entstand, sollte den Glauben fördern. Formal orientierte sich die Kunst dabei an der Antike. Wobei die wohltätigen Bankherren ihre Engagements, um auch dies in die Sponsoring-Diktion unserer Tage zu übersetzen, bemerkenswert gläubig zu begründen verstanden. So verbuchten sie die Kosten für den Bau eines ihrer Palazzi unter dem Konto „Wohltätigkeit". Und zwar deshalb, weil die Bürger von Florenz von der noblen Wohnstatt der Medici ja auch etwas hätten, nämlich steigendes Ansehen ihrer Stadt (wir würden es Image nennen). In den Rechnungsbüchern des Hauses hieß dies konkret „Abrechnung mit Gott". Wie Charles Avery in der Zeitschrift „Kunst & Antiquitäten" (II/87) in einer Serie über das „Mäzenatentum der Medici" schreibt, ging es um 663 755 Florin. Lorenzo il Magnifico, Bauherr und Projektleiter dieses Palazzo-Neubaus, fand jedenfalls, das Geld sei gut angelegt, und äußerte sich demzufolge sehr zufrieden.

In erster Linie geschah dies also zum Ruhme Gottes und der Kirche, in zweiter dann zu Ehren und Ansehen der Stadt Florenz, die mit dem klassischen Rom in einem imaginären Wettkampf stand. Zur Zeit des Aufstiegs der Medici verbreitete sich der Gedanke des Humanismus. Eine Art „Wertewandel" vollzog sich, das Diesseitige gewann an Bedeutung. Um es ein wenig überzogen zu formulieren: Es begann sich ein Gefühl breitzumachen wie „mein Idol bin ich". Ein Zeitgefühl, das sich viel-

leicht mit dem der achtziger Jahre dieses Jahrhunderts vergleichen läßt.
Es ging um Erfolg und um das persönliche Ansehen – letzteres rückte
ganz in den Mittelpunkt. Deutlich wird dies am Beispiel des Giovanni
di Bicci, des Gründers der Medici-Dynastie. Ein Geschäftsmann und
nach seinen geschäftlichen Erfolgen ein konservativer Mäzen ganz im
Stil der Zeit, der eine Familienkapelle in der Pfarrkirche von San Lorenzo plante und die Sakristei errichten ließ. Die Pfarrkirche von San
Lorenzo wurde von den Medici über einen Zeitraum von 200 Jahren immer wieder bedacht. Giovanni di Bicci, der Mann, mit dem der Aufstieg
der Medici begann, handelte erst einmal nach herkömmlichem Muster,
motiviert durch eine Art moralische Verpflichtung, für den Erhalt und
das Wohlergehen seiner Pfarrkirche zu sorgen. Giovannis Sohn Cosimo
wich dann schon von diesem traditionellen Schema der Kunstförderung
ab, vergab einen ganz privaten Auftrag der Familie, ein Bronzekästchen
für die Reliquien dreier Märtyrer. Bestellt wurde die Arbeit 1425 bei
Ghiberti. Ganz im Stile der Sponsoren der achtziger Jahre unseres Jahrhunderts wurde auch das „Firmensignet" der mächtigen Privatbank un-
tergebracht: An beiden Stirnseiten ist das Familienwappen zu sehen.
Cosimo ermöglichte auch den Wiederaufbau des Klosters San Marco;
wie es heißt, wollte er damit sein schlechtes Gewissen beruhigen,
schließlich habe er manche Last darauf nehmen müssen, wie es wohl den
meisten gehe, die nach Macht und Einfluß streben. Cosimo ließ von Michelozzo eine Bibliothek im Kloster einrichten, als eine der ersten in Europa der Öffentlichkeit zugänglich. Schließlich gab er noch ein komplet-
tes Kloster in Auftrag, die Badia in Fiesole. Ganz offensichtlich hatte er
wohl mit diesem kirchlichen Bauvorhaben sein Gewissen beruhigt und
sah nun keinen Grund mehr, sich familiären Vorhaben zu verschließen.
Die Medici beschäftigten die Architekten ihrer Zeit. Der festungsartige
Landsitz Caffaggiolo, Fluchtburg in schlimmen Zeiten, denn auch die
mußten die Medici immer wieder überstehen, ist ein Ergebnis dieser
Bautätigkeit. Von Michelozzo stammt der Entwurf. In der Mitte des Ho-
fes stand eine Skulptur, die heute zu den großen Leistungen der Bildhauerei gezählt wird, der Bronze-David von Donatello, deutlich beeinflußt von griechisch-römischen Athleten-Darstellungen. Die erste le-
bensgroße unbekleidete Figur der Renaissance; ein für jene Zeiten
„avantgardistisches" Bildwerk. Sein Schöpfer, Donatello, erhielt von
Cosimo eine Art Wochenlohn, ein Budget für sich und seine vier Lehr-
linge. Cosimo war auch weit über das Verhältnis Auftraggeber–Künstler
hinaus um den großen Meister bemüht. Der Mäzen fand, daß sich Donatello nicht so kleidete, wie es nach Cosimos Verständnis seiner Bedeutung entspreche. Um dem abzuhelfen, schenkte er ihm einen roten Mantel mit Kapuze. Donatello soll das Geschenk des Gönners nur ein- oder
zweimal übergestreift haben.
Auf Cosimo folgte Piero, sein ältester Sohn, gichtbrüchig, wie überliefert ist, überaus kunstsinnig, wenn auch nicht den gleichen Interessen
nachgehend wie sein Vater. Sein Ideal war ein Leben, wie es Griechen
und Römer führten: Piero war Büchernarr und Sammler. Nur vier

Jahre, nämlich von 1465 bis 1469, leitete er die Geschicke der Familie und legte doch in dieser nur kurzen Zeit unvergleichliche Sammlungen an. Filarete, der Antonio di Pietro Averlino hieß, einer der großen Bildhauer dieser Zeit, muß wohl ein gutes Gespür für die von der Klassik geprägten Motive seines Mäzens gehabt haben, schenkte ihm eine Reiterstatue des Marc Aurel, versehen mit einer Inschrift auf der Bodenplatte, die besagt, daß diese Statue von Filarete gefertigt wurde, als er an den Bronzetüren von Sankt Peter in Rom arbeitete. Es darf angenommen werden, daß Filarete sich mit dem mächtigen Mäzen gutstellen wollte.

Auf Piero folgte 1469 Lorenzo di Medici, „il Magnifico" genannt, der Prächtige, wohl der berühmteste Medici-Mäzen. Diplomat, Politiker, Geschäftsmann, aber auch Humanist und großer Anhänger des Renaissance-Ideals vom universalen Menschen und – ganz im Stil der Familie, leidenschaftlicher Sammler und Mäzen dazu. Dichter und Denker förderte er, schuf Andrea del Verrocchio und den Brüdern Pollaiuolo paradiesische Arbeitsmöglichkeiten. Sie zeigten sich mit Skulpturen, Bronzegüssen, Gemälden erkenntlich.

Lorenzo il Magnifico, der große Mäzen, war für seine Generation auch eine Art letzte Instanz in Fragen des Geschmacks. Aber auch eigene künstlerische Ambition lebte er aus, beteiligte sich mit einem Entwurf am Wettbewerb für die Fassade des Doms von Florenz.

Vier Generationen: Giovanni di Bicci, Cosimo (der Ältere), Piero der Gichtbrüchige und Lorenzo il Magnifico – ein Jahrhundert des prunkvollen Mäzenatentums in Florenz. Diese Form des Kunst- und Kultur-Sponsoring ist heute nur noch aus dem Zeitgefühl der Renaissance zu verstehen.

Über die Jahrhunderte riß die Reihe generöser Spender und Sammler eigentlich nie ab. So waren im Düsseldorfer Kunstmuseum 1988 die Zeichnungen der Sammlung des Kurfürsten Carl Theodor zu sehen. Die historische Sammlung, Grundstock der staatlichen grafischen Sammlung in München, umfaßt erstrangige Meisterwerke u.a. von Annivale Carraci, Cuercino, Andrea Mantegna, Raphael, Rembrandt, Tizian und Antoine Watteau. Diese Sammlung ist ein Produkt der Sammelleidenschaft des 18. Jahrhunderts und eines Regenten aus dieser Zeit (1724 bis 1799), der die Künste förderte. In Lambert Krahe stand Carl Theodor ein äußerst kundiger Berater zur Verfügung. Krahe selbst hatte während seines zwanzigjährigen Rom-Aufenthaltes mehr als 10 000 Zeichnungen berühmter italienischer Künstler erworben, die er als Vorlagen-Material – er war Direktor der Düsseldorfer Akademie – für seine Kunstschüler verwendete.

Der Münchner Adolf Friedrich Graf von Schack (1815 bis 1894), ein reicher Privatier, bemühte sich erfolgreich um die Maler Feuerbach und Böcklin.

Förderer wie Schack unterstützten, indem sie Kunst aufkauften oder einfach Zuwendungen gaben. Spezielle Aufträge, wie beispielsweise die der Medici, erteilten die Mäzene des 19. Jahrhunderts dagegen seltener.

Zu Zeiten der Medici hatten sich die Künstler auf die Wünsche der Mäzene, ihre Vorlieben und Eigenheiten einzustellen. Der Künstler der Renaissance war abhängig von einem Gönner, Vertragsklauseln banden ihn. Thema und allgemeiner Entwurf eines Kunstwerkes wurden von seinem Auftraggeber oder dessen Ratgebern erdacht und bestimmt, der Künstler war Ausführender und stets gezwungen, einen zeichnerischen Entwurf oder ein Modell einer Probearbeit vorzulegen. Im Schatten der Mäzene genossen die Künstler der Renaissance nur die finanzielle und keineswegs die große künstlerische Freiheit. Doch was steckt nun wirklich hinter all der Großzügigkeit? In tiefgründigen Selbstbetrachtungen finden die Sponsoren/Förderer unwillkürlich zurück zu Jägern und Sammlern, denn nichts anderes sind Mäzene, behaupten die Seelenforscher. Mäzene befinden sich auf der Jagd nach der Kunst, von der sie besessen sind, und wenn sie diese gefunden haben, wird der Besitz mit dem Instinkt des urzeitlichen Sammlers gesichert. Der rheinische Kunstsammler Peter Ludwig, wie Manfred Kreckel in seiner Serie „Mäzene in Deutschland" (Westermann's, 12/86, 1/87, 2/87) schrieb, sieht sich auch nicht anders: „Sammeln und Jagen, das sind die ersten menschlichen Betätigungen, und die leben in uns weiter. Sammeln ist eine Leidenschaft, die sich bis zur Besessenheit steigern kann." So ist das wohl, da sind Instinkte im Spiel, da wird gehortet und bewacht, wie es in der Sage Alberich mit dem Schatz der Nibelungen tat. Der Sammler jagt nach dem Außerordentlichen, glaubt Kreckel, und doch befriedige ihn nur die erste Berührung mit dem Fund. Der Sammler, ein Eroberer, den es, hat er seine Beute erjagt, unweigerlich zu neuen Eroberungen zieht.

Sammler und Förderer, das waren einstmals ausschließlich die Hochwohlgeborenen; Fürsten, Herzöge, Grafen, Könige, Kaiser. Adel verpflichtete schon stets. Auch Goethe genoß die Gunst eines Herzogs, nämlich des Herzogs von Weimar. Die Dominanz des Adels ging aber schon im 19. Jahrhundert verloren. Hof (und Kirche) bestimmten nicht länger allein, was in der Kunst geschah und zu geschehen hatte. Die Kunst zog aus den Schlössern in die Museen, wo das Erbe ehemaliger höfisch-aristokratischer Kunstsammlungen verwaltet wurde. Im 19. Jahrhundert drängte dann das Großbürgertum zu mäzenatischen Ehren. Adel und Großbürgertum lieferten sich Gefechte der Großzügigkeit, eine Entwicklung, die 1918 endete. Heute ist die Wirtschaft vor allem an die Stelle der privaten Gönner und Mäzene getreten und bezeichnet ihre guten Taten mit dem neuen Wort aus dem alten Stamm: Sponsoring, abgeleitet vom „Sponsorierer", dem „Freier" und „Werber".

Kultur-Sponsoring: zur Situation heute

Schwere Zeiten für die Finanzierung von Kunst und Kultur
Die Wirtschaft als Partner
Den Staat nicht aus der Verantwortung entlassen
Diffuse Vorstellungen von Mäzenatentum und Sponsoring
Sponsoring – die Definition
Kultur-Sponsoring oder Kunst-Sponsoring
Kultur-Sponsoring – Versuch einer Abgrenzung
Die Motive der Sponsoren
Wie dialogfähig sind Kultur und Wirtschaft?

Schwere Zeiten für die Finanzierung von Kunst und Kultur

*Kultur-
Förderung*

Nur wenige Länder in der Welt lassen sich die Kulturförderung so viel Geld kosten wie die Bundesrepublik Deutschland: 8,5 Milliarden Mark bringen Bund, Länder und Kommunen auf. Und wann immer über staatliche Förderung gesprochen wird, ist der Satz zu hören, daß die Förderung kultureller Vorhaben nicht Luxus sei, sondern eine der elementaren Aufgaben, gleichzusetzen mit allen anderen, die der Staat wahrzunehmen habe. Diese gesellschaftspolitische und verfassungsrechtlich festgeschriebene Kultur-Förderung des Staates sei um so wichtiger, da doch in den vergangenen Jahren „in allen Teilen der Bevölkerung eine Hinwendung zu den Werten von Kunst und Kultur besonders deutlich geworden ist. (Wilhelm Wemmer)[1]

Ein Beweis dafür sind die steigenden Besucherzahlen in den rund 2300 Museen der Bundesrepublik. Schließlich müsse aber auch bedacht werden, daß Kultur-Einrichtungen eine erhebliche Bedeutung als Wirtschaftsfaktor zukommt. Nicht nur die 680 000 Arbeitsplätze sind hier gemeint, die das Ifo-Institut im Rahmen einer Studie im Auftrag der Bundesregierung ermittelte, sondern vor allem die Tatsache, daß Unternehmen ihre Standortwahl immer mehr auch vom kulturellen Angebot abhängig machen.

Während der Bund für 1988 nochmals eine Budget-Steigerung von rund 16 Millionen Mark einplante – nicht ohne Stolz wird immer wieder darauf hingewiesen, daß dem Gesamt-Kulturetat von '88 mit 500 Millionen Mark ganze 307 Millionen Mark im Jahre 1982 gegenüberstehen –, haben Länder und Kommunen immer größere Schwierigkeiten, die Kulturetats auf dem bis dahin gewohnten Niveau zu ermöglichen, geschweige denn sie noch zu erhöhen. Besonders schwierig ist die Situation der Kommunen, die wegen erheblich gestiegener Kosten im Sozialbereich gar nicht anders können, als auch die Kultur-Etats zu kürzen. Wenn man bedenkt, daß Länder und Kommunen von den 8,5 Milliarden Mark Gesamtausgaben 40 Prozent, beziehungsweise 55 Prozent selbst tragen, der Bund damit nur rund 5 Prozent, dann wird deutlich, daß für die so oft gepriesene Kulturförderung durch die Öffentliche Hand bei uns schwere Zeiten angebrochen sind.

Die Wirtschaft als Partner

Leiter von Museen klagen immer häufiger, daß sie mit den Mitteln der Öffentlichen Hand immer weniger in der Lage seien, Sonderausstellungen durchzuführen oder auch nur zeitweilig Depotbestände für die Öffentlichkeit sichtbar zu machen. Wolfgang Till, der neue Direktor des durch eine Vielzahl unkonventioneller Ausstellungen bekannt gewordenen Münchner Stadtmuseums, meint zu seiner Budget-Situation: „Wir sind wie eine Luxus-Limousine ohne Benzin."[2]

„Theater-Tod auf Raten", ist ein ZEIT-Beitrag von Rolf Michaelis[3] überschrieben, in dem es um die drohende Schließung von Theatern in

Nordrhein-Westfalen geht. Diese Tatsache schon macht den Ernst der Situation deutlich.

Inzwischen hat sich allerdings auch die Einstellung der Kultur-Verantwortlichen zur Zusammenarbeit mit der Wirtschaft gewandelt. Noch in den siebziger Jahren war eine eher ablehnende Haltung zu beobachten – „amerikanische Zustände" seien wohl für ein Land mit großer kultureller Tradition wenig erstrebenswert, so lautete die veröffentlichte Meinung. Die achtziger Jahre brachten einen Stimmungswandel. Am Anfang des Jahrzehnts war die Haltung noch abwartend. Inzwischen läßt sich eine Zustimmung auf breiter Front feststellen. So ist die Reaktion des Bundesministers für Bildung und Wissenschaft, Jürgen Möllemann, wie auch die der Kultur-Verantwortlichen in den großen Städten auf die Frage „Stehen Sie einer Zusammenarbeit mit Sponsoren aus der Wirtschaft eher abwartend oder negativ gegenüber?" in der Tendenz positiv. Die Gefragten begründeten dies in der Mehrzahl mit ihren positiven Erfahrungen, aber auch mit einer grundsätzlichen Haltung in dieser Frage. Sie betrachten meist die Korrektur der öffentlichen Förderung durch Sponsoren als erstrebenswert und bejahen die gesellschaftliche Mitverantwortung von Industrie und Wirtschaft.

Einstellung der Kultur-Verantwortlichen

„Meine Haltung gegenüber der Zusammenarbeit mit Sponsoren aus der Wirtschaft ist weder positiv noch negativ, weder abwartend noch ‚zugreifend'; es kommt zunächst einmal darauf an, den Begriff Sponsoring umfassend, und zwar im Diskurs, zu definieren. Vom Standpunkt der Notwendigkeit der öffentlichen Finanzierung von Kultur (im Gegensatz zu dem aus meiner Sicht fatalen amerikanischen und neuerdings auch englischen ‚Modell') kann die Zusammenarbeit mit der Wirtschaft eine ergänzende Bedeutung durchaus größeren oder großen Umfangs bekommen, wenn die Interessenkreise zu einer genau zu beschreibenden ‚Schnittfläche' zusammengebracht werden können."
Dr. Hermann Glaser, Stadtrat, Schul- und Kulturreferat Stadt Nürnberg 26. 4. 88.[4]

„Der Zusammenarbeit mit Sponsoren aus der Wirtschaft stehe ich sehr positiv gegenüber. Zum einen aus grundsätzlichen Erwägungen: Kulturelle Aktivitäten erfüllen dort ihren Sinn am besten, wo nicht nur der Staat, also ein anonymer Auftraggeber und Leistungsempfänger, auftritt, sondern konkrete Personen und benennbare Unternehmen sie zu ihrer Sache machen. Zum anderen begründet sich meine positive Einstellung aus den Erfahrungen, die ich mit Sponsoren machen konnte. Die Motivation eines Sponsors, nämlich sein legitimer Image- und Werbegewinn, hat in keinem Fall den kulturellen Zweck geförderter Projekte verfälscht."
Dr. Volker Hassemer, Senator für kulturelle Angelegenheiten, Berlin 18. 5. 88.[5]

Haltung gegenüber Zusammenarbeit mit Sponsoren

„Eine Zusammenarbeit mit Sponsoren aus der Wirtschaft beurteile ich sehr positiv."
Prof. Dr. Ingo von Münch, Bürgermeister, Freie und Hansestadt Hamburg, Kulturbehörde. 21.4.88.[6]

Der Bundesminister für Bildung und Wissenschaft, Jürgen W. Möllemann, sagt:
„Dieses private Engagement für die kulturelle Entwicklung unseres Landes ist Ausdruck einer Mitverantwortung für das kulturelle Leben, das kein Prärogativ des Staates ist.

Anfrage der Koalitions- fraktionen Kultur- förderungs- politik

Die Bedeutung des auch finanziellen Einsatzes von Privatleuten in Kunst und Kultur wurde von der Bundesregierung in ihrer Antwort auf die Große Anfrage der Koalitionsfraktionen des Deutschen Bundestages zur Kulturförderungspolitik (31.10.1984) besonders betont und auch in der Broschüre ‚Mehr Raum für Kultur. Kulturförderung des Bundes' nochmals unterstrichen. Die Bundesregierung hat einen Bericht in Aussicht gestellt, wie dieses Privatengagement durch steuerrechtliche Regelungen erleichtert, beziehungsweise angeregt werden kann. Denn das Steuerrecht leistet einen wichtigen Beitrag zur Gestaltung der Rahmenbedingungen, in denen sich private Initiativen entfalten. Die Koalitionsfraktionen haben daher in einem Entschließungsantrag an die Bundesrepublik appelliert, die Bedeutung steuerpolitischer Instrumente für die indirekte Kulturförderung umfassend zu würdigen und in diesem Sinne auch das vom Deutschen Kulturrat, einer bundesweiten Dachorganisation von etwa 160 Kulturverbänden, vorgelegte Memorandum ‚Kulturfreundliches Steuerrecht' zu prüfen."
Und an anderer Stelle: „Es sprechen gute Gründe dafür, die öffentliche kulturelle Grundfinanzierung durch private Mittel zu ergänzen, abgesehen davon, daß öffentliche Mittel immer nur in begrenzter Höhe verfügbar sind. Privater finanzieller Einsatz bedeutet eine gewisse Korrektur öffentlicher Förderung: Private Investitionen sind risikofreudig und subjektiv (manchmal auch suspekt), sie wirken anstiftend und innovativ auf die kulturelle Entwicklung der Gesellschaft und verstehen Kultur als einen experimentellen Produktivfaktor."
Unternehmen sind heute vielfach nicht nur in wirtschaftlichen, sondern zunehmend auch in wissenschaftlichen, aber auch in künstlerisch-ästhetischen Bereichen tätig. Dies läßt sich als eine Abkehr von der funktionalen Differenzierung interpretieren. Sie kennzeichnete die gesellschaftliche Entwicklung der Vergangenheit. In unserer Zeit kommen sowohl die kulturellen Dimensionen von Wirtschaftsgütern als auch die ökonomischen Aspekte der Kultur- und Kunstgüter zur Geltung.
Die Beziehungen von Wirtschaft und Kultur sind also vielgestaltig. Sie sind gar nicht einmal ausschließlich ökonomischer Natur. Wirt-

"Recognizing creativity—whether it's in business or art—is what distinguishes a successful business from the other kind."

Charles Perlitz

Chairman of the Board, Contel Corporation

Through the years we've sponsored — promoted, helped, applauded — a number of cultural projects that have little or nothing to do with our business. Yet, in several ways, this sponsorship has helped us in the carrying on of our day-to-day affairs. It has helped us by enlarging the horizons of our workaday daily world, of course. But it has also helped us by letting us experience in areas unrelated to our own the same sort of "new solutions for problems" that is at the core of real creativity. Business support of the arts is salutory. For the arts; and for the specific business.

CONTEL ®

Architects of
Telecommunication

schafts- und Kunstproduktion befruchten sich wechselseitig im ästhetischen Lernen, in der Materialerkundung oder der Eprobung neuer Techniken, kreativen Tätigkeiten also. Sie sind Ausdruck einer „Einheit" der Kultur, also der Verbindung von Bildung, Wissenschaft, jenes Bereiches der Kultur, den wir „Kunst" nennen, sowie der Wirtschaft.

Jeder Mensch sei ein Künstler, hat Joseph Beuys gesagt. Deshalb ist noch lange nicht jeder ein guter Maler. Gemeint ist wohl die Entfaltung des Künstlerischen als des Schöpferischen in jedem einzelnen Menschen. „Dieses Schöpferische hängt nicht an den Berufen und Disziplinen der Kunst im engeren Sinn, sondern an dem schöpferischen Impetus zu jedem Beruf und Werk. Die fortgeschrittene, postmoderne Technik erfordert und ermöglicht das individuelle Schöpfertum. Die Kultur hat in Erziehung und Bildung, durch geeignete Orte des Austauschs und der Vermittlung schöpferischer Fähigkeiten zur Verallgemeinerung der Künste und zur Allgemeinheit des Schöpfertums und Künstlertums beizutragen."[7]

Den Staat nicht aus der Verantwortung entlassen

Vielfach klingt in Kreisen der Kultur-Politiker die Sorge an, ein verstärktes Engagement der Wirtschaft könnte den Staat dazu veranlassen, sich seiner Verantwortung der Kultur gegenüber zu entziehen. Wie groß diese Gefahr wirklich ist, hängt wohl eher vom Einzelfall und den agierenden Personen ab und dürfte sich in erster Linie auf die Kommunen beziehen. Wie Hermann Glaser ausführt, ist es aber gerade erst die öffentliche Finanzierung von Kultur, die eine wirkliche Partnerschaft, die auf der Stärke der beiden Partner beruht, ermöglicht.

„Das Zusammenwirken von Kultur-Sponsoring und öffentlicher Hand gelingt nur, wenn Staat und Kommune nicht aus ihrer kulturpolitischen Verantwortung entlassen werden. Erst die öffentliche Finanzierung von Kultur ermöglicht eine wirkliche Partnerschaft, die auf der Stärke der jeweiligen Partner beruht. Der ‚Thatcherismus' oder ‚Reaganismus' würde die großen Errungenschaften der Kulturpolitik, wie sie in der Bundesrepublik gegeben sind, aufs Spiel setzen. Kultur ist in Ländern, die keine öffentliche Finanzierung von Kultur aufzuweisen haben, zwar nicht mehr das Callgirl der Wirtschaft, wohl aber ihre Stewardeß, die mit gleichbleibender Freundlichkeit herangetragene Bedürfnisse zu bedienen hat, aber nicht aus Ich-Stärke heraus agiert."
Dr. Hermann Glaser, Stadtrat, Schul- und Kulturreferat Stadt Nürnberg.[8]

Diffuse Vorstellungen von Mäzenatentum und Sponsoring

Man muß Hermann Glaser in der Tat rechtgeben: „In der Wirtschaft bestehen teilweise genauso diffuse Vorstellungen von Sponsoring wie in der Kultur-Politik." Das beginnt damit, daß der vielzitierte und meist falsch interpretierte Gaius Meacenas für den Mäzen herhalten muß, der angeblich nur altruistische Motive verfolgt (Maecenas betrieb mit Hilfe der unterstützten Künstler ganz offensichtliche Wahlwerbung für Kaiser Augustus), und der Sponsor, so sagt man, für eine (meist finanzielle) Leistung eine Gegenleistung erwartet. Aber wo immer die Diskussion geführt wird, unter Vertretern der Kultur oder in der Wirtschaft, die Begriffe Mäzen, Sammler, Sponsor werden lustig durcheinandergeworfen – und zwar auch von denen, die es eigentlich wissen sollten.

Mäzen, Sammler, Sponsor

Es gibt viele Mäzene in der Bundesrepublik und auch zahlreiche Sammler. Als Mäzen galt bisher eine Person oder ein Unternehmen, das im Stillen fördert. Von der Tatsache, daß ein Künstler unterstützt, ein Museum beschenkt wird, erfuhr die Öffentlichkeit so gut wie nichts. Typisch für dieses Mäzenatentum waren die Industriellen-Familien Siemens, Reemtsma, Sprengel oder Koerber.

Ursprünglich klar voneinander unterschieden, haben sich die Begriffe Mäzen, Förderer und Kunstsammler immer mehr verwischt. Seit der Renaissance sieht man zum Beispiel in dem Mäzen nicht mehr auch den Ratgeber, auch wenn gerade die „Teilnahme am künstlerischen Entwicklungsprozeß" der letztendlich entscheidende Gewinn jeder Förderung sein mag. Die Beziehung zwischen Mäzen und Gefördertem oder geförderter Institution ist heute meist sehr viel distanzierter, als man das aus der Geschichte, man denke nur an die Beziehung Ludwig II. und Wagner, kennt. Ist nun ein Sammler, sofern er Kunst zeitgenössischer Künstler kauft und einer Sammlung einverleibt, gleichzeitig auch Mäzen? Nach der klassischen Definition sicherlich nicht. Kaufen und Sammeln ist zuerst einmal etwas höchst Eigennütziges – auch wenn durch den Kauf von Bildern die wirtschaftliche Situation von Künstlern verbessert wird. In vielen Fällen ist neben der Sammelleidenschaft und einem ausgeprägten Kunstverstand eben auch die Wertanlage oder das Gewinn-Motiv ausschlaggebend.

Bekannte Sammler wie die Unternehmer Ludwig oder Rentschler wollen deshalb nicht Mäzen genannt werden, sondern bezeichnen sich schlicht als „Sammler". „Meine Leistung für die Kunst besteht darin, daß ich sie beobachte, bewache und durch Sammeln bewahre und konserviere."[9]

Anders der klassische Mäzen, dessen Engagement hauptsächlich jungen, noch unbekannten Künstlern gilt. Der Münchner Privatier Adolf Graf Friedrich von Schack unterstützte Böcklin und Feuerbach und beschrieb seine Absichten so: „Mich leitet bei der Anlage der Sammlung vorzüglich die Absicht, verschiedene, bis dahin in beispielloser Weise vernachlässigte und durch Ungunst des Publikums an den Rand des Untergrunds geführte hochbegabte Künstler ihrer unwürdigen Situation zu entreißen und zur verdienten Anerkennung zu bringen."

Mäzenatentum nach heutigem Verständnis ist meist mehr als das stille Fördern unbekannter Künstler. Es geht nicht länger nur still vor sich und ist auch nicht immer frei von unternehmerischen Zielsetzungen. Und doch kann man oftmals nicht von Sponsoring sprechen.

Der Bundesminister für Bildung und Wissenschaft, Jürgen W. Möllemann, sagt dazu:

„Im Sinne des Freiherrn von Loeffelholz, der unter anderem durch seine Tätigkeit für den Kulturkreis im Bundesverband der deutschen Industrie bekannt geworden ist, lassen sich die privat Engagierten folgendermaßen unterscheiden:

Es gibt Mäzene, die mehr verkörpern als schlichte Kunstsammler. Ihr Interesse richtet sich auf aktuelle Kunst als Widerpart einer fruchtbaren Auseinandersetzung mit der Wirklichkeit, und sie verhelfen auf dem Wege einer finanziellen Absicherung von Künstlern einer häufig schwer verständlichen Kunst zur Durchsetzung.

Firmeneigene Kulturprogramme

Andere Kunstvermittler finden sich gerade in großen, aber zunehmend auch kleineren Firmen: Gemeint sind die vielfältigen firmeneigenen Kulturprogramme, mit denen die Beschäftigung, aber auch die Konfrontation, mit den verschiedenen Ausprägungen von Kunst und Kultur zum Bestandteil des Firmenlebens gemacht werden.

Förderkreise

Weiterhin kennt man Förderer, die um der guten Sache willen einen Beitrag für Förderkreise und Freundesgesellschaften von Museen, Kunstvereinen, Theatern etc. leisten, häufig anonym (in diesem Zusammenhang sind natürlich auch die Stiftungen zu nennen).

Zu guter Letzt seien noch Sponsoren erwähnt, deren Förderung von Kunst und Kultur Bestandteil einer Unternehmensstrategie ist, bei dem Marketing, Imagepflege oder Product Placement möglicherweise stärker im Mittelpunkt stehen als die unterstützten Personen und Objekte.

Daß für ein Unternehmen der Werbeeffekt beim ‚Sponsoring' Primärziel ist und die Kulturförderung also ein Sekundäreffekt, spricht in meinen Augen noch nicht gegen diese Form finanzieller Mitwirkung von Unternehmen am kulturellen Geschehen. Viele Aktivitäten wären ohne Sponsoring nur eingeschränkt möglich. Natürlich kann und soll der ‚Markt' nicht alles allein leisten, andererseits gehört privates Engagement zum kulturellen Selbstverständnis unserer Gesellschaft. Private Kulturförderung ist also nicht nur irgendein Hobby, sondern am Gemeinwohl orientiert."[10]

Ist nun die Deutsche Bank mit ihren Frankfurter Bürotürmen, an den Wänden Malerei von Künstlern, die in der Mehrzahl nach 1945 geboren wurden, Mäzen oder Sponsor? Sie will weder das eine noch das andere sein und nennt ihr Engagement „Kunst am Arbeitsplatz". Es handelt sich um eine Form der Kulturförderung, die primär kulturelle Ziele im Auge hat und erst in zweiter Linie unternehmerische Ziele, also angesiedelt ist zwischen Mäzenatentum und Sponsoring.

Die Ziele verfolgen in diesem Falle auch keine Wirkung nach außen, sondern nur nach innen, „innere Werbung". Künstler werden zum Beispiel zu Gesprächen mit Mitarbeitern der Bank eingeladen, interpretieren ihre Arbeiten und leisten einen positiven Beitrag zur Mitarbeiter-Motivation.

Innere Werbung

Ähnlich liegt der Fall auch bei anderen Unternehmen. Beispiel Hypo-Bank: Die Bank sieht sich nicht als Sponsor. Eher schon als Förderer und Mäzen, der im Sinne der alten Tradition der Bank handelt. Aber indem die Bank ein so öffentlichkeitswirksames Ausstellungsobjekt betreibt, ihm den Namen Hypo-Kunsthalle gab, für die dort organisierten Ausstellungen wirbt, Berichte in den Feulletons bei voller Namensnennung erhält, darf man von Sponsoring sprechen; auch wenn nach Aussage des Unternehmens die gesellschaftliche Verantwortung, der Beitrag zur Kultur der Stadt im Vordergrund steht und nicht der kommunikative Effekt.

Sponsoring – die Definition

Die in der internationalen Fachliteratur am häufigsten zitierte Definition stammt von Simkins:

> „A sponsor makes a contribution in cash or kind – which may or may not include services and expertise – to an activity which is in some measure a leisure pursuit, either sport or within the broad definition of the Arts. The sponsored activity does not form part of the main commercial function of the sponsoring body (otherwise it becomes straightforward promotion, rather than sponsorship).
> The sponsor expects a return in terms of publicity."[11]

Nach heutigem Verständnis ist diese Definition zu eng gefaßt, da das, was „return in terms of publicity" genannt wird, nicht der einzige Nutzen ist, den ein Sponsor aus einem Engagement ziehen kann.

Hermanns berücksichtigt dies, und sagt, „Sponsoring ist dadurch gekennzeichnet, daß Vertreter des Bereiches Wirtschaft mit den Vertretern anderer Bereiche, zum Beispiel Kultur, zu dem finalen Zweck zusammenarbeiten, ihre jeweiligen Zielsetzungen effektiver zu erreichen."[12]

Solche Zielsetzungen können sein:
- Kommunikation nach außen, Bekanntheit, Image, Sympathie entwickeln bei ausgewählten Zielgruppen
- Kommunikation nach innen, Aufwertung des Arbeitsplatzes, Förderung der betrieblichen Gemeinschaft, Beitrag zur Unternehmenskultur
- Aufwertung des betrieblichen Umfeldes, einer Stadt, einer Region
- Demonstration gesellschaftlicher Verantwortung in einer Stadt oder Region.

27

Deshalb verstehen wir unter Sponsoring

> die Bereitstellung von Geld, Sachmitteln, Know-how und organisatorischen Leistungen für Künstler und Kultur-Institute mit dem Ziel eine wirtschaftlich relevante oder auch ideelle Gegenleistung zu erhalten.

Sponsoring liegt also immer dann vor, wenn mit einem kulturellen Engagement eine eindeutig unternehmensbezogene Absicht verfolgt wird. Erfolgt das Engagement dagegen aus gesellschaftlicher Verantwortung und werden unternehmensbezogene Absichten nicht oder nur sekundär verfolgt, so sprechen wir von Mäzenatentum beziehungsweise von Mäzenatentum, das Sponsoring-Tendenzen aufweist.

Im weiteren Verlauf des Buches wird weitgehend auf den Begriff Sponsoring zurückgegriffen. Eine Fein-Unterscheidung, wie hier dargestellt, ist nur möglich, wenn die mit dem Engagement verfolgten Absichten auch detailliert bekannt sind.

Kultur-Sponsoring oder Kunst-Sponsoring

Im deutschen Sprachgebrauch bedeutet Kultur meist die freie Entfaltung des menschlichen Geistes ohne direkten materiellen Nutzen. Im Gegensatz dazu wird unter Zivilisation alles verstanden, was Wirtschaft und Technik zweckorientiert hervorbringen. In einer erweiterten Begriffsbestimmung werden alle Äußerungen menschlichen Geistes gesehen, Volksbräuche, Sagen genauso wie Produkte des traditionellen Handwerks, die volkstümliche Empfindungen und Verhaltensmuster wiedergeben.

Schließlich wird in einer umfassenden Deutung Kultur als Oberbegriff aller Tätigkeiten verstanden, die der Gestaltung menschlichen Lebens zuzuordnen sind, gleichbedeutend mit dem Inhalt des lateinischen Wortes cultura, was so viel wie Lebensweise bedeutet. Der Mensch setzt seine geistigen Fähigkeiten zur Gestaltung seines Lebens ein und entfaltet damit im eigentlichen Sinne Kultur. Dieses Kultur-Verständnis entspricht dem angelsächsischen, wo Kultur stets in dieser Weise interpretiert wurde.

Kultur-Verständnis

In letzter Zeit hat sich unser Kultur-Begriff dem angelsächsischen angenähert, indem wir nun auch unter Kultur alltägliche Gegenstände gelten lassen, die eher zweckorientiert entstanden sind. Das ist keinesfalls abwegig, da wir kunsthandwerkliche oder religiöse Objekte, die von unseren Vorfahren überliefert sind, auch dem kulturellen Erbe zuordnen und damit Aussagen über die schöpferische Kraft unserer Vorfahren verbinden.

Auch wenn diese Alltags- oder Populär-Kultur nicht gleichzusetzen ist mit Kunstwerken, die um ihrer selbst willen geschaffen wurden, so sind sie dennoch Ausdruck schöpferischer Phantasie und weisen bestimmte immaterielle Werte auf. Alphons Silbermann spricht von einem „Bedeutungswandel des Kultur-Begriffes" und nimmt eine Unterscheidung in Elite-Kultur, Populär-Kultur und Massen-Kultur vor. Und er geht davon aus, daß sich die Lebenskraft von Kunst und Künstlern gerade dort zeige, wo die Gesellschaft eben nicht nur eine Gattung, zum Beispiel die elitäre oder populäre Kunst, aufzunehmen in der Lage sei. Nur wenn dem Pluralismus der Geschmacksrichtungen freier Lauf gelassen würde, hat die Gesellschaft Lebenskraft und ist in der Lage, sich dauernden Veränderungen zu unterwerfen.[13]

Hermann Glaser geht noch weiter, wenn er eine wichtige Aufgabe der Kultur-Politik darin sieht, Kultur so zu artikulieren, anzubieten und darzubieten, daß der Aufnehmende nicht von vornherein in eine „Weihestunde des Geistes" versetzt wird, sondern Kultur in ihrer „Syntax", „Semantik" und „Pragmatik" als alltägliche Angelegenheit begriffen wird.[14]

In den angelsächsischen Ländern spricht man von „Sponsoring of the Arts" und meint damit – sehr weit gefaßt – alles, was die Bezeichnung „Kunst" verdient. Kunst als Begriff entzieht sich andererseits einer exakten Definition. Jedem Definitionsversuch liegt, wie Michaela Dumme-Döring ausführt, eine Glaubensentscheidung zugrunde, die das Wagnis eines Irrtums einschließt.[15]

Im Gegensatz dazu weist Alain-Dominique Perrin stets darauf hin, daß er zwar die Kunst der Gegenwart in Frankreich fördere, daß Kunst aber nur ein kleiner Teil der Kultur sei und sein Bemühen der Verbreitung der Kultur insgesamt gelte.[16]

Aus diesen Überlegungen erscheint es sinnvoll, nicht von Kunst-Sponsoring zu sprechen, obwohl für viele Sponsorships diese Bezeichnung zutreffend wäre, sondern den umfassenderen Begriff „Kultur-Sponsoring" zu wählen. Er läßt es zu, ohne über Glaubensbekenntnisse diskutieren zu müssen, nicht nur Kunst in der herkömmlichen Definition, sondern auch angewandte Kunst, wie etwa Architektur, unter dem Begriff zu subsimieren.

Kunst-
Sponsoring
Kultur-
Sponsoring

Kultur-Sponsoring – Versuch einer Abgrenzung

Ist Produkt-Design, das ein Unternehmen einem Künstler in Auftrag gibt, gleichzusetzen mit Sponsoring? Sicherlich, nein. Handelt es sich doch hier um eine Auftragsarbeit, die in einem Produkt aufgeht, und nicht um die Finanzierung einer freien künstlerischen Arbeit. Beispiele für diese Art der Zusammenarbeit mit Künstlern finden sich bei Rosenthal, WMF und OMEGA.

Und wie verhält es sich mit Product-Placement? Wenn man Sponsoring definiert als „das Bereitstellen von Geld- oder Sachmitteln für Künstler und Kultur-Institute mit dem Ziel, eine wirtschaftlich relevante Leistung zu erhalten", dann würde Product-Placement im Rahmen einer künstlerisch ansprechenden Produktion dem Sponsoring zuzurechnen sein.

Ob unter Product-Placement der Austausch von anonymen Produkten gegen Markenprodukte in einem Film verstanden wird oder Markenprodukte aus werblichen Gründen in ein Drehbuch hineingedrückt werden – in beiden Fällen wird eine kommunikative Leistung für eine finanzielle

Produkt-
Placement

Beteiligung erbracht. Unabhängig von der Frage, ob man Product-Placement als umstrittene Form der Kommunikation ablehnt, vertreten wir die Ansicht, daß Product-Placement deshalb nicht dem Sponsoring zugerechnet werden darf, da der Name des Sponsors, also des Geldgebers eindeutig zu erkennen sein muß. Der Besucher einer Veranstaltung muß nachvollziehen können, wem er eine Veranstaltung zu verdanken hat. So verstehen wir Sponsoring.

Die Motive der Sponsoren

„Für Firmen, die Kultur fördern, rangiert gesellschaftliche Verantwortung weit vor den marktbezogenen Motiven", resümiert Brigitte Conzen aus einer Untersuchung bei deutschen Unternehmen, deren Ergebnisse an anderer Stelle dieses Buches dargestellt werden.[17] Kultur-Sponsoring als konsequent geplante Maßnahme im Rahmen wirtschaftlicher Kommunikation wird zwar immer häufiger diskutiert, aber erst in wenigen Fällen auch umgesetzt. Und wenn Unternehmen sich gegen die Auslegung wehren, Kultur zu unterstützen, um damit einen werblichen Effekt zu erzielen, so ist das nicht allein deutsche Zurückhaltung, sondern entspricht weitgehend den Tatsachen.

Es sind unterschiedliche Motive, die Unternehmen veranlassen, kulturelle Anliegen zu fördern. Horst Avenarius erklärte kürzlich auf einer Podiumsdiskussion in München: „Wir fühlen uns nicht heimisch bei Sponsoring." und meinte, daß die Aktivitäten, die BMW mit der Stadt München entwickelt habe, sehr viel eher mit einer Bürger-Initiative zu vergleichen sei, die sich zur Aufgabe mache, die Lebens- und kulturelle Qualität eines Stadtteils zu fördern, als mit Markenwerbung.[18] Und Hermann Rückl, Chef eines großen Textilhauses im Zentrum von München, meinte, seine Zielsetzung habe eigentlich nichts mit Sponsoring zu tun, sondern sei allein bestimmt von der Verpflichtung der Stadt und den Bürgern gegenüber. Wenn es Projekte gäbe, die aus öffentlichen Mitteln nicht zu finanzieren sind, dann sei man als Mitbürger aufgerufen. Der erzielte Kommunikations-Effekt sei zweitrangig.[19]

Verpflichtung der Stadt und den Bürgern gegenüber

Diese Beispiele können beliebig fortgesetzt werden, sie zeigen, daß viele sogenannte Sponsoren in der Bundesrepublik andere Motive haben als die der Kommunikation. Was natürlich nicht ausschließt, daß man seinen Namen im Zusammenhang mit Kultur-Engagements schon ganz gern in der Presse liest oder aus Fernsehberichten entgegennimmt. Sind Wissenschaftler und Fachjournalisten, die uns dieses neue Kommunikations-Instrument für die Wirtschaft immer wieder nahebringen und dafür Strategien entwickeln, der Realität vorausgeeilt?

In gewisser Hinsicht: ja. Das zeigen auch die Beispiele deutscher Unternehmen in Teil III, von denen viele kommunikationspolitisch gewollt anmuten, aber aus ganz anderen Motiven und vielfach rein zufällig entstanden sind.

So entwickeln sich zum Beispiel nach Meinung von Experten in neun von zehn Fällen die Engagements der Wirtschaft aus der Initiative eines Kultur-Institutes oder Kultur-Referenten. „Vielleicht eine halbe Million Mark pro Tag könnte allein die Deutsche Lufthansa für Kultur-Projekte ausgeben, wenn sie nur den interessanten Anregungen folgen würde", berichtete kürzlich ein Lufthansa-Abteilungsleiter.[20] Und Brigitte Conzen, vom Kulturkreis im Bundesverband der Deutschen Industrie, meinte: „Fast basarmäßig wird derzeit die Wirtschaft von Kultur-Veranstaltern mit Bitten überrollt."[21]

Was nichts anderes heißt, als daß die Wirtschaft auf diesem Gebiet weniger agiert als reagiert.

Wenn Sponsoring immer häufiger auf Seminaren und in Fachmedien als eine systematisch zu betreibende Disziplin der Kommunikation dargestellt wird, so hat das noch andere Gründe. Der Begriff Sponsoring wurde bei uns durch den Sport eingeführt. Hier werden inzwischen erhebliche Beträge ausgegeben, und es erscheint betriebswirtschaftlich nur sinnvoll, darüber nachzudenken, welcher Nutzen den ausgegebenen Geldern gegenübersteht. Deshalb gibt es im Sport auch mehr Ansätze strategisch geplanter Kommunikation.

Der zweite Grund ist wohl der, daß die USA, wo Kultur-Sponsoring eine mehr als zwanzigjährige Tradition hat, und auch England mit einer großen Anzahl guter Fallbeispiele aufwarten können und die Überlegungen und Konzepte nur allzu bereitwillig aufgenommen und als beispielhaft auch für unsere Situation hingestellt werden.

Ist deshalb die Arbeit, die Fach-Autoren geleistet haben, um für Kultur-Sponsoring eine systematische Basis zu schaffen, in den Bereich der nicht realisierbaren Theorie einzuordnen? Mitnichten.

Bei einem verstärkten Engagement der Wirtschaft, wird es in Zukunft unumgänglich sein, daß Unternehmen – auch mittelständische, über die gesellschaftliche Verpflichtung hinaus, und sie ist immer noch das Hauptmotiv gerade von Großunternehmen – Möglichkeiten der Selbstdarstellung erkennen und diese konsequent planen. Das kommt dann schließlich auch der Kultur in unserem Lande zugute.

Gesellschaftliche Verpflichtung

Wie dialogfähig sind Kultur und Wirtschaft?

Kultur und Wirtschaft sind aufeinander angewiesen. In Zukunft wohl noch mehr als heute. Diese Einsicht hat sich durchgesetzt. Aber die potentiellen Partner haben Schwierigkeiten, sich an einen Tisch zu setzen und offen miteinander zu reden. Warum? Wenn der Vorsitzende der Philip Morris Geschäftsführung verkündet „Good art is good business", so mag ein Amerikaner nichts dabei finden. Bei Vertretern der Kultur in der Bundesrepublik löst das Gänsehaut aus. Vielleicht weil sie sich in der Meinung wähnen, wie Christian Jaques anläßlich eines Symposiums ausführte, daß jede Berührung mit dem Mammon gleichzeitig mit dem Verlust der Eigenständigkeit und damit der künstlerischen Freiheit gleichzusetzen ist.[22]

Und Karla Fohrbeck sagt dann sehr deutlich: „Für Ausländer mag es komisch klingen, wie die moralisierenden Deutschen die private Kultur-Finanzierung immer erst einmal durch den ideologischen Sumpf schleusen, den ‚Privatmäzen' als Weihnachtsmann in den Himmel und als Buhmann in die Hölle schaukeln. Erst langsam tasten wir uns zu den Fakten vor, entwickeln wieder eine Sprache für öffentliche und private Kultur-Finanzierung und für die hinter beiden liegende Interessenlandschaft beziehungsweise die vor beiden liegenden kulturpolitischen Ziele."[23]

Das liegt freilich nicht nur an der deutschen Eigenart, alles ein wenig komplizierter zu sehen, sondern ist auch historisch bedingt. Die großen Königs- und Fürstenhäuser sprachen für Politik, Wirtschaft und Kultur sozusagen unisono. Und sie förderten und beauftragten Künstler, die den Ruf der jeweiligen Häuser mehrten. Durch die rasche Entwicklung von Wissenschaft und Technik begann sich Kultur und Wirtschaft in unserem Jahrhundert zusehends auseinanderzuleben. Die klassisch humanistische Bildung wurde durch naturwissenschaftliche Fächer zurückgedrängt. Nicht mehr das humanistisch geprägte Bildungsideal ist das Erziehungsanliegen, sondern die nutzbringende Effizienz aufgabenorientierter Lösungsfindung. Daraus entstehen sehr direkt Berührungsängste zwischen Kultur-Schaffenden und Vertretern der Wirtschaft.[24]

Berührungsängste

Hinzu kommt, daß schon ausbildungsbedingt ganz verschiedene Denkwelten aufeinanderprallen, daß in dem Vertreter der Wirtschaft gern der potentiell Mächtigere gesehen wird, was zwangsläufig Zurückhaltung und Mißtrauen auf seiten der Kultur herausfordert.

Diese latent vorhandenen psychologischen Schwierigkeiten werden noch verstärkt, wenn bei einer öffentlichen Diskussionsrunde zum Thema „Kultur-Sponsoring" zwischen Vertretern der Kultur und der Wirtschaft ein Vertreter der Marketing-Lehre mit seinem Einführungsreferat die Basis für die Diskussion liefern soll und dieser in unterkühlter Marketing-Sprache das Auditorium mit Fach-Termini konfrontiert, die bestensfalls in einer Marketing-Vorlesung am Platze sind. In der Münchner AZ wurde formuliert, was die meisten Teilnehmer fühlten: „Kunst und Kultur, zwei einfache Worte mit tiefer Bedeutung, sollte man meinen. Begriffe für Individualität, subjektiven Umgang mit der Welt ureigener Emotionen. Lebendige Begriffe, vollsaftig, phantasieträchtig, unumgreifbar. Sollte man meinen. Auf den Dürrboden der öden Realität eines Marketing-Professors gezerrt, sieht der Traum von Kunst allerdings anders aus . . ."[25]

Damit wir nicht falsch verstanden werden – hier wird nicht die Systematisierung des Sponsoring abgelehnt, sie ist dringend erforderlich. Wenn allerdings das Auditorium zur Hälfte aus Künstlern und Vertretern von Kultur-Instituten besteht, dann sollte eine Sprache gewählt werden, die nicht nur in Hörsälen verstanden wird. So meinte Thomas Petz dann auch, „wir – das heißt die Vertreter der Kultur und der Wirtschaft – müssen erst einmal herausfinden, wie wir miteinander umgehen können. Ich bin nämlich diesen Marketing-Jargon nicht gewohnt."[26]

32

Teil II

Chancen und Probleme des Kultur-Sponsoring

In der wirtschaftswissenschaftlichen Literatur wird von Chancen und Problemen immer dann gesprochen, wenn eine Marktsituation hinsichtlich ihrer positiven oder negativen Voraussetzungen bewertet werden muß, wenn festzustellen ist, inwieweit Marktfaktoren und ein gegebenes Umfeld den Absichten eines Unternehmens förderlich sind oder nicht. Diese Begriffe sollen auf den folgenden Seiten Anwendung finden, um sowohl für die Kultur-Institute als auch für die als Sponsor auftretenden Wirtschafts-Unternehmen die Ausgangssituation hinsichtlich ihrer Chancen und Risiken zu beleuchten.

Welche Chancen eröffnet Kultur-Sponsoring für Künstler und Kultur-Institute?

Die Vielfalt erhalten

Kunstereignisse auch in die Region tragen

Theater, Museen, Baudenkmäler mit privater
Hilfe restaurieren

Junge Kunst fördern

Den Besuch von Theatern, Museen
und Galerien fördern

Aufwand und Kosten reduzieren helfen

Die Chancen, die sich mit wachsendem Interesse der Wirtschaft für Sponsoring-Engagements ergeben, bedeuten zunächst einmal finanzielle Unterstützung, – in welchem Umfang und unter welchen Bedingungen, das wird noch zu untersuchen sein.

Diese finanzielle Unterstützung kann mannigfaltige positive Auswirkungen haben, auf die Arbeit der Künstler und Kultur-Institute und damit auch auf die Kultur-Landschaft unseres Landes.

Die Vielfalt erhalten

Kulturelle
Vielfalt

Mit finanziellen Mitteln, welche die Wirtschaft in vermehrtem Maße für Kultur-Institute zur Verfügung stellt oder Künstlern an die Hand gibt, kann die kulturelle Vielfalt, die eine hochentwickelte Gesellschaft auszeichnet, erhalten, möglicherweise sogar noch ausgebaut werden.

Mit Vielfalt ist hier nicht das Standard-Repertoire gemeint, das jede städtische Bühne, jedes staatliche Museum, seinem Auftrag entsprechend, zu erfüllen hat und für das wohl auch in Zeiten angespannter Budgets der öffentlichen Hand noch ausreichend Mittel zur Verfügung stehen dürften. Gemeint sind die Inszenierungen außerhalb des Klassiker-Repertoires, Sonder- oder Wechsel-Ausstellungen, also Veranstaltungen, die gerade auch jüngeren Zielgruppen den Zugang zu Theatern und Museen erleichtern und damit auch den Zugang zur Kunst allgemein.

Kunstereignisse auch in die Region tragen

Wenn von Kunstereignissen gesprochen wird, dann versteht man darunter meist die großen Theater- und Opernaufführungen oder die herausragenden Ausstellungen in Museen, die, von wenigen Ausnahmen abgesehen, in den großen Städten stattfinden. August Everding, der Generalintendant der Bayerischen Staatstheater, sprach kürzlich von 14 öffentlich betriebenen Theater- und Opernbühnen in Bayern, wovon sich bisher nur eine verschwindend kleine Zahl auch des Interesses von Sponsoren erfreuen dürfe. Gerade diese Situation müsse geändert werden, handelt es sich doch bei den von Sponsoren favorisierten Bühnen um die ganz großen Theater, und die haben nun mal am wenigsten unter Budget-Problemen zu leiden.[27]

Die Bundesrepublik kann sich glücklich schätzen, im Gegensatz zu vielen anderen Ländern eine große Anzahl regionaler Kultur-Institute zu besitzen, die ihre Tradition teils noch aus Fürsten- und Königshäusern beziehen oder aber errichtet wurden, als die Kultur-Etats der öffentlichen Hand noch weniger angespannt waren. Da Theater, Museen und die Musik einen aktiven Beitrag zur Entfaltung des Menschen leisten und deshalb gerade für Jüngere von großer Bedeutung sind, muß es ein gesellschaftspolitisches Anliegen sein, diese Kultur nicht nur auf einige wenige Städte konzentriert zu sehen, sondern auch in der Region zu ermöglichen; dies auch, da die Schulen immer weniger für die Schulung ästhetischen Empfindens leisten können, was für die Sensibilität zukünftiger Generationen von großer Bedeutung ist. Allzu oft wird das Schleswig-Holstein-Musik-Festival angeführt, um die Bedeutung kultureller Veranstaltungen für eine Region und auch für kleinere Städte zu unterstreichen. Dieses Festival ist der Beweis, daß Förderer und Sponsoren gefunden werden können, auch und gerade für regionale Ereignisse, sofern Voraussetzungen geschaffen und interessante Konzepte entwickelt werden. Da Kultur-Institute allein hier vielfach überfordert sind, werden die in den Kommunen verantwortlichen Kultur-Politiker in Zukunft vermehrt Konzeptionen entwickeln müssen.

Theater, Museen, Baudenkmäler mit privater Hilfe restaurieren

Dank einer einzigartigen Initiative des General-Intendanten August Everding wurde das Münchener Prinzregenttheater mit privaten Geldern restauriert. Beispielhaft, weil in München nicht mehr Menschen mit ausgeprägtem Bürgersinn, nicht mehr potentielle Sponsoren zu finden sind als anderswo. Der Unterschied besteht auch hier in dem Formulieren möglicher Programme, dem Aufzeigen von Möglichkeiten der Selbstdarstellung von Sponsoren. Und schließlich auch in dem Appell an den Bürgersinn.

Besonders anschaulich hat das auch die erfolgreiche Aktion des Kulturamtes der Stadt Berlin zur 800-Jahr-Feier gezeigt. Ein Katalog von förderungswürdigen Projekten hat Mäzene und Sponsoren veranlaßt, die gewaltige Summe von 30 Millionen DM für die unterschiedlichsten Projekte zur Verfügung zu stellen. Dabei waren begrenzte Aufgaben im Bereich der Restaurierung von Baudenkmälern genauso aufgelistet wie die Finanzierung großer Ausstellungs-Projekte.

Junge Kunst fördern

Noch gibt es viel zu wenige Förderer und Sponsoren für junge Kunst und neue Ausdrucksformen der Kunst.

Junge Kunst

Beispielhaft ist hier das Engagement der Jürgen Ponto-Stiftung. Sie hat sich zum Ziel gesetzt: „Den künstlerischen Nachwuchs in Deutschland auf breiter Basis zu fördern, und zwar in den Bereichen Musik, Literatur, Bildende Kunst und Architektur." Neben der herausragenden Einzelbegabung fördert die Stiftung vor allem „das Zusammenwirken in der Gruppe, da sie den gemeinschaftsbildenden Kräften der Kunst besonderen Wert beimißt". Durch geeignete Förderprogramme, die sich vor allem an Schulen richten, will die Stiftung jungen Menschen die Erfahrung vermitteln, daß gemeinsames Musizieren, Theaterspielen, Beschäftigung mit Literatur und Bildender Kunst ihr Leben reicher macht und sie enger zusammenführt. Neben diesen Schülerprogrammen vergibt die Stiftung auch Stipendien, zum Beispiel an außerordentlich begabte junge Musiker, um ihnen das Studium bei herausragenden Lehrern zu ermöglichen.[28]

Dieses Beispiel ist dem Mäzenatentum zuzurechnen, da weder die Jürgen Ponto-Stiftung noch die Dresdner Bank, außer in einem Geschäftsbericht der Stiftung, dieses Engagement kommunikativ nutzen. Andererseits liegt hier ein weites, von Sponsoren wenig bearbeitetes Feld, das sich für Sponsorships ausgezeichnet eignet, da durch die Einbeziehung der Eltern ein quantitativ beträchtliches Zielgruppen-Potential entsteht. Das von Bill Kallaway geschilderte Beispiel Clarks im dritten Teil des Buches illustriert das eindrücklich.

Sponsorships für Nachwuchs-förderung

In den USA kann man in den letzten Jahren ein deutliches Anwachsen der Sponsorships für Nachwuchsförderung beobachten. 1987 hat die Crestar Bank in Richmond, Virginia, einen der Preise für vorbildliche Sponsorprogramme gewonnen. In der Begründung heißt es, daß der jährlich durchgeführte und von zwei Regionalzeitungen und der Bank gesponserte Wettbewerb „Student Gallery" eine breite Ausstrahlung erreicht habe und junge Menschen in unnachahmlicher Weise an die Kunst heranführe. Ziel des Wettbewerbs ist es, unter den High-School-Studenten künstlerische Talente zu entdecken. Teilnehmen können alle Schüler des Staates Virginia auf der Stufe 11th und 12th grade. Als Jury fungieren prominente Künstler und Kunsterzieher der Schulen; 55 Bewerber werden für die Endausscheidung ausgewählt. Schließlich werden erste, zweite und dritte Preise sowie Anerkennungspreise verliehen. Die Arbeiten aller Teilnehmer an der Endausscheidung werden ausgestellt. Seit Beginn, vor 15 Jahren, haben 3800 Studenten an diesem Programm teilgenommen.[29]

Den Besuch von Theatern, Museen und Galerien fördern

Sponsoren werden meist als Geldgeber verstanden. In einem vertrauensvollen Kooperations-Verhältnis können sie auch Ratgeber, Promoter und Helfer in Organisationsfragen sein. In der Bundesrepublik werden die Möglichkeiten, die Wirtschaftsunternehmen in der Zusammenarbeit mit Kultur-Instituten einbringen können, noch selten genutzt. In den USA, aber auch in England, gilt es als selbstverständlich, daß der Sponsor nicht nur den Scheck übergibt und sich dann zurückzieht, um darauf zu warten, welche Resonanz er mit seinem Engagement erzielt. Wirtschaftsunternehmen haben Erfahrung in Werbung und Öffentlichkeitsarbeit für Veranstaltungen, im Erfassen von Mailing-Listen und in der Durchführung von Mailing-Aktionen. Und sie haben Mitarbeiter, die solches professionell abwickeln können.

Das sind „geldwerte" Leistungen, die ebenso den Begriff Sponsoring rechtfertigen, unabhängig davon, ob ein finanzielles Engagement für eine Ausstellung, Theater-Inszenierung vorausgegangen ist oder nicht. Die Schweizerische Kredit-Anstalt unterstützt beispielsweise Autoren-Abende der Zürcher Museumsgesellschaft nicht nur finanziell, sondern übernimmt auch Arbeiten im Zusammenhang mit Vorbereitung, Ankündigung und Durchführung, da die Museumsgesellschaft damit personell überfordert wäre.

Die amerikanische Werbeagentur Ogilvy & Mather ist aktiver Sponsor des Atlanta Ballet. Der Sponsor-Beitrag besteht im wesentlichen in der honorarfreien Gestaltung ungewöhnlicher Werbeaktionen für die Ballett-Veranstalter. Sie haben zu einer erheblich verbesserten Auslastung der Sitzplatz-Kapazitäten und zum Gewinn zahlreicher neuer Sponsoren beigetragen. Das Thema Ballett ist in dieser Werbung dann auch so faszinierend dargestellt, der Appell, sich diese außergewöhnlichen Ballett-Abende nicht entgehen zu lassen, so zwingend, wie es nur Kommunikations-Profis vermögen. Ein erfreulicher Nebeneffekt dieser Aktivitäten ist der Zugewinn des Balletts an Profil und Persönlichkeit im Vergleich zu den anderen Kultur-Instituten der Stadt.

Ungewöhnliche Werbeaktionen

Entscheidend dabei ist, unabhängig von nicht berechneter Arbeit, also dem eigentlichen Sponsor-Beitrag, daß, wie William E. Phillips, der Chairman, sagt: „We approach these accounts as we would any other – from a business point of view – with in-depth evaluations of each institutions image, problems, competition, needs and opportunities. Then we work out marketing strategies and advertising that we feel are the most appropriate. It can include print, radio, television, outdoor, direct response, promotion and public relations."[30]

Ogilvy & Mather engagieren sich auch in der Akquisition. Gute Werbung für ein Kultur-Institut will nicht nur entwickelt sein, sie muß auch

Maniya Barredo will dance several extraordinary roles at the ballet this year. Which Maniya will you see?

When a ballerina steps on stage in a classical ballet, she isn't exactly alone.

She carries her own secret fears about the steps she must remember to perform.

She is also accompanied by *ghosts*.

A ballerina cannot escape from the fact that the great classics of ballet have been danced by famous dancers who've gone before.

Even more intimidating, the roles are linked to living legends like England's exquisite Margot Fonteyn.

Or Carla Fracci, the dramatic 50-year-old star of La Scala in Milan, who looks and dances like a ballerina thirty years her junior.

Or Alexandra Danilova, the most popular dancer of the 1920's and 1930's, who with her lover, the late George Balanchine, helped reshape and reinterpret classical Russian dance for the world.

In *Coppélia,* the classic, romantic ballet in three acts, which will be performed for the first time ever in Atlanta this November, Maniya Barredo must prove herself as Swanilda, the village girl. It's an amusing, yet demanding role for the ballerina who must be in equal parts a dancer, a mime and a comedienne.

Will Maniya be inspired by the fragile, 16-year-old Italian girl, Guiseppina Bozzacchi, who danced it first at the Paris Opera over 100 years ago?

Will she look to the great Pavlova herself, who brought the Russian version to the New York stage in 1910?

Or will Danilova, "the most wonderful *Coppélia* heroine in the world," somehow be on stage with her when she enters to Delibes's piquant melody in the first three minutes of the performance?

As a subscriber, you be the judge.

Watch her also as Lisette, the flirtatious peasant girl, in the comedy *La Fille mal gardee.* And with Nicolas Pacaña in Lynne Taylor-Corbett's emotional new *Estuary,* with music by Ralph Vaughan Williams.

In all, see nine dazzling premieres, plus five brilliant works (classical, contemporary and *jazz*) performed by the ballet's remarkably accomplished company.

You can have reserved season tickets at the Atlanta Civic Center for as little as $20. Or the best seats in the house for $126.25 per person. *But hurry.*

The season opens October 16, 1986. The curtain rises at 8:00 p.m.

**A seat has been reserved for you at The Atlanta Ballet.
Call 892-3303. We'll make it yours.**

Ad No: AB-2-86
Client Atlanta Ballet
This Advertisement Prepared By
Ogilvy & Mather Atlanta
To Appear In
Newspaper
Job No: A02605

in den Medien plaziert werden. Dazu müssen Verbindungen der Agentur zu den Medienvertretern geknüpft, Kampagnen-Ideen präsentiert, ganz einfach Begeisterung bei den Medien erzeugt werden, um die Mitarbeit auch dieser Partner für den guten Zweck und die kostenlose Einschaltung zu erhalten.

Als Ogilvy & Mather die Arbeit für das Atlanta Ballet begannen, gab es nur wenige Sponsoren. Erstes Ziel war also, Sponsoren zu akquirieren. Heute unterstützen das Ballett 3500 individuelle Förderer und 3000 Firmen. Neil Cameron, verantwortlich bei Ogilvy für die Kampagne, faßt seine Erfahrungen zusammen: Wenn man erfolgreich sein will in der

Could you do it?

Pick up your 12-year-old daughter.

Hold her above your head, on one hand, your arm stretched out to its fullest.

Now stand on the tips of your toes and pretend that you are balancing on a half-inch steel wire suspended 25 feet above the floor. Rotate slowly. *On one foot.*

Could you do it?

If not, you at least have some idea of what it takes to be a dancer in a classical ballet company.

Performing *lifts* like these is extraordinarily demanding. It takes five years for most dancers to learn the techniques, and a lifetime to perfect them.

One slip and you not only risk serious injury to the ballerina who is entirely dependent upon you, but you also imperil your own career.

You simply cannot be hamfisted and be a ballet dancer.

You must be strong, but not like a linebacker. You must be strong like piano wire.

The elegance of classical ballet, its deceptive effortlessness, and the economy required to perform most of the movements, steps, jumps and turns require you to be lithe, thin, remarkably well-proportioned—and yet look as if a gentle, summer breeze could carry you away. So you may seem frail. *But you are as hard as steel.*

All of which makes ballet the most individually challenging of the performing arts, and the most exciting to watch.

Says Bill Curry, football coach and ballet subscriber, "In my judgement, there is no better prepared, more rigorously trained athlete, in any sport, than the male dancer in ballet. He has strength without mass. Intelligence. Precision of movement. And he responds to incredible physical demands in a split second. It's something to see."

You can join the Currys at The Atlanta Ballet this year and watch a prima ballerina, two male principals, two female principals, 16 company members and 10 other members of the *corps de ballet* demonstrate their skills in 15 remarkable ballets, each one different.

Among the attractions, you will see seven dazzling premieres from the world's leading choreographers and eight stunning works (classical, contemporary and *jazz*) from the ballet's eclectic repertoire.

You can have reserved season seats at the Atlanta Civic Center for as little as $20. Or the best seats in the house for $126.25 per person. Whichever you prefer, we suggest you hurry. The box office is open today from 12:00 noon to 5:00 p.m. Or call Monday to Friday, during the same hours.

The season opens October 16, 1986. The curtain rises at 8:00 p.m. We will be looking for you.

A seat has been reserved for you at The Atlanta Ballet.
Call 892-3303. We'll make it yours.

Ad No: AB-01-86
Client: Atlanta Ballet
Prepared by: O&M Atl.
Appear in: Atl. Journ.
Job No: A02605

> Could you tell
> the story of an
> incredible love affair...
> a raging family feud...
> and a passion
> so strong it ended
> in suicide
>
> without using
> any words?

Werbung für ein Kultur-Institut, dann müssen mehrere Voraussetzungen gegeben sein:

Das Agentur-Management muß sich verantwortlich fühlen – für beste Qualität. Agentur und Mitarbeiter müssen diese Arbeit genauso sehen und behandeln wie andere Aufgaben auch, also Professionalität in der Planung, Gestaltung und Durchführung.

Seiten 39–41: Anzeigenserie Atlanta Ballet. Auf Diesen Seiten: Prospekt für Versand an potentielle Zielgruppen

Kultur-Institute, vor allem private Theater-Gesellschaften, Ballett-Gruppen oder Künstler-Vereinigungen müssen ihren finanziellen Aufwand niedrig halten. Sponsoren aus der Wirtschaft können mit einer Vielzahl von Service-Leistungen dazu beitragen. Hier einige Beispiele, wie sie im amerikanischen Kultur-Leben fast schon selbstverständlich sind:

– Büroraum für administrative Zwecke zur Verfügung stellen
– Räume bereitstellen, in welchen Künstler arbeiten
– Ausstellungsräume und Schaufenster freimachen, in welchen Künstler arbeiten
– Ausstellungsräume und Schaufenster freimachen, in welchen sich Künstler und Kultur-Institute darstellen
– Leerstehende Fabrikgebäude für Kultur-Zentrum oder Künstlervereinigung bereitstellen
– Rohmaterial für die Arbeit von Künstlern zur Verfügung stellen
– Möbel, Teppiche, Schreibmaschinen für den Bürobetrieb
– Know-how und Computer-Kapazität für das Erstellen von Interessenten-Listen, Mailings, aber auch buchhalterischen Arbeiten anbieten
– Transport von Kunstgegenständen und Versicherungskosten übernehmen
– Druck von Eintrittskarten, Programmen, Katalogen in Werksdruckerei durchführen

Die Cardinal Industries in Columbus, Ohio, wurden kürzlich in den USA für das Projekt „Cardinal Gallery" ausgezeichnet. Die Gallery, in der Arbeiten lokaler Künstler ausgestellt werden, ist in renovierten Räumen der alten Annapolis High School eingerichtet worden.

Das Gebäude wurde der Maryland Hall von der Gemeinde übertragen, 32 Angestellte von Cardinal, die sich bereiterklärten, für dieses monatelange Projekt zu arbeiten, haben die Renovierungsarbeiten übernommen. Zusätzlich wurden die Eröffnungsfeierlichkeiten von Cardinal finanziert und organisiert und eine Public Relations Kampagne durchgeführt. Die Besucherzahlen der Maryland Hall Kunstausstellungen haben sich seit Eröffnung der „Cardinal Gallery" verdreifacht.[31]

Welche Probleme haben Kultur-Institute im Umgang mit Sponsoren?

Das Akquisitionsproblem

Das Abstimmungs-Problem

Das Problem der Einflußnahme

Das Problem der Kurzfristigkeit von
Sponsor-Geldern

Das Akquisitionsproblem

Die meisten Kultur-Institute sind auf eine Zusammenarbeit mit der Wirtschaft nicht vorbereitet.

Museen, Theater, Orchester, auf alle anderen Institutionen trifft das mehr oder weniger auch zu, sind nur selten darauf eingerichtet, bei Vertretern von Wirtschafts-Unternehmen Sponsoring-Aktivitäten anzuregen, konzeptionell zu entwickeln und erfolgreich zu verhandeln. Das trifft in noch größerem Maße für Künstlergruppen und Künstler zu.

Die Personal-Knappheit bei den Instituten ist groß. Nur in wenigen Fällen gibt es den Mitarbeiter oder gar eine Abteilung Öffentlichkeitsarbeit. Hier wären Überlegungen für Sponsor-Konzepte noch am besten aufgehoben. Hinzu kommt, daß die meisten Mitarbeiter an den größeren Theatern oder Museen eine geisteswissenschaftliche Ausbildung haben. Wirtschaftliche Zusammenhänge, Erfordernisse, die sich aus Marketing- und Kommunikationsüberlegungen der Sponsoren ergeben, sind ihnen weitgehend fremd.

Kommunikations-überlegungen der Sponsoren

Daraus resultieren die laufend zunehmenden, wenig fundierten Anfragen bei Unternehmen der Wirtschaft. Darunter sind all die Anfragen zu verstehen, die dem Angesprochenen keine Details über Laufzeit, erwartete Besucherzahl, voraussichtliches Presseecho, Finanzbedarf und Nutzen für den Sponsor vermitteln. Erreicht diese Art von Anfrage den zuständigen Mitarbeiter eines Unternehmens, der meist ohnehin Schwierigkeiten mit seinem Budget hat, so ist eine Ablehnung sehr wahrscheinlich. Ein qualifiziertes Vorgehen seitens des Kultur-Institutes würde voraussetzen, daß die Kommunikations-Absichten des anzusprechenden Unternehmens nachvollzogen werden, um überhaupt ein erstes Programm-Angebot, abgestimmt auf die unternehmensspezifischen Erfordernisse, präsentieren zu können.

Das Abstimmungsproblem

Genauso gefährlich ist es, ein Unternehmen, das willens ist, als Sponsor tätig zu werden, ohne ein gemeinsam verabschiedetes Konzept gewähren zu lassen. Eine Negativ-Erfahrung, welche die Züricher Tonhalle und die Schweizerische Kreditanstalt zusammen machen sollten. Die Bank wollte eine besonders attraktive Extra-Konzert-Serie ins Leben rufen. Die Tonhalle ließ sie gewähren, was dann zur Verpflichtung außergewöhnlicher Dirigenten und Orchester führte. Auch Karajan war darunter. Schließlich fand sich die Bank in der Rolle eines Mitveranstalters, belastet mit Verhandlungen, auf die man gar nicht eingestellt war, und einer Fülle organisatorischer Aufgaben. Das war eigentlich nicht beabsichtigt. Also bat man fortan einen Berater, an der Programm-Auswahl mitzuwirken und die Verhandlungen mit der Tonhalle und den Künstlern zu führen. Was die Direktion der Tonhalle wiederum veranlaßte, nun ihrerseits den gleichen Berater mit allen Konzepten und Gesprächen zu betrauen, die ihre Zusammenarbeit mit der Wirtschaft betraf.

Welche Fragen sich Kultur-Institute in einer Zusammenarbeit stellen sollten:

1. **Welche Veranstaltungen oder Programme eignen sich für eine Zusammenarbeit mit Sponsoren** (dabei ist davon auszugehen, daß diese Programme nicht konzipiert werden, um Sponsoren zu gewinnen, sondern Bestandteil des jeweiligen Institut-Auftrages sind)?

2. **Welcher Sponsor käme für eine Förderung des betreffenden Programmes in Frage?**
   – aufgrund bereits geäußerten Interesses?
   – aufgrund bekannter Zielsetzungen?

3. **Wie sollte das Programm dem Sponsor nahegebracht werden?**
   – die Themenstellung
   – das zu erwartende Publikumsinteresse
   – die Möglichkeiten der Publizität (PR)
   – die Möglichkeiten gemeinsamer Werbung
   – die Ausstrahlung – lokal, regional, national

4. **Welche Informationen/Daten über das Haus können gegeben werden?**
   – Besucherzahlen und Auslastung
   – Presseberichterstattung über frühere Veranstaltungen

5. **Welches Budget ist für eine Sponsor-Beteiligung angebracht?**
   – welche Möglichkeiten und Rechte beinhaltet diese Summe?

6. **Welche weiteren Leistungen werden von dem Sponsor erwartet?**
   – Unterstützung in der PR
   – Unterstützung in der Werbung
   – Unterstützung bei organisatorischen Aufgaben
   – Unterstützung bei Tourneen

7. **Wer ist in allen grundsätzlichen Fragen Ansprechpartner für das Kultur-Institut?**
   – Verträge
   – Kosten und Honorare
   – Organisation, Werbung

8. **Wer ist für Detail-Abstimmung und Durchführung zusammen mit dem Sponsor verantwortlich?**
   – fest angestellte Mitarbeiter, die mit der Aufgabe betraut werden
   – freie Mitarbeiter/Berater, die einen Auftrag auf Zeit erhalten

Da mit einer Personal-Aufstockung bei den Kultur-Betrieben in den nächsten Jahren nicht zu rechnen ist, werden sich diese vermehrt der Hilfe von Beratern bedienen müssen. Doch Berater mit Kenntnissen und Erfahrungen aus dem Kultur-Betrieb und Wissen um die Erfordernisse der Unternehmenskommunikation beginnen sich in der Bundesrepublik gerade erst zu etablieren. So werden wohl alle Beteiligten noch einige Zeit mit den aufgezeigten Schwierigkeiten leben müssen.

Ein Kostenproblem sollte mit der Einschaltung von Beratern für die Kultur-Institute nicht entstehen, da sich bei Einzelprojekten meist eine Beratung auf Zeit anbietet und die Abschlüsse von Sponsorprogrammen das anfallende Honorar in jeder Beziehung rechtfertigen werden.

Das Problem der Einflußnahme

Über eine „Vereinnahmung der Kultur durch die Wirtschaft für ihre publizitätsträchtigen Zwecke", wie sie in der Vergangenheit oft, heute immer weniger apostrophiert wird, muß wohl nicht mehr ernsthaft gesprochen werden. Das unschöne Wort Vereinnahmung bedeutet ja schließlich, sich willenlos in die Hände eines anderen zu begeben.

Deutschlands Kultur-Politiker und die Leiter der führenden Kultur-Institute halten sich für souverän und unabhängig genug, ein starker Partner zu sein, sind sich allerdings einig, daß eine Einflußnahme auf Kultur-Programme von Sponsoren-Seite nicht erfolgen darf.

Wissenschaftlich kritische Professionalität

> „Pauschal formuliert, besteht die Gefahr, daß die Unabhängigkeit kultureller Institutionen durch Prinzipien der Wirtschaftsförderungspolitik eingeschränkt werden könnte. Diese Gefahr ist allerdings auch gegeben, wenn sich die politischen Gremien, die den Kulturhaushalt genehmigen, sich vorwiegend von Vorstellungen leiten lassen, die von dem Gedanken der Wirtschaftsförderung bestimmt sind. Auf der einen Seite steht das, was man auch in Amerika das Ethos unseres Berufes nennt, also eine wissenschaftlich kritische Professionalität einschließlich der Aufgabe der Kulturvermittlung, auf der anderen Seite stehen Begriffe wie Wachstumsraten und Akzeptanz."
>
> Jürgen Harten, Direktor der Städtischen Kunsthalle, Düsseldorf, 18.5.88[32]

> „Nach meinen bisherigen Erfahrungen – eine ganze Reihe von Ausstellungsvorhaben sind ja in der Vergangenheit von Industrieunternehmen unterstützt worden – sehe ich keine größeren Gefahren für unsere Arbeit voraus, wenn die Unternehmen, die uns fördern, keinen Einfluß auf die Auswahl der Exponate, ihre Präsentation, die didaktische Vermittlung oder die Erörterungen im Katalog nehmen. Bisher war das jedenfalls üblich."
>
> Dr. Armin Zweite, Direktor der Städtischen Galerie im Lenbachhaus, München, 19.4.88[33]

„Gefahren drohen, wenn sich kulturelle Institutionen einem krisenanfälligen Wirtschaftszweig ausliefern, zum Beispiel dem Erdöl (Beispiel: Houston Symphony Orchestra)."
Richard Bächi, Betriebsdirektor der Tonhalle-Gesellschaft, Zürich[34]

„Nach meinem Selbstverständnis delegiert der Träger eines Museums bzw. eines Ausstellungshauses die Verantwortung für das Programm, d.h. die fachliche Verantwortung in Auseinandersetzung mit der Öffentlichkeit, dem Institutsleiter bzw. den Kuratoren. Es hat sich in der Praxis gezeigt, und zwar ganz gleich, ob der Staat oder Trustees die Träger sind, daß nur ein fachlich qualifizierter, d.h. ,starker' Direktor, erfolgreich sein kann."
Jürgen Harten, Direktor der Städtischen Kunsthalle Düsseldorf, 18.5.88[35]

„Die Mittel, die wir bislang von der Wirtschaft bekamen und bekommen werden, sind im Vergleich zum Haushaltsvolumen unseres Museums so gering, daß negative Auswirkungen unwahrscheinlich sind."
Dr. J.G. Prinz von Hohenzollern, Generaldirektor Bayerisches National-Museum, München, 4.5.88[36]

„Mögliche Gefahren bei einer Zunahme der Sponsor-Tätigkeit etwa im Hinblick auf eine Beeinträchtigung der kulturellen Inhalte sind theoretisch vorhanden. In der Praxis sind in Hamburg keine kritischen Fälle bekanntgeworden."
Dr. Ingo von Münch, Bürgermeister, Freie und Hansestadt Hamburg, 21.4.88[37]

„Für die Kulturpolitik ist dabei zentral die Autonomie der kulturellen Kräfte: Sie muß sich selbst oft genug mahnen lassen, diese Autonomie nicht zu verletzen; dem gängigen Grundgesetz-Verständnis entsprechend, gehört es zu den Aufgaben der Politik auf allen Ebenen, die Rahmenbedingungen für die Freiheit der Künste und der übrigen kulturellen Kräfte nicht nur mitzuschaffen, sondern auch zu schützen. Kulturpolitik muß also Sorge dafür tragen, in ihrer – in der Regel notwendigen – Mitwirkung bei kulturellem Sponsoring keine Beihilfe zur Aushöhlung der Freiheit der Künste zu leisten. Wo dieser Versuch beginnt, wird umstritten bleiben. Schon bei der öffentlichen Kulturförderung weiß man, daß allein regelmäßige Förderung eine Abhängigkeit schafft, die mühsam durch die Absicherung der ,Intendanturfreiheit' wieder relativiert werden muß."
Hilmar Hoffmann, Leiter des Kultur-Referats der Stadt Frankfurt[38]

Dabei ist bei einer Zunahme finanzieller Probleme und damit der Sponsortätigkeit wohl nicht ganz auszuschließen, daß einzelne Kultur-Institute, wie aus den USA bekannt, ihre Programme „sponsorgerecht" entwickeln, was allerdings sehr von der Situation und auch der Souveränität der handelnden Personen abhängig sein dürfte. Die Kultur-Verantwortlichen sind sich einig, daß

- die Einflußnahme auf begleitende Literatur, wie Kataloge, ebenfalls begrenzt bleiben muß und Äußerungen des Sponsors in diesem Zusammenhang weniger gern gesehen werden;
- eine gewisse Gefahr darin zu sehen ist, daß die öffentliche Hand bei einer Zunahme der Sponsoren-Tätigkeit ihre Mittel weiter reduzieren könnte, was besonders bedauerlich wäre,
- das System der staatlichen Kulturförderung in der Bundesrepublik einschränkungslos bejaht werden muß als Voraussetzung für Vielfalt und Qualität unseres Kulturlebens und auch als Voraussetzung für eine sinnvolle zukünftige Zusammenarbeit mit der Wirtschaft.

Ansonsten haben, sofern man die Gefahren erkennt und im Auge behält, die meisten Kultur-Verantwortlichen in der Bundesrepublik offenbar mit Kultur-Sponsoring keine grundsätzlichen Probleme mehr.

Das Problem der Kurzfristigkeit von Sponsor-Geldern

Öffentliche Gelder sind oder waren bisher langfristig konstant. Gelder aus der Wirtschaft sind abhängig von unternehmenspolitischen Entscheidungen und vom wirtschaftlichen Erfolg des Unternehmens. In Zeiten angespannter Gewinnsituation wird mit ziemlicher Sicherheit Sponsor-Aktivitäten keine Budget-Priorität eingeräumt. Kultur-Politiker weisen deshalb gern darauf hin, daß sich Mittel aus Stiftungen am besten für eine Fördertätigkeit eignen, da sie nicht von kurzfristigen Entscheidungen abhängig sind und stetig fließen, was den Kultur-Instituten eine mittel- bis langfristige Planung möglich mache. Das ist sicherlich richtig und auch wünschenswert, andererseits ist festzuhalten, daß den meisten Stiftungen eine mäzenatenhafte Absicht zugrunde liegt. Der in den Satzungen formulierte Stiftungszweck läßt dies unschwer erkennen. Die neuen Finanzierungsmöglichkeiten für die Kultur ergeben sich weniger über Stiftungen, sondern über Budgets, die Unternehmen für Kultur-Sponsoring als eine zweckorientierte Maßnahme im Rahmen der Kommunikation zur Verfügung stellen. Und diese Mittel sind stets kurz- bis mittelfristig, genauso wie die Budgets für Werbung und Öffentlichkeitsarbeit meist auch nur für ein Jahr festgelegt werden. Schon deshalb wird sich Sponsoring hauptsächlich im Bereich der kurzfristig realisierbaren Projekte, wie Sonder-Ausstellungen, Opern- und Theater-Inszenierungen oder zeitlich befristeten Orchester-Tourneen, bewegen. Für alle mittel- und langfristigen Programme, die durch Sponsoren mitgetragen werden sollen, sind die beteiligten Partner gut beraten, wenn sie vor Vertragsabschluß überlegen, wie die Finanzierung über einen längeren Zeitraum sichergestellt werden kann.

Welche Chancen eröffnet Kultur-Sponsoring der Wirtschaft?

Kultur-Sponsoring und Marktkommunikation

Kultur-Sponsoring – Gesprächsthema
mit der Zielgruppe

Kultur-Sponsoring und kommunikative Wirkung

Interessante Möglichkeiten für
die Unternehmenswerbung

Kunst und Werbung

Kultur-Sponsoring – die Nähe zur Öffentlichkeitsarbeit

Kultur-Sponsoring kann den Verkauf fördern

Meistgenanntes Motiv für Kultur-Sponsoring in Ländern mit langjähriger Sponsoring-Erfahrung ist die gesellschaftliche Verantwortung der Wirtschaft in Verbindung mit den neuen Möglichkeiten, die sich für die Kommunikation ergeben. Mit dem wachsenden Interesse, das man Kultur-Sponsoring auch in der Bundesrepublik entgegenbringt, stellt sich die Frage, wie Kultur-Sponsoring sinnvoll in die Kommunikation integriert werden kann.

Kultur-Sponsoring und Marktkommunikation

Kommunikations-politik

Unter Markt-Kommunikation versteht man alle kommunikativen Maßnahmen, die ein Unternehmen zur Durchsetzung seiner Marketing-Ziele in einem Markt entwickelt. Das bewußte Gestalten der auf den Markt gerichteten Informationen wird als Kommunikationspolitik bezeichnet. (Hermanns)[39]

Grundlage für das bewußte Gestalten sind Ziele, die ein Unternehmen für die Kommunikation formulieren muß. Die wesentlichen kommunikativen Ziele betreffen den Aufbau und die Entwicklung der Bekanntheit eines Unternehmens oder eines Produktes, die Entwicklung oder Veränderung eines Images, also des Vorstellungsbildes, das die Zielgruppe von einem Unternehmen oder einem Produkt hat – und das Schaffen von Nachfrage nach einem Produkt oder einer Dienstleistung.[40]

Es handelt sich also immer um die Vermittlung von Informationen mit dem Zweck, Wissen, Einstellungen, Verhalten einer Zielgruppe zu beeinflussen.

Dafür stehen die sogenannten Kommunikations-Instrumente zur Verfügung: Werbung, Öffentlichkeitsarbeit oder Public Relations und Verkaufsförderung, deren kombinierter Einsatz den Kommunikations-Mix darstellt.

Welche Rolle kann Kultur-Sponsoring in diesem Kommunikations-Mix übernehmen?

Im Gegensatz zu den eben angesprochenen klassischen Instrumenten, die meist in einer komplementären Beziehung zueinanderstehen, sich also gegenseitig ergänzen, kann von Kultur-Sponsoring nur dann eine Kommunikationswirkung ausgehen, wenn das Kultur-Engagement über Werbung oder Öffentlichkeitsarbeit bekannt gemacht wird oder im Rahmen der Verkaufsförderung eine Rolle spielt.

Während Werbung über die Einschaltung von Medien wie Tageszeitungen, Zeitschriften, Funk und Fernsehen eine Unternehmens- oder Produktleistung an eine Zielgruppe heranträgt – Gleiches gilt auch für Öffentlichkeitsarbeit – ist die Tatsache, daß ein Unternehmen sich kulturell engagiert und die Überlegungen und Beweggründe, die dazu führten, die eigentliche Information, die im Zusammenhang mit Kultur-Sponsoring vermittelt werden muß.

Kunst und Kultur – Gesprächsthema mit der Zielgruppe

Nicht von Unternehmensleistung und Produktvorteilen wird gesprochen, sondern ein neues Thema, meist außerhalb des Unternehmens angesiedelt – Kunst und Kultur – wird Mittelpunkt des Dialogs zwischen Unternehmen und Zielgruppe, ein Gesprächsthema, in das der Name des Unternehmens oder einer Marke ganz selbstverständlich integriert wird.

Mittelpunkt des Dialogs

Wenn die Dresdner Bank in München eine Ausstellung „Jemen" im Völkerkunde-Museum unterstützt, wird das über einen Hinweis auf dem Ausstellungsplakat und in einer begleitenden Informationsschrift kundgetan. Diese Werbemittel werden nicht nur im Museum und an öffentlichen Stellen verteilt, sondern auch in den Filialen der Bank. Würde die Förderung ohne einen Hinweis erfolgen, so müßte man von Mäzenatentum sprechen.

In dieser weitverbreiteten Form des Sponsorships und seiner Bekanntmachung wird in die Werbung des Kultur-Institutes für die jeweilige Veranstaltung lediglich der Hinweis eingefügt: „Gefördert von..." „Unterstützt durch...", „Ein Engagement der..." oder im angelsächsischen Sprachgebrauch: „Made possible by..."

Der kommunikative Kontakt mit der Zielgruppe erfolgt einerseits in klassischen Medien und dann in Konkurrenz mit anderen klassisch formulierten Werbebotschaften (z.B. in Tageszeitungen, Zeitschriften, in der Plakatwerbung), andererseits aber auch durch spezielle Medien (Programmhefte, Kataloge, Kunst-Dokumentationen) und schließlich personell (auf Ausstellungen, bei Theater-Aufführungen, Ballett-Abenden usw.) ohne werbliche Konkurrenz. Diese Alleinstellung in Verbindung mit dem attraktiven Thema begründet die Sonderstellung des Kultur-Sponsoring im Rahmen der Marktkommunikation. Hermanns spricht in diesem Zusammenhang auch davon, daß Kultur-Sponsoring die Möglichkeit des Auftritts in „nichtkommerziellen Situationen" ermögliche.

In Fachbeiträgen ist verschiedentlich zu lesen, Sponsoring habe vor allem deshalb an Bedeutung gewonnen, weil gebildetere Konsumentenschichten sich zunehmend der klassischen Werbung verweigerten. Dafür gibt es keine Beweise. Richtig ist, daß die Kommunikation auf den klassischen Wegen schwieriger geworden ist, da die Informationsflut erheblich zugenommen hat und Verbraucher deshalb Botschaften immer selektiver wahrnehmen. Das trifft allerdings auf alle Bevölkerungsschichten mehr oder weniger zu. Es darf also nicht der Eindruck entstehen, daß klassische Werbung bei Zielgruppen mit höherer Intelligenz und Bildung scheitern muß. Werbekonzepte, die interessant und ungewöhnlich sind und die Vorstellungswelt der Zielgruppe treffen, haben trotz der geschilderten Hemmnisse noch immer gute Durchsetzungschancen.

Wichtig ist aber auch, daß Kommunikation mit Hilfe des Kultur-Sponsoring neue Möglichkeiten erschließt, gerade auch weil die Unternehmen, wie Blacket Ditchburn für die Prudential-Versicherungen in England an anderer Stelle dieses Buches ausführt, ihrer Zielgruppe unerwartet und überraschend anders begegnen können.

Kultur-Sponsoring und kommunikative Wirkung

Vor dem Hintergrund der geschilderten Wirk-Mechanismen wird deutlich, daß die Werbewirkung, die mit Hilfe von Kultur-Engagements zu erzielen ist, eingeschränkt ist. Diese Einschränkungen betreffen

- die zu vermittelnden Inhalte – Aussagen über Unternehmens- und Produktleistungen sind nicht oder nur sehr begrenzt möglich;
- die Breitenwirkung der Werbemaßnahmen – meist handelt es sich um kleine Zielgruppen, die nicht über breitstreuende Medien angesprochen werden;
- das Verfolgen von Bekanntheitsgrad- und Imagezielen – kann sich immer nur auf die begrenzten Zielgruppen beziehen;
- den Zeitfaktor – da der Auftritt meist dezent und zurückhaltend sein muß, das Kultur-Ereignis soll schließlich im Mittelpunkt stehen, sind Bekanntheitsgrad- und Image-Ziele nur mittel- bis langfristig zu erreichen.

Berücksichtigt man diese Einschränkungen, so bieten sich dennoch interessante Chancen für das Verfolgen von Image- und Bekanntheits-Zielen.

Image-Vorteile

Image: In Zeiten, da Unternehmensleistungen und Produkteigenschaften immer austauschbarer werden, kann das Ausweichen auf andere Felder wie zum Beispiel die Kultur einem Unternehmen Image-Vorteile bringen und Sympathie aufbauen, sofern sich das Unternehmen glaubhaft und seriös für kulturelle Belange einsetzt. Art und Form des Engagements kann außerdem, wenn langfristig angelegt, zu Transfer-Wirkungen führen und positiv auf ein Unternehmens-Image abstrahlen. Die ausführlich geschilderten Beispiele von IBM, Philip Morris und Prudential Versicherungen an anderer Stelle des Buches belegen das recht überzeugend.

Bekanntheit: Die Entwicklung von Bekanntheit bei ausgewählten Zielgruppen, wie Meinungsbildnern, höher Gebildeten, kulturell Interessierten und wichtigen Personen des öffentlichen Lebens, wird häufig als Ziel für Kultur-Sponsoring genannt.

Bei diesen selektierten Gruppen können über Programme, die meist um eine Einladung für eine gesponserte Veranstaltung aufgebaut sind, Kontakte für das Unternehmen geschaffen werden, die über die klassischen Wege der Kommunikation nicht zu erzielen sind.

Deshalb wird Kultur-Sponsoring vielfach auch von Unternehmen betrieben, die sich als Newcomer wichtigen Kreisen in einer Stadt, einer Region, einem Land vorstellen und Bereitschaft signalisieren wollen, an den kulturellen Aufgaben des neuen Standortes mitzuwirken.

Interessante Möglichkeiten für die Unternehmenswerbung

Wenn wir von Unternehmenswerbung sprechen, dann bedeutet das im deutschen Sprachgebrauch Werbung, die Leistungen eines Unternehmens darstellt; im Gegensatz dazu die Produktwerbung, sie fördert ein Produkt und demonstriert seinen Nutzen für Ver- oder Gebraucher. Die amerikanische Auslegung des Begriffes Corporate Advertising unterscheidet sich davon und bedeutet, weil ursprünglich auf den Geldmarkt ausgerichtet, Konzernwerbung, die es sich zur Aufgabe macht, den Aktienmarkt über das Gesamt-Unternehmen und seine Tochtergesellschaften zu unterrichten. Beiden Formen ist gemeinsam, daß sie weitere

Corporate
Advertising

We've always had a soft spot in our heart for visionaries.

100 years ago, these visionaries rocked, shocked and scandalized Paris.

They were branded as "Impressionists"—and museums refused to display their work.

Now, for the first time in this century, you can see many of the paintings that caused all the fuss. In an extraordinary exhibition based upon the 8 original shows organized by the Impressionists themselves.

AT&T is honored to bring you *The New Painting: Impressionism 1874-1886* at the National Gallery of Art in Washington, D.C. (January 17-April 6) and at the Fine Arts Museums of San Francisco (April 19-July 6).

This show is truly a celebration of vision—a new vision that changed forever the way we look at the world.

AT&T. Bringing you great art and great artists.

Woman with a Parasol—Madame Monet and Her Son, Claude Monet, National Gallery of Art, Washington, Collection of Mr. and Mrs. Paul Mellon.

AT&T
The right choice.

© AT&T 1986

55

Aufgaben übernehmen können – wie zum Beispiel, die Attraktivität für den Personalmarkt zu erhöhen, die Integration und Motivation von Mitarbeitern zu fördern und die absatzorientierte Produktwerbung zu unterstützen.

In der Bundesrepublik hat diese Form der Werbung, wohl auch aufgrund einer Verpflichtung der Öffentlichkeit gegenüber, die Absichten und Aktivitäten des Unternehmens offenzulegen und damit Vertrauen und Glaubwürdigkeit zu sichern, stark zugenommen. Wie im Bereich der Produktwerbung wird es immer schwieriger, sich durch die Darstellung der Unternehmensleistung, also Forschung, Entwicklung, Qualitätskontrolle oder auch das Investitionsvolumen von anderen Unterneh-

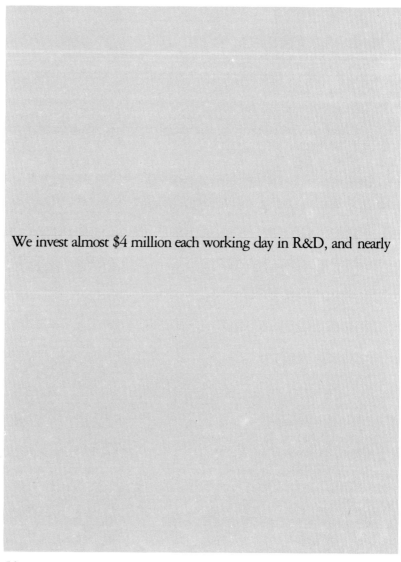

We invest almost $4 million each working day in R&D, and nearly

men gleicher oder ähnlicher Größenordnung zu unterscheiden. Sie ist austauschbar geworden. Und ein wenig gilt das auch schon für die Anstrengungen im Bereich der Ökologie. Eine weitere Schwierigkeit besteht in der Vielzahl differenzierter Zielgruppen, die eine Unternehmenswerbung meist erreichen soll, wie zum Beispiel Kunden, Finanzwelt, Staat, Mitarbeiter und Medien-Öffentlichkeit. So ist es schlechterdings unmöglich, auch nur bei einem Teil der genannten Zielgruppen ein gleichlautendes Interesse für die dargebotenen Informationen vorauszusetzen.

Diese Einsicht hat eine Reihe größerer amerikanischer Unternehmen veranlaßt, ihr Kultur-Engagement zum Thema ihrer Anzeigen im Rah-

$4 million a year in the arts. The results, from both, are beautiful.

Harry J. Gray
Chairman and Chief Executive Officer
United Technologies Corporation

men der Unternehmenswerbung zu machen. Die Anzeigen stellen für die Leser eine Verbindung her zwischen dem gesponserten Ereignis und dem Unternehmen. Sie verstärken sozusagen den Sponsor-Hinweis auf den Werbemitteln für ein Ereignis. Dabei wird davon ausgegangen, daß Kunst und Kultur bei höher angesiedelten Zielgruppen großes Interesse genießen, wie die Ergebnisse der Philip Morris-Studie zeigen, und diese Thematik dem Unternehmen Sympathien und Image-Facetten entwikkeln hilft. So weist dann auch das Business Committee for the Arts darauf hin, daß diese Form der Werbung zwei wichtige Aspekte beinhalte: Indem man Kunst und Kultur fördert, ergibt sich ein interessantes Thema für die Unternehmenswerbung. Indem mit Kunst und Kultur geworben wird, hilft man gleichzeitig den Kultur-Instituten.

Die Anzeigenwerbung Philip Morris verwendete lange den Slogan: „It takes art to make a company great." Mögen diese Worte für unsere Ohren zu vollmundig klingen, so erfahren wir aus den Ausführungen des langjährigen Chairman George Weissmann, daß der Begriff „takes art..." sich auf die Philosophie und Kultur dieses Unternehmens bezieht, das von Geschmack und Ästhetik in gleichem Maße abhängig sei wie von der Creativität seiner Mitarbeiter, und daß Kultur-Sponsoring eine wichtige Facette in den Äußerungen des Unternehmens darstelle.

Bei UNITED TECHNOLOGIES führten andere Überlegungen zu einem Engagement in der Kultur. Erst vor wenigen Jahren aus einer größeren Anzahl von Unternehmen der Hochtechnologie wie Pratt & Whitney oder Sikorsky zu einem Groß-Konzern zusammengewachsen,

suchte man nach einer Identität – und nach Wegen, wie man, ohne über Produkte sprechen zu müssen, Meinungsbildnern interessante Themen präsentieren könne. So entschied man sich für Kultur-Sponsoring und die Darstellung in der Unternehmenswerbung. In einer der Anzeigen wird die Brücke geschlagen zwischen Kultur- und Hochtechnologie: „Actually, the world of technology and the world of art are not much different. Both rely on the imagination of the individual. Both strive for innovation and excellence. Both provoke our thoughts, uplift and improve and enrich our lives."

In der Bundesrepublik gibt es erste Beispiele, daß Sponsoren ihr Engagement auch in Anzeigen darstellen. BMW, einer der großen, aber doch

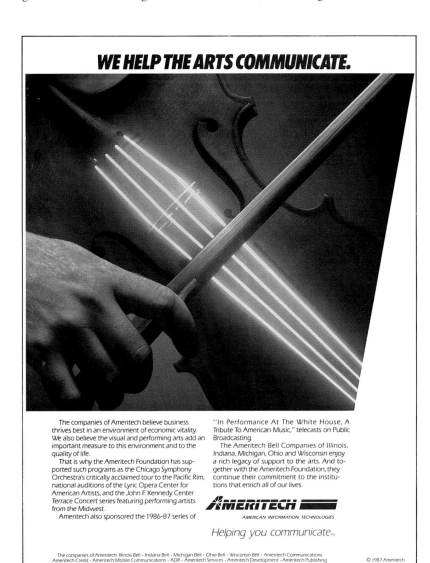

Art, for the sake of business

We're all enriched by art—sometimes in ways we take for granted. For instance, a great symphony orchestra sharpens our ear for music—and our appreciation for the city in which we can hear it play. Without question, art enhances the quality of life. But great works can't exist without good works—which in this country increasingly means business sponsorship.

In less than two decades, business support of the arts has risen dramatically—from $22 million in 1967 to more than $600 million today.

Business sponsorship spans cultural endeavors of virtually every type and scale: from exhibitions at the Whitney Museum and other museums in New York to children's art centers all across America; and from touring dance companies to architectural designs for outstanding buildings in Columbus, Indiana.

Mobil, through the years, has been heavily involved in cultural activities. What's in it for us—or for your company?

Improving—and ensuring—the business climate, for one. Winton M. Blount, chairman of the Business Committee for the Arts, Inc., says: "Business is not merely meeting a civic obligation...but is helping to keep open those avenues of freedom along which art and commerce both travel."

Another reason: Identification with quality. To quote Rawleigh Warner, Jr., Mobil's chairman of the board and chief executive officer:

"The arts are a natural, inevitable ally for any successful business. The partnership [between business and the arts] arises because we sense in the arts that same search for an ideal of quality and excellence that imbues many of our business decisions."

Some other reasons scores of businesses support the arts:

• The arts spark economic development and revitalize urban areas.

• The arts encourage commercial and residential real estate projects, foster tourism and attract new industry and business.

• Corporate art collections enhance the workplace by bringing employees into daily contact with the best and most daring of today's artists.

• Through matching gift programs, businesses can involve employees in the positive activity of art sponsorship.

• The arts—particularly good design—can be utilized in a business's advertising, marketing and public relations efforts.

In sum, the arts can be your partner in the pursuit of excellence. They can help you meet your business objectives. And they can shape the public's view of your company.

Of course, there's the most fundamental reason of all: the arts need—and deserve—business support. And they repay you in some of the ways we've just mentioned.

If you're interested in developing your own program of support for the arts, we suggest you contact the organization that's led the way in encouraging this worthy endeavor: the Business Committee for the Arts, Inc., 1775 Broadway, New York, N.Y. 10019; phone: (212) 664-0600.

So consider giving to the arts—for the sake of your business.

Mobil®

stillen Förderer, erläutert erstmals einzelne Aktivitäten; das Textil-Unternehmen Windsor gratulierte dem Schleswig-Holstein Musik Festival, und auch die Lufthansa tut bisweilen in Anzeigen kund, daß sie Kunst und Kultur fördert. Zaghafte Anfänge einer interessanten Möglichkeit für die Selbstdarstellung.

Selbstdarstellung

„Die Partnerschaft zwischen Wirtschaft und Kunst bedeutet für den Unternehmer nicht nur finanzielle Investitionen in die Kunst, sie erzeugt auch Werbewirkung und dokumentiert das Bestreben, zeitgenössische Kunst zu respektieren und zu fördern"
C. A. Andreae[40a]

„Kunst ist ohnehin mehr, als eine Zeit von ihr weiß."
Hans H. Hofstätter[41]

„Kunst ist das Fenster, durch das der Mensch seine höhere Fähigkeit erkennt." Giovanni Segantini[42]

„Es gibt keinen Grund, weshalb der Künstler nicht eine ernsthafte Ansicht von seiner Beziehung zum modernen Wirtschaftsleben haben und in effizienter Weise zum Ausdruck bringen soll, warum er nicht dieser Verantwortung entsprechend handeln soll. Dies ist, wie ich gefunden habe, notwendig, damit die Künste öffentliche Förderung erfahren. " John Kenneth Galbraith[43]

Kunst in der visuellen Darstellung

Hier ist nicht das Sponsor-Engagement des Unternehmens gemeint, das seine Aktivitäten der Öffentlichkeit mit Anzeigen bekanntmacht, sondern Kunst in der visuellen Darstellung einer Werbebotschaft. Nicht als Auftrag an den Künstler, eine Illustration oder Photographie für eine Produkt-Darstellung zu liefern, sondern freie Kunst als Mittel, um eine Philosophie zu visualisieren, einen neuen und ungewöhnlichen ästhetischen Ausdruck für eine Kommunikationsaufgabe zu finden.

Kunst ist auch immer eine Aufforderung zum Lernen. Speziell die bildende Kunst lehrt, visuelle Probleme zu entschlüsseln und damit gleichzeitig die Umwelt visuell zu begreifen. (Kühle/Wiemann)[44]

Zum andern das allgemeine menschliche Bedürfnis nach Schönem und Ästhetischem als Teil der Lebensqualität: Wenn man den Trend zu gutem Produkt-Design und Ästhetik in allen Bereichen des Lebens in den letzten Jahren verfolgt, dann sollte durch eine stärkere Einbeziehung der Bildenden Kunst in die Werbung mehr Aufmerksamkeit und Interesse für bestimmte Unternehmens- und Produkt-Botschaften erreicht werden können, zumal die von ungewöhnlichen künstlerischen Darstellungen ausgehende Emotionalisierung meist hohe Impactwerte erzielt.

Einbeziehung der Bildenden Kunst in die Werbung

Nicht Kunst ist gemeint, die in das Produkt eingeht (linke Seite), sondern Kunst in der Umsetzung einer werblichen Botschaft (Beispiele Air France und Frankfurter Allgemeine Zeitung).

DIE HOHE KUNST DES FLIEGENS
von Klapheck

„Le désir du ciel". Als wir den deutschen Surrealisten Konrad Klapheck beauftragten, „die hohe Kunst des Fliegens" auf seine Art zu interpretieren, fiel seine Wahl auf den neuen Airbus A 320. Dieser wurde von den talentiertesten europäischen Ingenieuren entwickelt – die Kontrollsysteme setzen neue Maßstäbe. Der neue Airbus ist das fortschrittlichste Flugzeug im kommerziellen Flugbetrieb. Air France war von Anfang an als Partner an diesem Projekt beteiligt. Wir sind stolz darauf, Ihnen als erste Fluggesellschaft des europäischen Kontinents den neuen Airbus-Service bieten zu können.

Aufbruch in die Zukunft.

DIE HOHE KUNST DES FLIEGENS
AIR FRANCE

65

Eine Anzeige der Frankfurter Allgemeinen Zeitung

Medien der Zukunft?

Zukunft der Medien?

Valerio Adami
1935 in Bologna geboren
lebt in Arona (Provinz Novara) und Paris

«Vallée tout confort» (Tal mit allem Komfort)

Die Lithographie zeigt einen Maler, der eine Landschaft malt. Die „Vedute" ist antik: Der Künstler verweilt einen Augenblick bei den Ruinen eines griechischen Tempels.

Wie kann man an die Zukunft denken, ohne die Vergangenheit neu zu beleben? Die Weissager lasen die Zukunft aus der Konstellation der Dinge, aus den Eingeweiden eines jungen Bockes oder dem Flug der Vögel. Ich weiß nicht, ob der Künstler die Zukunft vorwegnimmt, aber sicher hat die Form prophetische Kräfte.

Ein Bild geht von hier nach dort, wohin immer seine Gestalt es trägt, und so hat die Malerei oft zukünftige Dinge vorweggenommen. Michelangelo hat als Beispiel der Götter der Barbarei ein Ende gesetzt.

Das Bild erlangt seine höchste Kultur in einem Prozeß der Metamorphose, und sein Aussehen ist die Antwort auf ein System von Metaphern. Wenn man das Morgen als ein langsames Sich-Verschieben des Gestern sieht, dann wird das Aktuelle sofort inaktuell, und das Heute sieht das Gesicht der Vergangenheit und den Rücken der Zukunft.   V. A.

Abb. links: Lithographie in 9 Farben auf 270 g Rives-Bütten bei Quensen/Lamspringe gedruckt

---

Dieses ist die zwölfte Folge der Präsentation: **Eine Herausforderung als Bekenntnis – 20 Künstler beziehen Stellung zum Thema Medien der Zukunft –** erstmals vorgestellt im „Frankfurter Allgemeine Magazin", Heft 379 vom 5. Juni 1987 (Seite 83 – 85).

Den Order-Coupon für dieses zwölfte Werk finden Sie auf Seite 84 dieses Heftes.

Beispiel für eines der frühen Indianer-Motive der Santa Fe Railway

Kultur-Sponsoring – die Nähe zur Öffentlichkeitsarbeit

Daß Unternehmen die Kunst fördern, hat eine lange Tradition und geht weit zurück – bis in die Anfänge dieses Jahrhunderts. Die großen deutschen oder auch europäischen Unternehmen sahen schon sehr früh die gesellschaftliche Verpflichtung zur Förderung von Kunst und Kultur. Allerdings fielen diese Aktivitäten ausschließlich in den Bereich des Mäzenatentums. Der schamhafte Hinweis im Rahmen einer Verlautbarung, man habe diese oder jene Veranstaltung möglich gemacht, hat noch nichts mit gezielter Öffentlichkeitsarbeit zu tun. In der angelsächsischen Literatur wird gern auf die frühen Aktivitäten der Santa Fe-Railway hingewiesen, die um die Jahrhundertwende in den USA begann, ein Image für ihre Eisenbahnlinie aufzubauen – sozusagen das erste gezielte Kultur-Sponsoring-Engagement. 1890 kam die Gesellschaft auf den Gedanken, die in Arizona und New Mexiko ansässigen Indianerstämme und das Landschaftspanorama des Südwestens in Bildern festzuhalten. Professionelle Photographen und Illustratoren wurden beauftragt, die Sehenswürdigkeiten entlang der Santa-Fe-Route künstlerisch nachzuvollziehen.

Vorgriff auf moderne Public-Relations-Strategien

„Die von Santa Fe vollzogene schöpferische Synthese zwischen Kultur und Geschäftsinteressen war ein einzigartiger Vorgriff auf moderne Public-Relations-Strategien." (McLuhan)[45]

Öffentlichkeitsarbeit oder Public Relations verfolgen die Aufgabe, eine näher zu definierende Öffentlichkeit über Ziele, Pläne und Leistungen eines Unternehmens zu informieren und damit Verständnis und Vertrauen aufzubauen. Öffentlichkeitsarbeit ist überwiegend unternehmens- und nicht produktbezogen. Der Unterschied zur Werbung besteht darin, daß der Raum für die Unternehmensbotschaft nicht gekauft werden muß, sondern, sofern Interesse für die Information besteht, von Redakteuren im redaktionellen Teil der Medien plaziert wird; und daß Inhalte und Detailformulierungen nicht in der vom Unternehmen vorgegebenen Form veröffentlicht werden können. Damit fehlt die Kontrolle darüber, was an Informationen tatsächlich verbreitet wird.

PR-Fachleute in den Unternehmen sind deshalb darauf angewiesen, den Medien Informationen anbieten zu können, die sie bei ihrem Leser-, Seher- oder Hörerkreis für eine interessante, veröffentlichungswürdige Information halten. Da PR-Fachleute heute in etwa die gleichen Probleme wie Werbefachleute mit der Austauschbarkeit von Informationen, Botschaften und Argumenten haben, ist für sie die Tatsache, daß sich ein Unternehmen aktiv für Kultur einsetzt, eine interessante Botschaft. Sie ist im Zusammenhang mit den Unternehmenszielen zu interpretieren und kann mit den unterschiedlichsten Programm-Details über die entscheidenden Medien verbreitet werden.

Die Mehrzahl der in der Bundesrepublik, in der Schweiz und Österreich tätigen Sponsoren nutzt fast ausschließlich das Instrument der Öffentlichkeitsarbeit, um über Kultur-Engagements eine breitere Öffentlichkeit zu informieren, abgesehen von einzelnen Werbemitteln wie Plakat, Programmheft, die zum Standard-Programm jeder größeren Kultur-Veranstaltung gehören.

Instrument der Öffentlichkeitsarbeit

Dies und die Tatsache, daß die mit Kultur-Sponsoring verfolgten Ziele in erster Linie das Unternehmens-Image und die Demonstration gesellschafts- und sozialpolitischer Verantwortung betreffen, veranlaßt Autoren zu der Feststellung: Kultur-Sponsoring sei „eher der Öffentlichkeitsarbeit als der Werbung zuzuordnen". (Hermanns)[46]

Das erklärt wiederum auch die Tatsache, daß die weit überwiegende Zahl der Unternehmen, die Kultur-Sponsoring betreiben, die Verantwortung für diese Aufgaben den Leitern der Öffentlichkeitsarbeit übertragen haben und nicht der Werbeabteilung. Kultur-Sponsoring ist ein bevorzugtes Thema der Vorstandsvorsitzenden oder Sprecher eines Unternehmens. Die enge Zusammenarbeit zwischen Öffentlichkeitsarbeit und Unternehmensleitung ist sicherlich ein weiterer Grund für diese organisatorische Einordnung. Sponsoring-Engagements deutscher Unternehmen werden, sofern sie sich überhaupt in einer erweiterten Öffentlichkeit abspielen, also nicht nur einem kleinen Kreis exklusiver Kunden am Rande einer gesponserten Ausstellung, einem Theater- oder Konzertabend bekannt gemacht werden, meist durch eine Pressekonferenz vorgestellt. Es ist dann den Vertretern der Medien überlassen, welches Gewicht sie dem Ereignis in ihrer Berichterstattung einräumen und ob sie es für sinnvoll und opportun halten, den Sponsor, der vielleicht die Veranstaltung erst möglich machte, zu nennen. Die sich daraus ergebenden Konflikte sind auf Seite 159 des Buches beschrieben.

Kultur-Sponsoring kann den Verkauf fördern

Mit Verkaufsförderung werden alle Maßnahmen bezeichnet, die ein Unternehmen einsetzt, um den Verkauf von Produkten und Dienstleistungen an die nachgelagerten Absatzstufen zu unterstützen.

Dabei geht es hauptsächlich um eine Beeinflussung des Handels und seiner Mitarbeiter sowie der Verbraucher, die zum Kauf bestimmter Waren und Dienstleistungen angeregt werden sollen. Nach hierzulande überliefertem Verständnis passen ein so banales Geschehen wie Verkaufsförderung und Kulturförderung nicht zusammen. Demgegenüber machen Unternehmen in den USA und in England schon lange kein Hehl mehr daraus, daß es durchaus Konzepte gibt, die Kunst- und Kulturförderung und Förderung des eigenen Verkaufs in Einklang bringen können. In diesem Falle, so argumentieren die US-Experten, entfallen auch Probleme, wie sie bei großzügig angelegten Sponsoring-Maßnahmen beispielsweise mit Aktionären, die das Geld des Unternehmens so effizient wie möglich eingesetzt sehen wollen, entstehen könnten.

Cause-Related-Marketing

American Express nennt das Cause-Related-Marketing: Während einer zeitlich festgelegten Promotion wird immer dann ein vorher bestimmter Betrag an eine kulturelle Einrichtung gegeben, wenn eine American Express-Karte zur Zahlung verwendet wurde, American Express Traveller Cheques oder eine Reise in einem der American Express-Büros gekauft wurde. Begonnen hat die Aktion in Kalifornien. Nutznießer waren hier das San Francisco Arts Festival und das San Jose Symphony-Orchestra. Inzwischen hat American Express das Programm mehr als sechzigmal in 17 Ländern der Welt durchgeführt. Die Beträge, welche an Kultur-Institute bezahlt wurden, belaufen sich auf 3,4 Mio. $.

Zusammenfassend stellt American Express fest:

„The organizations involved in this promotion over the years have realized an actual financial impact greater than would have been possible had we simply presented a cheque. By using the resources of a well-financed marketing arm (the corporation) and the local support of a cultural institution that has broad support – or the potential for local support, both the corporation and the cultural organization benefit in a win/win situation."

Daß die Verbindung von Kultur-Sponsoring und Verkaufsförderung sich nicht auf seichtem Niveau abspielen muß und für die unterschiedlichsten Branchen interessante Ansätze liefern kann, zeigen diese weiteren Beispiele aus den USA:

Die amerikanische Kunstzeitschrift Horizon bietet Künstler-Vereinigungen einen Subskriptions-Preis von 18 Dollar an, das sind 4 Dollar weniger als der normale Preis. Horizon vergütet dann der Künstler-Organisation 9 Dollar für jede verkaufte Subskription. Das Programm führte für Horizon zu einer Auflagensteigerung und für die Künstler-Vereinigung zu zusätzlichem Einkommen.

Das Madison Hotel in Morristown, New Jersey, bot den Veranstaltern des New Jersey Shakespeare Festival, das in unmittelbarer Nachbarschaft stattfand, ein besonderes Hotel-Angebot: Für jede 100-Dollar-Einzelzimmer- und 265-Dollar-Doppelzimmer-Buchung wurden zwei Festival-Tickets abgegeben. Das Programm verbesserte die Hotel-Auslastung und führte dem Festival neue Besucher zu.

Eine Immobilien-Gesellschaft, Ballard Realty, bot zukünftigen Mietern eines Appartement-Komplexes in Alabama Mitgliedschaften des Alabama-Festival an. Trotz schwieriger Marktverhältnisse waren 80 Prozent der Wohnungen vermietet, bevor das Gebäude fertiggestellt war.

Ein anderes Immobilien-Unternehmen, Gerald D. Hines Interests, in Houston, Texas, sponsert jährlich Ausstellungen im New Yorker Museum of Modern Art, die ungewöhnliche Architektur zum Gegenstand haben. Hines verfolgt damit das Ziel, Bekanntheit für das Unternehmen bei seinen Zielgruppen in New York zu erlangen und die Aufmerksamkeit auf gute Architektur zu lenken.

Welche Probleme ergeben sich für Sponsoren aus der Wirtschaft?

Das Strategie-Problem
Das Organisations-Problem
Das Gestaltungs-Problem
Das Wirkungs-Kontroll-Problem

Der Fall dürfte die Regel sein: Ein Unternehmen wird von einem Kultur-Institut angesprochen und um eine finanzielle Beteiligung an einem Projekt gebeten. Das Unternehmen hat noch keine Sprachregelung entwickelt, ob Kultur-Sponsoring für die unternehmenspolitischen Ziele sinnvoll und damit grundsätzlich verfolgenswert ist oder nicht. Dementsprechend ist auch nicht festgelegt, welche Ziele man damit verfolgen, welche Zielgruppen man ansprechen und welche Auswahl an möglichen Engagements sich daraus ergeben kann.

Die erste Frage, die alle Unternehmen für sich klären sollten, ist die des „Ob-oder-Ob-nicht". Das empfiehlt sich schon deshalb, weil immer mehr Kultur-Institute auf die Wirtschaft zukommen werden und damit stets neue Entscheidungsprozesse in Gang kommen müssen. Eine Entscheidung gegen jegliches Kultur-Sponsoring sollte nach Möglichkeit begründet werden, damit die Vertreter der Kultur auch wissen, woran sie sind. Wird eine Entscheidung zugunsten des Kultur-Sponsoring getroffen, so sollten die strategischen Grundlagen festgelet werden. Denn nur diese Basisüberlegungen erlauben eine schnelle Antwort auf die zahlreichen Angebote und schaffen die nötige Klarheit bei den verantwortlichen Mitarbeitern im Unternehmen. Diese strategischen Grundlagen betreffen:

strategische Grundlagen

- die Ziele, die mit Hilfe des Kultur-Sponsoring erreicht werden sollen
- die Zielgruppen, welche dadurch angesprochen werden sollen
- die Kommunikations-Instrumente, die im Rahmen des Kultur-Sponsoring eingesetzt werden sollen (Werbung, Öffentlichkeitsarbeit, Verkaufsförderung)
- die Inhalte und Botschaften, die damit transportiert werden sollen (unter Berücksichtigung der erwähnten Einschränkungen)
- die Bereiche und Formen, die am besten die genannten Vorgaben realisieren helfen
- die Laufzeit des oder der Engagements
- die finanzielle Ausstattung für das Sponsoring einschließlich der organisatorischen Kosten

Man sollte sich keiner Illusion hingeben. Die Formulierung der Strategievorgaben ist für Kultur-Sponsoring ungleich schwieriger und mit mehr Unsicherheiten verbunden als für die klassische Werbung: So gibt es kaum Informationen über die Nutzer der verschiedenen Kultur-Angebote als mögliche Zielgruppen oder die Images einzelner Formen und Bereiche der Kultur. Hypothetische Annahmen und statistisches Material, das für andere Zwecke erhoben wurde (z.B. Media-Analysen) kann eine gewisse Hilfestellung geben (s. auch Teil IV des Buches). Manfred Hanrieder gibt in seinem Beitrag eine Reihe nützlicher Hinweise, wie eine Planung systematisch angelegt werden und der Schwierigkeit fehlender Informationen begegnet werden kann.

Das Organisations-Problem

Wo ist Kultur-Sponsoring als Kommunikations-Funktion im Unternehmen einzuordnen? Wird die Werbeabteilung beauftragt oder die Abteilung für Öffentlichkeitsarbeit? Dabei ist die Frage zu prüfen: Ist die kommunikative Nutzung eher eine Aufgabe für die klassische Werbung oder für die Öffentlichkeitsarbeit? Und – welcher der Mitarbeiter hat durch Ausbildung, Einstellung, Interessen gute Voraussetzungen, um qualifizierte Gespräche mit den Vertretern der Kultur-Institute führen zu können? Sind diese Fragen nicht eindeutig zu beantworten, so bietet sich an, mit außenstehenden Beratern zusammenzuarbeiten, die nicht nur in Abstimmung mit hausinternen Abteilungen Organisation und Abwicklung steuern, sondern auch dazu beitragen können, die richtige Strategie zu finden.

Das Gestaltungs-Problem

Viele Unternehmen haben in den letzten Jahren eine Corporate Identity entwickelt und die Vorgaben für das Corporate Design festgeschrieben. In diesem Zusammenhang stellt sich dann die Frage: Wie weit müssen Äußerungen eines Unternehmens im Zusammenhang mit Kultur-Sponsoring dem Corporate Design entsprechen? Da das Unternehmen Charakter, künstlerische Eigenständigkeit des Kunstereignisses für seine kommunikativen Zwecke nutzen will, muß dessen gewachsene Eigenständigkeit erhalten bleiben oder – wenn es sich um eine neue Veranstaltung handelt – zusammen mit den Verantwortlichen geschaffen werden. Eine totale gestalterische Unterordnung unter das Corporate Design beispielsweise in der Form eines festgelegten Layouts für Anzeigen und Plakate würde der Grundabsicht zuwiderlaufen. Wohl aber sollte der Sponsor-Hinweis hinsichtlich Markenlogo, Schriften, Hausfarben dem Corporate Design entsprechen, denn hier kommt es auf die Wiedererkennbarkeit an.

Corporate Design

Im Kultur-Sponsoring erfahrene Unternehmen in den USA und in England weisen darauf hin, daß es nicht nur wichtig sei, jedem Ereignis seinen eigenen Auftritt gestalterisch zu sichern, sondern bei diesen Zielgruppen auch ein Höchstmaß an ästhetisch-graphischer Gestaltung anzustreben. Unternehmen wie Mobil Oil, Philip Morris, Schweizerische Kreditanstalt oder United Technologies beauftragen führende Designer, um jedem Sponsoring-Ereignis auch in den begleitenden Werbemitteln einen unverwechselbaren Charakter zu geben.
Einige Grundregeln zur Lösung von Gestaltungsfragen:
- Sponsoring-Engagements verlangen nach hohem gestalterischen Niveau, um Qualität und Eigenständigkeit des Ereignisses zu betonen.
- Jedes Engagement, sofern es sich nicht um eine Veranstaltungs-Reihe innerhalb eines Kultur-Institutes handelt, sollte sein eigenes unverwechselbares Bild erhalten.

- Dieses graphische Konzept muß sich bei allen im Rahmen des Engagements gestalteten Mitteln durchziehen.
- Der Sponsor-Hinweis ist hinsichtlich graphischer Gestaltung und Aussage (ein Kultur-Engagement der...) festzulegen und konsequent bei allen Sponsoring-Aktivitäten einzusetzen.

Das Wirkungs-Kontroll-Problem

Da die Investitionen im Kultur-Sponsoring steigen, gewinnt die Frage der Wirkungskontrolle zunehmend an Bedeutung. Der Kommunikationserfolg von Maßnahmen und Aktionen sollte, gemessen und in Relation zu den eingesetzten Mitteln, beurteilt werden können. Das gäbe Sicherheit für zukünftige Entscheidungen und würde die Rechtfertigung solcher Aktionen gegenüber Dritten ermöglichen (wie z.B. Aktionären). Die Schwierigkeiten der Werbe-Wirkungskontrolle generell sind bekannt. Werbewirkungen sind meist nur dann nachzuweisen, wenn die Ziele differenziert und operational, also meßbar formuliert werden. Da Kultur-Sponsoring meist flankierend zu anderen Kommunikations-Maßnahmen eingesetzt wird, ist die isolierte Betrachtung von Wirkungen des Kultur-Sponsoring besonders schwierig. Dennoch bietet sich eine Reihe von methodischen Möglichkeiten an, die Erinnerung (Recall) von Maßnahmen zu überprüfen und eine Steigerung des Bekanntheitsgrades bei Zielgruppen, die speziell durch Aktivitäten des Kultur-Sponsoring angesprochen werden, zu untersuchen. Bei umfangreichen, mittelfristig angelegten Sponsoring-Engagements empfiehlt es sich, über regelmäßig wiederholte Messungen (z.B. im Rahmen von Mehr-themen-Umfragen) Veränderungen von Bekanntheitsgrad, Image- und Sympathiewerten festzustellen.

Es mag ein wenig verwundern, ist aber Tatsache, daß nur wenige der großen amerikanischen Unternehmen, die schon seit Jahren im Kultur-Sponsoring tätig sind, zum Teil mit Budgets, die bei uns noch lange unerreichbar sein werden, Untersuchungen zur kommunikativen Leistung der Kultur-Engagements angestellt haben. Es wird in diesem Zusammenhang gern verwiesen auf generelle Image-Untersuchungen, die in regelmäßigen Abständen durchgeführt, positive Einflüsse dieser Aktivitäten erkennen lassen. Es wird auch darauf verwiesen, daß die Wirkung des Kultur-Sponsoring nur mittel- bis langfristig nachvollziehbar ist.

Acht Merkpunkte für Unternehmen, die sich mit Kultur-Sponsoring befassen wollen.

Definieren Sie Ihre Ziele

1. Warum denken Sie an Kultur-Sponsoring?
2. Was wollen Sie damit erreichen?

Entwickeln Sie eine Strategie

1. Welche Ziele wollen Sie erreichen, und wie verhalten sich diese zu den formulierten Kommunikationszielen des Unternehmens?
2. Welche Zielgruppen wollen Sie ansprechen, und wie verhalten sich diese zu den Zielgruppen Ihrer Kommunikationsstrategie?
3. Müssen bestimmte Inhalte (Botschaften) vermittelt werden, und ist das mit Kultur-Sponsoring möglich?
4. Entspricht Kultur-Sponsoring der Erwartungshaltung der definierten Zielgruppen?
5. Ist Kultur-Sponsoring zu vereinbaren mit der Corporate Identity des Unternehmens?
6. Für wie lange soll das Engagement geplant werden, und wie ist es zeitlich abzustimmen auf die Planung in Marketing und Marketing-Kommunikation?
7. Welches Budget soll für Kultur-Sponsoring eingesetzt werden?
8. Sollen Mitarbeiter und/oder Kunden und/oder Aktionäre angesprochen bzw. involviert werden?
9. Sollen bestimmte Anlässe und flankierende Aktivitäten geplant werden?
10. Gibt es einen bestimmten Bereich der Kultur oder Künstler/ Kultur-Institution, mit dem Sie gern arbeiten würden?
11. Wollen Sie mit bestehenden Kultur-Instituten oder etablierten Künstlern arbeiten oder mit neuen, noch unbekannten Organisationen oder Künstlern?
12. Soll das Engagement lokale, regionale oder nationale Ausstrahlung haben?
13. Soll mit einer Organisation zusammengearbeitet werden, die auch Tourneen ermöglicht – in Städte oder Länder, in welchen Geschäftsinteressen bestehen?
14. Streben Sie Exklusivität an in der Zusammenarbeit mit einem Künstler oder Kultur-Institut?
15. Wenn Sie ein Projekt sponsern wollen als Teil Ihrer Strategie, welche unmittelbare Gegenleistung erwarten Sie? Soll der

Name Ihres Unternehmens in direkter Verbindung zum Titel der Veranstaltung oder der Serie stehen? Wollen Sie einen weitergehenden Hinweis oder eine Aussage auf allen Drucksachen anbringen?

Entscheiden Sie sich für die Organisationsform

1. Wer soll verantwortlich sein im Unternehmen, eine Person oder ein Team?
2. Soll ein Berater oder eine Agentur eingesetzt werden, um das Projekt zu entwickeln und/oder durchzuführen?

Entwickeln Sie einen Zeitplan

1. Steht Ihnen oder Ihren Mitarbeitern genügend Zeit zur Verfügung, um die Möglichkeiten, die sich aus einer Zusammenarbeit ergeben, auch nutzen zu können?
2. Steht auch Zeit zur Verfügung, um Denk- und Arbeitsweise des Partners oder der Partnerorganisation in der Kultur kennen zu lernen und die Zusammenarbeit erfolgreich gestalten zu können?
3. Haben Sie bedacht, daß viele Kultur-Institute unter Personal-Mangel leiden und deshalb meist nicht schnell auf Ihre Fragen und Wünsche eingehen können?
4. Haben Sie einen detaillierten Zeitplan entwickelt, der alle geplanten Maßnahmen einbezieht?

Planen Sie die flankierenden Maßnahmen

1. Welche Anlässe wie Empfänge, Abendessen sollen in Zusammenhang mit dem Engagement vorgesehen werden?
2. Sollen für das Ereignis spezielle Plakate, Kataloge, Programme oder auch ein Mailing an die Kunden hergestellt werden?
3. Sollen Medien wie Funk und Fernsehen eingesetzt werden?
4. Soll eine Presse-Konferenz abgehalten werden und/oder müssen Pressemitteilungen vorbereitet werden?

Stellen Sie ein Budget auf

1. Werden für das Engagement zusätzliche Mittel zur Verfügung gestellt, oder kommen die Mittel aus dem Marketing-Budget?
2. Welches Grundhonorar ist dem Kultur-Institut/Künstler zu bezahlen?
3. Welche Beträge sind einzusetzen für flankierende Maßnahmen und Einladungen von Kunden, Mitarbeitern?
4. Haben Sie eine Reserve eingeplant für unerwartete Kosten?

Schließen Sie eine Vereinbarung ab

1. Fixieren Sie schriftlich das vereinbarte Konzept mit all seinen Details.
2. Halten Sie Rechte und Pflichten beider Partner fest (z.B. Rücktrittsrecht, wenn das Institut nicht in der Lage ist, das Projekt zu Ende zu führen oder wenn die Vereinbarung unter der Voraussetzung öffentlicher Mittel zustande kam und diese zurückgezogen werden).
3. Halten Sie die vereinbarten Honorare für alle Haupt- und Nebenleistungen fest.
4. Machen Sie den Sponsor-Hinweis und die damit verbundenen Veröffentlichungen zu einem Punkt des Vertrages.

Bewerten Sie den Erfolg des Projektes

1. Wurden die Ziele erreicht?
2. Welche sichtbare Gegenleistung haben Sie erhalten?
3. Welche Vorteile und Leistungen hat der Kultur-Partner erhalten?
4. Würden Sie das Projekt wieder durchführen?

Diese Punkte müssen bedacht, im Unternehmen diskutiert und dann als Vorlage für das Management schriftlich fixiert werden. Genauso sollte ein Ergebnis-Bericht nach Abschluß eines Projektes oder zum Jahresende erstellt werden.

Kultur-Sponsoring:
Mehrdimensionale Einflüsse

Kultur-Sponsoring und Unternehmens-Identität

Architektur –
Investition in kulturellen Mehrwert

Kultur-Sponsoring –
Teil der Unternehmenskultur

Unternehmen sind für die Öffentlichkeit und Kunden nicht nur wirtschaftlich definierbare Größen, sondern Persönlichkeiten mit einer mehr oder weniger klar erkennbaren Identität. „Persönlichkeit ist definiert als die relativ überdauernde Gesamtheit aller individuellen Merkmale in ihrer spezifischen Ausprägung." (Erke)[47] Als Merkmal führt Erke eine Reihe von Faktoren auf, die Äußerungen und Verhalten kennzeichnen, wie Bewußtsein, Gewohnheiten, Einstellungen, Werte und Normen, Ziele, Fähigkeiten, Aktivität, Aggressivität, aber auch Rolle, Status, soziale Qualitäten, Formen der sozialen Interaktion. Die Merkmale sind meist unterschiedlich ausgeprägt, und oftmals haben sie sich unabhängig voneinander entwickelt. Erst in den letzten Jahren hat sich die Erkenntnis durchgesetzt, daß Corporate Identity eine strategische Bedeutung hat und den unternehmenspolitisch wichtigen Entscheidungen zugerechnet werden muß.

Vertrauen in der Öffentlichkeit

Der Grund liegt in der Notwendigkeit, Verständnis und Vertrauen in der Öffentlichkeit zu gewinnen. (Stadler)[48] Vertrauen und vor allem Sympathie entstehen nicht nur durch Information und häufige Begegnung mit einem Unternehmen, seinen Leistungen und Zielsetzungen, sondern vermehrt auch durch gesellschaftliche Interaktion. Die Bereitschaft, sich in kulturellen Aufgaben zu engagieren, auch wenn dies im Sinne des Kultur-Sponsoring aus eigennützigen Motiven geschieht, ist eine sehr naheliegende Form der gesellschaftlichen Interaktion und deshalb in hohem Maße geeignet, eine Unternehmens-Identität zu formen und zu konturieren.

Dabei ist zu entscheiden zwischen den eher kurz- bis mittelfristigen Engagements, die gewisse kommunikative Ziele unterstützen können, wenngleich bereits darauf hingewiesen wurde, daß, bedingt durch die Art der Präsentation, eine nachhaltige kommunikative Wirkung der mittel- bis langfristigen Anlage von Programmen bedarf. Als Beitrag zur Identität eines Unternehmens muß Kultur-Sponsoring auf jeden Fall langfristig geplant sein. Es muß darüber hinaus einem schlüssigen Verhalten des Unternehmenes entsprechen, und es bedarf der Kontinuität. Schlüssiges Verhalten bedeutet nichts anderes als Kongruenz zwischen den Handlungen, den Äußerungen und dem Selbstverständnis (Stadler)[48] der Unternehmenspersönlichkeit.

Ein Selbstverständnis kommt in den Handlungen und Äußerungen der Bayerischen Rückversicherung zum Ausdruck. Eine Firmenschrift sagt: „Wer über sich reden will, muß wissen, wer er ist.
In unserem Selbstverständnis hat sich vor sieben Jahren eine entscheidende Wandlung vollzogen.

Aus einer Villa der Gründerzeit zogen wir um in unser heutiges Haus. Vom Stuck in die Moderne. Mit diesem Umzug war zwar ein äußerer Wechsel vollzogen, aber noch kein innerer. Die neue Umgebung brauchte ihren Ausdruck in einer neuen Identität. Eine ‚Corporate

Identity' –, die alle Merkmale des Unternehmens in einen einheitlichen Auftritt zu bringen hatte.

Nachdem wir mit den Jahren in unserer neuen Haut heimisch geworden waren, taten wir einen zweiten Schritt. Wir wollten uns auch nach außen mitteilen. Es schien uns nicht mehr angebracht, Anzeigenflächen zu buchen, um sie mit unserer Visitenkarte zu belegen. So sprachlos waren wir nicht mehr. Wir gingen in den Dialog zu unseren Kunden. Wir suchten neue Themen auch außerhalb des reinen Fachgesprächs. Scheuten uns nicht, gelegentlich nur zu plaudern, Randthemen zu streifen und Stilfragen zu berühren. Unumstritten ist diese Strategie auch nicht in unserem Hause. Vielleicht können Sie uns Bestätigung und Anregung geben, den eingeschlagenen Weg weiter zu gehen."

Architektur – Investition in kulturellen Mehrwert

Wie schlüssig ist das Verhalten dieses Unternehmens? Es entwickelt ein Corporate Identitiy-Programm, macht dies zur Basis seiner Äußerungen nach innen und außen, fühlt sich der Kultur in seinem Einzugsbereich verantwortlich, entscheidet sich jedoch, vor die Notwendigkeit gestellt, ein neues Verwaltungsgebäude zu errichten, kurzerhand für eine anonyme Fertigteil-Architektur. Sicherlich eine vertane Chance.

Architektur als bildende Kunst, tagtäglich in unserer Umwelt sichtbar, kann unser ästhetisches Empfinden erfreuen, anregen, aber auch beleidigen. Architektur ist letztlich Ausdruck gesellschaftlicher Zustände. *Architektur als Ausdruck gesellschaftlicher Zustände*

„Wer auf eine Stadt vor hundert Jahren geblickt hat, sah aufragende Kirchtürme, die Dachfirste der Adelspaläste über denen der Bürgerhäuser. Wenn man heute den gleichen Blick tut, wird man Verwaltungs- und Wohntürme sehen, chaotisch in den Raum gesetzt und ohne Gesicht, und gelegentlich Fernsehtürme und Antennen. Das Gefüge ist aufgebrochen, der sich aus gemeinschaftlichem Wohnen ergebende Charakter einer Stadt ist reduziert auf museale Baudenkmäler, das Beherrschende ist austauschbar geworden. All dies muß an einem allgemein mangelnden Selbstverständnis der Gesellschaft liegen und wohl auch an einer mangelnden Divergenz zwischen Wahrnehmungskapazität gesellschaftlicher Zusammenhänge und Entscheidungsmacht." (Haschek)[49]

Kultur-Sponsoring aus gesellschaftlicher Verpflichtung wie aus kommunikativen Überlegungen muß die Architektur mit einbeziehen.

Und das beginnt, wie Peter M. Bode sagt, am sinnvollsten mit dem eigenen Haus. Ob man einen jungen Architekten animiert, einen ungewöhnlichen Verwaltungsbau zu entwerfen, wie die Bayerische Rück oder wie Olivetti prominente Architekten im jeweiligen Land beauftragt, mit eigenwilligen, neuen Lösungen aufzuwarten, der Beitrag zur Corporate Identity und zur kulturellen Aufwertung des Standortes ist von unschätzbarem Wert. Das von Frank Lloyd Wright entworfene Gebäude der Johnson Wax Company in Wisconsin, USA hat einer Studie zufolge durch die Veröffentlichungen seine Baukosten um das Hundertfache wieder hereingespielt. Das vor nahezu 40 Jahren von Mies von der Rohe gestaltete Seagram's Gebäude an der Park Avenue in New York oder

der 1972 zur Olympiade in München fertiggestellte „BMW Vierzylinder" sind weitere beredte Beispiele.

Schon jetzt steht fest, daß das neue Gebäude der Hongkong-Shanghai-Bank von Norman Foster der Bank mehr Ansehen, Image, Bekanntheit einbringen wird, als das alle Bemühungen der vor mehr als 100 Jahren gegründeten Bank bisher vermocht hätten. Das zeigt, welche Kraft ungewöhnliche Architektur haben kann. Seit seiner Fertigstellung 1985 ist diese Architektur in allen großen Medien der Welt im Gespräch. Denn es gibt unzählige Details, die erstmals in der Architektur verwirklicht wurden, von der größten bisher in der Welt für ein Gebäude abgehängten Stahlskelett-Konstruktion bis hin zu den Sonnenspiegeln, die das Licht im Gebäude steuern.

Ungewöhnliche
Architektur

Noch ist Architektur in der eher mageren Literatur über Kultur-Sponsoring kein Thema. Fraglos erfüllt künstlerisch anspruchsvolle Architektur die für Kultur-Sponsoring aufgestellten Kriterien genauso wie die Errichtung einer unternehmenseigenen Sammlung zeitgenössischer Malerei oder das Sponsoring einer Ballettserie. Und der gesellschaftsrelevante und kommunikative Nutzen für das Unternehmen könnte um ein Vielfaches größer sein, ohne daß die Kosten unbedingt höher ausfallen müssen als bei der üblichen Durchschnitts-Architektur.

Hongkong and Shanghai Bank von Norman Foster, die „Neuerfindung des Wolkenkratzers". Beleuchtungssysteme und Gebäudeinformation von Erco entwickelt. (Fotos Erco)

Frage an den Kunst- und Architektur-Kritiker:

Welche Verbindung sehen Sie zwischen Architektur und Kultur-Sponsoring, Herr Bode?

„Unternehmen, die sich für die Kultur engagieren, die Kunst sponsern und die geistige Diskussion in der Gesellschaft aktiv fördern – diese Unternehmen können und werden die Architektur (und auch die Integration der bildenden Kunst in die gebaute Umwelt) dabei nicht aussparen. Die Forderung guter und humanerer Architektur beginnt am sinnvollsten und naheliegendsten im eigenen Hause: Wer sich den Verzicht auf den rein zweckorientierten Containerbau erlaubt und statt dessen auch in Firmengebäude kulturellen Mehrwert zu investieren bereit ist, stärkt die Corporate Identity des Unternehmens, schafft menschenfreundlichere Arbeitsplätze in einem sympathischeren Ambiente.

Als konkretes Beispiel greife ich die Bayerische Rückversicherung in München heraus, weil deren Einsatz für bessere Lebensqualität durch besseres Bauen wirklich verdient, bekannt gemacht zu werden. Vom großen Olivetti-Konzern und auch von BMW weiß man ja, daß deren jeweils breitgefächertes Kultur-Sponsoring mit der Entscheidung für ungewöhnliche und überdurchschnittlich qualifizierte Unternehmensarchitektur angefangen hat. Das Bewußtsein für Architektur förderte auch die Hinwendung zu den übrigen Bereichen der Kunst. Bei der „Bayerischen Rück" setzte sich in der Führung – als der Neubau der Zentrale anstand – von vornherein die Meinung durch, es sei nun an der Zeit, vom jahrzehntelang praktizierten Allerwelt-Funktionalismus abzugehen. Die Forderung nach einer intelligenten und anspruchsvollen Architektur wurde in den Mittelpunkt der neuen Corporate Identity-Konzeption gestellt: Die vier runden, präzise detaillierten Glas-Pavillons der Bayerischen Rück am Englischen Garten mit ihrer schlanken Metallgliederung und der äußerst wohltuenden Einbeziehung des umgebenden Grünraums demonstrieren zugleich Eleganz und Eigenwilligkeit, Zurückhaltung und Fortschrittlichkeit, Transparenz und Noblesse.

Diese Architektur ist offen und beweglich; die anmutig und fließend einander zugeordneten Baukörper strahlen die Harmonie und Perfektion des Kreises aus; solche runden und durchsichtigen Gebäude erleichtern auch den Abbau von Arbeitsplatzhierarchien. Das Münchner Versicherungsunternehmen hat damit eine Architektur gefördert, die bis in jede Einzelheit auf die physischen, psychischen und ästhetischen Bedürfnisse seiner Benutzer und Besucher eingeht. Es gelingt hier, durch die aus der Aufgabe kongruent abgeleitete Gestalt und ihre künstlerische Verdichtung eine nahtlose Identität von Unternehmen und gebautem Erscheinungsbild zu begründen, indem die Eigenschaften „aufgeschlossen, ehrgeizig (ohne aggressiv zu sein), intellektuell, selbstsicher, vertrauenerweckend" in der Form zylindrischer Gebäude symbolisch gebündelt und nach außen projiziert werden.

Fast schon überflüssig zu sagen, daß selbstverständlich bei der Bayerischen Rück erlesenes – zeitgenössisches und historisches – Möbeldesign, exzellentes Graphikdesign sowie die moderne Kunst (die nicht nachträglich aufgesetzt wurde) eine hervorragende Rolle spielen. In dieser überzeugenden Architektur ergab sich auch wie von selbst ein höchst niveauvolles und sogar mutiges, weil zu kontroversen Diskussionen anstiftendes Ausstellungsprogramm, das mit professionellem Elan realisiert wird."

Peter M. Bode, Kunstkritiker, Redakteur der Abendzeitung München.

Kultur-Sponsoring – Teil der Unternehmenskultur

Man sollte sich davor hüten, Begriffe wie Corporate Culture, in der deutschen Übersetzung „Unternehmenskultur", einfach in die eigene Sprache zu übernehmen und mehr oder weniger unkritisch zu interpretieren. Da kommt dann, wie in einer großen Wirtschaftszeitschrift kürzlich zu lesen war, heraus, daß der Firmenkalender Bestandteil der Corporate Culture eines Unternehmens sei, und die Tatsache, daß sich ein Unternehmen in Kultur-Sponsoring engagiert, wird schnell mit Unternehmenskultur bezeichnet. Unter Unternehmenskultur hat man die Gesamtheit von Normen, Wertvorstellungen und Denkhaltungen zu verstehen, die das Verhalten der Mitarbeiter aller Stufen prägen. Unternehmenskultur zeigt sich in einer Vielzahl von Facetten. Neuberger/ Kompa[51] unterscheiden Unternehmensorganisation, Unternehmenspolitik, Verhalten und Erfolgsmaße, Führungsstil und Betriebsklima, Handlungsstrukturen, verbales Verhalten und Corporate Identity. Unternehmenskultur ist in erster Linie die innere Haltung eines Unternehmens, die zur Basis einer starken Unternehmenspersönlichkeit, eben der Corporate Identity, werden kann.

*Unternehmens-
persönlichtkeit*

Dabei sind Unternehmenskulturen nicht eine Erfindung unserer Zeit, sondern in vielen Fällen gewachsene Phänomene, an deren Anfang oftmals eine starke Gründerpersönlichkeit stand. Oft zitiertes Beispiel ist Olivetti mit seinem Gründer Camillo Olivetti, von dem Renzo Zorzi sagt: „Er war ein Entrepreneur, ein Planer und ein Sozial-Reformer, der in sich beides vereinigte, den Glauben in das kapitalistische Wirtschafts-System mit ausgeprägter sozialer und gesellschaftlicher Verantwortung".[52] Aus dieser Haltung heraus hat er den Grundstein in den zwanziger Jahren für das gelegt, was sich in zeitlos schönen, funktionalen technischen Geräten, in arbeitsfreundlichen Büros und Fabriken, in vorbildlichem Graphik-Design und letztlich auch in Förderung von Kunst und Kultur widerspiegelt. Adriano Olivetti hat in den dreißiger und vierziger

Jahren im Sinne dieser Philosophie weiter gewirkt und eine Verpflichtung für die Manager des Konzerns bis heute geschaffen.

Bezeichnenderweise fügt sich das kulturelle Engagement nicht nur ganz natürlich in diese Philosophie ein, sondern wurde, wie bei keinem Unternehmen bisher zu beobachten war, zum Kern einer Identität, die geprägt ist aus Industrial Design, Identification Systems, Graphic Design and Advertising, Type Face Design, Exhibition Design, Interior Design und Architectural Design. Aus Anlaß des 75jährigen Jubiläums des Unternehmens hat Olivetti die Gesamtheit der Ausdrucksformen, die man lange Jahre auch den Stile Olivetti genannt hat, als ein Symbol graphisch umgesetzt. Unter dem Titel „Design-Process" wurde dann eine Ausstellung zusammengetragen, welche die Entwicklung der Identitätsmerkmale des Hauses Olivetti darstellte.

In der Einleitung des Ausstellungskataloges liest man zur Philosophie:

> „Why commission works of art with all the risks this entails, when an already existing work could be chosen? Why look for sometimes unknown artists to illustrate books and diaries which will be sent around the world? Why bother with this process of exploration or invention, which often requires years to gain the recognition which now only the fame or notoriety achieved through the mass media guarantees? This brings us back, via another path, to the constant theme of these notes: the vocation, the meaning, the nature of the industrial phenomenon in the modern world. Industry is one of the constituent and determinant values of contemporary society. Its decisions profoundly affect the social, physical, economic and cultural fabric of the territory in which it operates, causing shifts in population, creating wealth, transforming the urban, sociological and intellectual context, distributing consumer goods, and intensifying life, experiences, opportunities; but also polluting, making often catastrophic errors, creating the conditions for possible, or real oppression, limitation, decline. All the more important then that industry be guided by a great sense of social responsibility, that it be creative almost by second nature, that it assumes the values of culture, intelligence and science as its own, and place them on an equal footing with the other values for which it exists and operates, that it moves in the realms of the spirit with the same passion, the same intellectual generosity and the same respect with which it handles the problems of its own growth, the need for profit, the most complex management decisions.
>
> In this light, even a brief glance at these pages may perhaps confirm the idea that life is a whole, that everything is linked to everything else, and that clear and rigorously pursued objectives cannot be separated from creativity and invention, in whatever field they may be called upon to act."
>
> Renzo Zorzi

(Design Process, Olivetti 1908-1983)[53]

Ein ganz anderes Beispiel für eine klar formulierte Corporate Identity, in deren Mittelpunkt ein Engagement für die Kunst steht, ist das von Tetra Pak. Überschrift einer Broschüre: „Tetra Pak und die Kunst. Wie wir das sehen." Und Tetra Pak erklärt dazu folgendes:

„Jede Firma lebt von der Gesellschaft, für die sie arbeitet und produziert. Somit ist jedes Unternehmen Teil dieser Gesellschaft. Deshalb wird jedes Management beeinflußt von dem Kraftfeld, das man Gesellschaft nennt, von den Strömungen, den Trends, aber auch von den Konflikten. Andererseits beeinflußt jede unternehmerische Aktion – ob sie will oder nicht – die Gesellschaft. Denn immer ist jeder Markt und jedes Produkt ein Element der Kultur und des gesamt-gesellschaftlichen Zeitgeistes.

Auch Tetra Pak sieht diese Verbindung zwischen dem eigenen unternehmerischen Handeln und der gesellschaftlichen Dynamik. Kunst ist sicherlich ein besonders wichtiger und vitaler Aspekt der gesellschaftlichen Szene. Wenn man also Kunst nicht nur mißbraucht als beziehungslose Zimmerdekoration, sondern sie auch geistig integriert und an den eigenen Ideen, Entwürfen und Orientierungen teilhaben läßt; wenn Kunst also zum „Mitmanager" wird, dann ist man auf dem besten Wege, die Zukunft nicht rückwärts, sondern vorwärts anzugehen und gleichzeitig ein erfolgreich operierendes Element des ganzen Systems zu werden. Gerade Kunst ist ein sensibler, sensorischer Faktor zur Früherkennung und zur Dechiffrierung gesellschaftlichen Wollens. Je mehr also ein Top-Management gesellschaftspolitisch agiert und plant (Johns, ehemaliger Chef von General-Electric: „40 Prozent meiner Zeit opfere ich der Gesellschaft"), um so mehr benötigt sie eine seriöse – und ebenso wichtig! – eine permanent aktuelle Brücke, die man begehen kann, um vom Lager der Wirtschaft in das oft nebulöse Feld der Gesellschaft gelangen zu können. Kunst wird zur Brücke zwischen Wirtschaft und Gesellschaft. Kunst verbindet jedes Unternehmen mit den gesellschaftlichen Strömungen.

Wer also seine Umwelt beeinflussen, korrigieren oder verbessern will, muß sich engagieren. Und das nicht nur in der Politik, wo die normativen und operativen Qualitäten festgelegt und entschieden werden, sondern – wichtiger fast – er muß dieser Gesellschaft das geben, was für diese wirklich „heilsam" ist, und das ist bevorzugt Kunst und Kultur. Denn das sagen z.B. viele Soziologen, egal aus welchem Lager sie kommen: Nichts läßt eine Gesellschaft so vital und gesund werden wie die Verbesserung ihrer kulturellen und künstlerischen Auseinandersetzungen. Je kraftvoller die kulturellen Konflikte, um so gesünder die Gesellschaft."

Eine ähnliche Haltung nimmt Philip Morris ein, deren langjähriger Chairman George Weissman erläutert, wie es dazu kam, daß dieses Unternehmen die Kunst förderte.

„In den frühen sechziger Jahren waren wir eine kleine Gesellschaft mit 300 Millionen Dollar Jahresumsatz in der traditionellen Zigarettenindustrie. Es gab nur sechs Unternehmen in diesem Industriezweig; und wir standen auf der untersten Sprosse der Leiter. Wir haben uns der Kunst zugewandt, um Impulse für neue Ideen und innovative Ansatzpunkte zu bekommen. Die grundlegende Entscheidung, Kunst zu fördern, war nicht durch die Bedürfnisse oder die Situation der Kunst geprägt. Wir wollten besser sein als die Konkurrenz. Dabei kamen wir zu der Überzeugung, daß wir Geschäfte nicht länger in der altbewährten und traditionellen Weise führen und doch erfolgreich sein konnten.

Da wir im wesentlichen eine Industrie und ein Unternehmen kreativer Manager und Vermarkter sind, mußten wir uns selbst und unseren Mitarbeitern sagen, daß wir für neue Ideen, neue Wege offen waren. Wir wollten sie auf die Wellenlänge der Zukunft einstimmen.

Wir begannen, uns bei Philip Morris mit Kunst zu befassen – in unserem Fall hauptsächlich visuelle Kunst –, die uns veranlassen würde, Dinge unterschiedlich zu sehen und auf eine völlig neue Weise zu betrachten. Den ganzen Tag, in jedem Arbeitsbereich, vom Produktdesign zur Produktverpackung, von Promotion bis zur Werbung befassen wir uns mit Design, Farbe, Form, Klang, Struktur und Inhalt.

Heute, bei unserer ständigen Suche nach innovativer Entwicklung von Qualitätsprodukten und gefälliger Ansprache, sind wir aus Notwendigkeit und Gewohnheit sehr hellsichtig für Kunstformen und Expressionen geworden, die eine Herausforderung an unsere eigene Kreativität darstellen – die unsere eigene Fähigkeit erhöhen, täglich mit einer großen Zahl von Menschen auf einem Gebiet zu kommunizieren, das sich einer ständig intellektuelleren und komplexeren visuellen und verbalen Ausdrucksweise bedient.“[54]

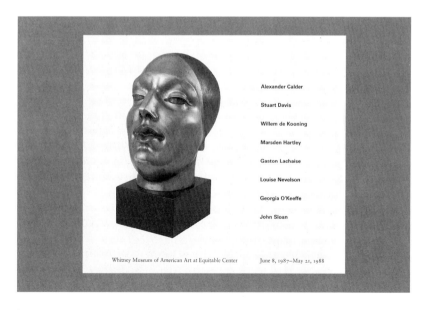

Der neue Gebäudekomplex der Equitable Versicherung in New York ist ein Musterbeispiel für architektonische Planung in Verbindung mit Kunst. Dem Whitney-Museum wurde eine Dependance eingerichtet (Bild links), Roy Lichtenstein schuf für die Haupthalle ein Kunstwerk, das über drei Stockwerke hinausragt. Auch an vielen anderen Stellen im Gebäude fand Kunst ihren Platz. Nach Aussagen der Gesellschaft hat dies wesentlich zu einem niveauvollen Ambiente und zur schnellen Vermietung des Objektes beigetragen.

Kultur-Sponsoring:
Impulse für die Stadtentwicklung

Kultur-Sponsoring und Kultur-Politik

Der kulturpolitische Ehrgeiz der Länder

Die Not der Städte

Das richtige Verhältnis zwischen
öffentlichen und privaten Geldern

Gemeinsamer Einsatz öffentlicher und privater Mittel

Die Initiativen sind entscheidend

Kooperationsthemen für Kultur und Wirtschaft

Kunst im öffentlichen Raum

Kunst und Kultur als essentieller Faktor der Stadtentwicklung

Die Verwirklichung ungewöhnlicher Projekte

Zukünftige Anforderungen an die Stadt

Neue Qualitäten für die Urlaubszentren

Kultur-Sponsoring und Kultur-Politik

Bisher war Kultur-Sponsoring fast ausschließlich das Ergebnis direkter Verhandlungen zwischen Künstlern und Vertretern von Kultur-Instituten und den Vertretern der Wirtschaft.

In Zukunft werden Projekte zunehmend auch durch Einschaltung und Vermittlung der Kultur-Politiker von Ländern und Kommunen zustande kommen. Die Gründe formuliert Marte: „Die Zeit der großen Mäzene und Stifterpersönlichkeiten scheint zu Ende zu gehen. Das Mäzenatentum wird mehr und mehr die Form einer Zusammenarbeit zwischen Staat und Bürger annehmen. Beide Seiten haben ihre spezifische

Verantwortung und schaffen so die Kulturgesellschaft, in der die Kunst ihren unverzichtbaren Platz als Quelle der Kreativität und ästhetischen Lebensqualität einnimmt."[55]

Auch die Meinung: „Privater Einsatz bedeutet eine gewisse Korrektur öffentlicher Förderung" (Möllemann)[56] setzt sich bei Kultur-Politikern immer mehr durch.

Der kulturpolitische Ehrgeiz der Länder

Baden-Württembergs Ministerpräsident Lothar Späth ist mit einer Reihe kulturpolitischer Initiativen an die Öffentlichkeit getreten. Er will damit die Phantasie und schöpferische Kraft der neuen Generation stimulieren: „Die kreativen Kräfte der Menschen müssen während der Bildungsphase stärker geweckt werden. Ich halte es für entscheidend, daß wir eine kreative junge Generation haben. Dazu gehört das Entwickeln von Fähigkeiten im gestalterischen und künstlerischen Bereich." Gefragt, wie er die ganze Breite kultureller Entfaltungsmöglichkeiten von Jugendmusik- über Jugendkunst- zu Jugendtheaterschulen darstellen will, lautet seine Antwort: „Es muß uns gelingen, das Mäzenatentum noch stärker einzubinden. Wenn der Staat eine vernünftige Steuerpolitik im Kultur-Bereich macht, das Mäzenatentum anreizt und dann noch selbst bei der Infrastruktur mithilft – etwa durch Zuschußsysteme im kommunalen Raum –, dann bin ich sicher, daß alle diese Aktivitäten auch durch private Initiative stark gefördert werden."[57]

Politische Imagepflege oder gezielte Image-Veränderung für ein Bundesland, das wie kein anderes als technologieorientiert gilt? Was immer die Motive sind, sie schaffen neue Voraussetzungen für Kultur-Sponsoring. Der Staat wird selbst zum Initiator, Vermittler oder direkt zum Partner der Wirtschaft. Auch Schleswig-Holstein ist Beispiel für eine Zusammenarbeit der Festival-Organisation mit Staat, Kommunen und privaten Förderern und Sponsoren. Hier lagen Image-Ziele in Verbindung mit Wirtschaftsförderung und Tourismus den Überlegungen zugrunde.

Politische Imagepflege

Die Not der Städte

Die Überlegungen sind ähnlich. Albrecht Roeseler formuliert das treffend: „In deutschen Großstädten, den föderal verstreuten Zentren sichtbarer Kultur-Ausübung, kämpfen Stadtväter für Steuergelder, um sie zum Ruhm ihrer Kommunen einzusetzen, auf daß diese attraktiv für Einheimische, für Besucher und vor allem für potentielle Zuzügler werden. Kultur ist nicht nur zum Protzen, sondern längst zum Locken da."[58]

Und je weniger die Kommunen in der Lage sind, die Forderungen ihrer Museumsdirektoren, Theater-Intendanten, Musikdirektoren zu erfüllen, je mehr sie täglich in der Presse klagen wie diese nachlesen müssen:
- wir arbeiten hier unter sehr beengten Bedingungen
- die Rahmenbedingungen sind zur Zeit nicht so, daß man etwas realisieren kann

– es muß wirklich etwas geschehen
– es ist sehr schwierig, hier weiterzuarbeiten
– es gibt keine Einsicht beim Personalreferat der Stadt
um so mehr sind sie gezwungen, nach neuen Finanzierungsmöglichkeiten Ausschau zu halten.

Das richtige Verhältnis zwischen öffentlichen und privaten Geldern

Kultur-Etat

Da gehen die Meinungen auseinander unter Deutschlands Kultur-Politikern. Während einige schon meinen, der kommunale Kultur-Etat könne durch private Gelder um 30 Prozent aufgestockt werden, sagt Jürgen Kolbe: „Ich bin bei meinen Erfahrungen von einem Maximum an Privatförderung von 5 Prozent pro Etat ausgegangen."[59] Und sein Nachfolger Siegfried Hummel sieht das nicht anders.

Diese Zahlen können allerdings leicht mißverstanden werden, beziehen sie sich doch nicht auf einzelne Projekte, sondern den Gesamt-Etat, der für München bei DM 200 Millionen liegt.

Die Stadt München hat zusammen mit BMW den Verein Spielmotor gegründet, der die finanzielle Grundlage für das Theater-Festival und das Veranstaltungs-Programm in der Alabama-Halle schuf. Stadt und BMW haben für Spielmotor je DM 600 000 im Jahr aufgebracht. Und für die erste Münchner Biennale, „ein städtisches Musikfest", das im Sommer 1988 erstmals über die Bühne ging, gibt die Stadt DM 4 Millionen, BMW DM 500 000 pro Jahr.

In den USA hat dieses System einen Namen: „matching funds", was nichts anderes heißt als gemeinsamer Einsatz öffentlicher und privater Mittel.

Gemeinsamer Einsatz öffentlicher und privater Mittel

Für die Zusammenarbeit von Kommune und Wirtschafts-Unternehmen auf der Basis gemeinsamer Finanzierung von Kultur-Projekten sprechen einige sehr pragmatische Gründe.
Gründe für die Kommune:
– kann mittel- und langfristige Projekte verfolgen
– hat, bezogen auf das Projekt, konstanten Partner
– kann Beratung und damit Qualität einbringen
– kann neue Projekte politisch besser vertreten (weil teilfinanziert)
Gründe für das Unternehmen:
Staat und Kommune
– garantieren Seriosität des Projektes
– steigern Reputation des Projektes
– kontrollieren Wirtschaftlichkeit
– beraten und garantieren Qualität.

Die Initiativen sind entscheidend

Albrecht Roeseler meint: „Kulturverweser, Dezernenten, Manager müssen her, um die Gelder, oft sind es Hunderte von Millionen, halbwegs gerecht zu verteilen, sinnvoll zu nützen."[60] Wobei zu ergänzen ist, daß die Dezernenten nicht nur Initiative und Phantasie aufwenden sollten, um vorhandenes Geld sinnvoll einzusetzen, sondern eben vermehrt auch dieses Geld bei privaten Förderern und Sponsoren akquirieren müssen. Jürgen Kolbe sagt: „Es gibt eine ganze Reihe gelungener Beispiele für die Partnerschaft zwischen öffentlicher und privater Hand in München:

a) Die Gründung des paritätisch aus Stadt und BMW gebildeten Vereins ‚Spielmotor', der das Theaterfestival und die täglichen Aufführungen der Alabama-Halle betreut hat. Dafür wurden bis zu 600 000 Mark pro Partner und Jahr aufgewendet.

b) Die Partnerschaft der Stadt München mit dem mittelständischen Kaufhaus Beck, die sich auf die Finanzierung von wichtigen Ausstellungen erstreckt, auf die Präsentation von Kultureinrichtungen im Kaufhaus und auf Installation bürgerschaftlicher Preisauszeichnungen.

c) Eine besondere Form mäzenatischer Praxis hält beispielsweise die Bayerische Rückversicherung für richtig, indem sie bedeutende Ausstellungsvorhaben selbständig realisiert und sich nur von Zeit zu Zeit der logistischen Hilfe der Stadt versichert."[61]

Das ist das Ergebnis einer offenen Kultur-Politik und eines ständigen Austausches zwischen Stadt und Wirtschaft. Und vor dem Hintergrund der finanziellen Probleme, welche die meisten Kommunen haben, will es so gar nicht einleuchten, daß einige Kultur-Referenten die Meinung vertreten, ihre Zeit sei zu teuer, als daß sie sich persönlich um die gemeinsame Finanzierung von Projekten bei Sponsoren einsetzen müßten. So sagt Dieter Sauberzweig:

Austausch zwischen Stadt und Wirtschaft

„Stadtpolitik kann sich in der gegenwärtigen Phase gesellschaftlicher Entwicklung weniger denn je auf Abwarten und Verwalten beschränken; sie muß Initiativen ergreifen und mit Einfallsreichtum und Stetigkeit die eigenen wirtschaftlichen, sozialen und kulturellen Mittel und Möglichkeiten der Stadt und ihrer Bürger zur Entfaltung bringen."[62]

Kooperationsthemen für Kultur und Wirtschaft

An Kooperationsthemen ist kein Mangel. Möglichkeiten sind:

– Kunst im öffentlichen Raum: Kunst an öffentlichen Gebäuden und auf öffentlichen Plätzen. Ausgestaltung von Bahnhöfen der öffentlichen Verkehrsmittel

– Kunst als wichtiger Faktor für die Stadtentwicklung und Stadtteilsanierung

– Entwicklung und Verwirklichung von Kunstzentren, Kunstwochen, Festivals

97

Kein Verkehrsmittel hat in den letzten Jahren Städte durch bauliche Maßnahmen so in Mitleidenschaft gezogen wie der U-Bahnbau, in keinem Bereich haben Städte so viel investiert wie in dieses Verkehrsmittel. Von den Eingängen und Bahnhöfen der um die Jahrhundertwende entstandenen Pariser Metro, die Zeugnis ablegen von der Epoche des Art Deco, sind wir noch heute entzückt. Auch unsere U-Bahnhöfe könnten Beispiele für zeitgenössische Kunst sein, wenn – ja wenn die Verantwortlichen der Städte diese Chance erkennen würden. Doch es werden Kommissionen gebildet, die allein die technischen Belange zur Grundlage ihrer Entscheidung machen. Anders in Brüssel, da wurden Künstler von Anfang an in die Planungen mit eingeschaltet, in Stockholm auch.

einzigartiges Kunstszenario

Das Ergebnis: „ein einzigartiges Kunstszenario. In plastischen Schaubildern, Wandgemälden und Vitrinen wird auch vor politischen Themen nicht haltgemacht. Ein Museum zeitgenössischer Kunst unter der Erde, täglich besucht von Millionen Menschen."[63]

Und Peter M. Bode beschreibt die Münchner Situation: „Gemessen an der Benutzerstatistik, Tausende fahren täglich, wäre die U-Bahn der ideale Rahmen für Kunst im öffentlichen Raum. Eine nur mit Architekten und Ingenieuren besetzte Kommission hat vorwiegend harmlose und nichtssagende Entwürfe favorisiert."[64]

Vertane Chance für eine Stadt, die sich bemüht, den Anschluß an europäische Kultur-Städte nicht zu verlieren. Ohne Zweifel hätte man Wirtschafts-Unternehmen in München dafür gewinnen können, als Sponsoren die künstlerische Ausgestaltung der neuen Bahnhöfe zu unterstützen. Doch wie gesagt, bevor überhaupt die Geldfrage gestellt wird, bedarf es der besseren Einsicht. In Köln haben Stadt und das Unternehmen Ferdinand Mühlhens kooperiert. Hier wurde der Künstler Gerd Winner gewonnen, einen Bahnhof „als gesamte künstlerische Einheit" zu gestalten. Das Thema seiner Arbeit lautet „urbane Landschaft, die von Licht, Farbe, Bewegung geprägt ist", sie soll 1991 fertiggestellt sein. Ein Hinweis auf den Sponsor erfolgt nur am Eingang des Bahnhofs.[65]

Kunst und Kultur als essentieller Faktor der Stadtentwicklung

Die Erfahrungen in den USA weisen schon lange darauf hin: Kultur-Zentren, Kunstgalerien sind wichtige Faktoren in Stadtentwicklungsplänen. Dort hat man mehrfach die Erfahrung gemacht, daß städtebauliche Entwicklungsprojekte dann wesentlich schneller angenommen, Büros und Wohnungen besser vermietet werden, wenn das kulturelle Umfeld stimmt.

Das hat auch die Stadt Köln erkannt, die sich in ihrem Rahmenkonzept für den neuen Media-Park Köln, der auf einem ehemaligen Güterbahnhof errichtet werden soll, auf ein Gutachten des Zentrums für Kultur-

Forschung zur Beteiligung von Kunst und Kultur an diesem Projekt bezieht: „Der Mediapark als funktionsfähiger Stadtteil mit einem attraktiven Freiraum- und Freizeitangebot, Wohnungen, sozialer Infrastruktur und kulturellem Angebot ist eine Voraussetzung für den Zugang von Unternehmen." Und nachdem die meisten Unternehmen, der Name sagt es, im Bereich der Medien tätig sein sollen, heißt es weiter: „Die Arbeit im Media-Park wird in hohem Maße kreativ sein, daher wird die Akzeptanz des Standortes von seiner Gestaltung und seinem Umfeld abhängen."[66]

Kultur in Außenbezirken

Für Städte, die diese Notwendigkeit erkannt haben, wird es immer schwerer, nachdem die Budgets mit der Finanzierung der etablierten Kultur-Institute weitgehend erschöpft sind und kaum noch erhöht werden können, sozusagen aus eigener Kraft die Kultur auch in die Außenbezirke zu bringen. Kunstgalerien, kleine Theater, die auf eigene Rechnung wirtschaften müssen, scheuen meist das Risiko der Randlage. Nur eine frühzeitige Einbindung von Sponsoren, angesprochen von der Stadt, kann deshalb in Zukunft interessante neue Konzepte verwirklichen helfen. In diesem Zusammenhang ist das Beispiel aus Austin, Texas, USA interessant, über das Burton Casey für sein Unternehmen, die Watson-Casey Companies, anläßlich einer Preisverleihung durch das Business Committe for the Arts, 1987 berichtete. Das Unternehmen besaß im Lagerhaus-Distrikt von Austin mehrere Grundstücke. Eine Entwicklungsstudie für dieses Stadtgebiet, die zusammen mit der Kommune durchgeführt wurde, zeigte auf, daß die eigentliche Herausforderung vor der Erschließung darin bestand, den Menschen, die in diesen Teil der Stadt zogen, das Gefühl einer Avant-Garde- oder Vorreiterstellung zu geben.

„Wir haben Kunst zu unserem Medium gemacht. Begonnen hat alles in einem 45000 square-feet großen Lagerhaus, das sich in unserem Besitz befand. Wir machten es zu einer Stätte für ca. 100 Künstler und Kunsthandwerker. Diesen Künstlern haben wir sowohl Studios wie auch Ausstellungs- und Galeriefläche zur Verfügung gestellt.

Wir berechnen den Künstlern Miete – aber nur so viel, um Versorgungskosten, Unterhaltung und Versicherung abzudecken. Das Management liegt in Händen einer Mitarbeiterin, die gleichzeitig als Kunst- und Veranstaltungskoordinator für unsere anderen Firmenniederlassungen fungiert. Ihr Gehalt wird aus dem allgemeinen Marketing-Budget bezahlt. Was ist das Positive für uns? Ein ansonsten als tot empfundenes Gebiet wird auf eine Art belebt und animiert, wie Sie es sich kaum vorstellen können. Dies hat dazu beigetragen, daß wir unsere ersten 400000 square feet Bürofläche, einen Häuserblock entfernt, vermieten konnten. Und wir geben keinen Pfennig mehr aus, als wir es ohnehin getan hätten. Wir haben unser Geld nur anders ausgegeben.

Bei einem anderen Projekt haben wir uns entschlossen, einer lokalen Theatergruppe einen Vier-Jahres-Pachtvertrag für ein Lagerhaus zur Verfügung zu stellen. Auf dieser Basis war die Gruppe in der Lage, die Verbesserungsarbeiten, die unsere Baufirma zu Selbstkosten durch-

führte, aus eigener Kraft zu tragen. Jetzt ist diese Organisation zu einer der aktivsten und vitalsten Theatergruppen in Austin geworden. In einer Theatersaison zieht sie Hunderte ‚neuer' Besucher pro Woche in unser Stadtgebiet. Hierdurch wird ein Bewußtsein für das, was wir in diesem Teil der Stadt tun, geweckt, und die ganze Gegend wird erheblich aufgewertet."[67]

Ein anderes eindrucksvolles Beispiel für die Zusammenarbeit zwischen Stadt und Sponsor sind die kulturellen Engagements der Sara Lee Corporation in Chicago. „Die Erhaltung und Förderung kultureller Werte ist eine Bereicherung für die ganze Gemeinde. Direkt und indirekt profitiert jeder davon, der dort lebt und arbeitet. In Chicago, dem Sitz unseres Unternehmens, sind unsere kulturellen Institutionen zu einem Aushängeschild für die Stadt geworden. Sie tragen dazu bei, Chicago das Image einer Weltstadt zu geben. Und dieses Image ist wichtig, es erleichtert uns, Mitarbeiter an uns zu binden und der Gemeinde neue Unternehmen anzusiedeln und Arbeitsplätze zu schaffen. Wir bei Sara Lee glauben auch, daß Unternehmen mehr tun könnten, um die Kunst-Szene in den Städten zu bereichern. Während viele Unternehmen heute meinen, Investitionen in Sport-Sponsoring seien effektiv, glauben wir, daß die gleiche Logik auch auf das Sponsoring eines Film-Festivals oder einer Theatereröffnung angewendet werden kann. Unternehmen sollten aber auch kleinere und noch nicht etablierte Kunst-Organisationen fördern, um den innovativen Geist einer Stadt zu unterstützen."[68]

Diese Rolle spielt auch BMW in München schon seit Jahren mit großem Erfolg für das Kulturleben der Stadt und damit auch das betriebliche Umfeld (wenngleich BMW nicht „Sponsor" genannt werden will). Und das in einer offenen und, wie beide Seiten immer wieder versichern, anregenden Zusammenarbeit mit der Stadt. Das schon erwähnte Modell der gemeinsamen Firma „Spielmotor", die von der Stadt und dem Industrieunternehmen zu gleichen Teilen getragen wird, hat sich bewährt. Jürgen Kolbe, bis Juni 1988 Kulturreferent der Stadt und Mitinitiator dieser gemeinsamen Aktivitäten, fragte sich dann auch, warum dieses Beispiel andernorts in der Bundesrepublik, wo ebenfalls große Unternehmen angesiedelt sind, die auch Interesse an einem kulturell anregenden Umfeld haben müßten, nicht Nachahmer findet. Sicherlich spielen die agierenden Personen bei der Realisierung solcher Konzepte die entscheidende Rolle.

Für Horst Avenarius war ein wesentliches Motiv, über Spielmotor die Alabama-Halle zu ermöglichen, einer gewissen Verslumung des Münchner Nordens, wo Industrie, Müllverbrennungsanlagen und ehemalige Kasernen das Bild prägen und eben BMW auch niedergelassen ist, entgegenzuwirken. „Wir sind daran interessiert, zumal wir hier ein Forschungs- und Entwicklungszentrum bauen, außergewöhnliche kulturelle Veranstaltungen stattfinden zu lassen. Man kann nicht höhergestellte Entwicklungen in ein kulturell unterprivilegiertes Umfeld stellen."[69]

Der Geschäftsführer der Alabama-Halle, Wilfried Albrecht (den Kolbe

101

als Glücksfall für München bezeichnet), konnte unabhängig von den Geldgebern über Programme entscheiden, solange die Budgets eingehalten wurden. So konnte Pop und die Avantgarde der Musik, des Tanzes und des Theaters Einzug in die Alabama-Halle halten.

„Bei Sponsoring/Mäzenatentum kommt es auf das inhaltliche Interesse des Sponsors an. Nur wenn er (oder seine Mitarbeiter) sich für irgendein Feld der Kunst – von der Oper bis zur Rockmusik – wirklich interessiert, ist eine langfristige Partnerschaft möglich. Das Interesse läßt sich vermehren durch das Image der jeweiligen Firma. Dennoch gilt, wie immer im Umgang mit Kultur müssen Personen dahinterstehen."[70] Dr. Jürgen Kolbe

„Basis-Kultur, Alternativ-Kultur, Parallel-Kultur, Schatten-Kultur, Sub-Kultur, Stadtteil-Kultur gewinnt für Kultur-Sponsoring dann eine Bedeutung, wenn man erkennt, das High-tech nicht nur aus Kaschierungsgründen der Soft-art bedarf, sondern der Stadt ohne das ‚farbige Leben' ‚Silicon valley' droht. Gerade das gemeinsame Nachdenken und Zusammenhandeln bei der Stadtplanung wird eine wichtige Verbindung zwischen Kultur-Sponsoring und öffentlicher Finanzierung von Kultur darstellen können."[71] Dr. Hermann Glaser

Kulturlandschft

„Mit der Entscheidung für ein dauerhaftes Engagement rückt der private Sponsor – ob er will oder nicht – in die Nähe staatlicher Kultur-Politik. Vorrangig Länder und Gemeinden haben nach dem 2. Weltkrieg mit ihrer breit angelegten Subventionspolitik etwas ermöglicht, das ebenso treffend wie sprachlich scheußlich mit dem Begriff ‚Kulturlandschaft' umschrieben wird. Der private Sponsor tut gut daran, den Einsatz seiner Mittel in Relation zu dem der öffentlichen Hände zu setzen und deutlich zu machen:
Private Mittel werden nicht gewährt, um die öffentlichen Haushalte zu entlasten. Das wäre ein falsch verstandenes Subsidiaritätsprinzip. Privates Sponsoring darf den Staat nicht animieren, seine Mittel dem kulturellen Gemeinwohl zu entziehen. Der Sponsor muß deutlich machen, daß seine Förderungsbereitschaft nur dann aufrechterhalten bleibt, wenn der Staat die Kontinuität seiner Subventionspolitik im betreffenden Bereich garantiert. Der Staat ermöglicht die Basis, der private Sponsor die darauf zu setzenden Akzente. Nur so werden private zur sinnvollen Ergänzung öffentlicher Mittel.
Wo es vom Projekt her Sinn macht, sollte der Sponsor die Kooperation mit Kultur-Politikern suchen. Diese wiederum sind gut beraten, sich einer solchen Annäherung nicht prinzipiell zu verschließen. Der Kulturdezernent einer Stadt wird künftig nicht nur am Phantasie-Reichtum seines Kultur-Programms, sondern auch daran gemessen werden, wie geschickt er die Ambitionen privater Sponsoren für seine Zwecke zu nutzen versteht."[72] Dr. Lutz Jonas

102

Die Verwirklichung ungewöhnlicher Projekte

Gemeint sind jene Projekte, die über das festgeschriebene Kultur-Programm hinausgehen, neue Glanzlichter setzen und die Diskussion anregen. Das (in Teil III ausführlich beschriebene) Schleswig-Holstein-Festival ist ein solches Projekt. Ohne Mäzene und Sponsoren nicht denkbar. Ebenso die erste Münchner Musik-Biennale 1988, die sich als „Internationales Festival des neuen Musiktheaters versteht". Der künstlerische Leiter, Hans Werner Henze, nannte es „Suche und Experiment", um neue Musik und modernes Musiktheater populär zu machen. Und Kulturreferent Jürgen Kolbe sprach von dem waghalsigsten, ungesichertsten und spannendsten Unternehmen, das es hierzulande in den letzten zwölf Jahren gegeben habe. „Man weiß nicht, wie es ausgeht."[73] Inzwischen weiß man es. Der Erfolg war umwerfend. Die Veranstaltungen waren gerade von jungen Musikinteressierten so zahlreich besucht, wie man sich das nie erwartet hatte. Stadt und Sponsoren – unter anderen BMW – haben etwas gewagt, was beiden zugute kommt und vielleicht mehr Aufmerksamkeit hinterläßt als die ebenso aufwendige Neuinszenierung einer Oper.

Zukünftige Anforderungen an die Stadt

In seiner Analyse der Entwicklungstrends der Stadt von morgen kommt Dieter Sauberzweig zu einer Reihe von Thesen und stellt unter anderem fest: „Aus der wachsenden arbeitsfreien Zeit und den veränderten Bedürfnissen entstehen neue Anforderungen an die Nutzung und die Angebote der Stadt; der kulturellen Qualität kommt dabei besondere Bedeutung zu."[74]

Kulturelle Qualtität

Was ist kulturelle Qualität? Sicherlich wird sie nicht allein durch die etablierten Institutionen wie Museen, Stadttheater, Philharmoniker, mit ihrer traditionellen Kunstvermittlung repräsentiert; sondern auch und vor allem durch das Schaffen von Voraussetzungen für aktives künstlerisches Tätigsein. Hermann Glaser sagt: „Eine der wichtigsten politischen Aufgaben wird es sein, die gesellschaftlichen, ökonomischen und topographischen Voraussetzungen dafür zu schaffen, daß für jeden Menschen lebendiges Leben möglich wird. Kultur-Politik ist im Sinne der ästhetischen Erziehung des Menschen Tätigkeitspolitik. Die Konzeption der Berliner Kultur-Werkstatt geht auch von der Überlegung aus, daß der Bedarf nach ästhetischen Ausdrucks- und Vermittlungsformen stark anwachsen und dann der Erlebnischarakter von Kultur im Vordergrund stehen werde. Hermann Glaser skizziert die Konzeption einer Kultur-Werkstatt, die folgende Aufgaben haben könnte:
- Organisation von Ausstellungen und Veranstaltungen
- Einrichtung eines Wissensladens für kulturelle und künstlerische Bereiche für den Erfahrungsaustausch, aber auch Vermittlung von kulturellen Fertigkeiten
- Einrichtung von Lehr- und Arbeitsstätten für den Nachwuchs

– Einrichtung eines Treffpunkts für Kommunikation und Koordination zwischen einzelnen Gruppen und Projekten
– Schaffung eines Kultur-Büros für Kontaktvermittlung, organisatorische Hilfestellung und Projektbetreuung, Presse- und Öffentlichkeitsarbeit.[75]

Arbeitswerk-
stätten

Städte stellen immer häufiger das kulturelle Umfeld in den Mittelpunkt von Werbung und Öffentlichkeitsarbeit.

Diese Zukunftsvision, die in Teilen, insbesondere was die Arbeitswerkstätten angeht, schon anderswo verwirklicht ist, eröffnet vielfältige Möglichkeiten der Kooperation zwischen der Kommune und den Unternehmen eines Wirtschaftsraumes. Es wird sich allerdings um Unternehmen handeln, die nicht nur den kommunikativen Vorteil im Auge haben, sondern auch die gesellschaftliche Integration; die einen Beitrag leisten wollen zu einem in jeder Beziehung anregenden Arbeits- und Freizeitklima.

Gleiches trifft für die von Hermann Glaser entwickelte Konzeption des Kultur-Ladens[76] zu. Er versteht darunter die Schaffung „kultureller Kleinzentren", die Kultur vielen zugänglich machen soll. Der Kultur-Laden kann Kommunikationsort und Informationsstätte sein. Und er vermittelt Orientierung und Beratung individueller wie gruppenbezogener Art. Diese „Zentren kultureller Aktivitäten" können im Sinne von Stadtentwicklung und Stadtsanierung ganze Stadtgebiete „veredeln". Eingerichtet könnten diese Läden werden in Wohnungen, Werkstätten, Lagerhallen. Hermann Glaser spricht von Altbaugebieten. Denkbar sind sie aber genauso in den „Betonwüsten" der Trabantenstädte, wie sie in den letzten 30 Jahren entstanden sind, oder in den meist zersiedelten Industriegebieten. Hier könnten wiederum Industrie-Unternehmen als Partner für die Verwirklichung dieser kommunalen Aufgaben gewonnen werden, indem sie Büros, Werk- oder Lagerhallen zur Verfügung stellen und/oder finanziell und organisatorisch den Projekten unter die Arme greifen.

Kultur-Laden

Neue Qualitäten für die Urlaubszentren

Die Kritik an dem zügellos wachsenden Tourismus nimmt zu. Und es sind nicht nur die Ökologen und Umweltschützer, die vor der weiteren Expansion warnen. Das Unbehagen über die Entwicklung hat inzwischen die „Bereisten" genauso erfaßt wie die Reisenden. Das verstärkte Sichtbarmachen der Probleme, wie Vermassung, Verstädterung und Verslumung der Urlaubsgebiete, Zerstörung von Landschaft und landestypischer Kulturen wie auch der parallel verlaufende Wertewandel wird unsere Freizeitgesellschaft innerhalb weniger Jahre zu neuen, differenzierteren Vorstellungen bezüglich der Urlaubsgestaltung und der Zielgebiete veranlassen.

Mit der Abnahme der reinen Arbeitszeit, der Zunahme an Freizeit werden die Hauptmotive bisheriger Urlaubsreisen, wie „Abschalten und Ausspannen", „frische Kräfte sammeln", „Zeit füreinander haben", „viel ruhen, nichts tun", an Bedeutung verlieren. Bisher weniger deutlich ausgeprägte Motive wie „viel erleben", „neue Eindrücke gewinnen", letztlich aber auch „etwas für Kultur und Bildung tun" werden zunehmen.[77] Auf diese veränderten Urlaubsmotive werden Urlaubsorte und Urlaubsgebiete mit anderen Angeboten reagieren müssen, zumal wenn sie für ihre zukünftige Entwicklung nicht nur den Massen- und Billigtourismus im Auge haben. Krippendorf plädiert für eine „Tourismus-

Entwicklung im Gleichgewicht", indem die Bedürfnisse der Bereisten mit denen der Reisenden besser abgestimmt werden, so daß das Geschaffene beiden Teilen nützlich ist.[78] Die Entwicklung eines kulturellen Angebotes käme dieser Forderung in idealer Weise entgegen, würden doch bestimmte Einrichtungen nicht nur von Urlaubern während der Haupturlaubszeit genutzt werden können, sondern von den Einheimischen das ganze Jahr über. Krippendorf prangert in diesem Zusammenhang auch den „imaginären touristischen Einheitsgeschmack" an. Bedenkenlos wurde die eigene Kultur zugunsten einer gesichtslosen Tourismus-Unkultur aufgegeben und so der weltweiten „Coca-Colonialisierung" Vorschub geleistet. Er fordert ein eindeutiges Bekenntnis zur einheimischen Kultur und ihren konsequenten und möglichst weitgehenden Einbezug in die touristischen Angebote.[78]

Hierbei sollte freilich nicht an die bisher schon strapazierte Folklore gedacht werden, sondern an die vielen Möglichkeiten, die gewachsene Kunst und Kultur eines Landes einem vermehrt interessierten und lernwilligen Besucher erschließen können. Denkbar sind

gewachsene Kunst und Kultur

- Errichtung von Dependencen der führenden Landesmuseen in den Urlaubszentren.
- Der Auftritt von Theatergruppen, die Stücke nationaler Autoren aufführen.
- Klassische und moderne Musik, die in Gruppen, auch unter Mitwirkung von Gästen, geprobt und gespielt wird.
- Kunst im öffentlichen Raum: Bildhauer und Objektgestalter aus dem jeweiligen Land werden aufgefordert, sich mit den örtlichen Bedingungen auseinanderzusetzen und Arbeiten für bestimmte Standorte zu entwerfen.
- Die Einrichtung von Künstlerwerkstätten, wo sowohl Einheimische als auch Gäste unter Anleitung bekannter Künstler eines Landes gemeinsam arbeiten.
- Die Einrichtung von Galerien, die bildende Kunst junger Künstler aus dem Land präsentieren können.

Die schon generell für die Zusammenarbeit Kommune und Wirtschafts-Unternehmen dargestellten Möglichkeiten lassen sich auch auf Urlaubsorte übertragen. Unternehmen als Sponsoren können auf diese Weise nicht nur gesellschaftliche Verantwortung demonstrieren, indem sie Kunst und Kultur des eigenen Landes fördern, sondern sich auch einem internationalen Publikum präsentieren, was vor dem Hintergrund des entstehenden europäischen Binnenmarktes für viele bisher nur national agierende Unternehmen von Interesse sein müßte.

Kultur-Sponsoring:
Bereiche und Formen

Wie in einem Land mit reicher kultureller Tradition und vielfältigen kulturellen und künstlerischen Ausdrucksformen nicht anders zu erwarten, tut sich dem Sponsor ein weites Feld von Möglichkeiten auf, die im Rahmen eines Buches nicht annähernd erschöpfend behandelt werden können.

Die am häufigsten gesponserten Bereiche sind die bildende Kunst, die Bühnenkunst mit Oper, Schauspiel und Ballett sowie die Musik. Literatur, Film und Fernsehen spielen in Europa, wenn es um die Förderung durch die Wirtschaft geht, eine weniger bedeutende Rolle als beispielsweise in den angelsächsischen Ländern. In all diesen künstlerischen Bereichen sind Formen der Unterstützung und des Engagements in unbegrenzter Vielfalt denkbar. Die Form des Engagements ergibt sich einmal aus dem Wunsch des Gesponserten oder der gesponserten Institution unterstützt zu werden um ganz bestimmte Programme durchführen zu können, dem Konzept, das mit dem Partner durchzuführen ist – gleich von welcher Seite es nun kommt – und den Mitteln die ein Sponsor dafür bereitstellt.

Die folgende Auflistung der Bereiche und Formen kann also nur die am häufigsten vorkommenden Möglichkeiten darstellen und erhebt keinesfalls Anspruch auf Vollständigkeit.

Das deutet auch darauf hin, daß der Kreativität der Partner bei der Entwicklung neuer Formen der Zusammenarbeit praktisch keine Grenzen gesetzt sind und stets neue Konzepte erdacht werden können, die beiden Partnern die Verfolgung der jeweiligen Ziele ermöglicht. Daß eine Selektion nicht nur nach Bereichen und Zielgruppen vorgenommen werden kann, sondern auch unter budgetären Gesichtspunkten, versteht sich von selbst. Ein Engagement für Jugendkonzerte wird letztlich einen geringeren Mitteleinsatz erfordern als die Finanzierung einer Operninszenierung an einem großen Opernhaus.

Formen Bereiche	Formen
Bildende Kunst Museen, Galerien Malerei Graphik Bildhauerei Fotografie	Ankauf v. Kunstwerken f. Museen/Galerien Sonderausstellungen i. Museen/Galerien Firmeneigene Galerie (z. B. themenbezogene Sammlungen) Ausstellungen i. Firmengebäude Finanzierung v. Katalogen/Plakaten Restaurierung v. Kunstwerken Werbung für Museumsbesuch
Einzelkünstler	Finanzierung v. Ausstellungen Finanzierung v. Katalogen Finanzierung v. Stipendien Material-Zuwendungen Finanzierung v. Symposien
Bühnenkunst Oper Operette Schauspiel Ballett	Finanzierung v. Aufführungen Finanzierung v. Tourneen Finanzierung v. Einzel-Engagements Werbung f. Oper/Theater-Besuch
Einzelkünstler	Finanzierung v. Tourneen Finanzierung v. Stipendien/Patenschaften
Musik (Klass. u. modern) Orchester Chöre	Finanzierung v. Konzerten Finanzierung v. Tourneen Werbung f. Besuch
Einzelkünstler Solisten Sänger Dirigenten	Finanzierung v. Konzerten Finanzierung v. Tourneen Stipendien/Patenschaften Finanzierung v. Instrumenten
Literatur Belletristik Sachbücher Dokumentationen	Finanzierung v. Stipendien/Patenschaften Wettbewerbe Lesungen
Film/Fernsehen	Finanzierung v. Drehbüchern Finanzierung v. Produktionen Wettbewerbe
Architektur	Wettbewerbe f. Kunst i. öfftl. Raum Wettbewerbe f. Firmen-Architektur Wettbewerbe f. Kunst am Bau Finanzierung v. Kunst am Bau
Denkmalschutz	Finanzierung von Restaurierungen

Werbung/Öffentlichkeitsarbeit	Kontaktpflege z. best. Zielgruppen
Katalog, Presse-Veröffentl.	Vernissage/Empfang/freier Eintritt
Katalog, Plakat, Anzeige, Presse-Veröffentl.	Vernissage/Empfang/freier Eintritt
Katalog, Plakat, Anzeige, Presse-Veröffentl.	Vernissage/Empfang/freier Eintritt
Katalog, Plakat, Anzeige, Presse-Veröffentl.	Geschenk an Kunden/Mitarbeiter
Dokumentation, Presse-Veröffentl.	
Sponsor-Hinweis auf Anzeigen/Plakaten/ in elektron. Medien	
Katalog, Plakat, Anzeigen, Presse-Veröffentl.	Vernissage/Empfang
Sponsor-Hinweis	
Presse-Veröffentl.	
Presse-Veröffentl.	
Programm, Plakat, Anzeige	Empfang, Einladung z. Besuch
Programm, Plakat, Anzeige	Empfang, Einladung z. Besuch
Programm, Plakat, Anzeige	Empfang, Einladung z. Besuch
Sponsor-Hinweis	
Programm, Plakat, Anzeige	Empfang, Einladung z. Besuch
Presse-Veröffentl.	
Programm, Plakat, Anzeige, Presse-Veröffentl.	Empfang, Einladung z. Besuch
Programm, Plakat, Anzeige, Presse-Veröffentl.	Empfang, Einladung z. Besuch
Sponsor-Hinweis	
Programm, Plakat, Anzeige, Presse-Veröffentl.	Empfang, Einladung z. Besuch
Programm, Plakat, Anzeige, Presse-Veröffentl.	Empfang, Einladung z. Besuch
Presse-Veröffentl.	
Presse-Veröffentl.	
Presse-Veröffentl.	Empfang, Ausstellung
Plakat, Anzeige, Presse-Veröffentl.	Empfang, Einladungen
Plakat, Anzeige, Presse-Veröffentl.	
Presse-Veröffentl.	Empfang, Einladungen
Plakat, Anzeige, Presse-Veröffentl.	Empfang, Einladungen
Plakat, Anzeige, Presse-Veröffentl.	
Plakat, Anzeige, Presse-Veröffentl.	
Plakat, Anzeige, Presse-Veröffentl.	
Plakat, Anzeige, Presse-Veröffentl.	
Presse-Veröffentlichungen, Dokumentationen	Empfänge, Einladungen

109

Kultur-Sponsoring:
Strategien, Konzepte, Beispiele
(in Anlehnung an das „System Perrin")

Als Alain-Dominique Perrin, der Präsident des Hauses Cartier in Paris, von Kultus-Minister Leotard aufgefordert wurde, eine Analyse über das Mäzenatentum in Frankreich zu erstellen und daraus Empfehlungen zu entwickeln, ließ er es nicht bei Analyse und Empfehlungen bewenden, sondern entwickelte darüber hinaus sehr praxisnah eine Übersicht, die der französischen Wirtschaft anhand von Beispielen zeigen sollte, welche Möglichkeiten Kultur-Sponsoring (in Frankreich wird weiterhin der Begriff Mécénat verwendet, da Anglismen gern vermieden werden) eröffnet. Perrin leitet diese Übersicht mit einigen grundsätzlichen Gedanken, die er mit „Das Ende eines Vorurteils" überschrieb, ein. Wesentliche Statements daraus sind:

„Das Ende eines Vorurteils"

– Kultur-Sponsoring kann von großem Nutzen für die Kommunikationspolitik des Unternehmens sein
– Eine effiziente Imagepolitik wird für Unternehmen immer wichtiger
– Kultur-Sponsoring ist ein exzellenter Weg für die Imageförderung
– Es ermöglicht eine neue Form des Dialogs nach außen und nach innen
– Die Ziele für das Sponsoring sind exakt zu definieren, um die richtige Auswahl treffen und um konkrete Resultate erzielen zu können.
– Kultur-Sponsoring ist kein Luxus-Instrument
– Es ist für kleine wie für große Budgets geeignet
– Die Auswahlmöglichkeiten sind unbegrenzt.

Auf den folgenden Seiten ist das „System Perrin"[79] in verkürzter Form dargestellt. Konzepte und Beispiele wurden überarbeitet, um sie für deutsche Verhältnisse verständlich zu machen.

Die Strategien

Ziele	Image festigen	Image ausbauen	Regionale Integration
Detail-Ziele	Glaubwürdigkeit Vertrauen Sympathie Kundenbindung Innovation Dynamik Differenzierung Identität	• Bestehendes Image aktualisieren, verjüngen • Auf Unternehmen aufmerksam machen • Auseinandersetzung mit Unternehmen provozieren • Medienkontakte schaffen	• Bekanntheit und Anerkennung fördern • Ansiedlung rechtfertigen • Kontakte zu Regierung und Verwaltung schaffen • Vorurteilen begegnen • Zur Beschäftigung mit Unternehmen anregen • Medienkontakte schaffen • Arbeitsmarkt beeinflussen
Umsetzung	Veranstalt. von öffl. Interesse Kulturelle Werte erhalten Kulturelle Ausdrucksformen unterstützen	Veranstaltungen, die Unternehmensimage in gewünschte Richtung verändern	Kulturelle Projekte für Region erschließen Historische Werte erhalten Kulturelle Dynamik fördern

Die Konzepte

Art des Unternehmens	Alle Branchen	Unternehmen, die ihr Image aktualisieren, weiterentwickeln wollen	Alle Unternehmen, die sich in einer Region oder einem Land einführen wollen
Ziel	Image festigen	Image verändern (verjüngen)	Regionale Integration
Realisierungsmöglichkeiten	Eine außergewöhnliche Veranstaltung schaffen und damit einer kulturellen Darstellungsform neue Aufmerksamkeit sichern	Eine Aktion auswählen, die dem gelernten Image des Unternehmens konträr ist.	Einen Bereich der Kunst fördern, der traditionell für die Region typisch ist.
Beispiel	Theater: Aufführung eines modernen Theaterstückes durch eine junge, französische Theatergruppe in mehreren Städten des Landes. Jury und Besucher bewerten Aufführungen, Prämiierte Aufführungen werden zum Schluß in Paris vor prominenten Gästen gezeigt.	Veranstaltung mit zeitgenössischer Musik (evtl. auch Pop-Gruppe) an einem außergewöhnlichen, moderne Industrie-Ästhetik zum Ausdruck bringenden Ort, z. B. Werft, Raffinerie, Flughafen. Open Air-Veranstaltung mit modernster Beleuchtungstechnik. Auf diesem Musikfest präsentieren sich mehrere Gruppen vor verschiedenen Bühnenbildern.	Tanz: Ein zeitgenössischer Choreograph wird beauftragt, die traditionellen Tänze einer Region neu zu interpretieren. Aufführung in landestypischen Kostümen. Moderne Choreographie in der Verbindung mit zeitgenössischer, regional geprägter Musik. Open Air-Veranstaltung
Nutzung durch PR/Werbung	Presseinformation über Gesamt-Projekt Einladungen von Presse, lokaler Prominenz, Kunden an jedem Ort	Übertragung durch Privatsender; Einladung an nationale Presse und Kunden. Hörer-Wettbewerbe mit Privatsendern.	Pressekonferenz informiert Journalisten über Initiative. Presse und Prominenz, wichtige Kunden und Mitarbeiter werden zu Veranstaltung (en) eingeladen.

Ziele	Mitarbeiter-Motivation	Motivation der Vertriebsorganisation	Motivation der Handelspartner
Detail-Ziele	• Bindung zum Unternehmen fördern • Unternehmen vermenschlichen • Vertrauen in Unternehmen schaffen • Gemeinsam Kultur fördern • Mitarbeiter als Multiplikatoren nutzen	Mitarbeiter im Vertrieb motivieren, begeistern, anUnternehmen binden; zu besseren Kundenkontakten verhelfen	• Bindung zu Unternehmen/Marke verbessern • Günstige Voraussetzungen für Warenpräsentation schaffen • Aufnahme neuer Produkte vorbereiten • Engagement für Unternehmen/Marke Marke verbessern
Umsetzung	Einbeziehung der Mitarbeiter in kulturelle Projekte Kulturelle Interessen der Mitarbeiter fördern Mitarbeiter in Realisierung von Projekten einbinden Aktionen schaffen, bei welchen Mitarbeiter allein Zielgruppe sind	Kulturelle Aktivitäten schaffen, bei welchen Vertriebsorganisation (und auch Handelspartner) einbezogen sind	• Handelspartner zu kulturellen Veranstaltungen einladen • Kulturelle Veranstaltungen am Point of Sales organisieren • Verbraucher einbinden in Aktionen am Point of Sales • Handelspartner in Aktionen für wohltätige Zwecke integrieren

Art des Unternehmens	Kleine und mittlere Unternehmen	Hersteller von hochwertigen Produkten	Filialbetriebe, Vertrieb von Büchern, Schallplatten, HI-FI und ähnlichem
Ziel	Mitarbeiter-Motivation	Motivation der Vertriebsorganisation	Motivation der Handelspartner
Realisierungsmöglichkeiten	Das Unternehmen fördert zeitgenössische Künstler (bildende Kunst) Dreimal im Jahr werden Arbeiten eines Künstlers gekauft und im Unternehmen ausgestellt. Der Künstler präsentiert seine	Eine Aktion schaffen, die sowohl die Mitarbeiter der Vertriebsorganisation als auch die Partner im Handel einbezieht	Aktion soll das Image von Handelsbetrieb und Hersteller verbessern.
Beispiel	Arbeiten in einer Veranstaltung mit den Mitarbeitern. Zusätzliche Motivation: Einzelne Arbeiten der Künstler werden unter Mitarbeitern verlost bzw. für besondere Leistungen, Jubiläen abgegeben.	Bildende Kunst: Der für die Region zuständige Mitarbeiter wählt zusammen mit den Handelspartnern einen Künstler der Region aus. Dieser gestaltet frei oder nach Vorgabe bestimmte Bilder, die dann bei den Handelspartnern gezeigt werden. Die Bilder werden den Handelspartnern später überlassen.	Bildende Kunst: Ein Hersteller organisiert für seine Handelspartner Ausstellungen zum Thema Foto, Malerei, Bildhauerei. Thematisch muß ein Bezug zu den Angeboten hergestellt werden.
Nutzen für PR/Werbung		Präsentation der Kunstwerke bei Presse, Prominenz und Kunden (Endverbraucher)	

Die Beispiele

Unternehmen	FIAT Automobile und Industrieerzeugnisse	COINTREAU Anbieter von verschiedenen Spirituosen weltweit	IBM
Ziel	Image festigen Fiat will vor allem bei höher angesiedelten Zielgruppen im eigenen Land das Image festigen.	Image verändern COINTREAU will das Image verjüngen	Regionale Integration Das Image von IBM ist ambivalent in Frankreich. IBM will bei Bevölkerung und Regierung Vertrauen aufbauen.
Konzeption und Durchführung	FIAT hat außergewöhnliche Kultur-Ereignisse geschaffen. Palazzo Grassi, Venedig: Restaurierung und Umbau durch Gae Aulenti. Heute Kulturzentrum für Ausstellungen und Kongresse, gesponsert durch FIAT. 1986: Ausstellung über Futurismus Jeweils Empfang für Presse und Persönlichkeiten aus dem Kulturleben. Symposien und Kongresse, wo angebracht, in Verbindung mit Ausstellungsthema.	Die Aktion sollte höchste Kreativität und Originalität vermitteln Michel Gueranger malte den Mont Blanc in fluoreszierenden Farben. Die Kälte der Farb-Komposition wird in Verbindung gebracht mit der neuen Art, COINTREAU als Cocktail zu trinken. Syma-Television filmt die Entstehung des Bildes und verkauft die Produktion an Fernseh-Sender in aller Welt.	IBM engagiert sich bei großen Ausstellungen, welche Zeugnis von der französischen Kultur ablegen. Ausstellungen: "Der Impressionismus und und das französische Landschaftsbild." "Skulpturen des 19. Jahrhunderts." Förderung eines Museums anläßlich des Jubiläums der "Schule von Pont Aven" (Bretagne). Alle Ausstellungen präsentieren IBM (Plakate, Kataloge) als Sponsor. Umfangreiche Öffentlichkeitsarbeit. Intensivierung der Kontakte zu Museumsleitern als wichtige Meinungsbildner im kulturellen Milieu Frankreichs.

Unternehmen	AXON CABLE Mittelständisches Unternehmen stellt Kabel und Röhren her	CARTIER Juwelier, Anbieter von Luxus-Produkten weltweit	OLIVETTI
Ziel	Mitarbeiter-Motivation AXON CABLE hat zeitgenössische Kunst ins Haus geholt, um Klima und Arbeitsumfeld zu verbessern	Mitarbeiter-Motivation Durch eine Aktion sollten Mitarbeiter im Vertrieb enger an das Unternehmen gebunden und motiviert werden.	Einführung in ein fremdes Land OLIVETTI wollte in Japan Aufmerksamkeit erregen und die Bekanntheit steigern.
Konzeption und Durchführung	Die Ästhetik der Kunst und die Technik der Produkte sollten in Verbindung gebracht werden. Deshalb die Entscheidung für zeitgenössische Bildhauerei. Künstler wie Gilles Roussi, Robert Soussi und Hervé Audouard schaffen Kunstwerke aus Kabeln. Regionale und nationale Presse werden informiert, die Künstler erläutern während der Ausstellungs-Eröffnung ihre Werke. Messe- und Ausstellungsstände werden mit den Skulpturen der Künstler dekoriert.	Im Rahmen der „CARTIER-Stiftung für zeitgenössische Kunst" wurde ein Seminar organisiert, das mit einem Kultur-Tag verbunden wurde. Programm: Präsentation der Stiftung, Führung durch die ausgestellten Objekte, Diner im Park, Film über die Ausstellungen der 60er Jahre. Geschenk an die Mitarbeiter: Dauer-Karte für die Ausstellungen der Cartier-Stiftung und eine Bronze-Skulptur.	Mit Hilfe mehrerer Ausstellungen: wie Florentinische Fresken (restauriert durch OLIVETTI), San Marco-Pferde, Schätze und Werke von Leonardo, wurde italienische Kultur nach Japan "exportiert". Außerdem: Wander-Ausstellung "Design Process" durch japanische Universitäten mit dem Ziel, Interesse für italienisches Design zu wecken. Herausgabe der Zeitschrift "Spacio" sowie Herstellung eines Filmes "Die Philosophie von Kyoto". Beides wurde nicht nur in Japan, sondern auch in den USA gezeigt (Geste an das Land, in dem man sich neu niedergelassen hat).

Manfred Hanrieder

Die Planung des Kultur-Sponsoring im Rahmen der Kommunikationspolitik

Spezifische Problembereiche in der Planung

Richtige Sponsoring-Entscheidungen
erfordern Planungs-Systematik

Zielsetzungen im Kultur-Sponsoring sind Feinarbeit

Wenig Basismaterial für exakte Zielgruppen-Definitionen

Bewertung von Kultur-Sponsoring-Engagements braucht
Insider-Wissen

Grundsätzliche Bewertung kultureller Bereiche und Formen

Bewertung einzelner Künstler-Persönlichkeiten oder -Gruppen

Bewertung von Aufführungsstätten, Ausstellungsorten,
Sponsoring-Projekten

Bewertung sonstiger Möglichkeiten, z.B. Literatur, Film,
Rundfunk

Bewertung spezieller Mittel und Umsetzungen für die werbliche
Kommunikation

Kultur-Sponsoring-Strategien haben viele Dimensionen

Verzahnung der Gesamt-Kommunikation bedeutet Optimierung

Schwierigkeiten der Wirkungskontrolle

Das Erkennen guter Gelegenheiten, Einfühlungsvermögen und Verhandlungsgeschick bei diesem sensiblen Metier „Kultur" waren und sind bislang vorherrschend, wenn es um das Arrangieren und Organisieren von Kultur-Sponsoring geht. Doch jetzt, nachdem Kultur-Sponsoring immer häufiger in die Planungsüberlegungen werbetreibender Unternehmen eingeht, ist Systematik erforderlich, um auch in diesem neuen Kommunikationsbereich zu optimalen Lösungen zu kommen.

Spätestens seit im Herbst 1987 das kulturelle Großereignis „Schleswig-Holstein-Musik-Festival" den Marketingpreis der deutschen Marketing-Clubs zugesprochen bekam, hat das Thema Kultur bei Marketing- und Kommunikations-Experten einen hohen Stellenwert. Die Praxis zeigt bereits auflagen- und reichweitenorientierte Engagements auch im Bereich des kulturellen Sponsorentums. Die Beträge, die dabei gehandelt werden, stehen hinter denen des Sport-Sponsoring kaum mehr zurück.

So hatte André Hellers „Luna Luna"-Volkspark in Hamburg – eine Mischung aus regionalem Unterhaltungsspektakel und nationalem Kulturereignis – den Exklusiv-Sponsor Bauer Verlag (nach Pressemeldungen) nicht weniger als 14 Millionen DM gekostet.

verfeinerte Planungs-methoden

Alles in allem ist jetzt auch bei Kultur-Sponsoring die Zeit gekommen, wo mit verfeinerten Planungsmethoden die Konzeption, Vorbereitung, Realisierung und Kontrolle von Engagements behandelt werden muß.

Insgesamt sind aber noch zu wenig Informationen vorhanden, um die umfangreiche Problematik des Kultur-Sponsoring systematisch lösen zu helfen. Im folgenden wird deshalb der Versuch unternommen, den Prozeß der Planung von Kultur-Sponsoring in übersichtliche Abschnitte zu gliedern und so den Vorgang einer praxisgerechten Planungssystematik transparent zu machen. Die Überlegung dazu ist, daß Investitionen in eine sorgfältige und vor allem langfristige Planung wesentlich zur Effizienz und Optimierung von Kultur-Sponsoring-Kampagnen beitragen können.

An der Entwicklung, Beurteilung, Verabschiedung und Durchführung von Maßnahmen im Bereich des Kultur-Sponsoring sind zwischenzeitlich, neben den Initiatoren der ersten Stunde, eine Vielzahl von Personen beteiligt. Sie sprechen oft eine völlig verschiedene Sprache. Eine gemeinsam erarbeitete und dann verbindliche Planungssystematik kann auch in der personellen Zusammenarbeit erhebliche Verbesserungen schaffen.

Spezifische Problembereiche in der Planung

Der aufgestellten Forderung, auch und gerade Kultur-Sponsoring systematisch zu planen, wird wohl jeder sofort zustimmen. Nur ist die Frage nach dem „Wie" gar nicht so leicht zu beantworten. Manchmal scheint es, daß Kultur-Sponsoring zum Hobby und Prestigeobjekt einzelner Unternehmensmanager wird, ohne Rücksicht darauf, ob wirklich in letzter Konsequenz die verpflichteten Künstler, die genutzten Kulturformen, die ausgewählten Veranstaltungen oder die belegten Ausstellungen in wirtschaftlich vertretbarem Maße auch einen Werbeerfolg bringen.

Solchen Tendenzen kann man nur dann begegnen, wenn man immer wieder die gesamte Werbe-, Verkaufsförderungs- und Public Relations-Politik daraufhin überprüft, ob Kultur-Sponsoring zur Lösung bestimmter Kommunikationsaufgaben einen Beitrag zu leisten vermag. Das bedeutet aber, daß Kultur-Sponsoring als generell mögliches Kommunikationsinstrument immer wieder in die jährlichen Planungsüberlegungen einzubeziehen ist.

Das Wort „Instrument" wird in diesem Zusammenhang bewußt gewählt. Kultur-Sponsoring als Konzept- oder gestalterische Variante der Werbung anzusehen, würde der vielseitigen Funktion nicht gerecht werden; genausowenig, wie sich Kulturveranstaltungen nicht nur als Medium betrachten lassen.

Wenn wir im Zusammenhang mit planerischen Überlegungen von „Instrument" sprechen – und es dabei tatsächlich als eine besondere Art von Kommunikations-Instrument ansehen – werden wir am ehesten der Rolle gerecht, die heute Kultur-Sponsoring im modernen Kommunikations-Marketing spielen kann. Warum ist diese Sichtweise so zweckmäßig? Eine Reihe von Gründen spricht dafür: *Kommunikations-Instrument*

Kultur-Sponsoring ist äußerst differenziert und variabel anwendbar. Es kann die Ergänzung der Werbung sein, aber auch zum zentralen Kampagnenbestandteil aufgewertet werden. Zum Beispiel der werbende Künstler: Im Konzertsaal wirkt er direkt auf die anwesenden Zuschauer, über Fernsehen und Presse ist er Medium, und durch die Abbildung in Anzeigen oder auf Displaymitteln kann er konzeptionell-gestalterischer Bestandteil der Werbung werden.

Und was diese besondere Bezeichnung „Instrument" vor allem fordert: Kultur-Sponsoring sollte – und muß bei entsprechender Größenordnung – immer im strategischen Bereich der Kommunikation angesiedelt werden.

Die Planungsüberlegungen müssen notwendigerweise von einer umfassenden Sichtweise ausgehen, um ein möglichst breites Spektrum der praktischen Anwendung zu treffen. Die Empfehlungen für das methodische Vorgehen basieren deshalb auf folgenden Voraussetzungen:

- Kultur-Sponsoring wird wirklich als strategische Ergänzung der Werbung in größerem Stil betrieben.
- Das Unternehmen agiert aktiv im Sinne einer permanenten Suche nach optimalen Sponsoring-Möglichkeiten.
- Das Unternehmen beherrscht – das sollte eigentlich selbstverständlich sein – die Methodik und Systematik der Planung im Kommunikationsbereich in allen Details.

Schließlich gelten die Überlegungen aber auch für den immer noch überwiegenden Fall bisheriger Sponsoring-Praxis: Das Unternehmen muß sich schnell zu einem aktuellen Sponsoring-Angebot entscheiden. Hier ist der einzige Unterschied der, daß alle Aufgaben der Analyse und Planung in kürzester Zeit, vielleicht innerhalb weniger Tage, zu vollziehen sind.

Aus der praktischen Erfahrung bei Planungen von Kultur-Sponsoring-Engagements kristallisieren sich immer wieder dieselben abgrenzbaren Problem- und Aufgabenbereiche heraus (siehe Schaubild 1). Im Bereich der **Basisanalyse** (bzw. der Grundlagenforschung) sind die wesentlichen Aufgaben:

- Analyse und Bewertung der in Frage kommenden Kulturformen.
- Analyse und Angebotsprüfung der möglicherweise zu verpflichtenden Künstler und/oder Künstlergruppen bzw.
- der möglicherweise zu wählenden Kulturveranstaltungen bzw. der Kulturobjekte (Galerien, Denkmäler etc.).

Primär geht es immer um die Frage, ob diese im Hinblick auf das eigene Unternehmen und Angebot (Produkte, Dienstleistungen) und die zu verfolgenden Werbe- und Imageziele geeignete Themen sind. Im Zusammenhang damit ergibt sich (derzeit noch nicht so häufig, zukünftig aber sicher zunehmend) diese Aufgabe:

- Analyse der Medien, die sich absehbar für die Publizierung des Kulturereignisses einsetzen. Hier geht es einerseits um die Einschätzung der Wirksamkeit und andererseits um die qualitative und quantitative Beurteilung möglicher Reichweiten und Frequenzen der Medien.

Kommunikations-Strategie

Der weitere Aufgabenkomplex stellt sich im Rahmen der **Kommunikations-Strategie** dar; insbesondere liegen hier die Probleme bei der Fixierung von Zielgruppen und Zielen:

- Die Analyse und Fixierung der Zielgruppen wird in Zusammenhang mit den vorhergehenden Überlegungen vorzunehmen sein. Dabei sind, wenn möglich, unter Zuhilfenahme bekannter Datenquellen (z.B. AWA, Allensbacher Werbeträger-Analyse) die auf die entsprechenden Kulturformen orientierten Zielgruppen zu analysieren und auf ihre Deckungsgleichheit mit der eigenen Zielgruppe zu überprüfen.
- Analyse und Fixierung der Zielsetzungen. In einem ähnlich wie bei den Zielgruppen gelagerten Vorgang sind die Kommunikationszielsetzungen zu detaillieren und daraufhin zu überprüfen, in welchen Bereichen Kultur-Sponsoring besonders gut, besonders schnell oder auch besonders wirtschaftlich zur Zielerfüllung beitragen kann.

Alle diese Aufgabenkomplexe sind vielfach miteinander verzahnt, so daß sie nur gemeinsam zu lösen sind. Hat man sich jedoch einmal intensiv mit den einzelnen Bereichen auseinandergesetzt, können sie in vielen Fällen als mittelfristige Strategie festgeschrieben werden, so daß es im Einzelfall nur noch notwendig ist, aktuelle Angebote von Künstlern, Kulturveranstaltungen bzw. spezielle Mittel zu prüfen und an den einmal fixierten strategischen Kriterien zu messen.

Mit den einzelnen Aufgabenkomplexen beschäftigen sich die weiteren Kapitel des Beitrages. Doch ergeben sich neben diesen Hauptbereichen der Planung noch eine Reihe weiterer Aspekte; z.B. in den Bereichen der Gestaltung, der Maßnahmenplanung und -verzahnung sowie der

Schaubild 1

Genereller Planungsablauf	Spezielle Planungsprobleme im Kultur-Sponsoring

Situationsanalyse (Datenkranz)
- Eignung des Unternehmens/Angebotes für Kultur-Sponsoring
- Eignung von Kulturformen, Künstlern für das Unternehmen/Angebot
- Wettbewebsaktivitäten im Bereich Kultur-Sponsoring
- Analyse der Zielgruppen für das Kultur-Sponsoring

Zielplanung
- Strukturieren von Zielen, die durch Kultur-Sponsoring verfolgt werden können

Strategieplanung

Positionierung
- Übereinstimmung von Assoziationsfeldern der Kulturform/des Künstlers zu gewünschten Imagefacetten des Unternehmens/Angebotes

Zielgruppe
- Abgleichung der generellen Zielgruppen mit denen des Kultur-Sponsoring

Copy-Inhalt
- Formulierung sponsoring-gerechter Aussagen und Inhalte

Tonalität
- Abstimmung mit Basiswerbung

Gestaltungsplanung (Umsetzung)
- Darstellung der Kunst und Kultur bzw. der Künstler
- Koordination mit C.I.D.-Reglement

Programmplanung

Mediaplanung
- Reichweite der Medien bei Kulturthemen
- Eignung von Kunst- und Kulturmotiven für Medien

Mittel-/Maßnahmenplng.
- Verzahnung von Kultur-Sponsoring-Maßnahmen mit Werbung, VKF und PR

Zeitplanung

Budgetplanung
- Prüfung der Kosten-/Leistungsverhältnisse von Kultur-Sponsoring-Engagements insgesamt

Durchführung

Kontrolle
- Festlegen der Methoden zur Werbewirkungskontrolle (Prüfung der Durchsetzungs- und Erinnerungswerte sowie der Imagewerte/ -veränderungen)

121

Werbewirkungskontrolle. Einige solcher Problembereiche sind z.B. im Bereich **Gestaltung**:

- Optimale Darstellung der Kulturformen oder Künstler in gedruckten und in bewegten Medien, im Funk und in der Realität;
- Koordination der Gestaltung von Mitteln des Kultur-Sponsoring mit dem Reglement des Corporate Design.

Im Bereich der **Maßnahmenplanung** geht es um ebenfalls relativ einfach klingende Aufgaben, die aber bisher im Rahmen des Kultur-Sponsoring immer wieder stiefmütterlich behandelt werden:

- Ausschöpfung der Ideenpotentiale, die aus der jeweiligen Kulturform kommen.
- Verzahnung von Kultur-Sponsoring mit Verkaufsförderung und aktiver PR.

Und nicht zuletzt wird, wie allerdings oft auch bei der „klassischen" Werbung, die **Werbewirkungskontrolle** zum Problem:

- Messung der Durchsetzung und Erinnerung von Kultur-Sponsoring-Maßnahmen.
- Messung von Imagewirkungen, die durch Kultur-Sponsoring verursacht werden.
- Berechnung und Bewertung von Preis-/Leistungsrelationen.

Auf diese und einige andere Fragen zu den angeführten Bereichen sollen in weiteren speziellen Kapiteln Antworten gefunden bzw. Anregungen für ein planvolles Vorgehen zusammengestellt werden.

Problembereiche der Kultur-Sponsoring-Planung

Schaubild 1 zeigt zusammengefaßt diese spezifischen Problembereiche der Kultur-Sponsoring-Planung innerhalb des üblichen und bekannten Ablaufes strategischer Werbeplanung. In der Praxis sollte der Planungsablauf zur Basiswerbung in jedem Fall separat und zunächst unbeeinflußt von Überlegungen zum Sponsoring gesehen werden. Ein eigenständiger Analyse- und Planungsablauf für den Bereich des Sponsoring schließt sich dann an.

Richtige Sponsoring-Entscheidungen erfordern Planungs-Systematik

Die Notwendigkeit systematischer Planungs- und Entscheidungsarbeit bei Kultur-Sponsoring ist heute unbestritten. In der Praxis mangelt es weniger an Qualifikation oder Kapazität für diese Planungsarbeit, sondern eher an der Erfahrung für systematisches Vorgehen, so wie es der Kommunikationsfachmann aus den klassischen Bereichen der Werbung gewohnt ist. Im Prinzip können gelernte Denk- und Arbeitsschemata angewendet werden, denn Kultur-Sponsoring als Instrument der Kommunikation erfordert ähnliche Planungsüberlegungen wie die anderen Kommunikationsinstrumente auch. Der Planungsablauf bzw. Entscheidungsprozeß (siehe Schaubild 2) gliedert sich in die folgenden Stufen:

122

Schaubild 2
Planungsablauf/Entscheidungsprozeß

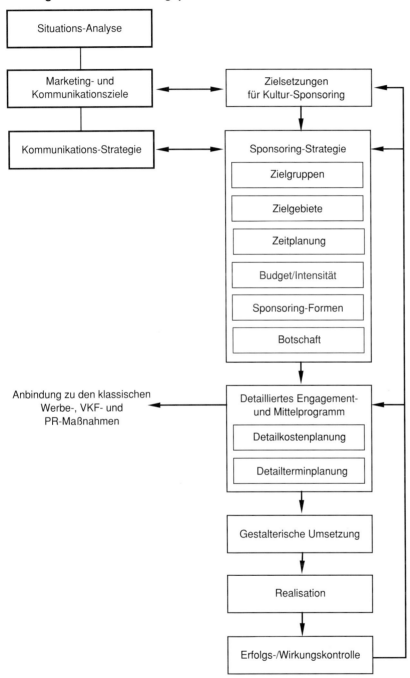

123

1. Als Basis müssen dem Sponsoring-Planer in jedem Fall die allgemeinen Marketing- und Kommunikationsziele dienen, die (meist im Rahmen der jährlichen Planung) als Quintessenz einer umfangreichen Situationsanalyse fixiert werden.
   Der erste Schritt ist dann das Festlegen von Zielsetzungen im Bereich Kultur-Sponsoring im Hinblick auf eine abgegrenzte Teil-Zielgruppe.
2. Wesentlicher Teil der Planungsarbeit für den Sponsor ist das Festlegen der Sponsoring-Strategie. Hier werden die wichtigsten Rahmenbedingungen und das grundsätzliche Vorgehen zur Erreichung der Zielsetzungen bei einer definierten Zielgruppe fixiert.
   Schlagworte dazu sind: Sponsoring-Intensität (davon abhängig die Budgetplanung), Feindefinition der Zielgruppen (und des Zielgebietes); Fixierung der Sponsoringbereiche und -formen in Verbindung mit der Zeitplanung; Festlegen der Inhalte, die an die Zielgruppe zu bringen sind (in Abstimmung mit dem Sponsoring-Partner).
3. Auf dieser Strategie sind dann die Kultur-Sponsoring-Programme und Einzelmaßnahmen sowie Kostenkalkulationen aufzustellen; organisatorische, vertragliche und auch kreative Maßnahmen (Gestaltung der Kommunikationsmittel) sind vorzubereiten.
4. Realisierung
   Für die Durchführung dieser Maßnahmen sind für den auf klassische Werbeaktivitäten ausgerichteten Spezialisten oft nicht vorhersehbare Aufgaben und Probleme verbunden; Erfahrungen aus dem PR- und VKF-Bereich leisten hier gute Dienste.
5. Schließlich sind die Voraussetzungen für eine Kontrolle der Kultur-Sponsoring-Maßnahmen zu schaffen. Nur wenn die Wirkungen der Engagements bis hin zu einzelnen Mitteln und Maßnahmen des Kultur-Sponsorings gemessen bzw. bewertet werden, ist der Erfolg dieses Kommunikationsbereiches zu beurteilen.
6. Daran schließt sich die Phase des Feed-back an, d.h. die mögliche Korrektur der Zielsetzungen, der Strategien bzw. einzelner Maßnahmen.

Der im Unternehmen für das Kultur-Sponsoring verantwortliche Mitarbeiter oder die betreuende Sponsoring-Agentur ist jedenfalls gut beraten, die strategischen Planungsdimensionen auch schriftlich zu fixieren, um die vielen Details des Kultur-Sponsoring nach und nach festlegen zu können.

Strategische Planungs- dimensionen

Zielsetzungen im Kultur-Sponsoring sind Feinarbeit

Die Praxis beginnt oft mit der konkreten Frage, ob ein gerade angebotenes oder spontan gefundenes Kulturereignis mehr oder weniger schnell eingeplant werden soll. Um so wichtiger ist es, dann bereits exakt zu wissen, ob dieser Anlaß den aufgestellten Zielsetzungen und der definierten Zielgruppe gerecht wird.

Der Bezug Zielsetzungen und Zielgruppe ist im Bereich des Kultur-Sponsoring vielleicht noch enger zu sehen als bei der klassischen Werbeplanung. Besonders in den Fällen, in denen Kultur-Sponsoring flankierende, d.h. ergänzende Funktion hat – und das ist in den meisten Fällen zutreffend – sind damit zwei wichtige Fragen verbunden:

– Welche speziellen Ziele oder Teilziele kann gerade das Kultur-Sponsoring besonders gut, schnell oder wirtschaftlich verfolgen, d.h. wo ergeben sich Vorteile gegenüber dem Vorgehen mit klassischen Medien?
– Haben die Ziele bzw. Teilziele auch gegenüber den jeweiligen Zielgruppen die gleiche Gültigkeit wie gegenüber der Gesamtzielgruppe?

Kultur-Sponsoring kann aber hinsichtlich der Zielsetzungen nicht so variabel gehandhabt werden. Selbstverständlich kommt es immer wieder auf den Einzelfall an, wie und wo Kultur-Sponsoring seine besonderen Stärken offenbart. Insgesamt sind aber die Zielsetzungsmöglichkeiten eingeschränkter zu sehen (siehe Schaubild 3). In etwa läßt sich folgende Reihenfolge der „Qualitäten" des Kultur-Sponsoring bei der Erfüllung von Werbeaufgaben bzw. Werbezielsetzungen festhalten:

Zielsetzungs-möglichkeiten eingeschränkt

– Festigung des Bekanntheitsgrades einer Marke, eines Unternehmens
  Der Bekanntheitsgrad ist ein zentrales kommunikatives Ziel von Sponsoring-Maßnahmen. Im Bereich des Kultur-Sponsoring muß aber hier die Funktion eingeschränkt gesehen werden. Die Bekanntmachung eines neuen Produktes, einer neuen Marke, einer neuen Dienstleistung usw. muß zwangsläufig Kultur-Sponsoring überfordern, soll die Aktivität nicht aufgesetzt-reklamehafte Züge bekommen und so unglaubwürdig werden. Der Aufbau und die Weiterentwicklung des Bekanntheitsgrades bei kleinen Zielgruppen kann jedoch gut verfolgt werden.
– Festigung und weitere Durchsetzung ganz bestimmter Imagekomponenten, also einzelner Facetten eines Gesamtimages
  Da Kultur-Sponsoring in einem stark atmosphärisch wirkenden Umfeld stattfindet (Theater, Galerie), kann hier mit einer direkten Übertragung solcher Assoziationen gerechnet werden.
– Kontakt- und Goodwill-Verbesserung
  Die Anlässe des Kultur-Sponsoring ergeben hervorragende Beziehungspunkte bzw. Hintergründe für die Verbesserung bzw. Stabilisierung von Kontakten zu Personen, die für das Unternehmen wichtig sind. Hier sollte vor allem auch an Zielgruppen der Verkaufsförderung bzw. der Öffentlichkeitsarbeit gedacht werden: Abnehmer, Meinungsbildner, Persönlichkeiten des öffentlichen Lebens etc.

Daraus wird bereits deutlich, daß Werbeziele, die im Bereich der Information liegen – also Wissensvermittlung zu ganz bestimmten Fakten, Anheben des allgemeinen Informations-Niveaus über ein Angebot – nicht oder kaum von Kultur-Sponsoring erfüllt werden können. Die Schaffung von Bekanntheit für ein völlig neues Angebot ausschließlich

Schaubild 3
Sponsoring-Zielsetzungen

Werbeziele / -aufgaben	Grad der Zielerfüllung bei Kultur-Sponsoring
Kommunikative Ziele	
– Bekanntmachung von neuen Produkten, Marken, Dienst-leistungen, Unternehmen etc.	—
– Erhöhung des Bekanntheitsgrades von Marken, Produkten, Unternehmen etc.	**
– Aktualisierung eines Angebotes oder einer Unternehmung	**
– Änderung des Produkt- oder Firmenimages insgesamt	—
– Änderung einzelner Facetten eines Images	***
– Beeinflussung bestehender Verbraucher- oder Verwendungsgewohnheiten	—
– Neutralisierung der Werbung maßgeblicher Konkurrenten	—
– Weitergabe bestimmter Informationen an den Verbraucher (z.B. Preisänderung, neues technisches Detail)	—
– Schaffung und Ausbau von Markenloyalität/Produkt- bzw. Markentreue	**
– Schaffung von Anreizen zur Verbraucher-Aktivierung (z.B. Preisausschreiben, Couponeinsendungen, Ausstellungsbesuche)	**
– Erhöhung des Produkt- und Markenwissens	—
– Steigerung des Good-wills gegenüber dem Unternehmen bzw. seinen Angeboten	***
Werbetaktische Ziele / Funktionen	
– Kommunikation mit sonst schwer faßbaren Zielgruppen	**
– Ansprache in nicht-kommerziellen Situationen	***
– Umgehen evtl. bestehender Werbebeschränkungen	**
– Dominanz oder Exklusivität in einem Kommunikations-instrument erlangen	***

*** sehr gut möglich
** gut bis befriedigend möglich
* nur am Rande möglich
— normalerweise nicht möglich

mit Kultur-Sponsoring ist ebenfalls eine nicht lösbare Aufgabe. Weniger gut eignet sich das Instrument auch für den Aufbau und die Ausprägung von differenzierten Gesamtimages, wie es z.B. technische Produkte oder größere Sortimente verlangen, und letztlich auch, wenn es um die Auslösung von Aktivitäten geht.

So kann Kultur-Sponsoring grundsätzlich immer nur werbliche Ergänzungsfunktion haben, d.h. sie dient der Verstärkung der klassischen Werbung und auch der Addition anderer Sponsoring-Maßnahmen. *Werbliche Ergänzungsfunktionen*

Neben diesen Kommunikationszielen sind es vor allem aber einige, bei anderen Medien oder Instrumenten nicht bzw. weniger verfügbare werbetaktische Funktionen und Vorteile, die es bei Kultur-Sponsoring zu nutzen gilt. Hauptsächlich wird dazu in der Fachliteratur herausgestellt:

- Die Möglichkeit, eng abgrenzbare (segmentierbare) Teilzielgruppen anzusprechen.
- Die Ansprache in nicht-kommerziellen Situationen vornehmen zu können, das heißt, gleichsam einen „höheren“ Rahmen für die werbliche Botschaft zu nutzen.
- Eventuell bestehende (in verschiedenen Branchen auch durch Selbstbeschränkung auferlegte) Werbebeschränkungen zu umgehen.
- Eine Dominanz oder gar Exklusivität in einem Kommunikationsinstrument zu erlangen.
- Ein (noch) kostengünstiges, also wirtschaftlich einsetzbares Instrument zu erhalten.

Alles in allem: Die Addition weniger, aber wichtiger Zielsetzungsmöglichkeiten und mehrerer fast exklusiver werbetaktischer Vorteile macht Kultur-Sponsoring für die Kommunikationsarbeit zu einem so interessanten Instrument.

Wenig Basismaterial für exakte Zielgruppen-Definitionen

Eine genau definierte Zielgruppe in Verbindung mit einer exakt formulierten Zielsetzung muß heute als selbstverständliche Voraussetzung in der Werbeplanung angesehen werden. Doch gewohnte Analysen und Zielgruppenbeschreibungen nach soziodemografischen, psychologisch-soziologischen oder Kauf- und Verbrauchsmerkmalen sind für das Kultur-Sponsoring nicht vorhanden. Der Werbeplaner darf froh sein, wenn er wenige allgemeine quantitative Daten – Konzertbesucher, Auflage der Programmhefte etc. – erhält.

Auch vereinzelte Zielgruppenhinweise aus Fachmedien helfen nicht weiter. So wird Kultur-Sponsoring vielfach als Möglichkeit angesehen, besonders sensible oder hochangesiedelte Zielgruppen zu erreichen. Betrachtet man die zur Verfügung stehende breite Palette von Sponsoring-Möglichkeiten im kulturellen Bereich – von der Ausstellung über die Bühne bis zum Pop-Konzert – muß diese Aussage angezweifelt, zumindest aber näher überprüft werden. Kultur und Kunst sind heute demokratisiert, sind Allgemeingut geworden. Durch staatliche Bezuschussungspolitik begünstigt und zum Teil bereits von privaten Mäzenen und der Wirtschaft unterstützt, stehen Kunst und Kultur heute allen soziodemografischen Schichten offen. Begrenzt man allerdings Kultur-Sponsoring auf den engeren Bereich Theater, Ausstellungen und Musik (und hier wird tatsächlich der Großteil der Sponsoring-Aktivitäten einzusetzen sein), ergeben sich Abgrenzungen und Segmentierungs-Möglichkeiten. Als die wesentlichen Zielgruppen schälen sich dabei heraus:

Segmentierungs-Möglichkeiten

- höher gebildete, intellektuelle Schichten (Abitur-, Hochschulabschluß)
- Studenten, jüngere Personen, die Weiterbildungsmöglichkeiten ergreifen (Volkshochschulen/Abendschulen)
- besonders kritische, anspruchsvolle Personen
- höherer sozialer Status, höhere Einkommen (Arrivierte)
- Meinungsbildner und Meinungsmultiplikatoren (Journalisten, Lehrer, Ausbilder)

Wer in der Praxis das Publikum bestimmter kultureller Veranstaltungen analysiert, wird aber schnell feststellen, daß viele Ausnahmen von der aufgestellten Regel existieren. Beispiele: Völkerkunde- und Reiseländer-Ausstellungen, Folklore-Veranstaltungen, Heimat-Museen, Foto-Galerien, Pop-Konzerte und so weiter. Hier weichen die Zielgruppenstrukturen zum Teil diametral von der allgemeinen Beschreibung ab. Deshalb müssen hier, wenn möglich, jeweils individuelle Analysen für das kulturelle Engagement durchgeführt werden.

Dabei ist nach grundsätzlicher Methodik die Analyse und Bewertung von Zielgruppen vorzunehmen:

1. Auswahl der für das Unternehmen in Frage kommenden Möglichkeiten des Kultur-Sponsoring.
2. Analyse der Besucher und der Kulturinteressierten zu allen alternativen Möglichkeiten.
   Dabei muß versucht werden, sowohl Daten über die jeweiligen Teilnehmer an der Kultur-Veranstaltung zu erhalten als auch ggf. Daten zum Mediaverhalten bei entsprechenden Übertragungen bzw. Berichten (wobei in übertragenen Veranstaltungen, zumindest jetzt und in absehbarer Zeit, Sponsornennungen nur in Ausnahmefällen möglich sind).
3. Die Alternative mit der besten qualitativen und quantitativen Übereinstimmung von Zielgruppen der Sponsoraktivität mit den Zielgruppen der Gesamtwerbung ist dann zu wählen.

Dabei kommt es nicht darauf an, daß sich die Zielgruppenprofile voll decken; das ist nur in wenigen Fällen möglich. Vielmehr ist die Frage, ob und in welchem Ausmaß durch das Sponsoring-Engagement ansonsten schwer erreichbare Zielgruppensegmente angesprochen werden können.

Hier ergeben sich möglicherweise, als Rückkoppelung, wiederum Planungsalternativen für die Basiswerbung. Wenn etwa über Kultur-Sponsoring ein Teil der Zielgruppe bereits mit besonders starker Frequenz erreicht wird, kann gegebenenfalls durch entsprechende Mediaplanung der Werbedruck der Basiswerbung bei diesem Teil der Zielgruppe verringert werden, so daß insgesamt ein ausgeglichener Werbedruck zustande kommt. Oft ist aber gerade die (meist zeitlich begrenzte) Verstärkung des Werbedrucks bei einer bestimmten Teilzielgruppe gewünscht. Da öffentlich zugängliche Analysen im Bereich des Kultur-Sponsoring so gut wie nicht gegeben sind (AWA und VA enthalten nur ganz wenige allgemeine Informationen), kann an dieser Stelle nur ein Aufruf an die werbungtreibenden Sponsoren gegeben werden, durch eigene Marktforschung möglichst bald zu objektiveren Entscheidungsdaten über die Zielgruppen zu kommen.

Kultur-Sponsoring wird zunehmend als langfristige Maßnahme gesehen, so daß es sich lohnt, Grundlagenforschung zu betreiben.

Langfristige Maßnahmen

Ziel einer solchen Marktforschung – pro gesponserter Veranstaltung oder Maßnahme – sollte sein:

- Informationen über Qualität und Struktur der Besucher oder der Leser/Hörer/Seher zu erhalten;
- zusätzliche für das Unternehmen relevante qualitative Aspekte zu recherchieren, beispielsweise über Besitzstände, Kaufverhalten, Einstellungen etc. in bezug auf das beworbene Angebot.

Selbstverständlich müssen diese Untersuchungen neutral, objektiv und möglichst verdeckt durchgeführt werden, am besten von erfahrenen Marktforschungsunternehmen.

Bewertung von Kultur-Sponsoring-Engagements braucht Insider-Wissen

Die Kultur-Sponsoring-Engagements der ersten Jahre wurden oft von der Angebotsseite her initiiert und meist spontan eingegangen. Für strategische Entscheidungen reicht dieses Vorgehen nicht mehr. Heute muß man zunächst die gesamte „Landschaft" möglicher Kultur-Sponsoring-Engagements durchleuchten und dann nach objektiven bzw. subjektiven Entscheidungskriterien die richtige Programmwahl treffen. Dabei können kaum Regeln aufgestellt werden; Entscheidungen sind immer in Abhängigkeit von den spezifischen Markt- und Unternehmenssituationen zu fällen. Eine Frage im Rahmen einer ersten Grobauswahl sollte dem „Level" des geplanten Engagements gelten. Zwei Kriterien kann man hier zugrundelegen:

„Klassen" und „Leistungsebenen" der Kultur-Träger
- Top-Professionals → Oberste Ebene
- Professionals → Leistungsebene
- Laien, Jugend → Untere Ebene

Entsprechend diesen Ebenen von Personen oder Gruppen oder dahinterstehenden Veranstaltungen sind natürlich auch Wirkungspotential und Budgetaufwand zu sehen (siehe Schaubild 4). Es ist hohe Kunst

Schaubild 4
Sponsoring-Ebenen

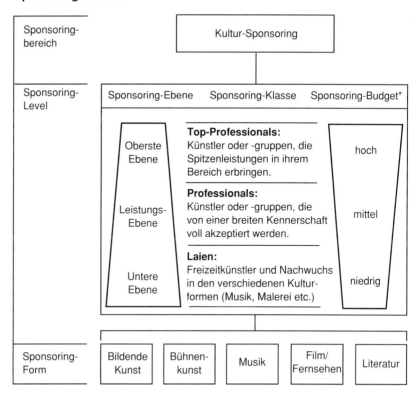

*) pro Engagement

(oder Fingerspitzengefühl), sich mit Personen oder Gruppen etwa einer unteren Ebene (wie bei der Förderung eines jungen Malers oder Schriftstellers) mittel- oder langfristig zu verbinden, um dann mit diesen gemeinsam möglichst den Durchbruch zu den oberen Ebenen zu schaffen. So kann möglicherweise Leistung zu relativ geringen Kosten eingekauft werden.

Für die Planung ist es wichtig, solche Grundsatzüberlegungen nicht nur im Hinblick auf das Sponsoring-Budget anzustellen, sondern auch mit *Image-Ziele* Blick auf die Image-Ziele, die mit dem Sponsoring verfolgt werden. Zur strategischen Entscheidung gehört dann die Frage des speziellen kulturellen Bereiches, in dem das Sponsoring-Engagement angegangen werden soll. Die wichtigsten Kriterien in dieser Phase werden wohl sein:

– Gibt es direkte Verbindungen zwischen Produkten und Leistungen des Sponsors und dem Gesponserten (Musikinstrumente-Hersteller und Konzertveranstaltungen)?
– Ergeben sich Image- und Assoziationsverbindungen zum Sponsor (internationaler Konzern und weltweit renommierter Künstler)?

130

– Sind Unternehmenssitz und Gesponserter (Ausstellung, Ensemble) identisch (wichtiges Kriterium für lokale und regionale Anbieter)?

In Marktforschungsuntersuchungen der jüngsten Vergangenheit wurden als wesentliche Entscheidungskriterien immer wieder die „Affinität" zwischen Produkt, Marke bzw. Unternehmen und dem entsprechenden Sponsoring-Engagement genannt, genauso wie die „Zielgruppen-Affinität".

Zielgruppen-Affinität

Bei der praktischen Bewertung kultureller Bereiche wird man am ehesten auf die bestehende oder zukünftig gewünschte Interdependenz zu Image-Facetten des eigenen Unternehmens oder Angebotes achten.

Grundsätzliche Bewertung kultureller Bereiche und Formen: Auch beim Kultur-Sponsoring wird eine erste Grobauswahl über die Bewertung eines Grobrasters von Imagedimensionen möglich sein. Hierbei muß eine differenzierte Betrachtung erfolgen, denn Breitenkultur oder Spitzenkultur sind imagemäßig oft völlig anders „aufgeladen". Für eine erste Bewertung kann folgende Übersicht dienen (siehe Schaubild 5).

Bewertung einzelner Künstler-Persönlichkeiten oder -Gruppen: Über die Bewertung international herausragender Persönlichkeiten der Kunst- und Kulturszene, wie Herbert von Karajan oder Leonard Bernstein, Nurejew oder Milva, muß nicht diskutiert werden. Spitzenqualifikationen in ihrem Metier, entsprechende Erfolge und auch große persönliche Ausstrahlung machen diese Künstler für eine Zusammenarbeit im Rahmen von Kultur-Sponsoring meist zu risikolosen (wenn auch teuren) Partnern. Doch bereits die Ebene darunter muß genau analysiert werden. Ob es sich um den internationalen Einsatz von großen Opernstars oder um den nur regional oder lokal bekannten Theaterschauspieler handelt, die Fragestellungen sind im Prinzip gleich. Etwa ein Dutzend Kriterien müssen sorgfältig geprüft werden, um letztlich gewiß sein zu können, daß der betreffende Künstler für das vorgesehene Sponsoring-Projekt der geeignete Partner ist. Im übertragenen Sinn kann die nachfolgende Frageliste zur Personenbewertung auch für die Bewertung von Künstlergruppen oder Ensembles angewendet werden. Die wesentlichen Kriterien bzw. Fragestellungen im einzelnen:

– Wie ist die derzeitige künstlerische Qualifikation einzuschätzen, wie die voraussichtliche mittelfristige Entwicklung? Dazu sollte man sich nicht nur mit der eventuell zu engagierenden Person auseinandersetzen, sondern auch die Künstler-Konkurrenz (bei Musikgruppen andere Alternativen) unter die Lupe nehmen.
– Wie ist der Bekanntheitsgrad des Künstlers jetzt und in mittlerer Zukunft einzuschätzen? Aus der Bekanntheit ergibt sich auch die „Zugkraft" auf das Publikum bzw. der „Medienwert" des Künstlers.
– Wie steht es um die Beliebtheit, den allgemeinen Sympathiewert des Künstlers? Auch hieraus ergibt sich der Interessewert für die breite Öffentlichkeit; dieser Faktor bestimmt ebenfalls, wie stark sich die Zielgruppe für die (auch werblichen) Äußerungen des Künstlers interessiert.

Schaubild 5
Bewertung der Image-Dimensionen

Kulturelle Bereiche und Formen \ Image-Dimensionen	Ästhetik	Dynamik	Fortschritt	Harmonie	Innovation	Jugendlichkeit	Modernität	Originalität	Prestige	Tradition
Bildende Kunst										
– Alte Malerei	●			●				●	●	●
– Moderne Malerei	●	●	●		●	●	●	●	●	
– Alte Grafik	●			●				●	●	●
– Moderne Grafik		●	●		●	●	●	●	●	
– Plastik	●			●				●	●	
– Fotografie	●	●	●		●	●	●	●		
– Architektur	●			●		●		●	●	
Bühnenkunst										
– Oper / Operette	●			●				●	●	●
– Theater / Schauspiel				●				●		●
– Ballett	●	●		●	●		●		●	
– Musical		●		●	●	●	●			
– Pantomime	●			●				●	●	
Musik										
– Klassische Musik	●			●				●	●	
– Moderne Musik		●	●		●	●	●	●		
– Volkstümliche Musik				●						●
Film / Fernsehen*										
– Spielfilme		●				●	●	●		
– Dokumentations-Filme		●				●	●	●		
Literatur*										
– Zeitschriften			●					●	●	●
– Bücher			●					●		●

*) grundsätzlich sehr stark themen- und inhaltsabhängig

132

- Wie ist die charakterliche und menschliche Seite des Künstlers einzuschätzen? Wirkt er zum Beispiel als Vorbild für Jugendliche, Amateur-Künstler?
- In Ergänzung dazu. Wie wirkt der Künstler als Persönlichkeit, wie ist seine Gesamtausstrahlung? In manchen Fällen muß dazu auch einfach die Frage gestellt werden: Wie ist das Aussehen, wie ist das Auftreten des Künstlers in der Öffentlichkeit? Diese Facetten im Image eines Künstlers werden um so wichtiger, je mehr die Werbung für das Projekt oder das Unternehmen auf emotionale Aussagen und Werte gerichtet ist. Dazu gehört auch:
- Wie ist das Auftreten in den Medien zu bewerten: TV, Funk, Interviews, Werbeauftritte in der Öffentlichkeit? Macht er eine gute Figur, kommt seine Stimme an, ist er schlagfertig?
- Des weiteren ergibt sich die Frage: Wie ist die bestehende oder die zu erwartende Medienbeliebtheit des Künstlers über seinen von ihm vertretenen kulturellen Bereich hinaus einzuschätzen? Hat er insgesamt einen hohen Publicitywert für die Medien auch außerhalb der Kultur (allerdings nicht im negativen Sinne von Skandalschlagzeilen).
- Wie sieht es mit bereits bestehenden oder geplanten weiteren Verpflichtungen des Künstlers gegenüber anderen Sponsorenfirmen aus? Gibt es weitere, nicht zum eigenen Unternehmen, zur beworbenen Marke passende Verträge?
- Ist der Künstler für lokale, regionale, nationale oder internationale Einsätze geeignet?

Ein besonders wichtiger Punkt aber ist die Eignung der Künstler-Persönlichkeit für die betreffende Produktgattung, die Marke, das Unternehmen. Es geht hier um die Frage: *Eignung der Künstler-Persönlichkeit*

- Wie glaubhaft kann der Künstler für das betreffende Produkt, für die Dienstleistung, für das Unternehmen sprechen. Mit anderen Worten: Wie glaubhaft ist der Künstler als Werbefigur im jeweiligen Kultur-Sponsoring-Projekt.

Sind alle diese Fragen weitgehend positiv beantwortet, geht es „nur" noch um das Preis-/Leistungs-Verhältnis. Dies setzt allerdings neben der qualitativ angelegten Bewertung noch den Blick auf quantitative Faktoren voraus, also z.B. die Abschätzung der bei Veranstaltungen zu erwartenden Besucher oder Medien-Berichterstattungen.
In der folgenden Checkliste (siehe Schaubild 6) sind die wichtigsten Kriterien für die Bewertung einer Künstler-Persönlichkeit nochmals zusammengestellt.
Bewertung von Aufführungsstätten, Ausstellungsorten, Sponsoring-Projekten: Kultur-Sponsoring ist in seinen Ausformungen sehr differenziert zu sehen, da Kultur nicht nur von Menschen, sondern auch über Objekte aktiviert werden kann. So haben Galerien, Ausstellungen und Museen, natürlich auch Festspielhäuser und Konzertsäle ihre lokale, regionale, ja sogar oft internationale Ausstrahlung (wie etwa Bayreuther Festspiele, Louvre in Paris, Arena in Verona etc.). Auch hier ist es, ähn-

lich wie bei den großen Persönlichkeiten der Kunst, nicht allzu schwer, die großen Angebote der Welt zu bewerten und auf die Eignung für die eigenen Zwecke zu überprüfen.

Schwieriger wird es bei der Vielzahl von kleineren Bühnen oder nicht so bekannten Ausstellungen. Hier wird man auf die Mithilfe von lokal ansässigen Fachleuten, von Experten in der jeweiligen Disziplin angewiesen sein, um letztlich eine Bewertung vornehmen zu können. Eine kleine Hilfestellung können auch hier die Imagedimensionen zu den generellen Kulturbereichen und die Fragen zu den Künstler-Persönlichkeiten geben.

Bewertung von Veranstaltungen, Aufführungen, Anlässen: Grundsätzlich wird man hier zunächst die Kriterien für die Kulturform bzw. die dahinterstehenden Künstler-Persönlichkeiten oder -Gruppen anwenden.

Die kulturellen Veranstaltungen, die für Sponsoring geeignet sind und sich der werbungtreibenden Wirtschaft anbieten, werden immer zahlreicher. Auch hier können wieder einige Fragen zur besseren und objektiveren Beurteilung gestellt werden:

- Welches Niveau hat die Veranstaltung?
- Ist die Veranstaltung (das Stück, die Aufführung) bekannt? Wie ist die zukünftige Entwicklung einzuschätzen (besonders wichtig bei Tournee-Veranstaltungen)? Daraus ergibt sich auch der „Medienwert" und die „Zugkraft" der gesponserten Veranstaltung.
- Wie steht es um die Beliebtheit, den allgemeinen Sympathiewert des Ensembles, der Schauspieler, einzelner Stars der Truppe? Hieraus ergibt sich ebenfalls der Interessewert für die Öffentlichkeit. Dieser Faktor bestimmt, wie sich Besucherzahlen und Medienpublizität entwickeln können.
- Wie glaubhaft kann bei der Veranstaltung die Sponsorenschaft dargestellt oder begründet werden?
- Wie sieht es mit anderen Sponsorenfirmen aus, mit denen man zusammenarbeitet? Gibt es weitere oder nicht zum eigenen Unternehmen, zur beworbenen Marke passende Mit-Sponsoren?
- Ist die Veranstaltung für lokale, regionale, nationale oder internationale Sponsoring-Werbung geeignet?
- Paßt diese kulturelle Veranstaltung (Aufführung, Anlaß) zu eventuell anderen Sponsoring-Aktivitäten.

Preis-/Leistungs-
verhältnis

Auch hier muß natürlich abschließend die Frage zum Preis-/Leistungs-Verhältnis gestellt werden.

Zu empfehlen ist, sich hier mit Kennern der kulturellen Materie eingehend zu unterhalten, um den Wert solcher Veranstaltungen, Aufführungen, Anlässe im einzelnen richtig einschätzen zu können.

Bewertung sonstiger Möglichkeiten, wie etwa Literatur, Film, Rundfunk: Hier bestimmt zunächst das Thema des Buches, des Films oder der Rundfunksendung den Bewertungsvorgang. Es können ähnliche Fragen wie die vorher aufgeführten gestellt werden. Daneben ist aber eine stark

Schaubild 6 Bewertungskriterien

Zu den unten angeführten Kriterien ist am besten von einem Entscheidungsteam – jedoch individuell ausgefüllt – jeweils eine Kurzbewertung zu geben.

Kriterien	Bewertung / Kommentar
Derzeitige und mittelfristig voraussehbare Qualifikation des Künstlers / der Gruppe	
Derzeitige und mittelfristig voraussehbare Bekanntheit des Künstlers / der Gruppe	
Gesamtpopularität des betreffenden Kulturbereiches, jetzt und zukünftig	
Allgemeine Beliebtheit und Sympathie des Künstlers / der Gruppe	
Charakterliche und menschliche Einschätzung des Künstlers / der Gruppenmitglieder	
Gesamtausstrahlung und Persönlichkeit des Künstlers / der Gruppenmitglieder (inklusive Aussehen)	
Mediengerechtes Auftreten des Künstlers / der Gruppe in TV, Funk, Interview, Werbeveranstaltungen	
Jetzige und mittelfristig erwartbare allgemeine Medienbeliebtheit des Künstlers (über den kulturellen Bereich hinaus)	
Bestehende oder geplante weitere Verpflichtungen gegenüber anderen Sponsoren	
Eignung für lokale, regionale, nationale oder internationale Werbung	
Paßt der Künstler / die Gruppe eventuell zu anderen verpflichteten Persönlichkeiten?	
Kann der Künstler / die Gruppe glaubhaft für das betreffende Produkt / Unternehmen eintreten?	
Einschätzung der Gesamtqualitäten in Relation zum aufgewendeten Honorar	

quantitative Sichtweise nötig. So wird es möglich sein, sich bei Büchern oder Zeitschriften über Auflagen und Reichweiten zu unterhalten, bei Filmen oder Radiosendungen sind Seher- und Hörerpotentiale abzuschätzen.

Bewertung spezieller Mittel und Umsetzungen für die werbliche Kommunikation: Die Bewertung des kulturellen Engagements ist eine Sache, die Frage, welche Möglichkeiten der werblichen Kommunikation dabei zu nutzen sind, die andere. Allerdings ist die Betrachtung typischer Kultur-Sponsoring-Mittel oder -Träger äußerst schwierig. Im Prinzip sind – neben der Veranstaltung selbst, die als Medium dient – zwei Kategorien von Mitteln zu unterscheiden:

- Direkt mit dem kulturellen Anlaß verbundene Mittel, die mit einem Sponsorenhinweis versehen werden können: wie Eintrittskarten, Programmhefte, Programmplakate, Programmankündigungsanzeigen, Werbefahrzeuge.
- Die Nennung und Darstellung des kulturellen Engagements in den Werbemitteln und Werbeträgern der Unternehmens- bzw. Markenwerbung. Und hier steht praktisch das ganze Arsenal bekannter klassischer und neuer Medien zur Verfügung.

Diese der Taktik zuzurechnenden Mittel müssen im Gesamtzusammenhang entschieden werden. Wichtig ist dabei, daß bereits im Frühstadium an die Integration des Kultur-Sponsoring in die anderen Bereiche – Verkaufsförderung, Öffentlichkeitsarbeit – gedacht wird. Unter diesem Blickwinkel offenbaren gerade lokale oder regionale Kulturereignisse ihre besondere Stärke.

Bei akzeptablen Sponsoring-Honoraren können hier oftmals bessere Möglichkeiten wie Einladungsaktionen, Goodwill- und Kontakttreffen etc. wahrgenommen werden als bei einem kulturellen Weltereignis.

Kultur-Sponsoring-Strategien haben viele Dimensionen

Die Sponsoring-Strategie legt die Rahmenbedingungen für die Kultur-Sponsoring-Aktivitäten dar. Dabei sind mehrere stark zusammenhängende Planungsfaktoren und/oder -bereiche gleichzeitig zu überdenken und entsprechende Entscheidungen zu fällen. In jedem Fall ist erst die von der Gesamt-Kommunikations-Strategie abgeleitete und darauf auch abgestimmte Zielsetzung des Kultur-Sponsoring zu fixieren, sind möglichst umfassende Analysen der zur Verfügung stehenden Sponsoring-Möglichkeiten und der damit erreichbaren Zielgruppen zu erarbeiten, bevor an die Formulierung der Sponsoring-Strategie gegangen wird.

Intensität des Sponsoring-Engagements

Eine erste strategische Vorüberlegung bei Unternehmen sollte die Frage nach der grundsätzlichen Intensität des Sponsoring-Engagements sein. Dabei muß man sich bewußt sein, daß gerade bei Kultur-Sponsoring eine mittel- bis langfristige Planung die Voraussetzung für den Erfolg ist. Drei in etwa unterscheidbare Formen eines Sponsoring-Engagements lassen sich generell festhalten:

136

Sporadisches Sponsoring

Hier engagiert sich das Unternehmen eher zufällig und nur zeitweilig. Die Tendenz ist: testen, abwarten, Erfahrungen sammeln. Mit zunächst kleinen Investitionen werden die Möglichkeiten ausgelotet, ohne daß große Erwartungen an die Wirkung damit verbunden sind.

Segmentierendes Sponsoring

Hier setzt aktives und systematisiertes Sponsoring ein. Das Unternehmen greift zielgerichtet und anlaßbezogen einige Sponsoringformen und -engagements auf, um gezieltes und permanentes Sponsoring zu betreiben.

Die Intensität ist bereits hoch, entsprechende Budgets stehen dahinter, und die Koordination mit anderen Kommunikationsinstrumenten (Ver-

Schaubild 7
Dimensionen der Sponsoring-Strategie

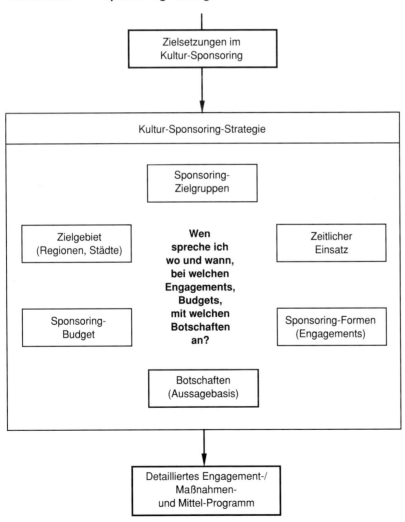

137

kaufsförderung, Public Relations bis hin zur klassischen Werbung) wird betrieben.

Konzertiertes Sponsoring

Das Sponsor-Unternehmen ist hier in vielen unterschiedlichen Bereichen engagiert. Sponsoring spielt eine bedeutende Rolle und macht einen wesentlichen Anteil des gesamten Kommunikationsbudgets aus. Hier müssen verständlicherweise eindeutige Sponsoring-Strategien vorliegen, um das differenzierte Instrumentarium auch ökonomisch einsetzen und zielkonform ausrichten zu können.

Die **Dimensionen** einer Strategie im Kultur-Sponsoring (siehe Schaubild 7) ergeben sich aus der einfachen Frage: Wen spreche ich wo und wann, mit welcher Intensität anläßlich welcher Engagements und mit welcher Botschaft an? Daraus ergibt sich im einzelnen:

Sponsoring-Zielgruppen

Die gewünschten Zielgruppen (Meinungsbildner, Kunden, Direktabnehmer) sind im Detail festzulegen.

Zielgebiet

Es wird bestimmt, in welchen Städten, Regionen (seltener überregional oder national) die Aktivitäten stattfinden sollen. Das ergibt sich selbstverständlich meist in Abhängigkeit von den entsprechenden Sponsoring-Engagements.

Zeitlicher Einsatz

Im Prinzip abhängig von den Engagements sollte diese Frage trotzdem im Vorfeld geklärt werden, vor allem dann, wenn im Hinblick auf Goodwill- und Aktivierungsmaßnahmen Abstimmungen mit anderen Kommunikationsbereichen, wie etwa Verkaufsförderung, notwendig wird. Hier kann die richtige Terminplanung oft zur Voraussetzung des werblichen Erfolges werden.

Sponsoring-Formen

Die Strategie sollte bereits die grundsätzlichen Engagements fixieren. Nicht notwendig dagegen ist die instrumentale Ausformung, die Frage, welche Detailmittel und -maßnahmen zu ergreifen sind (das erfolgt in einem nachfolgenden Schritt, der Detailprogrammplanung).

Sponsoring-Budget

Es dokumentiert zunächst die Intensität des Engagements im Kultur-Sponsoring und ist in direkter Abhängigkeit zu den geplanten Formen und Veranstaltungen zu sehen. Besonderes Augenmerk ist dabei auf eine Strukturierung des Budgets nach direkt zuzuordnenden Engagementkosten und indirekt entstehenden Kosten für weiterführende Maßnahmen, zum Beispiel im Verkaufsförderungsbereich, zu lenken. Ähnlich wie in anderen Sponsoring-Feldern gilt auch hier die Regel: „Jede Sponsor-Mark braucht eine zusätzliche Werbe-Mark", d.h. daß nochmals das gleiche Budget bereitzustellen ist, um die Aktivitäten des Kultur-Sponsoring publizieren zu können.

Sponsoring-Botschaft

Wer tritt in der Öffentlichkeit als Absender (Sponsor) auf: das Gesamtunternehmen, einzelne Marken.

138

Dann ist zu fixieren, in welcher Form die Botschaft zu präsentieren ist: der Firmenname, das Firmen-Logo, feststehende Aussage-Formeln usw. Den Inhalten und der Gestaltung der Botschaften sind im Sponsoring verständlicherweise Grenzen gesetzt, zum Teil aus Platzproblemen, vor allem aber wegen der Sensibilität des Metiers.

Doch sollte man auch an weitergehende Mittel und Aktivitäten in Zusammenhang mit dem eigentlichen Engagement denken (beispielsweise Werbung in Programmheften). So kann es im Rahmen der Strategie von Nutzen sein, wenn Basisaussagen im Sinne von Copy-Strategien festgehalten werden.

Eine praxisgerechte Strategie im Kultur-Sponsoring wird also diese sechs Planungsdimensionen beinhalten. Wichtig ist, daß diese Daten auch schriftlich fixiert werden, dienen sie doch zum einen der Abstimmung mit den Sponsoring-Partnern, zum anderen als Basis und Planungsrahmen für oft vielfältige und mit allen Kommunikationsbereichen verzweigte Aktivitäten.

Sechs Planungsdimensionen

Verzahnung der Gesamt-Kommunikation bedeutet Optimierung

In den vorhergehenden Kapiteln wurden Planungsüberlegungen zum Kultur-Sponsoring im engeren Sinne behandelt. Der Blick in die Praxis zeigt aber, daß im Zusammenhang mit Kultur und Kunst die Konzeption und Erstellung besonders attraktiver Maßnahmen und erfolgreicher Mittel für alle anderen Kommunikationsbereiche möglich ist: von der Verbraucher-Promotion, über PR-Kampagnen und Messe- und Ausstellungsaktivitäten bis hin zur Handels- oder Außendienst-Motivierung. Es ist unbestritten, daß die werbliche Beschäftigung mit den Musen der Kunst hervorragende Anregungen bringt. Das ist insofern verständlich, als das Erlebnisfeld rund um die Kunst und Kultur in seiner Vielfalt und in seinen speziellen Ausformungen für die unterschiedlichsten Zielgruppen besonders attraktiv und interessant ist.

Gerade weil hier besonders viele kreative Ansatzpunkte aufscheinen, sollte man die Verknüpfung und Koordination der Kultur-Sponsoring-Maßnahmen mit anderen Kommunikationsbereichen nicht dem Zufall überlassen, sondern rechtzeitig in die planerische Systematik mit einbeziehen. Ein anderer Umstand ist aber genauso wichtig: Die Ergänzungsaktivitäten sind bereits in einem frühen Stadium einzuplanen. Die Möglichkeiten bei der Zusammenarbeit mit Intendanten oder Galeriebesitzern, mit Orchestern oder Museen sind in vielen Fällen an ein eng begrenztes und meist ziemlich exakt beschriebenes Einsatzfeld gebunden. Die nachträgliche Erlaubnis zur erweiterten Verwendung, zum Beispiel der persönliche Einsatz eines Top-Künstlers bei Autogrammstunden im Rahmen einer Vernissage, kann unter Umständen dann sehr teuer werden.

In jedem Fall führen erst nachträgliche Honorarverhandlungen für solche Ergänzungsmaßnahmen zu gegenseitiger Verärgerung und bringen so eine ansonsten positive Partnerschaft in Gefahr.

Schaubild 8
Maßnahmenverzahnung

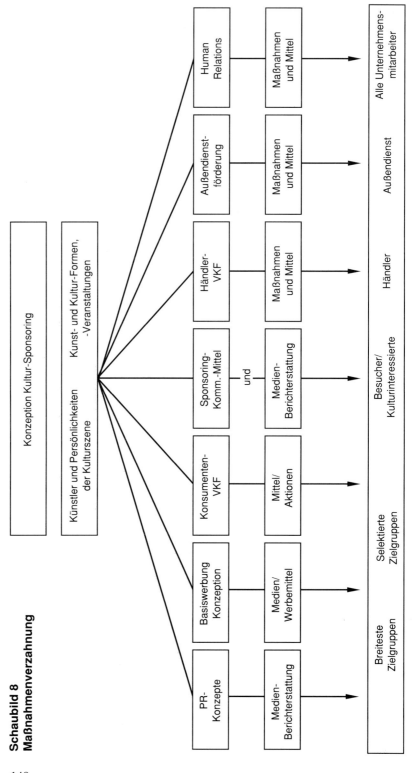

Wer die Grundidee des Kultur-Sponsoring von Anfang an auch bei der Kunden-Motivierung, bei Verbraucher-Promotion oder PR-Anlässen einplant, erhält ein integriertes Kommunikationskonzept, das im Sinne kumulativer Wirkung sehr viel mehr wert ist als die Summe einzeln geplanter Aktionsteile. Der Verkaufsförderungsspezialist kann meist schnell erkennen, welchen Wert die eine oder andere Kulturveranstaltung oder ein Künstler für die kreative Maßnahmenplanung im Promotionsbereich haben. Aber auch der auf klassische Kommunikation ausgerichtete Werbefachmann sollte sich bei der Sponsoring-Planung rechtzeitig um die Bewertung dieser Dimension kümmern. Letztlich gehört auch das zur Kosten-/Leistungs-Berechnung für das Gesamtprojekt einer Kultur-Sponsoring-Kampagne.

Eine Maßnahmenverzahnung mit Kultur-Sponsoring ist praktisch über alle Kommunikationsbereiche möglich und denkbar (siehe Schaubild 8). Für die praktische Planung und die Konzeptionsarbeit sollte man auch folgende Fragen beantworten: *Maßnahmenverzahnung*

Wo liegen die besonderen Stärken des Themas Kunst und Kultur, einzelner Formen (Theater, Musik, Ausstellungen), bestimmter Persönlichkeiten der Kultur-Szene bei der Anwendung oder Übertragung in andere Kommunikationsbereiche? Ganz allgemein ergeben sich dazu folgende Ansatzpunkte:

- Zunächst können Kultur-Sponsoring-Engagements als Einladungsbühne für Treffen, Gewinner-Veranstaltungen, Auszeichnungen dienen. Einladungen für kulturelle Veranstaltungen haben hohes Niveau, sind angesehen, werden als echte Auszeichnung verstanden.
- Einbau von Personen der Kunst- und Kulturszene in der Werbung. Hier gelten die allgemein bekannten Überlegungen zur Werbung mit Persönlichkeiten.
- Der persönliche Auftritt von Künstlern bei Veranstaltungen: bei Kunden-Tagungen, Messen und Ausstellungen oder zu PR-Anlässen.
- Eine weitere Nutzungsmöglichkeit des Themas Kultur und Kunst ist die Verwendung von Bildern, Fotos und Postern als Präsent und Motivation für einen ausgewählten Personenkreis.

Schwierigkeiten der Wirkungskontrolle

Bei den im Kultur-Sponsoring zwischenzeitlich investierten Budgets ist es nur zu verständlich, daß die werbungtreibenden Unternehmen an der systematischen Kontrolle der Wirkung interessiert sind. Daher gehört zum Schluß einer Planungssystematik auch der Blick auf die Werbewirkungskontrolle. Die Fragen dazu sind:

- Mit welchen Mitteln und Methoden ist speziell im Kultur-Sponsoring eine Kontrolle möglich?
- Welche Kriterien lassen sich dabei, in wirtschaftlich vertretbarem Rahmen, überhaupt messen?

141

Darüber hinaus soll an dieser Stelle aber auch auf die im Bereich der Situationsanalyse bereits diskutierte Frage der Grundlagenforschung kurz eingegangen werden. Anders als in der klassischen Werbung, wo über die Verlage und öffentlich-rechtlichen Rundfunkanstalten ausführliche und detaillierte Analysen über die Medien und deren Nutzerschaft (Seher, Hörer, Leser) vorliegen – gibt es in bezug auf Kultur-Sponsoring so gut wie keine Unterlagen.

Grundlagen-
forschung im
Kultur-
Sponsoring

Grundlagenforschung im Kultur-Sponsoring: Bis jetzt sind weder quantitative Daten über Potentiale oder Reichweiten bei bestimmten Kultur- oder Kunstformen, geschweige denn zu einzelnen Veranstaltungen, vorhanden, noch gibt es fundierte qualitative Informationen über Zielgruppen-Strukturen, -Meinungen oder -Einstellungen dazu. Doch gerade solche Daten sind für die Planung und Konzeption notwendig, will man von Gefühlsentscheidungen wegkommen.

Dabei helfen bereits kleinere qualitative (allerdings nicht repräsentative) Untersuchungen im Vorfeld. Die Methoden dazu sind:

Gruppengespräche

In kleinen Gruppen zu je 8-12 Personen, rekrutiert aus der Zielgruppe, werden unter Leitung eines qualifizierten Moderators die interessierenden Fragenkomplexe diskutiert. Meist reichen bereits 3-4 Gruppen. Wichtig ist die Auswahl der Stichprobe, denn es müssen jeweils relevante Personen, die sich für die spezielle Kulturform interessieren, rekrutiert werden (etwa Theaterbesucher).

Qualitative Einzelinterviews

Stichproben von 40-50 Personen bringen bereits gute Ergebnisse. Doch ist auch hier die Stichprobenauswahl – siehe oben – sehr wichtig.

Die Fragenkomplexe, die hier zu untersuchen sind, müssen jeweils auf die entsprechenden Vorhaben und Aufgaben zugeschnitten sein. Der nachfolgende **Themenkatalog** kann für solche individuellen qualitativen Untersuchungen erste Anregungen geben:

Allgemeine Verbraucher-Einstellungen zum Kultur-Sponsoring

– Wie sieht man grundsätzlich die Verbindung von Werbung und Kunst/ Kultur?
– Ist man sich der Unterstützung der Kultur durch die Unternehmen bewußt?
– Wie akzeptiert man Kultur-Sponsoring? Wie wird das gegenwärtige Ausmaß wahrgenommen?
– In welchen Kunst-/Kulturformen wird Sponsoring akzeptiert? Wo stört es?
– Welche Mittel, welche Arten, welche Intensität von werblichen Auftritten in Zusammenhang mit Kunst/Kultur werden positiv aufgenommen? Ab wann schlägt es negativ um?

Image-Facetten einzelner Kultur-/Kunstformen bzw. -veranstaltungen oder -projekte

– Wie stellen sich die Image-Facetten einzelner Kulturformen dar?

- Kommen bestimmte Image-Dimensionen auf allen Ebenen der Kulturformen (Weltbühne oder Laientheater) gleichermaßen zum Tragen?
- Welche Zielgruppenvorstellungen werden mit einzelnen Kulturformen verbunden (der „typische Ballettbesucher")?
- Welche Unternehmen, Marken oder Produkte passen zu einzelnen Kulturformen?

(Ähnliche Fragen stellen sich auch zu den eventuell auszuwählenden Persönlichkeiten der Kultur- und Kunstszene.)

Bewußtsein und Erinnerung zu Kultur-Sponsoring

- Kann man sich an Sponsoring-Aktivitäten erinnern? An welche?
- Weiß man, mit wem bekannte Künstler oder Bühnen zusammenarbeiten?
- Sind Unternehmen oder Marken bekannt, die intensiv Kultur-Sponsoring betreiben?

Ein solcher Themenkatalog wird selbstverständlich sehr detailliert auszuformulieren sein, wobei es zweckmäßig ist, durch ein erstes Gruppengespräch bzw. einige Test-Interviews den Frageleitfaden erst einmal zu überprüfen und wenn nötig entsprechend zu modifizieren. In manchen Fällen – und immer dann, wenn Kultur-Sponsoring im großen Stil betrieben werden soll – ist es zweckmäßig, einen Teil dieser Fragen repräsentativ zu erheben. Das ist in preiswerter Form, wenn auf eine eigene Untersuchung verzichtet werden soll, durch die Beteiligung an Mehrthemen-Umfragen möglich.

Wie gesagt, handelt es sich bis hierher noch um die Marktforschung im Vorfeld der eigentlichen Planung, also um Teile der Situationsanalyse, was bedeutet, der Materialsammlung für einen möglichst umfangreichen und aussagefähigen Datenkranz. Genauso wichtig für das im Kultur-Sponsoring engagierte Unternehmen ist aber die eigentliche Wirkungskontrolle im Sinne von Posttests, die geeignet sind, die Auswirkungen einzelner Mittel oder gesamter Kampagnen zu erfassen.

Werbewirkungs-Posttest im Kultur-Sponsoring: Die engen Grenzen der Werbewirkungskontrolle generell sind den Kommunikationsfachleuten bekannt. Denn Werbewirkungen sind nur dann erfaßbar, wenn Werbeziele möglichst differenziert und operational, also meßbar, fixiert werden. Sobald eine Aktion nur die Aufgabe hat, „flankierend" zu wirken – wie beim Kultur-Sponsoring oft formuliert – ist eine solche Festschreibung von Zielvorgaben einfach nicht mehr möglich. Die Kontrolle kann sich dann höchstens noch darauf beziehen, ob Kultur-Sponsoring überhaupt wahrgenommen wird. Nur bei wirklich eng abgrenzbaren Zielgruppen (wie bei dem Theaterpublikum einer bestimmten Aufführung oder einer Stadt) ist auch noch die kompliziertere Fragestellung möglich, welche Einstellungs- oder gar Verhaltensänderungen durch das Sponsoring-Engagement ausgelöst worden sind.

In diesem Zusammenhang stellen sich zwei Überlegungen: Welche Wirkungen des Kultur-Sponsoring können einigermaßen isoliert und damit

Werbewirkungs-Posttest

143

meßbar gemacht werden? Und: Welche Marktforschungsmethoden sind dann zur Messung einsetzbar?

Welche **Parameter der Kommunikationswirkung** als meßbar geeignet sind, hängt mit den zum Punkt Zielsetzungen aufgeführten Kriterien zusammen.

– Der Bekanntheitsgrad von Unternehmen, Marken und Produkten;
– das Ausmaß einer pauschalen Sympathie-/Good-will-Veränderung (gemessen mit Hilfe von Sympathie- und Einstellungsskalen);
– die Art und der Umfang spezifischer Veränderungen von einzelnen Imagefacetten (gemessen an den Imagedimensionen der gesponserten Veranstaltungen, Künstler).

Zunächst ist aber die Durchsetzung einer Botschaft die Voraussetzung jeglicher Wirkung. Die Messung von Erinnerung (= Recall) an Kultur-Sponsoring-Maßnahmen steht deshalb an erster Stelle, zumal Auswirkungen auf den Bekanntheitsgrad oder das Image grundsätzlich sehr schwer abgrenzbar sind. Als methodische Möglichkeiten für die Recall-Messung bieten sich an:

Direkte persönliche Befragungen vor Ort (bei Veranstaltungs-Sponsoring)

Bei Besuchern einer Kulturveranstaltung (Theater, Oper, Konzert) oder einer Ausstellung wird kontrolliert, ob und in welchem Ausmaß bestimmte Formen und Mittel des Kultur-Sponsoring bemerkt bzw. erinnert wurden.

Zur Methode: Bei mindestens 50, besser 100 oder mehr Besuchern einer einzelnen Kulturveranstaltung wird nach Beendigung der Veranstaltung eine (möglichst verdeckte) Kurzbefragung durchgeführt. Die organisatorischen Probleme dabei sind allerdings beträchtlich. Für zusätzliche Fragen nach qualitativen Kriterien (Sympathie-, Einstellungs-, Imageveränderungen) bleibt kein Raum.

Day-after-Recall-Befragungen (nach Medienübertragungen von Sponsor-Veranstaltungen)

Für die Kontrolle der über Medien publizierten Kulturveranstaltungen bietet sich das System der Day-after-Recalls an. Nach Abschluß der Veranstaltungsübertragung bis ca. 1-2 Stunden danach und zusätzlich am nächsten Tag werden über Telefoninterviews die grundsätzliche Erinnerung an die Sponsoring-Sendung, aber auch qualitative Bewertungen, festgehalten.

Die derzeit noch überschaubaren Sendegebiete der privaten TV- und Funkanstalten eignen sich hierzu gut.

Zur Methode: Für die Telefonbefragung muß eine repräsentative Zufallsstichprobe (etwa Zufallsauswahl aus Telefonbüchern) gezogen werden. Befragt werden Personen, die jeweils die gesamte Sendung verfolgt haben.

Mehrthemen-Umfragen (bei umfangreicheren Sponsoring-Engagements)

Bei umfassenderen Engagements des Kultur-Sponsoring, national oder auch in einer überschaubaren bzw. abgrenzbaren Region (z.B. Stadt), kann unter bestimmten Voraussetzungen auch mit üblichen Repräsentativumfragen (Omnibuserhebungen) die Auswirkung der Gesamtaktivität erfaßt werden. Neben den rein quantitativen Fragen (Sponsoring bemerkt oder nicht), lassen sich auch einige qualitative Fragen anhängen (Bewertung des Engagements, Glaubwürdigkeit etc.).

Zur Methode: Bei Omnibus-Erhebungen sind u.U. aufgestockte Stichproben, z.B. bei Regionen oder Städten, oder auch mehrere Befragungswellen notwendig. Für einige Großstädte bietet sich neuerdings auch das Instrument der schriftlichen Befragung an, das von spezialisierten Instituten durchgeführt wird.

Die Messung des Bekanntheitsgrades als Wirkungsparameter von Kultur-Sponsoring-Maßnahmen kann für die Praxis nicht empfohlen werden, da ein Ausfiltern der wirklich auf die Sponsoring-Aktivitäten zurückzuführenden Wirkungen methodisch nicht mehr möglich ist. Und wie bereits erwähnt, ist auch das Ausfiltern von Image-Wirkungen, die dem Kultur-Sponsoring zuzuschreiben sind, äußerst schwierig. Nur wenn Kultur-Sponsoring wirklich über einen längeren Zeitraum hinweg als dominierendes Kommunikationsinstrument wirksam wird – selbstverständlich bezogen auf einen engeren, überschaubaren und methodisch abgrenzbaren Raum – hat das Heranziehen von Image-Analysen einen Wert.

Wo es um das Abchecken einzelner klar definierbarer Image-Facetten geht, ist es auch denkbar, daß man durch eine Kurzanalyse nur über diese Teilfacetten zu interessanten Ergebnissen kommt. Solche Fragen können dann relativ preiswert über Studio-Tests abgewickelt werden, d.h. auch im Rahmen der Post-Test-Analysen kommen in Frage:

Gruppengespräche sowie
qualitative Einzelinterviews.

Dabei gelten die zum Thema Grundlagenforschung gemachten methodischen Anmerkungen. Ergänzt durch einen wichtigen Hinweis: Für die Zwecke des Post-Tests müssen jeweils auch Vergleichsstichproben oder -gruppen befragt werden, die **nicht** von der betreffenden Sponsoring-Aktivität berührt worden sind. Nur auf diesem Weg sind Einstellungs- und Imageveränderungen oder Bewertungen, zum Beispiel von einzelnen Aktivitäten, zu analysieren. In solchen Gruppengesprächen oder Einzelinterviews sind dann durchaus auch spezielle Fragen einzubauen, wie sie etwa in einem Anzeigen-Folder-Test gestellt werden (das heißt die Beurteilung einer Anzeige mit Kultur-Sponsoring-Inhalten).

Schon diese Kurzbetrachtung zeigt die große Problematik der Marktforschung und der Werbewirkungskontrolle im Kultur-Sponsoring deutlich auf. Das methodische Instrumentarium ist begrenzt, Untersuchungsprojekte sind diffizil, verlangen meist teuere Vorselektionen und sind des-

Problematik
Werbewirkungs-
kontrolle

halb insgesamt kostspielig. Aufgrund vieler nicht vorhersehbarer Imponderabilien fallen Marktforschungsergebnisse von Fall zu Fall sehr unterschiedlich aus, auch bei objektiv annähernd gleichen Ausgangsvoraussetzungen, so daß meist mehrere Untersuchungsprojekte realisiert sein müssen, um zu aussagekräftigen und interpretationsfähigen Resultaten zu kommen.

So schließt sich bei der Betrachtung der Werbewirkungskontrolle im Kultur-Sponsoring wieder der Kreis zu verschiedenen Ausgangsüberlegungen. Kunst und Kultur gehören auch deshalb zu den interessanten und beliebten Erlebnisfeldern breiter Publikumsschichten, weil sie zu den besonders anregenden Seiten der Freizeitwelt zählen. Doch Erfolg und Mißerfolg in diesem speziellen Metier Kultur-Sponsoring liegen manchmal sehr nahe beisammen, sind oft nicht mit objektiven Kriterien abschätzbar. Deshalb ist es wünschenswert, daß durch den Einsatz systematisierter Wirkungskontrollen auch der Bereich des Kultur-Sponsorings transparenter gemacht und so die Voraussetzungen für eine Optimierung geschaffen werden.

Voraussetzung für eine Optimierung

Neue Berufe:

Der Kultur-Manager und
der Berater für Kultur-Sponsoring

Der Kultur-Manager

Sponsoring-Berater und -Agentur

Bill Kallaway
Die Rolle des Beraters aus englischer Sicht.

Die Werbeagentur ein Beratungspartner?

Tony Bagnall-Smith
Werbeagentur und Kultur-Sponsoring aus englischer Sicht

Wenn zwei Partner Schwierigkeiten haben miteinander, die richtige Sprache zu finden, dann ist das eine Aufgabe für Spezialisten, die zwischen den Parteien vermitteln, die beraten müssen, hat Siegfried Hummel kürzlich in München auf einem Podiumsgespräch[18] festgestellt. Ganz neue Berufszweige seien im Entstehen, meinte DER SPIEGEL[80] in einem Beitrag über Kultur-Sponsoring und nennt in einem Atemzug „fund raiser", Kultur-Agenten, Kultur-Manager und die Agentur für Musik-Sponsoring. Alles Berufsbezeichnungen, über die keine konkreten Vorstellungen bestehen und in die jeder etwas anderes hineininterpretieren kann. Aber worum geht es?

Der Kultur-Manager

Da ist zunächst die Notwendigkeit, bei zunehmendem Interesse auf seiten der Kultur wie auch bei der Wirtschaft ein möglichst vorurteilsfreies, fachliches Gespräch führen zu können, das die Anliegen beider Seiten berücksichtigt.
Erste Möglichkeit: Dieses Gespräch führen ein Vertreter des Kultur-Institutes und ein Vertreter des Wirtschaftsunternehmens ohne Einschaltung eines Dritten, eines Beraters. Das setzt auf beiden Seiten fachlichen Respekt und Verständnis für die Ziele und Notwendigkeiten des Partners voraus.
Eine Reihe von Beispielen zeigt, daß dieser Dialog erfolgreich sein und zu guten Ergebnissen führen kann. Doch ist dies keinesfalls die Regel. Schuld daran ist der heutige Wissens- und Ausbildungsstand. Dies zeigte auch ein Kongreß in Hamburg, der sich im November 1987 mit Kultur-Management und Kultur-Administration befaßte[81]. Wie der neue „Kulturmanager" aussehen, vor allem welche Ausbildung er haben sollte, darin waren sich die Experten nicht einig. Zwei Modelle stehen sich gegenüber: Das eine favorisiert den „Kultur-Manager" mit einer Ausbildung für Kultur-Administration, angeboten in den USA, neuerdings auch in Österreich und Ungarn, von den Akademien für Kultur-Management; in diese Richtung geht auch das Modell der Hamburger Musikhochschule, die Kultur-Management als Wahlpflichtfach eingeführt hat, „als Lebenshilfe für junge Künstler, als Berufsperspektive für solche, die Kunst lieber vermarkten, als machen wollen".[82]
Die Hochschule Lüneburg bietet den Studiengang „Angewandte Kulturwissenschaften" an, eine Kombination geisteswissenschaftlicher Fächer und Betriebswirtschaft. Die Verunsicherung kam spätestens dann in die Hamburger Diskussion, als ausgerechnet Harold Horowitz vom amerikanischen „National Endowment of the Arts" meinte, Takt, Allgemeinbildung und Persönlichkeit seien wichtiger als formale Kenntnisse in Kulturverwaltung und deshalb das Modell der Weiterbildung zur Diskussion stellte. Dieses Modell wird auch vom Bildungsministerium verfolgt: In speziellen Kursen sollen Juristen und Betriebswirte, die auf unterschiedlichen Wegen in ein Kulturamt gelangt sind, mit Fragen der

Modell der Weiterbildung

Kunst vertraut gemacht, Künstler hingegen in Steuerrecht und Haushaltspolitik geschult werden. Wahrscheinlich wird bei dem Hang der Deutschen, Ausbildungsfragen sehr sorgfältig zu diskutieren, besonders dann, wenn keine bestätigten Berufsbilder vorliegen, noch einige Zeit vergehen, bis diese Programme tatsächlich angeboten werden. Erst dann dürften ausreichend ausgebildete oder zumindest gut informierte Mitarbeiter in den Kultur-Instituten zur Verfügung stehen, die auch Vorstellungen, Ziele, Konzepte und Notwendigkeiten der Werbung und Öffentlichkeitsarbeit verstehen.

Aber auf der Seite der Wirtschaft ist die Situation nicht sehr viel besser. Vielleicht mit dem einen Unterschied, daß Marketing, Werbe- und PR-Fachleute in den Unternehmen erkennen werden, daß sie in Fragen der Kultur Nachholbedarf haben, und dann sehr viel schneller und flexibler reagieren können, indem sie privatwirtschaftlich organisierte Seminare und Schulungen einrichten, die sie mit Wissen und Verständnis für die Zusammenarbeit mit Kultur-Instituten ausstatten.

Hermann Glaser formuliert die Anforderungen an das Kultur-Management wie folgt:

„Im Rahmen der Entwicklung der Industriegesellschaft bei zunehmender Freizeit und starkem Interesse an ‚Betätigung' werden die kulturellen Bedürfnisse der Menschen aller Wahrscheinlichkeit nach sehr ansteigen. Notwendig ist eine entsprechende Infrastruktur, die es dem einzelnen wie Gruppen ermöglicht, zum einen Angebote wahrzunehmen, zum anderen sich selbst zu organisieren und Kreativität zu entfalten. Die Nutzung des ‚Zeitbudgets' bedarf eines Quantums Spontaneität von seiten des Individuums, aber auch eines Managements, das effizient und kostensparend für Systematik im Angebotsbereich sorgt. Eine Ist-Analyse zeigt, daß vielfach bei den großen, mittleren, vor allem kleinen Organisationen, Institutionen und Gruppen dieses Management kaum oder unzulänglich vorhanden ist. In einer komplexen und damit auch komplizierten Gesellschaft ist die Naivität, mit der häufig in Kultur-Einrichtungen ‚gemanagt', verwaltet, organisiert, geplant wird, ein großes Hindernis für Kosten- und Ertragsberechnungen (die natürlich den ‚Ertrag' nicht nur monetär kalkulieren dürfen, sondern vor allem an das Wohlbefinden und Wohlbehagen in der Kultur zu denken haben).

Je einfallsreicher und perfekter Kultur-Management ausgeübt wird, um so mehr hat Kreativität die Chance, sich zu entfalten. Je bürokratischer Kultur-Verwaltung vorgeht, desto stärker werden künstlerische und kreative Kräfte absorbiert und in die Frustration getrieben.

Kultur-Management kann im Team erfolgen, also im Zusammenspiel zwischen den mehr inhalts- und mehr verwaltungsmäßigen Kräften; es ist jedoch wichtig, daß jeder für den jeweils anderen Bereich sensibilisiert wird.

Kultur-Management

Kultur-Manager sein heißt, eine gute Kenntnis von Kunst und Kultur zu besitzen; der Kulturschaffende wiederum sollte gewisse Grundkenntnisse im Management haben. Wichtig ist also die Verbesserung von Ausbildung, Fortbildung, Weiterbildung, Zusatzqualifikation; darüber hinaus müssen auch Beratungshilfen gegeben werden für Individuen, Gruppen und Institutionen, die eines eigenen Kultur-Managements nicht bedürfen: Kultur-consult kann eine solche Lücke schließen."[83]

Eine Untersuchung bei 96 Theatern kommt zu folgendem interessanten Ergebnis:

„Als letzte, aber dennoch nicht minder wichtige Erkenntnis geht aus unserer Untersuchung hervor, daß die Öffentlichkeitsreferenten, alles andere als mit ihrer Arbeitssituation zufrieden, auf einen verstärkten Informationsaustausch und auf gezielte Fortbildungsmaßnahmen drängen. Zwei Drittel der Staats- und Stadttheater und mehr als die Hälfte der Landestheater sowie der Freien und Privaten Theater signalisieren ihre Aufgeschlossenheit gegenüber den mit Marketing zusammenhängenden Fragen. Möglicherweise liegt hierin eine Chance, die Marketingkonzeption für einen Teilbereich des Theaters im Vorwege zu erproben und zu beobachten, ob der Prozeß von Produktion – Vermittlung – Rezeption effizienter und transparenter als bisher gestaltet werden kann."

Barbara Müller-Wesemann/Manfred Brauneck, Zentrum für Theaterforschung, Hamburg[84]

Sponsoring-Berater und -Agentur

Die zweite Möglichkeit: Das Gespräch zwischen Kultur-Institut oder Künstler und Wirtschafts-Unternehmen wird von einem Berater vorbereitet. Vielleicht entwickelt er auch die Initiative, indem er zwei Partner, die sich für ein von ihm entwickeltes Konzept eignen, zusammenbringt. Hier sind die verschiedensten Spielarten und Ausgangs-Situationen denkbar.

Berater sind fast ausschließlich Seiten-Einsteiger und kommen aus folgenden Berufen:

- PR-Fachleute, die in Unternehmen mit Kultur-Engagements befaßt waren
- PR-Fachleute, die in PR-Agenturen mit Kultur-Aufgaben in Berührung kamen und sich nun spezialisieren wollen
- Manager, die in Musikverlagen, Musikagenturen, Künstler-Agenturen tätig waren
- vereinzelt auch Art Consultants, die bisher private Sammler und Firmen, vorwiegend im Bereich der Bildenden Kunst, beraten haben

Indem diese Berufe in Teilbereichen fundiertes Wissen einbringen, sind sie noch am ehesten in der Lage, die gegebene Lücke auszufüllen. Die Anforderungen an Berater aber werden wachsen, je differenzierter die

Konzepte, die zwischen Kultur und Wirtschaft besprochen werden, angelegt sind.

Christian Meyer, ein Sponsoring-Berater der ersten Stunde, formuliert die Anforderungen so:

„Die erfolgreiche Zusammenarbeit von Wirtschaft und Kultur braucht einen unabhängigen, qualifizierten Mittler: Den Berater oder die Spezialagentur, die Know-how aus Marketing und Werbung vereinen mit differenzierten Kenntnissen der Kulturwelt. Die Berater müssen neben dem notwendigen Fingerspitzengefühl für ihre anspruchsvollen Aufgaben über einen breit gefächerten Erfahrungshorizont verfügen. Sie müssen eine solide Entscheidungsgrundlage für die Auswahl von förderungswürdigen Kulturprojekten erarbeiten. Sie müssen Trends frühzeitig erkennen und kurzlebige Modeerscheinungen von beständigen Strömungen unterscheiden können. Hierbei ist die „richtige Nase" genauso wichtig wie die Kenntnis wissenschaftlicher Analysen und Prognosen zur gesellschaftlichen Entwicklung. Offenheit für Neues muß einhergehen mit einer sicheren Urteilsfähigkeit."[85]

Breit gefächerter Erfahrungshorizont

Besondere Kompetenz müssen Berater, sagt Christian Meyer, in zwei Bereichen vorweisen können:

1. Sie müssen kreativ neue Sponsorformen entwickeln, die dem Sponsor eine eigene Originalität sichern. Stimmige, sinnfällige aber auch unkonventionelle Partnerschaften sind herbeizuführen. Mut und Vertrauen müssen auf beiden Seiten entwickelt werden, beim Sponsor genauso wie beim Gesponserten. Die besondere Erlebnisdimension kultureller Veranstaltungen ist in den Vordergrund zu stellen.

2. Sie müssen engen, intensiven Kontakt zum kulturellen Zeitgeist halten und die dort gemachten Erfahrungen systematisch auswerten und erfassen; eine detaillierte Datensammlung verschiedenster Kulturprojekte, von der freien Theatergruppe über talentierte Nachwuchssänger bis hin zum großen philharmonischen Orchester erstellen. Interessierten Sponsoren können daher vielfältige und differenzierte Förderungsmöglichkeiten vorgestellt werden.

Erhebliche Bedeutung in der Arbeit der Spezialagentur hat die Beratung der Kultur-Institute. Die Kunstschaffenden benötigen oft Hilfe bei der Umsetzung ihrer kreativen Ideen und Projekte. Teilweise müssen sie davon überzeugt werden, daß sie durch eine Förderung seitens der Wirtschaft ihre künstlerische Freiheit nicht verlieren. Berater und Agentur haben hier die Aufgabe, verschiedenste direkte und indirekte Anknüpfungsmöglichkeiten an das fördernde Unternehmen und seine Zielsetzungen aufzuzeigen. Durch intensive Aufklärung und behutsames Vorgehen können mögliche Vorbehalte zumeist ausgeräumt werden. Die Praxis zeigt, daß die Intentionen oft gar nicht so weit auseinanderliegen. Beiden Partnern ist an einer möglichst breiten Aufmerksamkeit der Öffentlichkeit gelegen; der eine nennt sie große Reichweite, der andere Publikumserfolg. Doch der Partner aus der Wirtschaft kann diese Öffentlichkeit durch entsprechenden Mitteleinsatz in der Regel einfacher herstellen als das Kulturprojekt.

Neben einer umfassenden Beratung von Kultur-Institut und Sponsor sind folgende wesentliche Aufgaben zu erfüllen (Christian Meyer):

1. Überprüfen der imageorientierten, strategischen Marketingziele des Unternehmens in bezug auf Einsatzmöglichkeiten von Sponsorship-Maßnahmen
2. Qualitative und quantitative Bestimmung der Zielgruppen
3. Formulierung der Sponsorship-Ziele und Konzeption der Maßnahmen
4. Abstimmung des Sponsor-Projekts mit flankierenden Werbe- und PR-Aktivitäten
5. Beratung, Begutachtung und Auswahl förderungswürdiger Kultur-Projekte
6. Formulierung des Sponsorship-Vertrages
7. Erstellen des Sponsorship-Budgets
8. Flankierung, Koordination und Überwachung der Aktivitäten
9. Auswertung, Dokumentation und Wirkungsanalyse des Projekts

Das sicherlich bedeutendste Beratungs-Unternehmen in den USA, hervorgegangen aus einer PR-Agentur, Arts & Communications Counselors in New York, erklärt durch seinen Präsidenten David Resnicov, daß heute noch, und das wohlgemerkt trotz einer 20jährigen Tradition des Kultur-Sponsoring in den USA, die Hauptaufgabe sei: „To get these two groups (Kultur und Wirtschaft) together. You have to translate, you have to develop a language, you have to facilitate things."[86] Und was die Konzepte angeht, so meint Resnicov, sei es entscheidend, daß Veranstaltungen und „Events" den angemessenen Wert in der öffentlichen *Ausstrahlung* Meinung erhalten. Deshalb müsse für Ausstrahlung gesorgt werden – vom exklusiven Abendessen im Museum für handverlesene Gäste anläßlich einer gesponserten Ausstellung, über gezielte Public Relations in ausgewählten Publikationen, bis hin zu institutioneller Werbung in Zeitungen und Zeitschriften. Dabei sei es von großer Wichtigkeit, daß ein durchgängiges Erscheinungsbild, am besten durch ein speziell für die Veranstaltung entworfenes logo, geschaffen werde. Resnicov räumt auch ein, daß seine Beratungsaufgaben oftmals nur von kurzfristiger Dauer seien, weil viele seiner Mitarbeiter eines Tages bei einem der großen Sponsor-Unternehmen landen und dann den Job ohne den Berater machen.

Auch der Bundesminister für Bildung und Wissenschaft sieht Chancen für Agenturen:
„Möglicherweise könnten kommerzielle Agenturen, wie sie sich beispielsweise beim Sport-Sponsoring entwickelt haben, mit dazu beitragen, mehr private Mittel zu aktivieren. Oft verhindern Unkenntnis oder auch Vorurteile, daß die richtigen Partner zusammenfinden. Immerhin ein Viertel aller Kunstpreise und Förderstipendien in der Bundesrepublik wird von Unternehmen und Privatpersonen gestiftet."[87]
Jürgen W. Möllemann

Lutz Jonas, Berater und Gesellschafter einer Agentur für Kultur-Sponsoring setzt wieder andere Gewichte und formuliert die Aufgaben wie folgt:

1. Sondieren von Förderungsansätzen nach Unternehmensimage und -zielen

Die Agentur muß in sich stimmige Partnerschaften herbeiführen. Ein Unternehmen mit bewußt konservativem Image würde unglaubwürdig erscheinen und allgemeiner Erheiterung dienen, wenn es Außenseiter-Kulturen fördern würde. Desgleichen eine zukunftsorientierte Computerfirma, die zur Realisierung eines Monteverdi-Zyklus auf Originalinstrumenten beiträgt.

2. Entwicklung von Förderungsideen, Zünden origineller Initiativen

Zünden origineller Initiativen

Für ein Unternehmen, das neue, vielleicht sogar unkonventionelle Wege beim Kultur-Sponsoring gehen will und auch die finanziellen Mittel hierfür bereitstellt, muß die Agentur entsprechende Ideen entwickeln. Akzente solcher Art sichern dem Unternehmen quasi die „Urheberschaft". Hier liegt der eigentliche Reiz des Kultur-Sponsoring:
Schaffung jedweder Art von „Szene", neue Wege zur Popularisierung klassischer Musik, publizitätswirksame Aktionen zur Förderung des Lese-Verhaltens, Animation von Künstlern, sich mit diesem oder jenem auseinanderzusetzen, Kunstpreise, die von Inhalt, Auswahlkriterien und Verleih-Akt mehr als nur einen Dreizeiler in der örtlichen Presse hervorzurufen vermögen, Mobilisierung von Kunstereignissen, Entdeckung von Nischen und Wandlung derselben von Ereignissen, Experimentelles und vor allem Spektakuläres, das unsere tendenziell sattsam genügsame Kultur-Szene aus ihrem Dornröschen-Schlaf küßt und nicht nur deren finanzielle Begehrlichkeit weckt.

3. Bildung von Sponsor-„Konsortien"

Art und finanzieller Umfang solcher Akzente erfordern unter Umständen mehrere Sponsoren. Aufgabe der Agentur ist es in solch' einem Fall, ein in jeder Beziehung verträgliches „Konsortium" herzustellen.

4. Nutzung multi-medialer Möglichkeiten der Weiterverbreitung

Im Unterhaltungsbereich wird heutzutage jedes Thema auf seine Mehrfach-Verwertung durch Fernsehen, Video, Buch und Tonträger abgeklopft. Im E-Bereich (die grauenhafte Unterscheidung sei hier erlaubt!) hat sich diese Merchandising-Mentalität noch nicht entwickelt, sei es aus Mangel an Geld oder falsch begründeten Medien-Vorbehalten. Eine sich üppig entfaltende Fernseh-Szene, Videorecorder in bereits jedem dritten TV-Haushalt, merchandisingbewußte Buch-Verlage und Schallplattenfirmen bieten wachsende Möglichkeiten, dem Sponsor-Projekt nicht nur direkteren Zugang zur Zielgruppe, sondern auch mehr Publizität zu verschaffen, als es Bühne, Podium und Kunsthalle mit ihren begrenzten Dimensionen vermögen.

5. Begleitung des Sponsor-Projekts

Die Agentur darf sich nicht darauf beschränken, Wirtschaft und Kultur an einen Tisch zu bringen und sich dann mit der Provision in der Tasche zu verabschieden. Sie muß das Sponsor-Projekt von Anfang bis Ende begleiten, das heißt, sie muß dem Unternehmen bei der Planung, Organisation, Durchführung und Wirkungsanalyse zur Verfügung stehen. Auch wird im Falle auftretender Spannungen bei Vertragsverhandlungen und anschließendem Zusammenspiel von Sponsor und Gesponsertem die Rolle der Agentur als Dialogbrücke und Prellbock unverzichtbar sein.

Rolle der Agentur als Dialogbrücke

Das gleiche gilt für die Beratung bezüglich Art und Bemessung des Aktionsprogramms, das für eine Hotelkette sicherlich anders zu gestalten ist als für einen Röhrenhersteller.

6. Bestimmung des Zeitpunktes für Ausstieg und Neu-Orientierung

So es sich um kein Projekt handelt, das per se einer zeitlichen Begrenzung unterliegt, muß die Agentur dem Sponsor Kriterien eines sinnvollen Ausstiegszeitpunktes empfehlen. (Die unbegrenzte Förderung ein und desselben Projekts sollte die Ausnahme sein.). Grob gesehen ist der Ausstiegszeitpunkt dann zu setzen, wenn das Projekt den Reiz des Neuen im Blickpunkt der Öffentlichkeit verloren hat, zunehmend institutionelle Züge bekommt oder – welch Glücksfall – sich selbst finanziell zu tragen beginnt.

Bill Kallaway

Kultur-Sponsoring: Die Rolle des Beraters aus englischer Sicht

Der Berater ist ein Mitglied des Management-Teams des Sponsors. Seine Aufgabe kann unterschiedlicher Natur sein – von reiner Strategie-Beratung bis zur Entwicklung, Produktion und Bekanntmachung eines umfassenden Sponsoring-Programmes. Unabhängig von der Aufgabenstellung besteht seine Hauptaufgabe darin, interessante Möglichkeiten zu entdecken, damit verbundene Risiken zu minimieren und die sich aus einem Konzept ergebenden Chancen für den Kunden zu maximieren.

Sponsorship ist nichts anderes als eine Zusammenarbeit auf Basis bestimmter Erwartungen von Leistungen und Vorteilen, normalerweise als Nutzen(benefit) bezeichnet, zu einem vereinbarten Preis.

Jedes Projekt wird von zwei Partnern getragen, dem Gesponserten und dem Sponsor.

Autorität des Beraters

Die Autorität des Beraters hängt ab von der Aufgabenstellung und Verantwortung, die ihm vom Auftraggeber übertragen wurde. Berater unterscheiden sich von Agenturen – unter anderem auch dadurch, daß sie nicht autorisiert sind, für den Kunden Verträge abzuschließen.

Ein Sponsor, der professionellen Rat sucht, sollte Berater heranziehen, die einschlägige Erfahrungen im Bereich der Kultur und des Kultur-Sponsoring aufweisen. Die Rolle des Beraters, ob als Einzelberater oder Agentur, besteht im Recherchieren, Entwickeln, Umsetzen und Präsentieren des gewählten Ereignisses mit dem Ziel, maximalen Nutzen für den Kunden zu erreichen.

Gleichzeitig muß der Berater die Rechte des Sponsors schützen, vor und während der Laufzeit des Sponsorship, wobei die genaue Kenntnis von Fernsehkontrakten, Künstlervereinbarungen, copyright, Versicherungsfragen unabdingbar ist – alles Gefahren für den gutgläubigen und ungeschützten Sponsor. Die steigenden Kosten der Sponsor-Engagements machen umfangreiche vertragliche Vereinbarungen zwischen den Partnern notwendig. Die Vereinbarung per Handschlag, ohne detaillierten Vertrag, gehört der Vergangenheit an. Dennoch sind erst wenige Sponsoren ausreichend vertraglich geschützt. Das Entwerfen von Verträgen hat deshalb erste Priorität unter den Aufgaben für den Berater.

Die vertragliche Vereinbarung darf sich nicht hemmend auf die Zusammenarbeit auswirken, sie soll nur die Mindest-Erwartungen beider Parteien festlegen. Dieser Minimal-Plan garantierter Leistungen ist auch die Grundlage für die Kosten des Engagements.

Gleichzeitig muß man sich davor hüten, einen Vertrag so eng zu fassen, daß kein Platz mehr bleibt für kreative Gestaltungsmöglichkeiten; auch können übertriebene Forderungen hinsichtlich der Selbstdarstellung des

Sponsors ein Kunstereignis ernsthaft gefährden oder gar ganz in Frage stellen.

Wie bei jeder produktiven Partnerschaft ist die Ausgewogenheit von Forderungen und Vorstellungen auf beiden Seiten von großer Bedeutung.

Nach meiner Vorstellung sollte sich Beratung in Kultur-Sponsoring auf drei Bereiche erstrecken:

Beratung: Recherche, Analyse und Auswahl eines strategiegerechten Programmes und Formulierung der Verträge.

Entwicklung von Ereignissen: Präsentation eines Ereignisses, mit Auswahl des Veranstaltungsortes, der Künstler, Versicherungen, Fernsehkontrakte, Budgetplanung.

Kommunikation: Entwicklung von Werbe- und/oder PR-Aktivitäten in Abstimmung mit den kommunikativen Maßnahmen des Unternehmens, einschließlich der Entwicklung spezieller Designs für die Präsentation des Ereignisses.

Es besteht kein Zweifel, daß Kultur-Sponsoring stark zunehmen wird und die Programme in den nächsten Jahren wesentlich professioneller gestaltet werden. Verfeinerte Konzepte und die Forderung nach Qualität und Niveau werden der Rolle des Beraters noch mehr Gewicht geben. Er sollte diese Herausforderung annehmen – im Interesse von Kunst und Kultur und der Partner in der Wirtschaft.

Die Werbeagentur ein Beratungs-Partner?

Da Werbeagenturen ihr Leistungsangebot in den letzten Jahren neben der klassischen Werbung in andere Kommunikationsbereiche ausgedehnt haben, stellt sich die Frage, inwieweit sie Beratungs- und Service-Funktionen übernehmen können. In den USA haben Großagenturen vereinzelt spezielle Units gebildet, deren Mitarbeiter das notwendige Know-how mitbringen und die Beratung liefern können. In Europa ist Kultur-Sponsoring ein junges Thema. Es ist deshalb nicht verwunderlich, daß Werbeagenturen sich noch nicht auf dieses spezielle Arbeitsgebiet eingestellt haben. Wohl aber verwundert es ein wenig, daß auch in England die Werbeagenturen bisher noch nicht reagiert haben, wie der Kurzbericht von Tony Bagnall-Smith aufzeigt.

Voraussetzung für eine fundierte Beratung der Kunden in diesem speziellen Feld sind Kenntnisse und Erfahrungen aus dem Gebiet der Kultur, wie sie auch im Zusammenhang mit der Position des Kultur-Managers und des Sponsoring-Beraters genannt wurden. Solange Werbeagenturen keine Mitarbeiter beschäftigen, die diese Voraussetzungen mitbringen, sollten sie sich, wie auch Bagnall-Smith vorschlägt und wie es für andere Spezialbereiche von Agenturen schon praktiziert wird, die Mitarbeit von freien Beratern sichern. Eines darf jedoch heute schon festgestellt werden: Werbeagenturen werden sich mit diesem Feld befassen müssen und Kultur-Sponsoring in ihre kommunikationsstrategischen Überlegungen einbeziehen müssen.

Tony Bagnall-Smith

Werbeagentur und Kultur-Sponsoring aus englischer Sicht

Die Werbewirtschaft ist wettbewerbsintensiv, und es gibt kaum, wenn überhaupt, Geschäftsbereiche, die so konkurrenzbetont sind. Agenturen pflegen die Verbindung zu ihren Kunden mit großem Eifer und neiden, das geht bis zur Paranoia, jedem anderen Berater den Kontakt mit ihren Kunden. Auch sehen sie es ungern, wenn ihr Budget aufgeteilt und für Aktivitäten verwendet wird, die von der Agentur als fremd und marginal betrachtet werden.

Es gab einen Zeitpunkt in Großbritannien während der sechziger und frühen siebziger Jahre, da artikulierten die Agenturen einen hohen Alleinvertretungsanspruch und vertraten ihren Kunden gegenüber die Philosophie, nur sie könnten das ganze Spektrum an Promotionsaktivitäten, das für die Geschäftsentwicklung eines Kunden notwendig war, abdecken.

Manchmal boten sie auch Dienstleistungen an, die weit entfernt von Werbung-Promotionstätigkeit lagen. Hier durch glaubten sie, eine noch engere Kundenbindung zu erreichen.

Dies war ein Ausdruck von Unsicherheit und markierte eine Periode, in der einige britische Agenturen weniger als professionell in ihrer Arbeit waren.

Der Grundton der achtziger Jahre ist von Realismus geprägt. Das Agenturgeschäft ist gereift, so daß es die Notwendigkeit einer Promotionspalette, die von unterschiedlichen Spezialisten abgedeckt wird, anerkennt. Trotzdem wird es noch immer ungern gesehen, wenn eine andere Promotionsagentur in engere Geschäftsverbindungen mit dem Kunden tritt.

Kultur-Sponsoring ist ein zunehmend wichtiger Aspekt des Promotions-Mix eines Unternehmens. Immer öfter wird ein Spezialist, der Sponsoring-Berater, hinzugezogen, um die Budgets, die für diese Zwecke bereitgestellt werden, zu verwalten. Diese Beratung erfordert ein Höchstmaß an Geschick, gepaart mit Erfahrung, und erfordert nicht nur komplizierte juristische Vertragsverhandlungen, sondern auch organisatorische Effizienz.

Wichtiger Aspekt des Promotions-Mix

Diese Voraussetzungen können nur einige wenige Berater in Großbritannien bieten. Langsam, wenn auch manchmal widerstrebend, beginnen die Werbeagenturen, die Bedeutung einiger „Erscheinungsformen des Kultur-Sponsoring" anzuerkennen – zumindest als eine Form von positiver Beeinflussung ihres Umfeldes.

Auch beginnen sie einzusehen, daß diese Aktivitäten von spezialisierten Sponsoring-Beratern durchgeführt werden sollten. Darum ist es für

Agenturen und Berater dringend erforderlich, sich auszutauschen, damit der professionelle Standard des durch Werbung vermittelten Kultur-Sponsoring kontinuierlich angehoben und weiterentwickelt wird.

Wie sollte eine Werbeagentur vorgehen, wenn ein Kunde beschlossen hat, Aktivitäten auf dem Gebiet der Kunst durch Sponsor-Zuwendungen zu unterstützen? Grundsätzlich wird dies zunächst von der Größe des Projektes – nicht notwendigerweise von der Höhe des Budgets – abhängen, wobei letztlich das Ausmaß des Kundenengagements für eine Kultur-Organisation entscheidend ist. Wenn es um nichts weiter geht als die simple Verbindung eines Namens mit einem anderen und dies in einer herkömmlichen Art und Weise, empfiehlt sich eine hausinterne Abwicklung. Sponsoring-Vereinbarungen werden jedoch zunehmend komplexer und beinhalten vertragliche Arrangements mit Künstlern und deren Organisationen. Unter diesen Umständen empfiehlt es sich für die Agentur, einen spezialisierten Berater zuzuziehen und ein Team zu nominieren, das aus vier Partnern gebildet wird: Kultur-Organisation, Kunde, Werbeagentur und Sponsoring-Consultant.

Spezialisierte Berater

Es besteht kein Zweifel, daß Kultur-Sponsoring in Großbritannien zunehmend an Bedeutung gewinnt. Soziale und gesellschaftliche, aber auch rein kommerzielle Anliegen werden für steigende Sponsoring-Budgets sorgen. Werbeagenturen sollten jetzt Möglichkeiten der Schulung und Weiterbildung diskutieren, damit sie Gesprächspartner für Kultur-Sponsoring bleiben können. Für den Augenblick empfiehlt es sich, eine Verbindung mit spezialisierten Beratern einzugehen, um Projekte gemeinsam voranzutreiben und professionelle Vorteile für alle vier Beteiligten zu erzielen.

Die Kultur-Journalisten und Sponsoring: nachlassende Spannung in den Beziehungen

In der „Black Box" im Münchner Gasteig stellte Hans Baumeister, einer der ersten Unternehmens-Berater für Kultur, Moderator und Gastgeber des Meetings „Kultur-Sponsoring – Theorie und Praxis eines neuen Schlagwortes", nach mehr als sechs Stunden die letzte Frage: Was würden Sie sich wünschen? Thomas Petz, Kulturproduzent Art Bureau 86, überlegte nicht lange: „Ich fordere vor allem Gerechtigkeit." Petz erläuterte auch gleich, was er unter „Gerechtigkeit" versteht. Den Kultur-Produzenten müsse das möglich sein, was auch dem FC Bayern erlaubt ist, nämlich den Sponsor vorzustellen und zu nennen. „Gerechtigkeit", das ist also für Petz Gleichbehandlung durch die Medien. Auch die Kultur-Veranstalter müßten ihren Sponsoren künftig garantieren können, daß die Medien von ihnen Notiz nehmen.

Dieser „letzte Wunsch" des Thomas Petz zeigt, wie sehr viele Kultur-Journalisten immer noch ihre innere Scham-Schwelle kultivieren und sich zieren, wenn es darum geht, die Förderer der Künste zu nennen. Viele wollen, können es aber mit ihrem Verständnis von Kunst nicht vereinbaren, daß Kunst und Kultur nicht mehr ausschließlich „Staats-Angelegenheit" ist. In dem Sponsor sehen sie einen Schleich-Werber, der sich unzulässigerweise Publizität ergaunern will. Offensichtlich ein internationales Problem für die Kultur-Sponsoren, denn auch Alain-Dominique Perrin, der Generaldirektor von Cartier, klagte in einem Interview des FAZ-Magazins über die mangelnde Kooperationsbereitschaft der Medien. Perrin sagte damals dem Interviewer Michael Freitag: „Ich hatte viele Kämpfe mit Journalisten auszufechten. Wenn ein Unternehmen die Kultur fördert, leistet es seinen Beitrag zum Alltagsleben, also sollte das auch zur Kenntnis genommen werden. Wenn ein Unternehmen ein bestimmtes Ereignis erst ermöglicht, hat es das Recht, erwähnt zu werden. Das ist doch eine Nachricht! Wir bitten Journalisten nicht, Werbung für uns zu machen, wir bitten sie erst recht nicht um etwas Un-

Pflichten der Berichterstattung

anständiges, wir bitten sie nur, ihre Pflichten der Berichterstattung nicht zu vergessen. Das Publikum hat ein Recht auf Information. Man muß das ganz klar sagen: Wenn die Medien nicht mitmachen, wird es unmöglich sein, die Patronage weiterzuentwickeln. Die Firmen können so etwas nicht gratis machen. Sie haben gar nicht das Recht dazu. Ich habe die Verantwortung und die Pflicht gegenüber den Anteilseignern von Cartier und gegenüber den Beschäftigten bei Cartier, kein Firmengeld zu verschleudern. Wenn ich Geld ausgebe, muß etwas dabei herauskommen: Gewinn, Berühmtheit, Publizität."

Möglicherweise hat sich die Bewußtseinslage der Kultur-Journalisten in der Bundesrepublik doch ein wenig in Richtung auf mehr Akzeptanz für Sponsoren entwickelt. Notwendigkeiten scheinen erkannt worden zu sein, niemand kann sich vor der Tatsache verschließen, daß die finanziellen Probleme der Kultur-Institutionen immer größer werden und kein anderer Weg zu erkennen ist, als die Lücken durch die Wirtschaft schließen zu lassen. Doch auch diese Erkenntnis hat die Scham-Schwelle vor dem Sponsornamen noch nicht ganz zum Rutschen gebracht. Da stellt sich die Frage: Soll ich ihn nennen? Und wenn ich ihn nenne, stellt

160

sich gleich die Frage nach dem „Wie". Verbindliche Regeln existieren nicht, und das „kollektive Unterbewußte" der Kultur-Journalisten hat die Geldgeber aus Wirtschaft und Industrie immer noch nicht liebgewinnen können.

In Österreich übt ein Gesetz gar zusätzlichen Druck auf Sponsoren und Gesponserte aus. Ein Geldbetrag ist dort nämlich nur dann von der Steuer abzugsfähig, wenn der Sponsor auch in den Medien genannt wird. Herbert Hufnagl beschäftigt sich in „Kunst und Wirtschaft" mit dieser delikaten Situation. Dem Journalisten werde durch dieses Gesetz eine im Grunde unzumutbare Verantwortung aufgebürdet. „Denn es liegt nun auch an ihm, ob ein Sponsor überhaupt in den Genuß von Steuervorteilen kommt. Die Sponsor-Tätigkeit für eine kulturelle Veranstaltung mit Breitenwirkung – so sieht der Finanzminister vor – muß öffentlich bekannt werden. Und zwar entweder im Rahmen der kommerziellen Werbung des Unternehmens oder durch die Erwähnung des Sponsors im redaktionellen Teil der Zeitungen. Keine Frage, daß die zweite Möglichkeit für Sponsoren attraktiver ist."

Hufnagl vertritt aber auch die Ansicht, wenn der Konzern XY irgendein wertvolles Projekt finanziere, das ohne seine Hilfe nicht stattfinden könne, solle der Journalist dies auch laut sagen und ohne seelische Bauchschmerzen mithelfen, am Image des Spenders zu polieren. Schließlich könne der Sponsor sein Geld bei ähnlichen Steuervorteilen auch in ganz andere Kanäle fließen lassen. Kritiker Hufnagl hält Kultur-Sponsoring da generell für eine gute Sache. Mehr noch, er hält das Instrument heute für notwendig.

Allerdings: Mißtrauen bleibt. Und zwar vor allem, weil das Grundgesetz der Wirtschaft und der Industrie nun einmal das Gesetz des Marktes ist. Die Kultur-Journalisten möchten die Kunst doch nicht einzig und allein dem Diktat des Marktes ausgesetzt sehen. Weil dies vor allem eines bedeuten könnte: kein Geld für Experimentelles, keine Talenteförderung mehr – Konzentration nur auf bestens Etabliertes, wenn möglich mit großer Publikums-Resonanz. Dieser Vorbehalt ist verbreitet, doch die Praxis beweist das Gegenteil, es gibt genügend Beispiele für Engagements im Bereich experimenteller Kunst. Anthony Fawcett, englischer Spezialist für Kultur-Sponsoring, plädiert ausdrücklich für avantgardistische Kunst, weil nur die noch Aufsehen erregen könne.

Ängste formulierte Hufnagl auch vor dem, wie er es nennt, „Wer-zahlt-schafft-an-Effekt". Womit er alle Formen möglicher Einflußnahme des Sponsors meint. Von harmloser Mitbestimmung über beinhartes Diktat bis hin zur Zensur. So kann die Antwort auf die Fragestellung zum Spannungsverhältnis zwischen Kultur-Journalisten und Kultur-Sponsoring nicht anders ausfallen als: „Prüfendes Mißtrauen ist eher angebracht als vorschneller Jubel."

Doch hin und wieder werden die Sponsoren mittlerweile auch gelobt. Uwe M. Schneede besprach in der „Zeit" die von der Hypo-Bank inszenierte Ausstellung „René Magritte" und titelte in der Unterzeile: „Eine Ausstellung, die öffentliche Institute nicht zuwege gebracht hätten."

Wer-zahlt-schafft-an-Effekt

161

Wie beurteilen Sie Kultur-Sponsoring, Herr Metken?

„Ich halte Kunst-Sponsoring für ein notwendiges Übel, und zwar für alle Beteiligten: die spendende Wirtschaft, die finanziell überforderten Kultur-Institute und das in jedem Fall zahlende Publikum. Firmen, heute kaum noch im Privateigentum oder persönlich geführt, vielmehr aus Chefetagen mit Blick auf die Aufsichtsräte geleitet, vermögen sich auf diese Weise einigermaßen individuell zu profilieren und den Geruch des Profits vergessen zu machen. Es kann ihnen deshalb auf die Dauer gleichgültig sein, ob ihre Gelder für sichere Werte fließen, gleichsam als gesundes Anlagekapital, oder à fonds perdu für Wagnisse ausgegeben werden, wollen die fördernden Häuser doch nicht nur konservativ zuverlässig, sondern auch kühn für die Zukunft planend erscheinen.

Die Kulturinstitute, in eine staatlich-städtische Behördenstruktur eingespannt, sind angesichts davonlaufender Kosten auf Hilfe von Banken/Versicherungen und Konzernen angewiesen und können sie, ohne sich als Almosenempfänger zu demütigen, durchaus für riskante Vorhaben einsetzen, wurden diese Erträge doch nicht zuletzt dank einer Bevölkerung erwirtschaftet, der sie nun als sorgsam kalkulierte, womöglich von der Steuer absetzbare Prozente wieder zugute kommen. Das Odium absoluter Gewinnmaximierung liebt heute niemand mehr; man könnte, zumal übernationale Unternehmen, unmoralisch, wo nicht schmarotzerhaft dastehen.

Das Publikum endlich darf von der Wirtschaft, deren Aufschwünge und Zwänge sein Leben bestimmen, durchaus auch Erbauung und Ablenkung verlangen. Man wird immer darüber streiten, ob es sinnvoller ist, mit Sponsormitteln historische Bausubstanz zu erhalten, es für Opern und ihre geldgierigen Interpreten hinauszuwerfen oder eine Avantgardeschau im Museum zu finanzieren, von Wissenschaft und Forschung als Grundlagen der Zukunft ganz zu schweigen. Wichtig scheint die Erkenntnis, daß alle drei Partner gleichwertig sind. Indem sie der Kultur hilft, kultiviert sich die anonyme Wirtschaft selber und poliert an ihrem Bild eines Kapitalismus mit menschlichem Gesicht. Nur, indem sie Fördersummen verwenden, vermögen die Kultur-Institute noch die Erwartungen einer Öffentlichkeit zu befriedigen, auf der letztlich auch das Wirtschaftsleben beruht; Erwartungen, die über Freizeiterfüllung hinaus heute die sinnvolle Lebensgestaltung überhaupt betreffen." Günter Metken, Kunsthistoriker, Kunstkritiker und Schriftsteller, Paris

„Auch die beruflichen Kritiker, vor allem die Kunstkritiker, sollten sich über die negative oder positive Verstärkung ihrer Äußerungen im klaren sein. Sie tragen oftmals nicht unwesentlich dazu bei, eine Stimmung zu verfestigen, gegen die sie angeblich ankämpfen."
Raimund Thomas, Galerie Thomas München, Mai 1988

Die Tatsache jedoch, daß ein privater Sponsor wie die Hypo-Bank von den Aufwendungen auch einige Zinsen in Form von Image-Gewinn einstreichen möchte, wird quasi stirnrunzelnd kommentiert. Da heißt es zwar: „Was andere öffentliche Institute offenbar aus ökonomischen Gründen nicht mehr zustande bringen – das Geldinstitut hat's geschafft." In dem Bewußtsein, daß der Spender aber auch Werbe-Motive in eigener Sache mit im Schilde führt, wird dann allerdings noch der Satz angehängt: „Aus welchen Motiven auch immer." Auf die falsche Fährte gelockt wird der Leser der Süddeutschen Zeitung durch die Schlagzeile des Feuilleton-Aufmachers „Geht die Unschuld verloren?" Verena Auffermann beschäftigt sich darin mit einer Tagung unter dem Titel „Marketing mit dem Museum". Letztendliche Erkenntnis, im Schlußsatz formuliert: „Die Museen verlieren nicht ihre Unschuld, wenn sie neben der öffentlichen Hand auch noch die private finanziert."

Doch mancher Kultur-Beschreibende fühlt sich durch Sponsoren-Präsenz zu recht unangenehm berührt. So heißt es in der FAZ vom 9. Juli 1988 unter dem Titel „Aufdringlich", keine Ausstellung könne eröffnet, kein Kunstpreis, kein Stipendium könne derzeit vergeben werden, „ohne daß ein ‚großzügiger Spender' den Verantwortlichen hilfreich unter die Arme greife". Anlaß des formulierten Mißvergnügens war die Wander-Ausstellung „Augen-Blicke. Das Auge in der Kunst des 20. Jahrhunderts." Ausgerichtet im Auftrag eines Herstellers von Designer-Brillen, was zur Erklärung angefügt werden muß. Mokant merkt der Autor (Cl. W.) an, es sei schlimm genug, daß der Katalog durchblicken ließ, der großzügige Sponsor dieser Ausstellung sei nur mit größter Mühe davon abzuhalten gewesen, die Schau unter das Motto „Die Brille in der Kunst des 20. Jahrhunderts" zu stellen. Der Autor sieht die Schau als „unrühmliche(n) Höhepunkt einer Kulturförderung, die Sponsoring mit Produkt-Placement verwechselt". Es wird noch angefügt, dem Münchner Brillen-Hersteller gereiche dies alles nicht zum Ruhme, was da zum Thema Auge zusammengetragen worden sei. Die Betrachtung der „Augen-Blicke" zeigt es, Sponsoren werden kritisch betrachtet. Und sicherlich nicht zu Unrecht trifft denn auch wirklich zu, was über die Brillen-Ausstellung in der Münchner Stuck-Villa geschrieben wurde.

Um es zusammenzufassen, die Notwendigkeit industrieller Hilfestellung für die schönen und die bildenden Künste ist wohl auf breiter Front erkannt. Negativ-Schlagzeilen wie „Aufdringlich" sind seltener geworden, wenn es um die Förderer der Kultur geht. Mokante Untertöne im Umgang mit einem seiner Natur nach gewinnorientierten Genre wie der Wirtschaft, hinter deren „Charaktermasken", wie die Apo in den Sechzigern verkündete, sich nur Gewinn- und Konkurrenzstreben verberge, gehören allerdings nicht der Vergangenheit an. Sponsoren sollten sich Überempfindlichkeiten abgewöhnen. Was den Namen des Sponsors angeht, der meist noch dem Streich-Stift eines Redakteurs zum Opfer fällt, kann Formulierungs-Geschick weiterhelfen. Bei der „Hypo-Kultur-Stiftung" ist der Name des Sponsors mit dem der Stiftung zu einer untrenn-

Mokante
Untertöne

baren Einheit geworden. Und auch bei „BMW Spielmotor" spielen die Journalisten mit. Hier wird der Name genannt,und diese Tatsache scheint den Redakteuren auch keine schlaflosen Nächte zu bereiten.

Damit übernehmen die Kultur-Journalisten aber auch Verantwortung, entspricht doch das Auftreten manches Sponsors nicht unbedingt dem eingesetzten Betrag. Jetzt müssen also die Damen und Herren aus dem Feuilleton auch darauf achten, daß sich nicht „Trittbrettfahrer" mit kleinen Beträgen und großem Getöse nach vorn drängeln. So gesehen, ist eine Titel-Zeile wie „Aufdringlich" (FAZ, 9.7.1988) dann durchaus gerechtfertigt.

Nicht vorverurteilend

Ob es sich um eine Wunschliste handelt, sei einmal dahingestellt, jedenfalls malte Christian Jacques bei einem internationalen Kolloquium („Die Kultur zwischen Medien und Sponsoren") im Oktober 1987 in Neuenburg in der Schweiz ein Eigenschafts-Profil des sponsorfreundlichen Kultur-Journalisten. Kritisch soll er danach sein, auch hinterfragend, aber eben nicht vorverurteilend. Jacques fügte an, daß dieser Ideal-Typ heute schon recht häufig in Redaktionen zu finden sei. Am Anfang seiner Tätigkeit habe es ihn noch erstaunt, wie verkrampft, voreingenommen und verunsichert viele Journalisten dem Thema Sponsoring begegneten. Da seien Mahnungen und ausgewachsene Beelzebuben an die Wände projiziert worden, ohne sich dabei Rechenschaft abzulegen, welches Beziehungsgeflecht von Abhängigkeiten, er gebrauchte den Ausdruck „Interdependenzen", nicht erst seit jüngster Zeit zwischen Kultur und Wirtschaft bestehen.

Klaus G. Brinkmann

Die steuerliche Behandlung
des Kultur-Sponsoring

Definition
Abgrenzung
Steuerliche Folgen

„Steuern sind das halbe Leben", dieser Satz klingt übertrieben – er ist es sicherlich auch. Aber angesichts von Steuersätzen bis zu 65 Prozent (einschließlich Gewerbesteuer) spielt die Frage der steuerlichen Berücksichtigungsfähigkeit der Kosten durchaus eine Rolle, auch beim Kultur-Sponsoring. Die steuerliche Behandlung der Kosten hängt davon ab, wie, das heißt durch welchen Tatbestand, das Kultur-Sponsoring erfolgt und welchem steuerlichen Sachverhalt es zugeordnet wird.

Definition

Ohne hier auf die verschiedenen Definitionen und Erscheinungsformen, die in diesem Buch behandelt werden, im einzelnen eingehen zu können, soll hier eine kurze Definition mit Blick auf die steuerliche Fragestellung vorangestellt werden.

„Sponsoring ist eine Zahlung oder sonstige Leistung durch ein Unternehmen an eine Kultur-Institution im weitesten Sinne mit dem Zweck der Förderung des Firmennamens, der Marke, der Produkte oder Dienstleistungen des Unternehmens. Sponsoring ist ein geschäftlicher Vorgang zwischen zwei oder mehreren Parteien, nicht ein philanthropisches Geschenk."[89]

Oder wie es ein Unternehmen ausdrückt:

Eigeninteresse   „Das fundamentale Interesse der Wirtschaft an der Kunst ist das Eigeninteresse
– einmal das Eigeninteresse des Künstlers
– zum anderen das Interesse des Unternehmens, sich an der Kunst zu profilieren", und weiter:
„...ein Hauptziel ist die Erwähnung in den Medien."[90]

Es ist wichtig, diese Definition des Sponsoring klarzustellen, um die steuerliche Behandlung daraus abzuleiten.

Abgrenzung

Die Förderung der Kultur kann aus verschiedenen Motiven heraus geschehen, die zu unterschiedlichen steuerlichen Sachverhalten führen:
– Das „reine" philanthropische Mäzenatentum drückt sich in freigebigen, selbstlosen Spenden oder Geschenken aus, bei dem die öffentliche Anerkennung und der Gewinn an Ansehen gegenüber dem Zweck in den Hintergrund treten, ebenso direkte geschäftliche Ziele. Dabei wird die Förderung einer als gemeinnützig anerkannten Institution gegenüber als Spende behandelt, die Zuwendungen an andere Institutionen oder Personen als Geschenk.
– Der Erwerb von Kunstwerken zu persönlichen Sammelzwecken. Steuerlich liegen hier Anschaffungen, zumeist im Privatvermögen und damit indirekte Privatentnahmen vor. Bei Kapitalgesellschaften sind die Anschaffungen für Gesellschafter als verdeckte Gewinnaus-

schüttung anzusehen, sofern sie durch und für (zumindest leitende) Angestellte getätigt wurden, können sie zusätzlichen Arbeitslohn darstellen.

– Die Förderung der Kultur primär im Eigeninteresse des Unternehmers, also das Kultur-Sponsoring. Wenn die „Förderung des Firmennamens, der Marke, der Produkte oder Dienstleistung" – wie geschildert – im Mittelpunkt steht, dann handelt es sich bei dem Aufwand um Betriebsausgaben und damit voll abzugsfähigen betrieblichen Aufwand, vergleichbar zum Beispiel mit Werbeaufwand, Aufwand für die Entwicklung von Produkten oder für neue wohlgestaltete Briefköpfe und Firmenimage-Broschüren.

Steuerliche Folgen

– **Spenden** sind im Rahmen bestimmter Grenzen steuerlich abzugsfähig, wenn die inhaltlichen und formellen Voraussetzungen vorliegen (Zuwendung an eine als gemeinnützig anerkannte Institution mit Vorlegen einer Spendenbescheinigung nach amtlich vorgeschriebenem Muster).

„Ausgaben zur Förderung ... wissenschaftlicher ... und der als besonders förderungswürdig anerkannten gemeinnützigen Zwecke sind bis zur Höhe von insgesamt 5 vom Hundert des Einkommens oder 2 vom Tausend der Summe der gesamten Umsätze und der im Kalenderjahr aufgewendeten Löhne und Gehälter abzugsfähig ... Für als besondere förderungswürdig anerkannte kulturelle Zwecke erhöht sich der Vom Hundertsatz um weitere 5 vom Hundert.[91]

Spenden sind also berücksichtigungsfähig, das heißt berechtigen zum Abzug als Sonderausgaben vom steuerlichen Einkommen für Zwecke der Einkommensteuer oder Körperschaftsteuer, nicht aber für Zwecke der Gewerbesteuer. Die Grenzen führen in der Praxis nur selten zu Problemen, und die Formvorschriften sind in der Regel einhaltbar. Voraussetzung für den Abzug als Spenden ist allerdings neben den genannten, daß sie der Förderung zum Beispiel „... kultureller Zwecke..." dient, wobei in durchaus richtiger Auslegung der steuerlichen Vorschriften neben den formalen Erfordernissen eine ausschließliche oder deutlich überwiegende Uneigennützigkeit des Spenders gefordert wird. Gerade dies ist aber beim Sponsoring nicht der Fall: Sponsoring ist durchaus (zumindest überwiegend) eigennützig[90] und damit nicht nur gemeinnützig. In der Regel scheidet der Abzug als Sonderausgaben damit aus.

– **Geschenke** sind weder als Sonderausgaben abzugsfähig noch in der Regel als Betriebsausgaben abzugsfähig, da sie freigebige Zuwendungen darstellen und nicht betrieblichen Zwecken dienen. Darüber hinaus stellt sich noch die Frage der Schenkungssteuerpflicht.

Da beim Sponsoring der unternehmerische Eigennutz wie geschildert im Vordergrund steht, also nicht die freigebige (und damit selbstlose Zuwendung) scheidet diese Einstufung ebenfalls aus.

– Der **Erwerb** für eigene persönliche Sammlungen (und zum Teil Investitionszwecke) ist eine weitere Alternative der Kunstförderung, die sich primär im Bereich der bildenden Kunst anbietet. Hier gibt es zwei Alternativen
– Der Inhaber, Gesellschafter oder leitende Angestellte sammelt. Hier wird in Höhe der „Entnahmen" oder „Zuwendungen", also in der Regel der aufgewendeten Kosten, eine Entnahme, eine verdeckte Gewinnausschüttung oder verdeckter Arbeitslohn vorliegen mit den entsprechenden steuerlichen Folgen (Nichtabzugsfähigkeit für steuerliche Zwecke sowie ggf. Behandlung als „verdeckte Gewinnausschüttung" oder Lohnsteuerpflicht)
– Das Unternehmen sammelt: Hier muß nach der Motivation gefragt werden. Stehen die Interessen der Gesellschafter oder leitenden Angestellten im Vordergrund, ist die Behandlung wie oben angesprochen: Spenden oder Entnahmen bzw. verdeckte Gewinnausschüttung/Arbeitslohn. Steht der Nutzen für das Unternehmen im Vordergrund, liegt kaum Sponsoring vor:
– **Sponsoring** liegt immer dann vor, wenn der Hauptgrund unternehmerisch, also auf eigene wirtschaftliche Ziele gerichtet ist.

Dies kann durchaus in unterschiedlich praktischen Erscheinungsformen geschehen, wie zum Beispiel

– ein Unternehmen stellt seine Räumlichkeiten für kulturelle Veranstaltungen unentgeltlich oder verbilligt zur Verfügung
– es werden kulturelle Veranstaltungen bezuschußt, und die Tatsache wird in Einladungen oder Programmen bekannt gemacht
– das Unternehmen kann Arbeitsstipendien an Künstler vergeben und fördert die Berichterstattung darüber und über den Fortschritt der Arbeiten
– ein Unternehmen erwirbt Gegenstände der bildenden Kunst zur Ausstattung der Geschäftsräume und/oder für Ausstellungen
– der Geschäftsbericht oder andere Firmenveröffentlichungen werden mit Abbildungen (zumeist selbst erworbener) Kunstgegenstände geschmückt, oder eine Jubiläumsfestschrift wird als wertvoller Kunstkatalog den Geschäftsfreunden überreicht
– ein Unternehmen errichtet eine Stiftung, die nach dem Unternehmen oder einer für das Unternehmen bedeutenden Persönlichkeit benannt wird und die Kulturförderung betreibt.

Föderung sichtbar gemacht

Allen diesen Beispielen ist gemeinsam, daß die Tatsache der Förderung direkt oder indirekt einem Teil der Öffentlichkeit sichtbar gemacht wird. Dies muß nicht notwendigerweise eine breite Öffentlichkeit sein, sondern kann ein kleinerer Kreis von Personen sein, solange es sich um einen Personenkreis handelt, der einen Einfluß auf den langfristigen Geschäftserfolg hat und dessen positive Einschätzung das Unternehmen erwerben oder verstärken möchte. Dabei kommen gegenwärtige und potentielle Kunden, Mitarbeiter oder andere Wirtschaftskreise, wie etwa die Einwohner einer Stadt, in der das Unternehmen ansässig ist, in Betracht.

168

Es ist auch nicht erforderlich, daß die Bekanntmachung der Förderung in lauter, reklamehafter Form erfolgt. Die Förderung der durch das Kultur-Sponsoring verfolgten geschäftlichen Interessen läßt sich vielfach durch einen dezenten, vornehmen Hinweis viel besser erreichen, insbesondere bei der längerfristigen Arbeit am Image eines Unternehmens.

Da das Kultur-Sponsoring die Förderung der eigenen Unternehmensziele zum Zwecke hat, sind die Kosten als Betriebsausgaben abzugsfähig, ohne daß hier weitere Besonderheiten zum Tragen kommen. Das bedeutet zugleich, daß die allgemeinen Vorschriften und Einzelheiten des Steuerrechts Anwendung finden, die zum Beispiel den Zeitpunkt der Berücksichtigungsfähigkeit des Aufwandes bestimmen. Im Falle des Kultur-Sponsoring könnte das heißen:

– Aufwendungen sind zeitgerecht abzugrenzen.
– Die Aktivierung eines selbstgeschaffenen Firmenwertes (Good will) ist ausgeschlossen. Ein Firmenwert ist auch dann selbst geschaffen, wenn der Firmenname oder eine Marke durch Sponsoring gefördert wird und dafür Zahlungen an Dritte geleistet werden.
– Wirtschaftsgüter, und dazu gehören auch Gegenstände der bildenden Kunst, sind über ihre Nutzungszeit abzuschreiben. Die Nutzungsdauer eines Kunstwerkes und damit die steuerliche Abschreibungsdauer wird von der Finanzverwaltung unterschiedlich, vielfach großzügig gehandhabt.

Auch in anderer Hinsicht, etwa hinsichtlich des Vorsteuerabzugs, sind die Aufwendungen für das Kultur-Sponsoring mit vollem Recht als ganz normale Betriebsausgaben und betriebliche Vorgänge zu behandeln.

Ergebnis:
Für die steuerliche Würdigung ist also die Motivation und der Zweck der Förderung zu prüfen. Wenn der primäre Zweck der Förderung in der Öffentlichkeitsarbeit eines Unternehmens liegt (Public Relation, Werbung, Marketing, Image, Product Placement oder in anderer Erscheinungsform), dann handelt es sich nicht um Spenden oder Geschenke zugunsten des Künstlers oder Dritter, sondern um Kultur-Sponsoring und damit abzugsfähige Betriebsausgaben. Ganz einfach, weil „das fundamentale Interesse am Kultur-Sponsoring das Eigeninteresse" ist.

Motivation und Zweck der Förderung

Teil III

Beispiele für Kultur-Sponsoring

Hypo-Bank:
Sponsoring auf den Spuren der Wittelsbacher

Sponsorobjekt „Kunsthalle der Hypo-Kulturstiftung"
Die Kulturstiftung
Die drei Säulen der Kulturstiftung
Sponsoring-Philosophie

Das Unternehmen und seine Rolle als Förderer der Künste haben eine wahrhaft königlich-bayerische Tradition. Gegründet auf Wunsch eines Bayernkönigs, nämlich Ludwig I., im Jahre 1835. Unter dem Namen „Bayerische Hypotheken und Wechselbank", die der Gründervater als „hochwichtige vaterländische Anstalt" deklarierte.

Was sich daran zeigte, daß die Hypo bis zur Installierung der Bayerischen Notenbank im Jahre 1875 das Recht zur Banknotenausgabe besaß.

Heute gehört das Institut zu den fünf größten privaten Aktienbanken der Bundesrepublik, mit ausgesprochen südlastigen Neigungen und Schwerpunkten, unterhält es doch die meisten der 450 Außenstellen südlich der Mainlinie. Doch gibt es auch Beteiligungen an Banken in Westfalen und im württembergischen Raum, Niederlassungen in New York und London, Repräsentanzen in Abu Dhabi, Hongkong, Johannisburg, Madrid, Mailand, Mexico City und Sao Paulo.

Mit den Wittelsbachern hat es angefangen – heute wandelt das Unternehmen immer noch auf den Spuren des königlichen Gründers. Allerdings, ein so ganz und gar reinrassiger Kunst-Mäzen ist das Unternehmen nicht. Die Hypo spielt genaugenommen beide Rollen: die des Mäzens wie auch die des Sponsors. Zwei der drei Hauptaktivitäten haben durchaus starke Elemente des Mäzenatentums: Der „Denkmalpreis" und der „Museumsfond". In beiden Fällen zeigt sich der Förderer betont leise und unaufdringlich, mit vielen Charakteristika mäzenatischer Zurückhaltung. Mit dem Sponsorship der „Kunsthalle" jedoch ist das anders. Sie ist mitten im Herzen Münchens zu finden, in der Theinerstraße, und sie ist der stärkste Akzent des Sponsors Hypo, eine Aktivität, die nicht übersehen werden kann und auch nicht übersehen werden soll. Sie trägt zum Bekanntheitsgrad des Unternehmens bei, prägt markant sein Image von Kunstsinnigkeit. Die Kunsthalle ist ein Sympathieträger und erfreut sich als solcher auch einer zahlenmäßig großen Zuwendung der Münchner.

Die Hypo spielt genau genommen beide Rollen: die des Mäzens wie auch die des Sponsors

Sponsorprojekt „Kunsthalle der Hypo-Kulturstiftung"

Innenarchitektonische Vorbemerkung: Sie ist eine „mit viel Geschmack umgebaute Schalterhalle" (Handelsblatt, 25.10.1985). Ein Geschenk des Unternehmens an seine eigene Kulturstiftung. Dieses 600 Quadratmeter-Museum entwickelte sich ziemlich rasch zu einem bevorzugten Treff von Publikum und Kritikern, ist doch das Programm stets erlesen.

Nach den Erfahrungen der ersten Jahre wird innerhalb eines Zeitraumes von zwölf Monaten mit rund 200 000 Besuchern gerechnet. Und da jeder Besucher am Eingang vier Mark zahlt, kommt per anno fast eine Million dabei heraus. Theoretisch wären wohl auch Gewinne möglich, doch die sind beim Unternehmen Kunsthalle nicht eingeplant. Ein eventueller Gewinn würde wieder der Stiftung zufließen.

Der Sponsor Hypo-Bank nennt für sein Objekt „Kunsthalle" übrigens keine konkrete Sponsoren-Summe und spricht nur von „regelmäßigen Spenden".

In der Wochenzeitschrift „Die Zeit" (Nr. 50/1.9.1987) durfte sich die Hypo heftig loben lassen. „Was andere, öffentliche Institute offenbar schon aus ökonomischen Gründen nicht mehr zustande bringen", so hieß es, „das Geldinstitut hat's geschafft. Aus welchen Motiven auch immer."

Es sollte noch hinzugefügt werden, daß die Ausstellungen der „Kunsthalle" nicht, wie häufig in Geldinstituten, in den Schalterräumen aufgehängt werden. Die „Kunsthalle" ist ausschließlich eine Halle der Kunst. Versehen mit modernsten Sicherungs- und Klimatisierungs-Einrichtungen und täglich, also auch am Wochenende, von 10 bis 18 Uhr geöffnet. Die besondere Lage in der Fußgängerzone soll helfen, die Kunst in den Alltag zu bringen, und die zentrale Lage soll dieses Museum auch für jene erreichbar machen, die üblicherweise nicht so leicht zum Besuch einer Ausstellung oder eines Museums zu bewegen sind, wenn sie dafür Umwege in Kauf nehmen müssen.

Thematisch und zeitlich will sich die Hypo-Bank mit ihren Ausstellungen in der Kunsthalle nicht eingrenzen lassen; will sich auch nicht in Diskussionen über Grundsätzliches in der Kunst verlieren. Ein Kriterium indes bleibt unumstößlich: höchste Qualität muß es sein.

Das neue Kultur-Zeitalter der Hypo-Bank begann 1966 – und zwar durchaus im Sinne der königlich-bayerischen Tradition des Gründers Ludwig I. In den sechziger Jahren orientierte sich die Hypo erst einmal am Stil großer amerikanischer Gesellschaften und Förderer und kaufte damals vorrangig Meister des 18. Jahrhunderts an. Mit dem Ziel, Lükken in den staatlichen Sammlungen zu schließen. Auch wenn es im Vorwort des wertvollen Kunstbandes heißt: „Immer mehr Wirtschaftsunternehmen des In- und Auslandes erkennen, daß Meisterwerke der Kunst eine wertbeständige Kapitalanlage bilden", so sollten diese Bilder doch

nicht im Dunkel der Tresore verschwinden. Sichtbar sollen sie bleiben, sollen zu sehen, zu bewundern sein. Und deshalb hängen sie auch alle gut sichtbar in öffentlichen Museen.

Um die Vergangenheit chronologisch aufzuarbeiten: Es begann im Juni 1985 mit den deutschen Romantikern, der dann die Tinguely-Schau folgte, „bei der das ganze Haus klirrte, klapperte, klang und bebte" (Südwestmagazin, 14.2.1987). Danach zog Lovis Corinth ein, später altägyptische und moderne Skulpturen, dann die Botero-Ausstellung, danach waren hundert Meisterblätter aus der Wiener Albertina zu besichtigen. Mit 245000 Besuchern schlug der Goldschmied der Zaren, Karl Fabergé, alle Rekorde in München – bis auf einen. Nur Tut-Ench-Amun im Haus der Kunst zog vor einigen Jahren mehr Besucher an. Das

Magritte

KUNSTHALLE
der Hypo-Kulturstiftung
München, Theatinerstraße 15 · 13. November 1987 bis 14. Februar 1988 · Täglich von 10 bis 18 Uhr

Echo auf die Ausstellung des Zaren-Geschmeides war weltweit. Niki de St. Phalle, die Pop-Artistin, folgte und auf sie eine Auswahl von venezianischer Malerei des 18. Jahrhunderts. Schließlich von November 1987 bis Januar 1988 eine Magritte-Ausstellung. Der Anspruch, den die Hypo selbst an ihre Kunsthalle stellt, ist nicht gering. Hochrangige Kunst will sie nach München bringen, und zwar ausschließlich solche, die ohne die Hilfe der Hypo kaum den Weg in die bayerische Metropole gefunden hätte. Dabei ist das Programm als Ergänzung zu denen der großen Museen der Stadt zu verstehen.

Der Anspruch ist zwar hoch, doch die Hypo hat ihr Ziel stets erreicht. Durchweg waren es Ereignisse, die beachtliche Resonanz auslösten. Weit über die Grenzen der Stadt hinaus.

Durchwegs waren es Ergebnisse die beachtliche Resonanz auslösten

GEORGES BRAQUE

KUNSTHALLE
der Hypo-Kulturstiftung

München, Theatinerstraße 15 · 4. März bis 15. Mai 1988 · Täglich von 10 bis 18 Uhr

Die Themen werden dabei keineswegs auf den Vorstandsetagen entschieden: Die Hypo-Bank bedient sich stets der Kompetenz eines Fachbeirates. Experten, die bewiesen haben, daß sie wissen, wo auf der Welt Außergewöhnliches zu finden ist. Experten, die auch wissen, ob dieses oder jenes Stück schon einmal in Süddeutschland zu sehen war. Fachleute, die sich auf den oft verschlungenen Wegen zu Mäzenen und Sammlern auskennen, um an bestimmte Stücke heranzukommen.

Über den Weg von der Idee über das Thema bis zum fertigen „Produkt" Ausstellung schreibt Monika Reuter im Südwestmagazin (14. 2. 1987): „Sobald ein Thema feststeht, wird der dafür beste Fachmann gesucht und mit Konzeption und Katalog beauftragt." Hin und wieder greift der Fachbeirat aber auch in diesen Prozeß selbst ein. Eine Schlüsselrolle hat dabei Dr. Johann Georg Prinz von Hohenzollern, Generaldirektor des Bayerischen National-Museums. Gemeinsam mit seinem Vetter Geza von Habsburg borgte er die Fabergé-Ausstellung Stück für Stück aus der ganzen Welt zusammen. Wie es heißt, soll dabei das Nachtschränkchen der englischen Königin genauso leergeräumt worden sein wie die Leningrader Eremitage.

Bei aller Kunstsinnigkeit halten die Bänker es in Sachen Finanzierung mit dem kühlen Kalkül. Es gibt einen Finanzplan, der pro Ausstellung Kosten zwischen einer Viertelmillion und einer halben Million Mark vorsieht. Pro Jahr stehen vier bis fünf Ausstellungen an.

Wie Prof. Dr. Erich Steingräber, Generaldirektor der Bayerischen Staatsgemäldesammlungen, in dem Vorwort weiter schreibt, unterscheidet sich die Sammlung allerdings in einem Punkt von anderen, ähnlich zustande gekommenen: Die Hypo hatte die Kunstwerke stets auf Vorschlag von Fachleuten erworben, „also in Übereinstimmung mit den besonderen Wünschen und Bedürfnissen der bayerischen Museen, denen sie ihre Schätze als Dauerleihgabe zur Verfügung stellt".

Die Kulturstiftung

Aus dem Engagement wurde eine Stiftung

Als Kunst-Käufer ist die Hypo zwar schon seit den sechziger Jahren engagiert, doch erst 1983 wurde aus dem Engagement eine Stiftung. Sie wirkte erst zwei Jahre lang im stillen, ehe die Stiftung 1985, pünktlich zum 150jährigen Jubiläum, in den Blickpunkt der Öffentlichkeit rückte und die Grundidee der Hypo verbreitete, nämlich die einer Kooperation von staatlicher und privater Initiative.

Die drei Säulen der Kulturstiftung

1. Denkmalpflege. 2. Museumsfonds. 3. Hypo-Kunsthalle. Unter Denkmalpflege versteht die Hypo, bayerisches Kulturgut zu erhalten. Sie wendet sich mit diesem Preis vor allem an private Eigentümer denkmalgeschützter Gebäude und belohnt all jene, die dieses mühsam wieder herrichten, statt es durch einen glatten und wahrscheinlich preiswerteren Neubau zu ersetzen. Und wer von der Jury für würdig befunden

178

wird, erhält einen Geldpreis in Höhe von 50 000 Mark. Entscheidend ist in jedem Fall das Urteil von Experten der Kunst- und Denkmalpflege. Der Preis wird einmal jährlich verliehen und ist teilbar (seit 1966).

Der Museumsfonds, Säule zwei, fördert ausschließlich den Ankauf von zeitgenössischer Kunst. Angekauft wird für Museen in der gesamten Bundesrepublik. Letztlich auch immer häufiger Werke noch weitgehend unbekannter Künstler. Im Unterschied zur Kunstsammlung der Hypo werden die über den Museumsfonds gekauften Werke Eigentum der Museen, erhalten also nicht den Status von Dauerleihgaben. Eine Verpflichtung ist damit verbunden. Das Museum hat das angekaufte Werk in seiner öffentlich zugänglichen Sammlung innerhalb von vier Jahren insgesamt mindestens zwei Jahre auszustellen. Wunsch des Sponsors ist es darüber hinaus, auch das angekaufte Werk in einem Faltblatt, zusammen mit den Daten des Künstlers, ausführlich zu beschreiben, wobei sich die Hypo dann noch an den Kosten der Publikation beteiligt.

Mit „Säule drei", der „Kunsthalle" haben wir uns eingangs bereits beschäftigt.

Sponsoring-Philosophie

„Bürgersinn" ist eines der Stichworte; die Hypo-Bank möchte mit ihrer Förderung einen Beitrag zur „Erhaltung der freiheitlichen Gesellschaftsordnung" leisten. So Vorstand Dr. Fey. Schließlich soll München, Stammsitz des Hauses, durch das Engagement als Kunststadt bereichert werden.

Erhaltung der freiheitlichen Gesellschaftsordnung

Pionierarbeit leistete dabei Dr. Wolfgang Lippisch, dem die Initiativen zum Kauf vieler Bilder zugeschrieben werden – vor allem für die Alte und die Neue Pinakothek. „In bescheidenem Maße auf den Spuren der Wittelsbacher wandelnd", kauften der 1980 verstorbene Dr. Lippisch und sein Nachfolger Dr. Fey insgesamt 73 Kunstwerke. Zu sehen sind diese Ankäufe in den beiden Pinakotheken, aber auch im Bayerischen Nationalmuseum sowie im Germanischen Nationalmuseum in Nürnberg und in der Deutschen Barockgalerie in Augsburg.

Anschaffungswert: rund 40 Millionen Mark, die auch in der Bilanz der Bank aufgeführt sind. In den siebziger Jahren erfuhr die Sammlung eine enorme Wertsteigerung. Heute muß sie auf rund 100 Millionen Mark taxiert werden. Mit dem System der Dauerleihgaben hat die Hypo-Bank einen guten Weg gefunden, einerseits den chronisch in Geldnöten befindlichen Museen zu helfen und andererseits den Ankauf von Werten dieser Größenordnung vor den eigenen Aktionären zu rechtfertigen. Formaljuristisch bleiben die Bilder letztlich Besitz der Bank, was psychologisch den Weg zu weit höheren Beträgen öffnet, als sie etwa bei der Schenkung an eine öffentliche Galerie verfügbar wären.

Bürgersinn war auch das Grund-Motiv für die Einrichtung der Hypo-Kunsthalle in der Münchener Theatinerstraße.

Ob beabsichtigt oder nicht, heute ist die Hypo-Kunsthalle für die Hypo-Bank ein Sympathie-Träger ersten Ranges und dürfte einen erheblichen

Beitrag zum Image der Bank leisten; zumal weder bei der Werbung für Ausstellungen in der Kunsthalle noch in den Presseberichten ein Problem mit der Sponsor-Nennung auftritt: Es ist nun mal die **Hypo**-Kunsthalle.

Berlin:
Wunschzettel zur 750-Jahr-Feier

Direkt vom Regierenden Bürgermeister, von Eberhard Diepgen, stammten die Ratschläge, wie denn nun ein Unternehmen mit gut gefüttertem Budget für besondere Anlässe der Stadt eine Freude machen könne. „Viele sinnvolle und schöne Projekte zur 750-Jahr-Feier" gelte es noch zu verwirklichen. Denkmäler seien zu restaurieren und Museumssammlungen zu ergänzen. Ein demokratisches Gemeinwesen brauche den spendablen Bürgersinn, besonders im Bereich der Kulturförderung. „Helfen Sie mit, und tragen Sie auch dazu bei, Berlin noch schöner, noch lebenswerter zu machen", so Berlins „Regierender" im Vorwort zur zweiten Auflage der Geschenkliste, die anläßlich dieses dreiviertel Jahrtausends Berlin ausgelegt wurde.

Jene Geschenkliste ist Anregung und Service zugleich für potentielle Sponsoren

Jene Geschenkliste, die auch Wunschzettel hätte genannt werden können, ist Anregung und Service zugleich für potentielle Sponsoren. Es waren nicht wenige, die sich angesprochen fühlten, und der Computer-Ausdruck vom 5. November 1987, „Übersicht über bisher erbrachte Sponsoren-Leistungen", schloß mit 35 078 400 Mark ab. In dieser Aufrechnung war auch die 250-Mark-Kleinspende enthalten, gewidmet der Schallplatten-Edition „Musik zwischen den Kriegen", eine Klang-Dokumentation der musikgeschichtlichen Entwicklung Berlins zwischen 1918 und 1938. Mit Aufnahmen von Komponisten, die in einer engen Beziehung zu Berlin standen. Paul Hindemith, Franz Schreker, Arnold Schönberg, Hanns Eisler und Boris Blacher. Ausgewiesen auch die Sechs-Millionen-Mark-Spende der Dresdner Bank für die Restaurierung des Gutshauses Steglitz, den meisten Berlinern als „Wrangel-Schlößchen" bekannt. Es ist eines der großen Meisterwerke des frühen preußischen Klassizismus und neben dem Charlottenburger Schloß die bedeutendste architektonische Schöpfung im Westteil der Stadt, an der alten Potsdamer Chaussee gelegen. Dank der Sechs-Millionen-Mark-Spende konnte sich die Stadt den Wunsch einer vollständigen denkmalgerechten Instandsetzung erfüllen.

Beispielhaft, wie die Stadt die Voraussetzungen für die finanzielle Förderung durch Sponsoren schuf. Aus der frühzeitig aufgelegten „Geschenkliste" konnte sich der potentielle Sponsor das Objekt auswählen, das seinen finanziellen Vorstellungen und seinen kommunikativen Absichten am besten entsprach. Der Erfolg gibt der Stadt recht. Ein Konzept, zur Nachahmung empfohlen.

Berliner Bank:
Zilles Fotos für die Stadt gerettet

Anläßlich der 750-Jahr-Feier gingen diese Fotos als Geschenk der Bank
an die Berlinische Galerie über. Die Bilder stammen aus zwei Fotoalben, die einstmals dem Enkel Heinz Zille gehörten. Die Bildersammlung ist in zehn Themenbereiche gegliedert: Vom privaten Plüsch und
Plunder der Jahrhundertwende – Wohnzimmer im Charlottenburger
Spätbarock – bis hin zu den Vergnügungsstätten mit dem Hinweisschild
„Hier können Familien Kaffee kochen". So berichtete John Laupitz
über das Ereignis am 11. Juni 1987 in der Berliner Morgenpost. Die Fotos lassen Zilles entlarvenden Blick für kuriose Zusammenhänge erkennen, sind ein unschätzbares Zeitdokument. Zille war übrigens mit einer
Mammutkamera unterwegs und erzielte als gelernter Lithograf und An-

gestellter der „Photographischen Gesellschaft" gestochen scharfe Bilder.

Hätte die Berliner Bank hier nicht zugegriffen, wären die Fotos der Stadt auf ewig verloren gegangen. Ein schönes Beispiel für Bürgersinn, für Verbundenheit zur Stadt. Im Rahmen einer Ausstellung präsentiert, in der Presse positiv kommentiert. Ein schönes Beispiel für gelungenes Sponsoring.

„Pinselheinrich als Fotograf." Das Sujet ist stets das gleiche: Bouillonkeller und Bettlerkneipen, Arbeitslose und Nutten. Heinrich Zilles Welt. Da holte er sich Anregungen für seine Zeichnungen – und dieses Stück Berlin hielt er auch in Fotos fest. Diese Fotos dienten ihm als Gedächtnisstütze für seine Zeichnungen.

Beinahe wären Zilles Fotos verloren gegangen – sie waren schon auf dem Weg nach Übersee – wenn nicht die Berliner Bank reagiert hätte. Sie machte die stattliche Kaufsumme von 610 000 Mark locker und erwarb damit für die Stadt Berlin das Recht an den Originalabzügen von 235 Zille-Fotos.

Abbildung aus dem Ausstellungskatalog. Linke Seite: Katalog-Titel mit Sponsor-Hinweis.

Philip Morris Deutschland:
Talenten und Ideen zum Durchbruch verhelfen

Dem Beispiel des Stammhauses in den USA, schon seit den fünfziger Jahren erfahren in der Kulturförderung, folgte die bundesdeutsche Niederlassung von Philip Morris 1972. Und zwar anfangs „eher ungezielt". Da wurden Kataloge gefördert, es gab diverse Ausstellungen, an denen sich das Haus beteiligte. Auch eine im Foyer der Münchner Philip-Morris-Zentrale in der Fallstraße. Eine mißlungene, was nicht verschwiegen werden soll. Die beengten Verhältnisse ließen dies wohl nicht anders zu. Einen ersten deutlichen Akzent setzte Philip Morris dann 1977 mit dem Kunstwettbewerb „dimensionen", der jetzt alle zwei bis drei Jahre wiederholt wird. Es werden dabei immer wieder neue Themen gestellt, Schwerpunkte gesetzt. Mal Zeichnung, mal Malerei, mal Grafik, oder wie 1987 Bildhauerei.

An den „dimensionen" 1986/87 beteiligten sich 120 Künstler. Mit 45 Werken und ihren 27 Schöpfern stellte das Haus dann eine Ausstellung zusammen und zeigte sie in der Städtischen Kunsthalle Köln, später auch in der Staatlichen Kunsthalle Berlin sowie in der Münchner Villa Stuck.

Mitte der achtziger Jahre straffte Philip Morris das Förderprogramm. Udo Wolff, Public Relations Manager des Hauses: „Wir mußten einfach irgendwo Grenzen ziehen und sagen, wir können nicht Projekte in der gesamten Bundesrepublik fördern. Wir sind in Berlin und München ansässig, und hier sollen auch Schwerpunkte gesetzt werden."

In Berlin startete 1987 ein größeres Philip-Morris-Projekt. Titel: „Werkstatt Berlin."

In Berlin startete 1987 ein größeres Philip-Morris-Projekt. Laufzeit: drei Jahre. Titel: „Werkstatt Berlin." Der für die Medien weniger spektakuläre Hauptteil dieses Projektes ist ein Stipendienprogramm, das in jedem Jahr sechs jungen Bildhauern die Gelegenheit gibt, sechs Monate lang in einer Bildhauer-Werkstatt zu arbeiten – und zwar unter optimalen Bedingungen, wie sie eben nur ein Förderer schaffen kann.

„Stahl '87" lautete der Arbeitstitel des ersten Workshops. Die Kurzformel gab nicht nur einen Hinweis über den Zeitpunkt des Engagements, sondern auch über das Arbeitsmaterial. Die verkürzte Jahreszahl ließ ahnen, daß es eine Fortsetzung geben wird. Anthony Caro, ehemaliger Schüler von Henry Moore, leitete dieses Seminar. Zehn Tage lang. All das, was in diesen zehn Tagen entstanden war, zeigte der Sponsor in einer Werkausstellung dort, wo die Arbeiten entstanden waren. Fortsetzung folgt. Die erste im Spätherbst 1988. Erneut wird ein hochkarätiger Bildhauer als Lehrer dabei sein.

Der Workshop „Stahl '87" war auf den 3600 Quadratmetern Fläche einer ehemaligen Tresorfabrik im Wedding eingerichtet. Dort konnten die jungen Bildhauer mit Metallen aller Art, aber auch mit Holz, Stein und Keramik arbeiten.

Wie aus einem Bericht in der Süddeutschen Zeitung (2. 10. 1987) zu entnehmen ist, erwies sich der Zigarettenkonzern nach Auskunft der Geförderten stets als großzügig. Es wurde der ständige Leiter der Kulturstätte zitiert, der Bildhauer Gustav Reinhardt, der regelrecht ins Schwärmen geriet, wie Giovanni di Lorenzo berichtete: „Wenn ich von denen (vom Sponsor Philip Morris) Geld brauche, gibt es keine langen bürokratischen Wege, ich rufe einfach an, sage, das und jenes brauche ich, und Herr Wolff meint dann ‚o.k., das machen wir schon.'"

Zur Situation: Philip Morris befindet sich seit 1987 in der Bundesrepublik mit 25,4 Prozent Marktanteil bei Zigaretten in der führenden Position. Damit wurde auch der Rivale Reemtsma überholt. Bei einem Jahresumsatz von 4,844 Milliarden Mark werden auch beachtliche Mittel für die Kunstförderung abgezweigt. Doch nicht nur für die Kunst gibt Philip Morris, auch die Wissenschaften kommen in den Genuß der Förderung. Und zwar mit zwei Millionen Mark jährlich. In jedem Jahr wird auch ein Forschungspreis ausgeschrieben, verliehen für herausragende innovative Leistungen auf verschiedenen Gebieten. Ein bereits etablierter Preis in der Wissenschaftsszene, dieser Forschungspreis, für den sich auch Großforschungs-Institute wie das Max-Planck-Institut, das Frauenhofer-Institut sowie die Hochschulen und Universitäten interessieren. Für das Jahr 1987 wurden drei Preise im Bereich der Umwelttechnologie vergeben und ein vierter für einen Computer-Pionier. Doch eindeutiger Themenschwerpunkt war die Umwelttechnologie.

Den Wissenschaften zeigt sich der Tabak-Konzern sehr geneigt. Wie aus dem zitierten Bericht von Giovanni do Lorenzo zu entnehmen ist, liegen die Aufwendungen mit jährlich rund zwei Millionen Mark doppelt so hoch wie im Bereich der Kultur. Warum das so ist, erläuterte Udo Wolff dem SZ-Reporter folgendermaßen: „Initiativen unter Wissenschaftlern lassen sich besser organisieren als in der Kunst." Generell steige das Unternehmen auch am liebsten in „professionelle Strukturen" ein, unterstützt damit Projekte, zu deren Verwirklichung „nicht erst eine riesengroße Jury eingesetzt werden muß".

Die Leistungsfähigkeit des Sponsors und auch seine Spontaneität haben sich unter jenen herumgesprochen, die für solche Gaben in Frage kommen. Wolff muß nach eigener Aussage täglich mit fünf Anfragen rechnen. Von denen haben aber nur jene eine Chance, die entweder in München (wo die Verwaltung sitzt) oder in Berlin (wo auch Zigaretten hergestellt werden) realisiert werden können.

Auch Kritisches war in diesem Bericht über den Sponsor Philip Morris zu lesen. Di Lorenzo berichtete zum Beispiel, daß manche Künstler die Nase rümpfen, weil es bei Philip Morris Praxis sei, das Genre Kunst so anzupacken, „als sei es ein Inventarstück aus der Marlboro-Reklame". Auf der anderen Seite steht der Berliner Kunstkritiker Peter Hans Göpfert, der in einem Artikel der Zeitschrift „Art" das Engagement „Stahl 87" höchst wohlwollend kommentierte. Und Lob auch von Professor Robert Kudielka. „Vorbehalte gegenüber Sponsoren schwirren immer nur in den Köpfen von Feuilletonisten herum", sagte er. „Keiner unter den Künstlern verliert darüber auch nur einen Gedanken."

Warum Kunst? Zitieren wir Udo Wolff aus der „Süddeutschen", wo er sagt, es sei nun einmal Tatsache, daß „unsere Zigaretten nicht deswegen gekauft werden, weil die Tabake so gut sind, sondern aufgrund ihres Images. Deshalb ist es für uns wichtig, immer die neuesten Zeitgeist-Strömungen zu erfassen. Dabei ist Kunst ein wichtiger Indikator."

Das Unternehmen engagiert sich also nicht im Bereich der etablierten Kunst. „Wir stehen auf dem Standpunkt, daß es die etablierte Kunst nicht notwendig hat, unterstützt zu werden." Es seien gerade die jungen Künstler, bei denen eine Unterstützung Sinn mache. Er erwähnt an diesem Punkt gern den jungen Bildhauer Ralf Nolden. Aus dem Workshop mit Anthony Caro konnte er eine Plastik für 20000 Mark verkaufen: „Darin sehen wir Sinn."

Es geht den Tabak-Sponsoren aber auch um ungewöhnliche Ideen, wie der „Marlboro-Design-Förderpreis" beweist. Das Anliegen, das dahintersteckt: Durchbruch für ungewöhnliche Ideen. Dieser Preis richtet sich an junge Designer, mit der ausdrücklichen Aufforderung, „eingefahrene Denkweisen neu zu überdenken". In seiner inhaltlichen Gestaltung war dieser Wettbewerb völlig frei, nur in seiner Dimensionierung eingeschränkt, nämlich durch die „Marlboro-Box" (40 × 40 × 40 cm). Was man sich von den jungen Designern erhoffte – und auch erhielt – waren „Gebrauchsgegenstände, die Spaß machen, Dinge, Form und Funktion bestechend verbinden", wie es in „Werben & Verkaufen" (Nr. 11/1988) stand. Hervorragende Resonanz, 1634 Jung-Designer ließen sich erst einmal die Unterlagen schicken, es beteiligten sich 254, von denen 240 als teilnahmeberechtigt bewertet wurden. Die Preissumme war auch nicht zu verachten, nämlich insgesamt 46000 Mark.

Heraus kamen dabei Gebrauchsgegenstände „außerhalb der eingefahrenen Denkweisen", wie etwa ein portabler Hocker oder eine Kombination aus Rodelschlitten und Skateboard; oder auch das Re-Design einer Wäscheklammer.

Darüber hinaus wurden zwei Stipendien an Preisträger verliehen. Die Gewinner dieser Stipendien erhielten die Chance, in einem Designer-Büro ein Praktikum zu absolvieren. Schließlich stellte Philip Morris die prämierten Objekte bis Ende März 1988 im Münchner Gasteig Kulturzentrum aus.

Die Förderung von Theater und Tanz gehört ebenfalls in das Kultur-Mosaik von Philip-Morris

Die Förderung von Theater und Tanz gehört ebenfalls in das Kultur-Mosaik von Philip Morris. Zum Beispiel ein interessantes Theater-Projekt in München, in Kooperation mit dem Gasteig erarbeitet. Junge Schauspieler erhalten die Gelegenheit, gemeinsam mit einem Regisseur ein Stück zu inszenieren und aufzuführen.

Dies alles steht unter einem Satz, dessen „Copyright" Udo Wolff ganz energisch für den Aufsichtsrats-Vorsitzenden George Weissmann reklamiert: „It takes Art, to make a Company great." Frei übersetzt: Es bedarf (der) Kunst, um ein Unternehmen groß zu machen. Es kann auch heißen: Es gehört Kunst dazu, ein Unternehmen groß zu machen.

190

Berlin „Kulturstadt Europas": Sponsoren überfordert

Berlin – Ort des Neuen
Werkstatt Berlin
Berlin in der Mitte Europas

Francesc Torres »Made in Berlin« 1987
Collage, 65 x 50 cm · 1986 Artist in Residence Berliner Künstlerprogramm des DAAD

EURO MARKT Berlin für

Berlin – Kulturstadt Europas 1988

Emmett Williams »Gedächtniskirche« 1981
Acryl auf Leinwand, 64 x 47 cm · 1980 Artist in Residence Berliner Künstlerprogramm des DAAD

BERLINER MORGENPOST für Berlin – Kulturstadt Europas 1988

Berlin Kulturstadt Europas 1988 – eine Entscheidung der für Kulturfragen zuständigen Minister der Europäischen Gemeinschaft, und eine Ehre, die mit zwiespältigen Gefühlen entgegengenommen wurde. Athen, Florenz und Amsterdam trugen diesen Titel und auf Berlin werden 1989 Paris und 1990 Glasgow folgen. Ein schöner Titel, zweifellos, eine besondere Ehre – und trotzdem sind die Berliner nicht glücklich. Zuviel der Ehre? Es sieht so aus. Vor allem wohl deshalb, weil „Kulturstadt Europas 1988" sich quasi nahtlos an die 750-Jahr-Feier Berlins anschließt. So viel Ehre, so viele Feiern kann selbst Berlin nicht verkraften. Und die Auswirkungen des doppelten Jubeljahres sind schon spürbar, „denn die Leistungen reichen nicht annähernd an die Sponsoren-Engagements anläßlich der 750-Jahr-Feier heran", so Regierungsrat Rainer Sonntag, der 1988 für die „Kulturstadt Europas" den Bereich „Film und Kunst" organisiert. Wer das offizielle Programm aufschlägt, wird gleich mit einem der Sponsoren konfrontiert: Lufthansa, als „official carrier".

Zwei Gründe führten zur Nominierung Berlins. Erstens der historische Beitrag der Stadt zur Kultur Europas und zum zweiten das Gewicht der Stadt im aktuellen Kulturgeschehen. Drei Leitthemen begleiteten dieses europäische Kulturjahr in Berlin.

Berlin – Ort des Neuen

Berlin ist eine junge Stadt und offen für Veränderungen und aktuelle Tendenzen

Verglichen mit Athen, Florenz, Amsterdam oder Paris, ist Berlin noch eine junge Stadt und offen für Veränderungen und aktuelle Tendenzen. Unter dem Leitthema stand auch eine Beuys-Ausstellung. Im Juni 1988 bezogen in der Nationalgalerie zeitgenössische Künstler „Positionen heutiger Kunst". Auch die Ausstellung „Zeitlos" von Harald Szeemann im Hamburger Bahnhof zeigte Perspektiven auf. Daran beteiligte sich die Daimler Benz AG „mit einem großen Betrag", wie Regierungsrat Rainer Sonntag betonte. Das hänge damit zusammen, „daß Szeemann einer der renommiertesten Ausstellungsmacher auf der Welt ist". So befinde sich die Qualität des Produktes Ausstellung im Einklang mit der Qualität des Produktes, das der Sponsor herstelle.

„Zur Entdeckung des Neuen gehört auch die Rückbesinnung auf die Wurzeln der europäischen Kultur", steht im offiziellen Programm. Diese Form vorausschauender Rückbesinnung wird in verschiedenen Ausstellungen betrieben. Zum Beispiel „Das mykenische Hellas – Heimat der Helden Homers", eine Ausstellung über Kaiser Augustus und eine weitere über Süleyman und seine Schätze aus dem Topkapi-Serail. Johannes Brahms und Arnold Schönberg, Vertreter der Romantik und der Moderne, bilden den Schwerpunkt des Musikprogramms.

Werkstatt Berlin

Verbunden mit einer Einladung an Künstler in ganz Europa, in Berlin nicht nur ihre Arbeiten vorzustellen, sondern auch „vor Ort" eine Zeitlang zu arbeiten. Mit der Hoffnung auf „ungewohnte Kooperationen über die Grenzen der traditionellen Sparten hinweg".

Robert Wilson und David Byrne, Hans Jürgen Syberberg, Bernard Sobel, Tadeusz Kantor, Michael Bogdanov, George Tabori stellten als Regisseure in den Sommermonaten Arbeitsprozesse und -ergebnisse vor.

Vorseiten: Plakatserie, gestaltet von international bekannten Künstlern, gesponsert von Berliner Unternehmen. Sponsor-Hinweis: Berliner Morgenpost, Euromarkt Berlin für Berlin Kultur-Stadt Europas 1988. Unten und nächste Seite: Beispiele aus dem vorbildlichen Themenkatalog, aufbereitet für Sponsoren.

AUSSTELLUNGEN

Bildhauersymposium
Öffentlicher Stadtraum (z.B. Tiergarten)
Sommer 1988

Internationales Bildhauersymposium mit ca. 15 Bildhauern aus der Bundesrepublik Deutschland, USA, Großbritannien, Frankreich, UdSSR und der DDR im öffentlichen Stadtraum. Durch die Zusammensetzung soll dokumentiert werden, daß gerade Berlin ein idealer Ort internationaler Zusammenarbeit ist.

Nach dem »Skulpturenboulevard« ein weiterer Schritt, Skulptur im Stadtraum einer breiten Offentlichkeit zugänglich zu machen.

Kosten: 500.000,– DM

Naheres: Berliner Bildhauerwerkstatt e.V.
Michael Schultz
Tel. 324 15 91

Das Chamber-Orchestra of Europe kam im September zu einer längeren Arbeitsphase nach Berlin und die größten Opernhäuser Europas schickten im August und September ihre Studiobühnen zur „Neuen Musik-Theater-Werkstatt".

In der Designer-Werkstatt entwarfen junge Formgeber mit ungewöhnlichen Materialien neue Möbel und Gebrauchsgegenstände. Bekannte Modedesigner wie Sterling, Kenzo, Gaultier und Moschino arbeiteten im Sommer mit Nachwuchs-Designern.

Die UFA-Fabrik Berlin war den ganzen Sommer über Treffpunkt für die freie Theater-Szene Europas, und in der Kongreßhalle spielten die besten europäischen Kindertheater unter dem Titel „Spielplatz".

LITERATUR

Literaturen des Neuen Berliner Westens
Die Literatur und ihre Vertreibung
Literaturhaus Berlin (Ausstellung: Jüdisches Gemeindehaus)
25. 9. – 30. 10. 1988

In Ausstellung, Lesungen, Vorträgen, Filmen und Tondokumenten soll an Schriftsteller und Intellektuelle erinnert werden, die im Neuen Berliner Westen der 20er und 30er Jahre gelebt und geschrieben haben. Es gilt, der Resonanz oder Nichtresonanz dieser Literatur im europäischen Ausland nachzuspüren.

Kosten: 200.000,– DM

Naheres: Literaturhaus Berlin
            Herbert Wiesner
            Tel. 882 65 52

Berlin in der Mitte Europas

Eine Retrospektive auf die zwanziger und die frühen dreißiger Jahre: Berlin als Mittelpunkt eines lebendigen, kulturellen Netzes. Zu diesem Leitthema gehörte auch das europäische Schriftstellertreffen („Ein Traum von Europa") mit bedeutenden Autoren aus Ost und West. Die Ausstellung „Avantgarde aus Riga" zeigte im Hochsommer Tendenzen der zeitgenössischen Kunst in der Sowjetunion.

Begegnungen mit Komponisten unserer Zeit ermöglichte im Herbst die Musikreihe „Komponistenportraits".

„Schauplatz Berlin" lautete ein weiteres Stichwort. Es ging um das vitale kulturelle Potential der Stadt: die großen Orchester, die Deutsche Oper Berlin und das Theater des Westens, die lebhafte Jazz- und Rockszene, die 18 Staats- und Privattheater, die rund 150 freien Spielgruppen. Es ging um Berlin als Sitz des größten europäischen Museumskomplexes mit den staatlichen Museen Preußischer Kulturbesitz und seinen 15 Ausstellungshäusern, den über 60 Museen, die in der Stadt ihren Sitz haben.

„Schauplatz Berlin"

Mehr als zweitausend bildende Künstler und mehr als zweihundert Galerien prägen die Kunstszene Berlins mit. Und die Spitzenkräfte aus den Bereichen Mode und Design gehören zu den Besten Europas.

Viele interessante Themen, vorbildlich aufbereitet von den Kultur-Verantwortlichen, mit präzise formulierten Angeboten an Sponsoren. Doch die Zeit der Vorbereitung war zu kurz, die 750-Jahr-Feier gerade erst abgeschlossen, die spendierfreudigen Sponsoren hatten ihre Budgets ausgegeben. So engagierten sich nur wenige Große: Daimler Benz, Philip Morris u.a. Und es gab eine bemerkenswerte Plakatserie, gestaltet von Künstlern mit internationalem Renomeé, die einstmals in Berlin arbeiteten. Gesponsert von Berliner Unternehmen.

Tetra-Pak:
Konkret-konstruktive Kunst – der funktionellen Verwandtschaft wegen

Das Firmensignet auf dem Stammhaus in Hochheim ist Geometrie von der elementaren Art: ein Dreieck. Zwischen diesem Dreieck und den Produkten des Hauses gibt es selbstverständlich eine konkrete Beziehung, doch andererseits ist dieses Dreieck nur eindimensionaler Teil der Produktions-Wahrheit bei Tetra-Pak. Dreidimensional betrachtet, sind es Pyramiden, Tetraeder – Hüllen für schützenswerte Waren, die einer solchen Verpackung bedürfen, einer Verpackung, die dem geometrischen Prinzip des Baukastens folgend, ihren Raum optimal nutzt. Womit der Bogen von der geometrischen Grundform des Produktes zur Kunst, die das Haus fördert, schon geschlagen wäre. Die Deutsche Tetra-Pak-Gruppe fördert konkret-konstruktive Kunst, eine Richtung –

Tetra Pak
und
die Kunst

Gemälde und Objekte – die sich auf die Senkrechte, die Waagrechte, die Diagonale, das Kreuz, das Quadrat, das Dreieck und den Kreis beschränkt – die elementaren Formen der Geometrie. Damit und mit den Grundfarben Rot, Gelb und Blau wird eine unendlich große Variationsbreite hervorgebracht. Gunther A. Luedecke, Vorsitzender der Deutschen Tetra-Pak-Gruppe, sieht in der Kunstrichtung eine Verbindung zum eigenen Metier. Er spricht von einer „funktionellen Verwandtschaft" zwischen dieser Kunst, die sich logisch-mathematische und geo-

Links: Titel einer Unternehmensbroschüre. Unten: Titel der Broschüre für den Tetra-Pak-Preis.

metrisch-funktionale Aufgaben stelle und der Industrieform des 20. Jahrhunderts. „Die Gemälde und Objekte", so Luedecke, „fügen sich harmonisch in die Welt von Tetra-Pak ein, die ebenfalls Fortschritt und Technik vereint." Tetra-Pak ist führender Sammler dieser Kunst, besitzt über 800 Gemälde, Objekte, Grafiken, die im rheinhessischen Verwaltungsgebäude Hochheim Büros und Flure schmücken.

Ein Preis wurde gestiftet, der „Tetra-Pak-Preis zur Förderung der konkret-konstruktiven Kunst", die Geschäftsleitung verlieh ihn 1981 und 1985, dotierte ihn mit 20 000 beziehungsweise 25 000 Mark. Dazu gab es zwei Anerkennungspreise von je 5000 Mark.
Unter dem Titel „Kann Kunst harmonisch sein?" organisierte das Unternehmen 1983 im Werk Berlin-Heiligensee auch eine Kunstausstellung. Und immer wieder werden auch Künstler ins Werk eingeladen, um im Rahmen von Workshops der Belegschaft die präferierte Kunstform näherzubringen.
Die Gemeinsamkeiten zwischen Musik und Geometrie sind zwar weit weniger augenfällig, trotzdem fördert Tetra-Pak auch diesen Bereich. Das Unternehmen finanzierte eine Langspielplatte mit Kompositionen aus Musikhochschulen sowie Aufnahmen aus den Bereichen Jazz, Show und Musical. Das Engagement in der konkret-konstruktiven Kunst hat nichts Zufälliges, und so darf es nicht wundern, daß die Aussagen dieser Kunstrichtung auch in die Philosophie des Hauses eingeflossen sind. „Die vielen konkret-konstruktiven Bilder und Skulpturen – inzwischen zur Tetra-Pak-Collection zusammengefaßt – sind für uns nicht nur anregende Optik, sondern vielmehr so etwas wie eine Leitlinie unseres Handelns", sagt Gunther A. Luedecke dazu. Auf dieser Leitlinie strebt Tetra-Pak „dem Ideal der Harmonie" nach. „Das Bild für unsere Packungen im Detail ebenso wie für unser Wirken in der Gesellschaft allgemein." Weitere Kernsätze aus der Schrift „Tetra-Pak und die Kunst":
– Kunst ist ein sensibler, sensorischer Faktor zur Früherkennung, zur Dechiffrierung gesellschaftlichen Wollens.
– Kunst verbindet jedes Unternehmen mit den gesellschaftlichen Strömungen.
– Nichts läßt eine Gesellschaft so vital und gesund werden wie die Verbesserung ihrer kulturellen und künstlerischen Auseinandersetzungen. Je kraftvoller die kulturellen Konflikte, um so gesünder die Gesellschaft.
Doch Tetra-Pak, ein Verpackungsunternehmen mit Stammsitz in Skandinavien, wird noch von anderen Motiven in seiner Kunstsinnigkeit gesteuert. Die Mitarbeiter sollen sensibilisiert werden: „Für alles Neue, was auf uns zukommt", denn nur, wer das Neue liebe, liebe auch die Welt und den Menschen.
Diese Bekenntnisse sind mehr als Alibi-Formulierungen. Der „Konstruktivismus" als Kunstform setzt sich auch in den Niederlassungen des Unternehmens fort. Tetra-Pak möchte damit auf das Wohlbefinden der Belegschaft einwirken und einen Firmengeist von Harmonie und Ästhe-

tik vermitteln. Aussage von Gunther A. Luedecke: „Farben sollen Menschen wegbringen von der grauen Betonmasse." Im Produktionswerk Limburg sind die Maschinen in Weiß gehalten – damit sich das Material auch gut von der Maschine unterscheide und die Augen geschont werden. Gabelstapler, Kräne und andere bewegliche Geräte sind rot bis orange – also in Sicherheitsfarben: Mahnung zur Vorsicht. Unbewegliche Gegenstände sind blau – Ausdruck von Ruhe, Statik und Kühle. In der Halle dominieren schwungvolle Formen vor den eckigen, weil Rundes, Weiches, formen-psychologisch betrachtet, Männer stimuliert. Und sie dominieren schließlich zahlenmäßig eindeutig an diesem Arbeitsplatz.

Tetra Pak ein Sponsor von Kunst und Kultur? Sicherlich! Doch mit der eindeutigen Zielsetzung der Kommunikation, nach innen eine „funktionale Verwandtschaft" zwischen Kunst und Produkt herzustellen und einen Geist im Unternehmen selbst zu schaffen, der von „Harmonie und Ästhetik" bestimmt ist.

Messe Frankfurt:
Eine neue „Optik" als Ausdruck einer zeitgemäßen „Unternehmenspersönlichkeit"

Anfang der achtziger Jahre wurde das Ziel formuliert: Mit den Augen den Messeplatz Frankfurt erfahren und lernen, unverzüglich Messe-Transparenz gewinnen, und zwar durch augenscheinliche Bildstrukturen. Die Messe hat sich dazu ein neues visuelles Erscheinungsbild geschaffen, von dem die Messeleitung glaubt, daß es wohl mehr sei als nur ein Firmensignet, mehr auch als das, was gewöhnlich unter Corporate Design verstanden wird: Die neue Optik der Messe als Ausdruck einer gereiften Unternehmenspersönlichkeit.

Diese neue Identität, das sind die Bauten – vor allem Torhaus und Galleria. Architekt Professor Oswald Matthias Ungers schreibt zur Galleria: „Die Halle 9 und die Galleria bilden im Gesamtensemble der Messebau-

ten den westlichen Eingang zum Messegelände. Sie symbolisieren durch ihre Lage zugleich das Eingangstor zur Stadt. Diese einmalige städtebauliche Situation machte es notwendig, für die äußere Gestaltung eine ausdrucksvolle und signifikante architektonische Sprache zu finden."

Im Material und äußeren Erscheinungsbild passen sich die neuen Bauten der Frankfurter Festhalle an. Die Galleria verbindet Halle 9 und Halle 5 und wurde als ein Art „Kontakthof" für die Begegnung zwischen Messebesuchern und Öffentlichkeit konzipiert. Eine 120 Meter lange freigespannte, tonnenförmige Stabwerkkonstruktion aus Holz überspannt die Galleria. Vergleichbar in der funktionalen Komplexität etwa dem „blue wale" in Los Angeles und der „Galleria Vittorio Emmanuele" in Mailand.

Gesucht waren neben den prägnanten Formen, die sich einprägen, auch Farben mit Signalwirkung, dann deutliche Bildsymbole und knappe Wortzurufe in der vertrauten Sprache. Erscheinungsbild und Leitsystem des Messeplatzes in einer harmonischen Einheit. Dazu ließ sich die Messe ein neues Signet entwerfen. Das Quadrat. Die Farben Rot, Blau, Ocker und Grau sind die ordnenden Grundelemente, ergänzt durch eine einfache, zeitlose Typographie. Zur neuen Architektur eine neue, lebendige und leicht lesbare Zeichensprache des dreidimensionalen Frankfurter Geländedesigns, geschaffen für das internationale Publikum. Ein System, das den Besucher bereits bei seiner Ankunft in der Stadt empfängt und ihn sicher zu seinem Ziel in der Messe leitet.

Ein hoher Anspruch, der mit einigen wenigen optischen Signalen zu erfüllen war. Diese Aufgabe wurde gemeinsam von drei international re-

---

Links: Galleria, Architekt: Oswald Matthias Ungers. Unten: Signet als Bestandteil des visuellen Erscheinungsbildes. Gestalter: Walter Landor.

nommierten Designern gelöst: Walter Landor aus San Francisco entwickelte die Idee des visuellen Erscheinungsbildes. Die optische Gestaltung des Messeplatzes übernahmen Professor Anton Stankowski und Karl Duschek, deren Design-Atelier bereits bei den Olympischen Spielen 1972 in München die Zeichen setzte.

Michael Peters, Generalbevollmächtigter der Messe Frankfurt, sprach anläßlich der 11. Transfer-Tagung der deutschen Werbewissenschaftlichen Gesellschaft über das Identitätskonzept („Markenartikel" 4/1988). Dabei beschäftigte sich Peters auch mit den Kommunikationszielen, die durch das neue Erscheinungsbild anvisiert werden. Das „Produkt Messe", gleichgültig ob es an einen Besucher oder Aussteller weiterge-

geben werde, argumentierte Peters, sei stark erklärungsbedürftig und die Kommunikation in den meisten Fällen mit erheblichen Kosten verbunden. Für die Messe ist das Gelände zweitwichtigster Corporate Identity-Faktor (neben den Mitarbeitern). Es versteht sich laut Peters als Einheit, als Stadt in der Stadt, ein „Gesamtkunstwerk", zusammengesetzt aus verschiedenen Bereichen der Architektur, des urbanen Designs bis hin zur Beschilderung sowie der Integration von Kunstwerken

---

Kunst im Messe-Gelände. Links: „Colour Tower". Künstler Donna Born, USA. Dahinter das Torhaus. Architekt Oswald Matthias Ungers. Unten: „Mensch-Tor-Eingang". Künstler Kazuo Katarse, Japan.

und Erholungsfaktoren im öffentlichen Raum. Letztendliches Ziel: Verbesserung der physischen und psychischen Fitneß bei den Gästen auf dem Gelände – also Wohlbefinden.

Die Konzeption der Messe Frankfurt ist in mehrfacher Hinsicht bemerkenswert. Zunächst einmal geht sie weit über das hinaus, was man hierzulande von Messe-Veranstaltern kennt weil sie Architektur, grafisches Design und die Gestaltung des Freigeländes zu einem Gesamt-Erscheinungsbild von hoher Qualität zusammenfügt.

Dazu mußten Voraussetzungen geschaffen werden; mußte erkannt werden, daß sich Messestädte in gesättigten Märkten durch die Messeeinrichtungen und Service-Leistungen allein nicht mehr gegenüber den

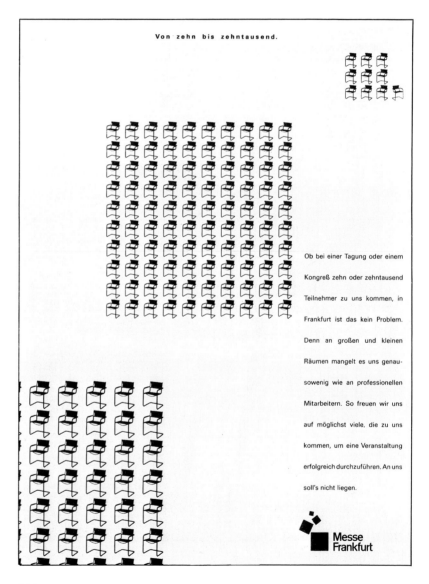

Wettbewerbern abgrenzen können; mußte Mut und Überzeugungskraft gegeben sein, um für die anspruchsvollen Aufgaben nur die besten Architekten, Designer und Künstler beauftragen zu können; mußte eine Kommune erkennen, daß diese Qualität zwar höhere Investitionen erforderlich macht, diese sich langfristig jedoch auszahlen.

Die Messe Frankfurt ein Sponsor? Sicherlich auch das. Nicht nur, weil Kunst einen wichtigen Platz im Freigelände bekam, sondern auch weil man sich für eine zeichensetzende Architektur, für ein außergewöhnliches grafisches Design entschied, wo doch die meisten Wettbewerber mit problemloser Fertigteil-Architektur und hausgemachter Grafik auszukommen glauben.

Die Messe Frankfurt ein Sponsor

Links: Institutionelle Anzeige. Graphische Qualität und Konsequenz in der Anwendung des Erscheinungsbildes.

Zeitgenössische Kunst in der Deutschen Bank:
Kunst-Reise durch 55 Stockwerke

Von „selbstverordneten Spitzenleistungen des Mäzenatentums" schrieb Petra Kipphoff in der Hamburger Wochenzeitschrift „Die Zeit" (18. März 1988). Und auch Gert Gliewe in der Münchner AZ verteilte Lob, „eine phänomenale Sammlung". Im Auftrag der Kunstzeitschrift „Wolkenkratzer Art Journal" (3/87 Mai-Juni) unternahm Angelika Overath eine ausgiebige Lift-Reise durch die Kunst-Etagen des dunkel-gläsernen Doppelturmes, Taunusanlage 12, in Frankfurt. Für diese Spiegeltürme hat die Deutsche Bank innerhalb von drei Jahren etwa 1500 Arbeiten deutscher Künstler gekauft und sie über 55 Stockwerke verteilt. Die Zentrale der Deutschen Bank, ein Museum der deutschen Nachkriegskunst. Knapp drei Jahre hat es gedauert, bis diese Sammlung zusam-

Die Zentrale der Deutschen Bank, ein Museum der deutschen Nachkriegskunst

mengetragen war. Auch „Capital" beschäftigte sich in seiner Ausgabe vom November 1985 ausführlich mit dem Kunstbesitz des Geldinstitutes. Autor Heiner Stachelhaus mutmaßte, daß die Deutsche Bank mit und in ihren beiden Spiegeltürmen im Frankfurter Westend nicht nur zeigen wolle, wer im Reich der Finanzen herrsche, sondern auch von dem Ehrgeiz getrieben sei, zu demonstrieren, daß sie kulturell ebenfalls an der Spitze liege.

Allerdings wird diese Kunst nicht der Öffentlichkeit gezeigt. Und so ist es zunächst einleuchtend, daß die Deutsche Bank ihr Unternehmen nicht „Sponsoring" nennt, sondern von „Kunst am Arbeitsplatz" spricht.

Quasi als eine Art Wappen, als ein Symbol für Verläßlichkeit, Beständigkeit hat sie sich eine Granit-Schleife vors neue Haus gestellt. Sie trägt den beziehungsvollen Namen „Kontinuität". Ein Endlos-Band, geschlagen, gesägt aus einem einzigen Granit-Block. Rekonstruktion jener Raumschleife, die der Schweizer Künstler Max Bill 1947 am Zürichsee aufstellte und die ein Jahr später von Gegnern seiner Kunst zerschlagen wurde.

Auch wenn diese Sammlung vor allem den zweitausend Mitarbeitern des Hauses gewidmet ist – hin und wieder verlassen ausgewählte Stücke ihren Standort. Im Frühjahr 1988 waren 275 Arbeiten im Münchner „A 11 – Artforum Thomas" zu sehen. Eine Auswahl von Baselitz bis Darboven

Kunst am Arbeitsplatz

Zeitgenössische Kunst in der Deutschen Bank

40

216

und Richter bis Fetting. Der Galerist Thomas hatte die Bilder für diese eindrucksstarke Schau selbst bei der Deutschen Bank ausgewählt. Mit jener Ausstellung befaßte sich auch Gabi Czöppa in der Zeitschrift „Galerie". Zuerst einmal allerdings, so schrieb sie, könnten sich die Mitarbeiter der Deutschen Bank glücklich schätzen, daß ihnen „der tägliche Arbeitstrott von modernsten Kunstblättern über'm Arbeitstisch" versüßt werde. Gabi Czöppa sieht in den Papierarbeiten der Sammlung allerdings auch „Wert-Papiere".

Die Idee zu dieser Ausstellung hatte der Galerist Raimund Thomas. Er traf auch die Auswahl.

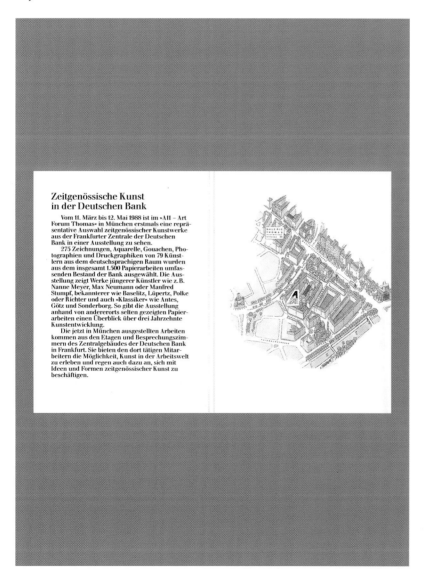

Ihre Begründung: „Auf dem Kunstmarkt steht der Index von Künstlern wie Joseph Beuys, Georg Baselitz, Anselm Kiefer, Sigmar Polke, Gerhard Richter und Arnulf Rainer auf rapide ansteigendem Kurs.

Und selbst mit Aufsteigern wie Siegfried Anzinger, Olaf Metzel oder Thomas Schütte, kann man sich kaum verkalkulieren." Schließlich stehe der Deutschen Bank ja auch ein kompetentes Beraterteam zur Verfügung. Nämlich Peter Beye (Staatsgalerie Stuttgart), Klaus Gallwitz (Städel Frankfurt) sowie der Düsseldorfer Kunsthändler Wolfgang Wittrock. Drei Experten der deutschen Kunstszene. Ein gutes Beispiel dafür, daß Wirtschaftsunternehmen gut beraten sind, nicht selbst mit den Künstlern zu verhandeln, sondern dies Berufeneren zu überlassen.

Leitgedanke sei die Verbindung von Kunstwerken und Menschen gewesen

Über die Grundidee der Sammlung schreibt Klaus Gallwitz in einer 40-Seiten-Broschüre des Hauses: Leitgedanke sei die Verbindung von Kunstwerken und Menschen gewesen, eben die Einbeziehung der zeitgenössischen Kunst in die Arbeitswelt. Erklärte Absicht war es auch, für die meisten Etagen der beiden Türme jeweils einen Künstler mit einer Gruppe von 12 bis 15 Arbeiten auszuwählen. Diese Arbeiten sollen Einblick in die Leistung und das besondere Anliegen des Künstlers vermitteln. Das Kriterium „junge Künstler" kam hinzu, und schließlich sollten die Preisträger der Villa Romana in Florenz berücksichtigt werden; Künstler, die über das Engagement des Mäzens Deutsche Bank einen einjährigen Studienaufenthalt in der traditionsreichen Künstlervilla verbringen konnten. Als „Lehrer und Anreger der jüngsten Generation" kamen weiterhin Werke der wichtigsten Vertreter der Nachkriegskunst, speziell der sechziger und siebziger Jahre hinzu.

Wie Gallwitz für die Experten der Deutschen Bank formuliert, soll die Auswahl der Arbeiten in den Doppeltürmen einen Überblick über rund drei Jahrzehnte der Kunst in der Bundesrepublik geben. Ziel des Sponsors ist es, sowohl bei den Mitarbeitern als auch bei den Besuchern und Gästen des Hauses „Verständnis für die Ausdrucksformen und Inhalte moderner Kunst" zu wecken. Die Kunst dieser Ära nehme nun einmal auf vielfältige Weise an unserem Leben teil und gebe mit ihren Mitteln auch eigene Antworten. Kunst trage aber auch dazu bei, unsere tägliche Umgebung allein durch ihre Anwesenheit zu erweitern. Gallwitz abschließend: „Im Neubau Taunusanlage der Deutschen Bank ist auf diese Weise die Arbeitswelt in die breiten kulturellen Strömungen unserer Zeit einbezogen."

Zu einem Museum wollten die Planer die Doppeltürme allerdings auch nicht machen. Ein Arbeitsplatz sollte dies schon sein, ein „Ort der unterschiedlichsten Arbeitsabläufe, bei denen Papier nach wie vor eine wichtige Rolle spielt".

Deshalb also Papier-Arbeiten. Papier, jenes Medium, das den meisten Mitarbeitern des Hauses bestens vertraut ist. So umfaßt die Sammlung folglich Werke mit und auf Papier: Zeichnungen, Druckgrafiken, Fotografien, Collagen, Aquarelle, Gouachen sowie einige Mischformen diverser Techniken.

Zu den Kriterien bei der Auswahl der Künstler: Es sollten vor allem jene sein, die – mit wenigen Ausnahmen – hierzulande leben und arbeiten. Auch der Standort Frankfurt war für die Auswahl mitentscheidend. Die Deutsche Bank wollte damit die oft schwierigen Bedingungen berücksichtigen, unter denen Künstler im Bereich der Mainmetropole arbeiten müssen.

Die Kunst bestimmt also die Atmosphäre in jeder Etage. Und da jedes dieser Stockwerke einem anderen Künstler gewidmet ist, hat auch jedes Stockwerk sein eigenes Temperament.

In einem mehr als dreihundert Seiten starken Bildband („Zeitgenössische Kunst in der Deutschen Bank") berichtet das Unternehmen über die Verwirklichung des Konzepts, das, wie Vorstandsmitglied Dr. Herbert Zapp formuliert, „die innere Struktur der Anfang 1985 fertiggestellten Türme in Frankfurt mitgeprägt hat". Zapp beschäftigt sich auch mit dem Verhältnis der Bank-Mitarbeiter zur Kunst im Hause. Es sei dem Vorstand und den Beratern von Anfang an klar gewesen, daß dieser Versuch der Integration von Kunst- und Arbeitswelt nicht nur positive Reaktionen auslösen würde. Um dieses Verhältnis zu verbessern, gab es Begegnungen, Diskussionen zwischen den Mitarbeitern, den Künstlern, den Galeristen. Die Bank informierte, richtete eine Kunstbibliothek ein und stellte unweit der Aufzüge in jedem Stockwerk eine Tafel mit den wichtigsten Daten jenes Künstlers auf, dessen Arbeiten dort zu sehen sind. Vorbehalte seien durch diese Form der Information verringert und das Kunst-Verständnis verbreitert worden.

Der Katalog ist – der besseren Übersicht wegen – alphabetisch geordnet. Ein Stockwerksverzeichnis gibt jedoch Hinweise, wo die Werke der einzelnen Künstler zu finden sind. Neben den Feldern mit den Etagenziffern stehen auch nicht, wie sonst üblich, die verschiedenen Abteilungen, sondern lediglich die Namen der Künstler. Wer in den Fahrstuhl steigt, wählt mit dem Stockwerk die Etage des Künstlers, dessen Werke dort zu finden sind.

Die Deutsche Bank schlug den Mitarbeitern vor, sich aus dem Fundus nach eigenem Geschmack Bilder für ihre Arbeitsräume auszuleihen. Von dieser Möglichkeit wird zunehmend Gebrauch gemacht. Hierbei handelt es sich vor allem um Arbeiten jüngerer Künstler, die aus Platzgründen nicht in den Etagen aufgehängt werden konnten, vornehmlich Druckgrafik.

Gallwitz empfiehlt Besuchern eine Kunst-Wanderung durchs Hochhaus, und zwar von oben nach unten – durch 40 Jahre künstlerischen Schaffens im Nachkriegsdeutschland, „eine Durchquerung von Geschichte und Erfahrung, an der wir bis zum heutigen Tage teilhaben". Was kundigen Besuchern dabei auch auffällt, ist, daß viele der Bilder vor neutral-weißem Hintergrund besser zur Geltung kämen als vor den holzgetäfelten Wänden. Das zeigt wohl auch, daß die Idee der Kunstsammlung erst entstand, als die Innenarchitektur der Türme schon festgelegt war. Sonst hätten die Architekten Kunst und Kultur wahrscheinlich harmonischer aufeinander abgestimmt.

Die Dresdner Bank und das Prinzregenten-Theater in München

Die Ausgangssituation

Die Dresdner Bank und
das Prinzregenten-Theater

Das Echo

Die Zukunft

Diskreter Hinweis auf Seite vier, rechts unten: „Gefördert von der Dresdner Bank." Zurückhaltung ist angesagt, dabei war die Dresdner ganz weit mit vorn, als es darum ging, die Wiedereröffnung des Prinzregenten-Theaters im Münchner Stadtteil Bogenhausen möglich zu machen. Ein weiterer Hinweis auf Wirken und Bedeutung des Geldinstitutes bei diesem Ereignis befindet sich auf dem Buchrücken der Festdokumentation. Kein Name, nur das Zeichen der Dresdner, das stilisierte Dreieck. Der diskrete Charme des stilsicheren Kultur-Sponsors. Sicherer Umgang mit den Gesetzmäßigkeiten dieses Genres. Kultursponsoring, das Fördern der schönen und bildenden Künste, hat bei der Dresdner Bank Tradition. Dabei ist die Wiedereröffnung des Prinzregenten-Theaters gar nicht einmal typisch für die Engagements. Die Dresdner Bank hat im Bereich der Kultur, wie auch beim Sponsoring des Sports, klare konzeptionelle Richtlinien. Gefördert wird vor allem die Zukunft der Jugend. Eine Idee, die in der Jürgen Ponto-Stiftung fest verankert ist. Ein aktuelles Beispiel dafür: der Carl Maria von Weber-Wettbewerb der Hochschule für Musik in München. Untertitel: „Förderpreis der Dresdner Bank." Vom 18. bis 20. Dezember 1987 wurde dieser Preis für das Fach Fagott vergeben. Zum Ehrenkomitee zählten Leonard Bernstein, Sergio Celibidache und Wolfgang Sawallisch, um drei klangvolle Namen hervorzuheben. Dies nur als Beispiel für ein typisch jugend- und nachwuchsorientiertes Engagement der Dresdner Bank.

Grundsätzlich sind die Niederlassungen des Institutes weitgehend autonom, können vor Ort selbst entscheiden, wie sie ihre Budgets einsetzen. Die Anteile von klassischer Werbung im Vergleich zu anderen Kommunikationsmaßnahmen, wie z.B. Kultursponsoring, lagen 1987 für die Münchner Niederlassung bei einer Relation von zwei Dritteln zu einem Drittel.

Die Ausgangssituation

Schon vor Jahren wurde bei der Dresdner Bank in München damit begonnen, die Filialen als Ausstellungsräume einzurichten, ausgestattet mit Kunstobjekten oder geschichtsträchtigen Dekors aus Museumsbesitz. Niveauvolles Ambiente für Kunden und Besucher. Die Dresdner Bank möchte damit auch Schwellenängste nehmen, möchte aber auch auf kulturelle Themen hinweisen und darüber hinaus zu einem Schrittmacher für die Museen werden, möchte ihre Kunden zu einem Besuch anregen. Durch ständigen Austausch mit den Museen entwickelte sich ein intensiver Kontakt. Dort begann man das Engagement der Bank in Sachen Kultur zu schätzen. Die Banker bewiesen, daß sie nicht nur etwas von Kunst und Kultur verstehen, sondern auch damit umgehen können. Museen kamen schließlich auf die Bank zu und baten, wenn es notwendig war, um Hilfe. Mehr und mehr setzte sich dort die Überzeugung durch, daß es für ein Museum notwendig ist, sich in der Öffentlichkeit besser darzustellen, sich auch in den eigenen Räumlichkeiten attraktiver zu präsentieren. Dabei konnte die Bank, erfahren in der Öffentlichkeits-

Kultursponsring hat bei der Dresdner Bank Tradition

Die Banker bewiesen, daß sie nicht nur etwas von Kunst und Kultur verstehen, sondern auch damit umgehen können

arbeit, den Museen helfen. Beispiele solch gelungener Zusammenarbeit gibt es reichlich. Etwa die Kooperation mit der Prähistorischen Sammlung in München oder mit dem Völkerkunde-Museum, im Zusammenhang mit der großen Jemen-Ausstellung.

In ihrem Selbstverständnis als Sponsor sieht sich die Dresdner Bank nicht nur als Geldgeber und Image-Empfänger, sie identifiziert sich mit den Projekten und stellt deshalb gern ihr eigenes Know-How zur Verfügung. Speziell in der Werbung und Öffentlichkeitsarbeit gibt sie personelle Hilfen, um ein Engagement zum Erfolg zu führen. Bestes Beispiel dafür sind die gebündelten Aktivitäten im Zusammenhang mit der Wiedereröffnung des Prinzregenten-Theaters.

DAS NEUE PRINZREGENTEN THEATER

Offizielle Festdokumentation anläßlich der Wiedereröffnung. München, 9. Januar 1988

Die Dresdner Bank und das Prinzregenten-Theater

Auch wenn die Bank deutlich sichtbar an den Aktivitäten der Festwochen beteiligt war, so liegen die Verdienste des Sponsors doch vor allem in der Vorbereitungsphase dieses Ereignisses – und diese Phase dauerte immerhin vier Jahre.

Die Fest-dokumentation entstand unter Mithilfe des Bank-Insitutes

Die Festdokumentation entstand unter Mithilfe des Bank-Institutes, die Hinweise auf diese „federführende" Aufgabe sind diskret. Es wird die Geschichte des Prinzregenten-Theaters aufgerollt, es wird beschrieben, wie es zur Wiedereröffnung kam und es gibt Perspektiven auf die Zukunft. Und alle, die als Förderer an dieser Wiedereröffnung beteiligt waren, finden sich auf den Innenseiten der Dokumentation alphabetisch aufgelistet. Von „A" wie „Abendzeitung" bis „Z" wie „Zollitsch, Erika".

Die Dokumentation mit Kapiteln über die architektonischen Aspekte, den Gedanken der Denkmalpflege sowie die besondere Akustik des Hauses ist die Geschichte einer Bürgerinitiative: die Geschichte des neuen Prinzregenten-Theaters. Limitiert die Auflage, 280 Seiten, ein Preis von 29 Mark und erhältlich in den Geschäftsstellen der Dresdner Bank, zumindest solange der Vorrat reichte.

Die Spendenaktion: Dazu entwarf die Designerin Petra Moll eine Kollektion von Krügen und Tassen. Sie trugen die Motive „Prinzregenten-Theater", „Nationaltheater", „Staatstheater am Gärtnerplatz" und „Brunnenhof der Residenz/Cuvilliéstheater".

Zusammen mit der Höchster Prozellanmanufaktur wurde auch eine rechteckige Schatulle herausgegeben. Verkaufspreis 70 Mark. Alle diese Stücke waren durch die Bank mitinitiiert worden und wurden den Kunden in den Filialen der Bank angeboten.

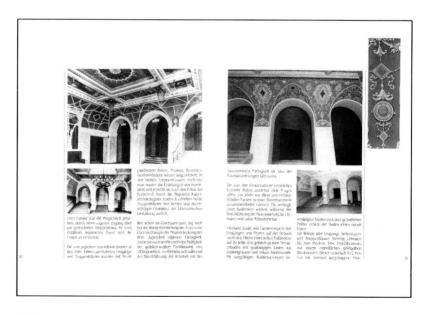

Während der Festwochen, vom 9. bis 24. Januar 1988, bot die Dresdner auch ein offizielles Plakat an, und zwar zum Preis von zehn Mark. Der Entwurf stammte von Ron Imelauer aus München.

Gemeinsam mit der Generalintendanz der Bayerischen Staatstheater wurde für die Hochschulen und Fachhochschulen der gesamten Bundesrepublik ein Plakatwettbewerb abgewickelt. Es gab über 150 Entwürfe. Der erste Preis (Fritz Dommeln, Betheln) war immerhin mit 15 000 Mark dotiert. Die besten Entwürfe wurden dann auch zwischen dem 8. und 29. Januar in der Geschäftsstelle am Prinzregentenplatz, gleich gegenüber dem Theater, ausgestellt.

Das Echo

Diese Wiedereröffnung war das Kulturereignis des Winters 1987/88 mit einer bundesweiten TV-Übertragung. Obwohl die Dresdner Bank – abgesehen von dezenten Hinweisen – sich ganz bewußt zurückgehalten hatte, wurde das Engagement doch allgemein wahrgenommen. Die Intendanz nannte selbstverständlich den Hauptakteur bei dieser Bürgerinitiative für das Prinzregenten-Theater, und auch den Bankkunden blieb diese Kooperation zwischen Geldwirtschaft und Kultur nicht verborgen. Die Bank verbuchte einen beachtlichen „Sympathiebonus".

Links: Doppelseite aus der aufwendig illustrierten Festschrift. Sie wäre in dieser Qualität ohne den Sponsor nicht zu realisieren gewesen. Unten: Anzeige mit Angebot für den Bezug der Festschrift.

Die Zukunft

Nach diesem Engagement beschäftigt sich die Dresdner mit neuen Projekten. Zusammen mit der Prähistorischen Sammlung bereitete man eine Ausstellung des Echnathon-Grabmals vor, wobei das Ausstellungsstück nach den Plänen in einer Art gläsernem Schneewittchen-Sarg dem Publikum gezeigt werden soll.

Erwähnt werden muß auch ein kleineres Projekt. Für befreundete Museen arbeiten Innenarchitekten an einem speziellen Plexiglastisch, der eine perfekte Präsentation des aktuellen Katalogs und Broschüren aller umliegenden Museen ermöglichen soll.

Ein Mini-Projekt, sicherlich, aber doch symptomatisch für konsequent verstandenes Sponsoring, das über die Funktion eines Geldgebers weit hinausgeht.

Bayer:
Philanthrop, Förderer, aber kein Sponsor

Die Geschichte
der Kulturarbeit bei Bayer,
die sich von der
Volksbildungsarbeit der
Jahrhundertwende bis zum
Kultur-Management
der Gegenwart spannt,
wird in einem Buch vorgestellt:

**Kulturarbeit
bei Bayer**

Eine Dokumentation

Kultur
Abteilung

Bayer

KULTUR
ABTEILUNG
BAYER
LEVERKUSEN
1907-1987
80 JAHRE

*Bayer macht auch
Ausstellungen
wichtiger Künstler
in Leverkusen
möglich*

Schon lange vor dem Ersten Weltkrieg beschäftigte sich das prosperie-
rende Unternehmen mit der Kultur. Seit 1907 organisiert eine Kulturabteilung das kulturelle Leben bei Bayer und in der Stadt Leverkusen.
Dem Werk ist es wohl vor allem zu danken, wenn in Leverkusen häufig
international renommierte Orchester zu Gast sind, dazu Dirigenten, Solisten, Ballett- und Theatergruppen. Und Bayer macht auch Ausstellungen wichtiger Künstler und Strömungen in Leverkusen möglich.
Begonnen hat der „Bayer-Kulturbetrieb" in Kaiserzeiten mit den sogenannten „Musischen Werksvereinen". Erinnert sei in diesem Zusam-

Industrie und Kultur
„Die Kulturabteilung Bayer"

80 Jahre Kultur für Leverkusen

Geschichte
Am 25. August 1988 feiert die Bayer AG, eines der größten Chemieunter-
nehmen der Welt, ihren 125. Geburtstag. In Wuppertal 1863 gegründet, ist das
Unternehmen seit 1895 in Leverkusen-Wiesdorf, 15 km nördlich von Köln,
ansässig.
Seit 1907 organisiert die Kulturabteilung das kulturelle Leben des Unternehmens und der Stadt: Internationale Gastspiele der renommiertesten Orchester,
Dirigenten, Solisten, berühmter Ballett- und Theatergruppen, Ausstellungen
wichtiger Künstler und Strömungen des In- und Auslandes.
Bis zum Jahre 1969 fand der allergrößte Teil der Veranstaltungen im „Erholungs-
haus" statt, einem unternehmenseigenen Theater-, Konzert- und Festsaal mit
ca. 1000 Plätzen. Seit 1969 wird auch der städtische Festsaal, das „Forum", bei
größeren Produktionen benutzt.
Die Stadt Leverkusen hat heute 156.000 Einwohner, die Bayer AG beschäftigt in
Leverkusen ca. 40.000 Mitarbeiter, weitere 10.000 in der näheren Umgebung
(Dormagen), weltweit über 170.000.

Aktivitäten
In der Saison zwischen Oktober und Mai organisiert die Kulturabteilung mehr
als 100 Veranstaltungen für Bayer-Angestellte, die Bevölkerung Leverkusens
und der Region:
16 Sinfoniekonzerte internationaler Orchester, Dirigenten und Solisten
18 Kammermusikkonzerte renommierter Ensembles und Solisten
5 Ballettgastspiele internationaler Kompanien aus Europa und Übersee
5 Opernaufführungen der Opernhäuser Köln, Bonn und Düsseldorf
20 Theatergastspiele der bedeutendsten deutschsprachigen Theater sowie
vermehrt ausländischer Ensembles

15 Veranstaltungen „Bunte Reihe" (Boulevardtheater, Show, Chanson, Musik)
6 Kinder- und Jugendtheater-Veranstaltungen
7 Abende mit Lesungen, Chanson, Pantomime
8 internationale Kunstausstellungen
5 Kulturreisen (Musik, Kunst, Festivals)

Die künstlerische Spielplangestaltung der Kulturabteilung setzt in der Spielzeit
bestimmte Ziele und Schwerpunkte; so wird für 1989/90 französische Musik,
Kunst, Theater spielplanbestimmend sein, womit dem „Bicentenaire 1789"
Rechnung getragen wird.

Zusätzlich organisiert die Kulturabteilung einzelne Projekte und Veranstaltun-
gen wie Musikseminare, Jazzabende, Projekte mit Künstlern, Laien, Schulen,
Weiterbildungs- und Sozialeinrichtungen des Unternehmens, der Stadt und der
Region.

Außerdem betreut die Kulturabteilung die Musischen Werksvereine, deren
künstlerisches Engagement für die Bayer AG von großer Bedeutung ist:
1 Sinfonieorchester (die Bayer-Philharmoniker), 2 Chöre (Frauen- und Männer-
chor), 1 Mandolinenorchester, 1 Big Band, 1 Blasorchester, 1 Akkordeonorchester,
1 Tanzgruppe (klassisch/modern), 1 Theatergruppe (,,das kleine theater")
Fast alle treten neben ihrer Tätigkeit in Leverkusen regelmäßig mit großem
Erfolg im In- und Ausland auf.

In der Kulturabteilung sind 13 Personen beschäftigt:
ein Leiter, fünf Sachbearbeiter für die Sparten Musik, Theater, Ballett/Tanz,
Kunst, Reisen und Lokale Projekte, sieben für Administration, Abonnements,
Sekretariat und Künstlerbetreuung.

228

menhang an jene legendären elf Bläser, die sich 1900 zusammenfanden, um miteinander Musik zu machen. Ein Jahr später gab es bereits einen Orchesterverein, aus dem später das Bayer Blasorchester hervorging. Ein Streichorchester kam 1904 hinzu, aus dem sich das spätere Philharmonische Werksorchester entwickelte, heute „Bayer Philharmoniker" genannt. Es gab Männergesangvereine, auch einen „Fortbildungsverein" und eine „Dramatische Vereinigung", aus der „das kleine theater –

Werksorchester

Links: Bericht der Bayer-Kultur-Abteilung über 80 Jahre Kultur-Arbeit.
Unten: Auflistung der Höhepunkte in 80 Jahren.

1907/08–1987/88   Die wichtigsten Orchester, Dirigenten, Solisten, Sänger, Theater- und Ballettgruppen, Schauspieler und Ausstellungen, die während dieser 80 Jahre von der Kulturabteilung Bayer eingeladen wurden.

ORCHESTER   Kölner Kammerorchester   Münchner Philharmoniker   Royal Philharmonic Orchestra London   Tschechische Nationalphilharmonie   Hallé Orchester Manchester   Academy of St. Martin-in-the-Fields   Gächinger Kantorei   Münchner Bach Orchester   Wiener Symphoniker   Moskauer Philharmoniker   Cleveland Orchestra   Leningrader Philharmoniker   New Philharmonic Orchestra London   Orchestre de la Suisse Romande   Bamberger Symphoniker   Warschauer Nationalphilharmonie   Bayerisches Staatsorchester   Tonhalle Orchester Zürich   Bayer-Philharmoniker   Sinfonieorchester des Westdeutschen Rundfunks   Accademia di Santa Cecilia Rom   English Chamber Orchestra London   Moskauer Kammerorchester   Zürcher Kammerorchester   The London Sinfonietta   London Chamber Symphony   Budapester Philharmoniker   Helsinki Philharmonic   Academy of Ancient Music   Musica antiqua Köln   Rotterdamer Philharmoniker   Chamber Orchestra of Europe   Mozarteumorchester Salzburg   La Grande Ecurie et la Chambre du Roy   Orchestre de l'Opéra de Lyon …

DIRIGENTEN   Hermann Abendroth   Joseph Keilberth   Erich Kraack   Hans Pfitzner   Paul Hindemith   Ferenc Fricsay   Sergiu Celibidache   Rudolf Kempe   Václav Neumann   John Barbirolli   Eugen Jochum   Lorin Maazel   Carlo Maria Giulini   Riccardo Muti   Jewgenij Swetlanow   Karl Richter   Nikolaus Harnoncourt   Hellmuth Rilling   Neville Marriner   Charles Dutoit   Wolfgang Sawallisch   Jean-François Paillard   Gennadiy Roshdestwenskyj   Riccardo Chailly   John Eliot Gardiner   Gary Bertini   James Conlon   Jean-Claude Malgoire   Hans Graf   Rainer Koch   Okku Kamu   Christopher Hogwood   Hans-Martin Schneidt   Wolfgang Gönnenwein …

KAMMERMUSIK   Busch-Quartett   Guarneri-Quartett   Wiener Streichquartett   Prisca-Quartett Köln   Van Essen-Quartett   Kökkert-Quartett Bamberg   Végh-Quartett   Boccherini-Quintett   Smetana-Quartett Prag   Borodin-Quartett Moskau   Janáček-Quartett Prag   Amadeus-Quartett London   Deller-Consort   Fine Arts Quartet   Mozarteum-Quartett Salzburg   Melos-Quartett Stuttgart   I Musici di Roma   LaSalle-Quartett Cincinatti   Bartók-Quartett Budapest   Julliard String Quartet New York   Beaux-Arts-Trio New York   Alban Berg Quartett Wien   Clemencic Consort Wien   Basel-Ensemble   Tokyo String Quartet   Odeon-Trio München   Cherubini-Quartett Düsseldorf   Philarmonisches Oktett Berlin   Haydn-Trio Wien   Emerson String Quartet New York   Amati Quartett Zürich   Buchberger-Quartett Frankfurt   Orlando-Quartett Hilversum   Kronos Quartet USA   Chanticleer Ensemble San Francisco …

SOLISTEN   Elly Ney   Edwin Fischer   Shura Cherkassky   Pierre Fournier   Clara Haskil   Alfons + Aloys Kontarsky   Friedrich Gulda   Wilhelm Kempf   Alfred Cortot   Claudio Arrau   Bruno Leonardo Gelber   Benjamin Britten   Swjatoslav Richter   Christoph Eschenbach   Nelson Freire   Martha Argerich   Justus Frantz   Pierre Barbizet   Alfred Brendel   Emil Gilels   Alexis Weissenberg   Rudolf Buchbinder   Dmitris Sgouros   Homero Francesch   András Schiff   Dinorah Varsi   Christian Zacharias   Oleg Maisenberg   Vladimir Ashkenazy   André Watts   Tzimon Barto   Georg Kulenkampff   Edith Peinemann   Christian Ferras   Wolfgang Schneiderhan   Arthur Grumiaux   Henryk Szeryng   Saschko Gawriloff   Yehudi Menuhin   Nathan Milstein   Leonid Kogan   Gidon Kremer   Anne-Sophie Mutter   Ulf Hoelscher   Pierre Amoyal   Frank Peter Zimmermann   Igor Oistrach   Josef Suk   Dmitry Sitkovetsky   Enrico Mainardi   Ludwig Hoelscher   Paul Tortelier   Pierre Fournier   Jack Brymer   Angelica May   Jacqueline du Pré   Siegfried Palm   Andrés Segovia   Maurice André   Raymond André   Aurèle Nicolet   Yuri Bashmet   Kim Kashkashian   Mstislaw Rostropowitsch   Carole Dawn Reinhart   Irena Grafenauer   Martine Geliot   Hans Deinzer   Eliot Fisk   Ton Koopman   Elisabeth Leonskaja   Olli Mustonen   Shlomo Mintz   François-René Duchâble   Augustin Dumay   Jean-Bernard Pommier   Youri Egorov   Cyprien Katsaris …

SÄNGER   Helge Roswaenge   Peter Anders   Elisabeth Grümmer   Erna Berger   Dietrich Fischer-Dieskau   Anny Schlemm   Irmgard Seefried   Anneliese Rothenberger   Erika Köth   Martina Arroyo   Hermann Prey   Teresa Berganza   Edda Moser   Arléen Auger   Werner Hollweg   Felicia Weathers   Gérard Souzay   Hannelore Schlusnus   Karl Erb   René Kollo   Trudeliese Schmidt   Lucia Aliberti   Brigitte Fassbaender   Antony Rolfe-Johnson   Anne-Sophie von Otter …

BALLETT   Staatsopernballett Hamburg   Ballett der Deutschen Oper Berlin   Zürcher Ballett   Stuttgarter Ballett   Dance Theatre of Harlem   Ballet National de Marseille   Ballet de l'Opéra de Paris   Alwin Nikolais   Nederlands Dans Theater   Paul Taylor Dance Company   Merce Cunningham   Ballet du XXème Siècle-Bruxelles   Alvin Ailey American Dance Theater   Ballett Antonio Gades   Tokyo Ballett   Stockholm Ballett   Les Ballets de Monte Carlo   Murray Louis   Ballet Lar Lubovitch   Ballet du Grand Théâtre de Genève …

THEATER   Staatliche Bühnen Berlin   Schaubühne am Lehniner Platz Berlin   Renaissance Theater Berlin   Tribüne Berlin   Volksbühne Berlin DDR   Staatsschauspiel Dresden   Thalia Theater Hamburg   Bremer Theater   Bremer Shakespeare Company   Deutsches Theater Göttingen   Schauspielhaus Bochum   Theater an der Ruhr Mülheim   Düsseldorfer Schauspielhaus   Komödie Düsseldorf   Staatstheater Darmstadt   Schauspiel Frankfurt   Nationaltheater Mannheim   Kammerspiele München   Theater der Jugend München   Theater an der Josefstadt Wien   Burgtheater Wien   Teatro Piccolo Mailand   Teatr Nowy Poznań   The National Theatre Company of Bath England …

SCHAUSPIELER   Gustaf Gründgens   Bernhard Minetti   Josef Meinrad   Elisabeth Bergner   Curt Goetz   Ernst Deutsch   Valerie von Martens   Antje Weisgerber   Elisabeth Flickenschildt   René Deltgen   Hans Albers   Marianne Hoppe   Käthe Dorsch   Günther Lüders   Romuald Pekny   Edith Heerdegen   Albert Florath   Alfred Balthoff   Käthe Gold   Thomas Holtzmann   Theo Lingen   Maria Becker   Käthe Haack   Werner Krauss   Will Quadflieg   Maria Wimmer   Paul Dahlke   Hannelore Schroth   Ewald Balser   Paula Wessely   Nicole Heesters   Attila Hörbiger   O.E. Hasse   Dieter Borsche   Victor de Kowa   Helmuth Lohner   Maria Alex   Alfred Schieske   Karlheinz Böhm   Hans Lothar   Helene Thimig   Hanns Ernst Jäger   Lina Carstens   Klaus Maria Brandauer   Elisabeth Trissenaar   Robert Freytag   Libgart Schwarz   Inge Meysel   Gert Voss   Helmut Qualtinger   Helmut Käutner   Joachim Ansorge   Ida Ehre   Bruno Ganz   Heidemarie Hatheyer   Heribert Sasse   Ehmi Bessel   Peter Lühr   Wolf Redl   Edith Hancke   Werner Rehm   Otto Sander   Edith Clever   Paul Hoffmann   Hans Korte   Carl-Heinz Schroth   Boy Gobert   Werner Hinz   Jutta Lampe   Ulrich Wildgruber   Cornelia Froboess   Peter Simonischek   Manfred Zapatka   Helmut Griem   Barbara Nüsse   Carl Raddatz   Angela Winkler   Stefan Wigger   Ingrid Andree   Martin Held   Peter Franke   Ilse Ritter   Joachim Bliese   Tina Engel   Christiane Hörbiger   Erich Schellow   Berta Drews   Sabine Sinjen   Hilmar Thate   Ernst Schröder   Angelica Domröse   Peter Roggisch   Barbara Petritsch   Jochen Tovote   Branko Samarovski   Kirsten Dene   Ulrich Gebauer   Maria Schell   Klaus Schwarzkopf   Agnes Fink   Adolf Laimböck   Udo Samel   Elisabeth Schwarz   Traugott Buhre   Lore Brunner   Willi Schmidt   Wolfgang Hintze   Rolf Boysen   Lieselotte Rau   Ulrich Pleitgen   Katharina Thalbach   Christoph Bantzer   Walter Schmidinger   Peter Striebeck   Gilbert Bécaud   Marcel Marceau   Samy Molcho   Martin Benrath   Gisela Stein   Myriam Goldschmidt   Marianne Wünscher   Bernd Jeschek   Günther Junghans   Hans Christian Rudolph   Michael Altmann   Heinz Werner Kraehkamp   Veronika Bayer   Angela Schmid   Richard Münch   Friedrich Wilhelm Junge   Justus Fritzsche   Monika Hildebrand   Wolf Dietrich Sprenger   Christiane Lemm   Michel Dussarrat   Ute Lemper …

AUSSTELLUNGEN   Erich Heckel   James Ensor   George Grosz   Alfred Kubin   Ernst Ludwig Kirchner   Max Beckmann   Emil Nolde   Oskar Kokoschka   Marc Chagall   E.W. Nay   Friedensreich Hundertwasser   Max Ernst   Henri Laurens   Rosemarie Trockel   Salomé   Rainer Fetting   Elvira Bach   Thomas Lenk   Cy Twombly   Jean Dubuffet   Otto Müller   Joseph Beuys   Jannis Kounellis   Marino Marini   Volker Tannert   Friedrich Meckseper   Karl Schmidt-Rottluff   Hans Bellmer   Jean Rustin   Antonio Saura   Valerio Adami   Ulrike Rosenbach   Katharina Sieverding   Johannes Brus   Bernhard Blume   Rudolf Schoofs   Peter Nagel   Jan Peter Tripp   Otto-Herbert Hajek   Horst Antes   Dieter Asmus   Werner Strub   Boris Vansier   Pierre Case   Pablo Picasso   Hannsjörg Voth   Francisco de Goya   Oskar Schlemmer   Félix Vallotton …

Kulturabteilung der Bayer AG · D-5090 Leverkusen 1 · Gebäude W 12, Tel.: 0214-3 07 14 10, Telex: 85 103-0 by d

Werkbühne Bayer" hervorgegangen ist. Dieser kurze Blick zurück zeigt, daß bei Bayer in der Freizeit nicht nur Sport getrieben wurde.

Bedeutungsvoll war die Ära zwischen 1919 und 1934, als Bayer die ersten hochkarätigen Gastspiele in Leverkusen ermöglichte. Nach dem zweiten Weltkrieg, in den Jahren zwischen 1945 und 1972, gewann die Kulturarbeit des Unternehmens eine neue Dimension. Und die Ära von 1973 bis in die späten achtziger Jahre steht unter dem Slogan „Qualität und Quantität – die Entfaltung des modernen Kultur-Managements".

Entfaltung des modernen Kultur-Managements

In der sogenannten „Kultursaison", der Zeit zwischen Oktober und Mai, organisiert die Kulturabteilung mehr als 100 Veranstaltungen:

16 Sinfoniekonzerte internationaler Orchester, Dirigenten und Solisten;

18 Kammermusikkonzerte renommierter Ensembles und Solisten;

5 Ballettgastspiele internationaler Kompanien aus Europa und Übersee;

20 Theatergastspiele der bedeutendsten deutschsprachigen Theater sowie vermehrt auch ausländischer Ensembles;

15 Veranstaltungen unter dem Titel „Bunte Reihe" (Boulevardtheater, Show, Chanson, Musik);

6 Kinder- und Jugendtheater-Veranstaltungen;

7 Abende mit Lesungen, Chansons, Pantomime;

8 internationale Kunstausstellungen;

5 Kulturreisen (Musik, Kunst, Festivals).

Das Angebot zeigt: Bayer berücksichtigt die ganze Palette. Doch in jeder Spielzeit setzt die Kulturabteilung auch bestimmte Akzente; sie organisiert zusätzlich Einzelprojekte und Veranstaltungen wie Musikseminare, Jazzabende, Projekte mit Künstlern, Laien, Schulen, Weiterbildungs- und Sozialeinrichtungen des Unternehmens, der Stadt und der Region. Außerdem ist die Kulturabteilung auch für die traditionellen Musischen Werksvereine zuständig, deren Anfänge ja bis auf die Jahrhundertwende zurückgehen.

Die Kulturabteilung des Chemie-Riesen ist laut Stellenplan mit 13 Mitarbeitern besetzt.

Ihr Aufgabengebiet ist in Sparten unterteilt (Musik, Theater, Ballett/Tanz, Kunst, Reisen, Lokale Projekte).

Bayer ist ganz sicher ein großer Förderer von Kunst und Kultur, ein Philanthrop im besten Sinne, aber ein Sponsor nach heutiger Definition wollte und will das Unternehmen nicht sein. Auch wenn das Kulturengagement weit über den Kreis der Mitarbeiter hinaus Anerkennung und Sympathie einbringt.

Luna Luna und die Neue Revue:
Freiflug für die Phantasie

Die Idee zum Traum Luna Luna

Luna Luna – der Traum und
die Wirklichkeit

Heller und der Sponsor –
Luna Luna und die Neue Revue

Aus der Traum von Luna Luna

*Versammlung
der Überraschung*

„Luna Luna ist der Versuch, ein reisendes Territorium moderner Kunst zu schaffen, das nach dem jahrhundertelang bewährten Prinzip des Rummelplatzes die Menschen aller Altersgruppen und Bildungsgrade in spielerische Abläufe zieht. Ein Karussell oder ein Kettenflieger sind immer schon drehbare Skulpturen gewesen. Nur wurde bisher noch nie ein bedeutender Künstler in diesem Bereich gestalterisch tätig. Ebenso verhält es sich mit dem, was wir Geisterbahn nennen, obwohl eine Geisterbahn seit jeher ein Raum für Bilder, Reliefs und Theatermaschinen war. Mit der Hilfe meiner Künstlerfreunde habe ich traditionelle Rummelplatz-Attraktionen neu erstehen lassen und noch nie dagewesene hinzugefügt. So ist Luna Luna eine Versammlung der Überraschungen geworden, eine beispiellose Arbeit von über dreißig einflußreichen lebenden Meistern der Malerei, der Bildhauerei, der Musik und der Literatur. Ein schönes, sinnliches Vergnügen soll es sein. Froh und ermutigt mögen die Besucher in aller Welt es verlassen, erinnert an die Möglichkeiten der eigenen Phantasie. Ich danke Neue Revue und dem Heinrich Bauer Verlag, daß sie Luna Luna finanziert haben."

André Heller, Wien, im Sommer 1987

232

Luna Luna, das ist, nein, das war ein reisendes Freilichtmuseum zeitgenössischer Kunst. Ein Vergnügungspark für Junge und Alte, Intellektuelle und Arbeiter. Am Premierenort Hamburg nannte André Heller Luna Luna ein „Territorium der Überraschungen".

Überhaupt Luna Luna: „Da steckt der Rummelplatz des Luna-Parks unüberhörbar drin...", so Wolf Michaelis in der „Zeit" Nr. 25/87 und assoziierte munter weiter: „lunatic" – womit der Mond-Süchtige, der Nachtwandler wie auch der Wahn-Sinnige gemeint sein könnte. Wohl um dies alles noch ein wenig weiterzuspinnen, schrieb der „Zeit"-Autor schließlich von einer „Sinnverwirrung bis zum Wahnsinn". Luna Luna – Futter für die Phantasie.

Ein Produkt, das offensichtlich zum Abdriften auf Wortwolken einlädt, zu Flic-Flac-Formulierungen im Stile Hellers.

Heller ist durch seine zahlreichen, höchst erfolgreichen Kulturprojekte bekanntgeworden. Mit „Circus Roncalli" fing es an, es folgte „Flic Flac", die Show „Begnadete Körper", das „Theater des Feuers" in Lissabon und Berlin.

Hellers Feuerzauber wurde zu einer Show der Superlative, weil sie von der größten Zuschauermenge besucht wurde, die je für eine Kulturveranstaltung Eintritt zahlte – über eine Million Besucher versammelten sich vor dem Berliner Reichstagsgebäude als Feuer-Gucker. Die Himmelszeichen, riesige, fliegende Skulpturen, sahen 1986 über 140 Millionen Menschen in mehr als 20 großen Städten Europas.

Show der Superlative

Die Idee zum Traum Luna Luna

Ein Kindheitstraum, den André Heller sich und allen, die sich solche Träume bewahrt haben, verwirklicht hat. Das Ergebnis: „Eine bizarre Inszenierung", so der Spiegel, mit der sich der Wiener Allround-Artist auf der „Bühne der Absonderlichkeiten" zurückgemeldet habe. Konzipiert als „neuerlicher Anschlag auf alle gängigen Kulturkriterien und deren Gralshüter".

Herausgekommen ist nicht nur nach Hellers Einschätzung dabei ein „schönes, sinnliches Vergnügen". Mehr noch, „eine in der Geschichte der Kunst beispiellose Arbeit von über dreißig der einflußreichsten lebenden Meister der Malerei, Plastik, Musik und Literatur".

Luna Luna – der Traum und die Wirklichkeit

Premiere auf der Hamburger Moorweide zwischen Dammtor-Bahnhof und Alster, auf 18000 Quadratmetern 28 Kunst-Spielzeuge zum Beschauen und zum Benutzen. Unter anderem:

– ein Kettenkarussell des amerikanischen Malers und Bildhauers Kenny Scharf;
– ein Riesenrad des aus der Karibik stammenden Zeichners John Michael Basquiat;
– eine Schieß- und Glücksbude des Bildhauers Jörg Immendorf;

- eine Schiffschaukel des österreichischen Zeichners, Sängers, Filme-
machers Christian Ludwig Attersee;
- ein Glaslabyrinth des amerikanischen Malers Roy Lichtenstein;
- ein Karussell des österreichischen Schriftstellers, Architekten und
Bildhauers Arik Brauer;
- eine klingende Raum-Skulptur des englischen Malers und Bühnen-
ausstatters David Hockney;
- eine Zauberbude, in der die österreichische Malerin und Eat-Art-
Künstlerin Gertrud Fröhlich Sonne, Mond und Sterne sowie auch Vögel – in Form bunt überzuckerter Lebkuchen – verkauft;
- die unentbehrlichen Toiletten, die der Schweizer Künstler und Aktio-
nist Daniel Spoerri getreu der Imponier-Architektur des Nazi-Bau-
meisters Alfred Speer für Hitlers Reichskanzlei als „Kack-Kanzlei"
auf die Wiese stellt.

Dies und mehr hat Heller Wirklichkeit werden lassen. Der große Anreger mit dem Organisationstalent eines Großunternehmers ließ in seinen
drei Fabriken für Luna Luna monatelang bis zu zweihundert Arbeiter
rund um die Uhr werkeln.

*Heller und der
Sponsor*

Heller und der Sponsor – Luna Luna und die Neue Revue

In Gang kam die kunst-volle „Wunderwelt aus Jahrmarktständen, Ka-
russells und schrägen Typen" (Spiegel) dann im Herbst 1985. Der
Bauer-Verlag spendierte damals 12 Millionen (oder waren es 14?) als
Lebenselixier – und das für ein Projekt, von dem bei Vertragsabschluß
noch nicht einmal sicher war, daß nur ein einziger namhafter Künstler
daran mitwirken würde. An das Engagement knüpfte der Sponsor nur
eine Bedingung: Die Premiere sollte am Firmensitz in Hamburg stattfinden, und die Neue Revue, vom Spiegel als „Bilderblatt voller Busen,
Küchentips und Kriminalgeschichten" eingestuft, wurde zum offiziellen
Sponsor erklärt, dessen Logo auf allen Ankündigungen, Plakaten und
Eintrittskarten erschien.

Neue Revue-Chefredakteur Richard Mahkorn zu den Motiven: „Möglichst viele Menschen sollen Luna Luna erleben, an die Möglichkeiten
der eigenen Kreativität erinnert werden und wieder Lust bekommen,
diese auch zu nutzen."

Heller in einem feurigen Plädoyer zu dieser doch mit Verwunderung
aufgenommenen Partnerschaft zwischen der Illustrierten und Luna
Luna (wir zitieren auszugsweise): „Die allermeisten wirklich großen
Projekte der Kunstgeschichte wären ohne Sponsoren unverwirklicht geblieben. Das reicht von der Sixtinischen Kapelle über Bayreuth bis zur
Land-Art. Die katholische Kirche, Kaiser und Fürsten, Millionäre und
Industrie-Konzerne traten im Laufe der Jahrhunderte als Sponsoren in
Erscheinung. Ich finde es bei der derzeitigen wirtschaftlichen Situation
seit langem nicht mehr akzeptabel, daß, besonders im deutschen Raum,
95 Prozent der Theater- und Opernhäuser, Museen und Ausstellungen
vom Staat – also Steuerzahler – finanziert werden, nur weil sich ein

Großteil der Verantwortlichen zu gut ist, mit Sponsoren zu verhandeln, in anderen Worten: Bei der „heiligen Kunst", die Nennung des Namens des Ermöglichers zuzulassen. Diese Haltung ist geldverschwenderisch, hochmütig und dumm. In Amerika und Japan sind Sponsoren eine Selbstverständlichkeit, und die Medien bringen ihnen den Respekt entgegen, der ihnen als Mäzen zusteht."

Schließlich noch ganz starke Worte: „Die Illustrierte Neue Revue hat sich als interessierter, leidenschaftlicher Partner erwiesen, der mir als Sponsor um ein vieles ehrenwerter erscheint als beispielsweise der Vatikan, für den immerhin der halbe Louvre künstlerisch tätig war." Auch die Illustrierten-Macher entdeckten Gemeinsamkeiten mit dem Regisseur der inszenierten Träume: „Als uns André Heller von Luna Luna

erzählte" – so Chefredakteur Richard Mahkorn – „entschieden wir uns spontan für dieses sinnliche Kunstspektakel. Wir hatten uns von Anfang an mit André Hellers Idee so deckungsgleich verbunden gefühlt, daß wir einfach sagten: ‚Wir machen das! Wir ermöglichen Luna Luna!' Von dieser wundervollen Idee fühlten wir uns als Millionen-Illustrierte, deren Aufgabe es ist, die Verständigung unter Menschen zu fördern, herausgefordert, und wir wollten uns mit unseren Lesern auch Träume erfüllen. So den Traum vom eigenen Jahrmarkt und den Traum von kreativ gestalteter Freizeit. Mit Luna Luna hat eine sinnvolle, erlebnisreiche, lebensfrohe, immer Neues entdeckende Freizeit Gestalt angenommen."

Aus der Traum von Luna Luna

„Bauers Luna Luna-Abenteuer beendet", schrieb am 26. Oktober 1987 der Medien-Informationsdienst A+I. Absturz? Harte Landung? Abruptes Erwachen? In einer Erklärung war zu lesen, daß sich der Hamburger Verlag und der Wiener Veranstaltungskünstler André Heller geeinigt hätten, das Kunstspektakel in der Bundesrepublik vorerst nicht mehr zu zeigen. Heller wolle Luna Luna erst einmal in die USA schikken. Dort hatten sich schon vor der Hamburger Premiere viele Städte beworben.
Jedenfalls war dies das jähe Ende der noch im Frühjahr 1987 angekündigten „langen Zusammenarbeit" zwischen Heller und dem Bauer-Verlag. Womöglich zahlte auch die Stadt Wien dem Hamburger Verlagshaus einen Teil jener 12 (oder 14?) Millionen Mark zurück, um den Heller-Zirkus künftig zur eigenen Ehre in die Welt zu schicken.

Was bleibt, ist jedenfalls ein außergewöhnliches Konzept, das letztendlich doch mehr war als nur der Jubiläums-Gag eines mutigen Sponsors. Ob die Neue Revue von diesem Engagement profitierte, Image-Veränderungen eingetreten sind, ist jedoch sehr fraglich.

Links: Keith Haring's „Karussell mit Erzählwänden". Unten: Roy Lichtensteins „Pavillon des gläsernen Labyrinths".

Raiffeisen-Aktion „Musik verbindet": ein Jugendwettbewerb der Superlative

Der Wettbewerb
Die Aktion
Ideen und Motive
Der Titel
Die Zielgruppe
Die Termine und die Schirmherren
Das Thema
Ein Netz von Wettbewerben
Die Preise

Größter Jugend-Wettbewerb der Welt

Um gleich mit einigen Superlativen zu beginnen: Größter Jugendwettbewerb der Welt, der Europas Grenzen überspringt. Millionen sind aktiv beteiligt. Und Tradition hat das Engagement mittlerweile auch schon, im Frühjahr 1988 fand bereits der 18. Wettbewerb statt. Es ging dabei um die Musik, und auch das nicht zum erstenmal. Bereits 1978 hieß das Thema „Musik erleben". Schirmherr war damals Carl Orff, womit ein weiterer Superlativ angesprochen wäre. Auch für den 18. Wettbewerb – „Musik verbindet" – übernahm ein Star des Genres die Schirmherrschaft: Leonard Bernstein.

Die Aktion

Die Beschreibung der Aktion beginnt mit einem Kompliment. Raiffeisen hat das Thema „Musik verbindet" in allerbester Journal-Manier, subtil und informativ zugleich, in einer Broschüre aufgearbeitet. Was übrigens auch für die Broschüre des 17. Wettbewerbs „Wasser ist Leben" gilt.

Die Broschüre „Musik verbindet" steigt jedenfalls nicht nur sehr emotional in jenes Thema ein, das an Gefühle rührt. Viele Facetten des Themas Musik werden in Bild und Text deutlich. So interviewte Felix Schmidt Professor Hermann Rauhe, einen der Kuratoren des Wettbewerbs, Präsident der Hochschule für Musik und darstellende Kunst in Hamburg. Thema: „Warum können wir ohne Musik nicht existieren?" In einem Essay verbreitet sich Leonard Bernstein über die Anbetung des unsterblichen Ludwig van... (Beethoven). Dargestellt in einem fiktiven Gespräch zwischen eben dem sehr realen Meister des Taktstockes Leonard Bernstein und einem erfundenen Gesprächspartner, kurz „Der Dichter" genannt. Und in einem witzigen Fragespiel zu einem typischen deutschen Schubladen-Phänomen macht Wolfgang Sandner, Redakteur der „Frankfurter Allgemeinen", dem Leser in Test-Form die Absurdität der willkürlichen Trennung von E- und U-Musik deutlich.

Dies sind ganz spontan herausgepickte inhaltliche Kostproben aus einer Fülle qualitativ hochwertiger Beiträge, die – wie die Musik – auf den Herzpunkt zielen. Zielgruppe der Broschüre, das sind jene Lehrkräfte, die Raiffeisen in noch größerer Zahl für seinen alljährlichen Wettbewerb gewinnen möchte.

„Musik verbindet"

Ideen und Motive

Auf eine erklärende Formel gebracht – diesmal geht es um „Musik als Gemeinschaftsgefühl". Ausführlicher formuliert vom Vorstandsvorsitzenden des Bayerischen Raiffeisenverbandes, Dr. Hellmut Horlacher: „Dieser Wettbewerb soll der heranwachsenden Generation
... entdecken helfen, welche Freude und welches Gemeinschaftsgefühl von Musik ausgehen kann,
... soll junge Leute zum Selbermusizieren ermuntern,
... ihnen bewußt machen, daß Musik die Sprache aller Menschen ist und Rassen und Völker verbindet;
... eine Brücke bauen zwischen der Welt der Popmusik und klassischer Musik."
Grundsätzlich sollen die Jugendwettbewerbe für wichtige Umwelt- und Kulturfragen sensibilisieren und zur aktiven Beschäftigung mit dem Thema anregen.
Zu den Motiven von „Musik verbindet" äußerte sich Dr. Horlacher konkreter im Vorwort der Broschüre: „Wir veranstalten diesen Jugendwettbewerb, weil wir als genossenschaftlich organisierte Bankinstitute unsere Gründungsidee der Selbsthilfe, der Selbstbestimmung und der

„Musik als Gemeinschafts-gefühl"

Selbstverantwortung ungeschmälert auch in unserer modernen Zeit vertreten wollen.

Aus unserer Legitimation und dem damit verbundenen Selbstverständnis heraus, bitten wir alle Lehrer, Redakteure und andere maßgebende Persönlichkeiten unseres Gemeinwesens herzlich um die Unterstützung unseres 18. Jugendwettbewerbs."

„Denkanstöße und Hintergründe" soll die für den Wettbewerb gestaltete Broschüre geben. Die Vielfalt, die Wunder der Musik sind auf siebzig Seiten, einige davon sind hier abgebildet, graphisch und textlich höchst eindrucksvoll dargestellt.

Der Titel

„Musik verbindet" wurde vorab getestet, erwies sich dabei als eingängiger Slogan mit hoher Akzeptanz. Eine Formulierung, von der sich Raiffeisen ein „günstiges Verständnisumfeld" versprach und auch jene verbale Schubkraft, um die Zielgruppe kräftig zu motivieren.

Die visuelle Umsetzung des Themas auf das Aktions-Plakat zeigt eine Mozart-Figur am Klavier, umgeben von Kindern/Jugendlichen unserer Zeit – der Zielgruppe des Wettbewerbs. Der Bild-Bogen von Mozart zu den „kids" der Achtziger als eine „lustige Brücke zwischen Pop-Musik und Klassik".

Die Zielgruppe

Gewidmet allen Schülern zwischen der 1. und der 10. Klasse. Eingeteilt in drei Gruppen: I. 1. bis 4. Klasse. II. 5. bis 7. Klasse. III. 8. bis 10. Klasse. Die Zielgruppe besucht Grund-, Haupt- und Realschulen sowie Gymnasien und Sonderschulen.

Geringfügig geändert wurden die Bewertungsfragen, sie sind nicht mehr, wie einst, nach dem Alter festgelegt, sondern nach Klassen, was sich als gerechter erwies und auch logischer erscheint.

„Und wenn ich sie dann fassen darf,
im luft'gen deutschen Tanz", schwärmte
Goethe vor 200 Jahren.

Ein Vor- und Testlauf der Aktion begann in Bayern, und zwar bereits am 2. November 1987. Ausgeschrieben war sie dort bis zum 29. Januar 1988. Im übrigen Bundesgebiet lief die Aktion erst Mitte Januar an und endete am 31. März.

„Musik verbindet" ist, wie erwähnt, ein internationaler Wettbewerb, wie auch die 17 Wettbewerbe zuvor. Beteiligt waren diesmal wieder rund 25000 Genossenschaftsbanken in Belgien, Finnland, Frankreich, Italien (Südtirol), Luxemburg, Österreich, der Schweiz, in der Bundesrepublik sowie in Kanada.

Bestens beschirmt, die gesamte Aktion, denn neben dem internationalen Schirmherren – Leonard Bernstein – gab es auch noch zwei Landesschirmherren aus den Bereichen der Pädagogik und der Musik. Zusätzlich stützte ideell und durch musikalisch-künstlerische Kompetenz ein Kuratorium aus neun Persönlichkeiten der Pädagogik-Kunst/Musik-Szenerie. Darunter der Komponist Prof. Hans Werner Henze, Generalmusikdirektor Prof. Wolfgang Sawallisch, die Kammersängerin Hildegard Behrens. Schließlich noch jugendliche Integrations-Figuren, wie der Liedermacher/Lyriker Konstantin Wecker und die Schauspielerin Cornelia Froboess.

Das Thema

Für alle drei Altersgruppen wurde der Malwettbewerb unter ein einheitliches Dachthema gestellt: „Male deine Lieblingsmusik." Dieses Grundthema steigerte sich für die höheren Klassen in seinem Anspruch dann graduell. „Handwerkliche" Leitlinien weisen kindlicher Kreativität den Weg.

Ein Netz von Wettbewerben

Das Raiffeisenprinzip

Raiffeisen verwebt alle seine Jugendwettbewerbe stets zu dichten Netzen örtlicher, regionaler und überregionaler Veranstaltungen – und immer laufen sie auch nach gemeinsamen Spielregeln ab. Und den Ablauf aller Aktionen bestimmt schließlich das Raiffeisen-Prinzip. Deshalb fungiert auch die einzelne Genossenschaftsbank nicht einfach nur als Prospektverteiler, sondern ist ein voll verantwortlicher Mitveranstalter mit eigenen Aufgaben. Die einzelnen Bank-Filialen sind bei Raiffeisen weitgehend autonom. So sucht die Ortsbank den direkten Kontakt zu den Schulen und setzt auch eine Reihe von örtlichen Preisen aus – zusätzlich zu den Gewinnen der Raiffeisen-Zentrale.
Vor Ort wird von der Ortsbank eine Jury gewählt. Damit kann vor allem die spezifische lokale Situation mit einkalkuliert werden.
Selbstverständlich werden die Ortssieger auch von der Ortsbank ausgezeichnet. Gewählt von Juroren, die als „lokale Größen" immer bestens bekannt sind. Sie sorgen auch dafür, daß die ausgewählten Arbeiten zur nächsten Wertungsrunde auf Landesebene weitergereicht werden. Diese Wertungsrunde steht dann unter der Obhut des gesetzlichen Prüfungsverbandes. Schließlich sammelt der Bundesverband die Arbeiten der Landespreisträger, legt sie der Bundesjury sowie später dann der internationalen Jury vor.
Raiffeisen „bedient" seine Ortsbanken auch mit konkreten Vorschlägen, wie denn so eine Jury zusammengestellt sein sollte. Nämlich mit Lehrern, Lokaljournalisten und Chorleitern.

246

Die Bundes- und Europasieger reisten ins „Land der Musik" – nach Italien, die Jüngeren zu Abenteuertouren mit Toni Sailer und Professor Heinrich Harrer an den Dachstein. Landespreise wurden verteilt, allein in Bayern etwa hundert: Hochwertige Kameras, Einladungen zu den Kaltenberger Ritterspielen, es gab Bücherkisten und Keyboards, und an die Ortssieger wurden von den bayerischen Raiffeisenbanken allein 110000 Klavier-Baukästen, Kassettenradios und Bücher ausgegeben.

Musik verbindet

WARUM
verlieren so viele die Lust am Musizieren?
Weil sie das falsche Instrument lernen!
Ein neues Buch gibt Auskunft, worauf es bei der Auswahl ankommt
Von A. BEN-TOVIM und D. BOYD

Wenn zehn Kinder ein Musikinstrument zu lernen beginnen, steht statistisch gesehen bereits fest, daß etwa neun von ihnen im Laufe der Zeit wieder aufgeben – angeblich weil sie „nicht musikalisch genug" sind. In den allermeisten Fällen hat es nur an der kompetenten Beratung gefehlt, an der Wahl des passenden Instruments. Ob schon Bruder oder Schwester das betreffende Instrument spielt oder in der Schule dafür gerade ein preiswerter Kurs angeboten wird, sollte schließlich kein ausschlaggebendes Entscheidungskriterium sein. Als zweithäufigster Grund für ein frühzeitiges Scheitern hat sich herausgestellt, daß Kinder zu früh beginnen.

Welche körperlichen, geistigen und emotionalen Eigenschaften muß ein Kind mitbringen, damit es sein Instrument auch spielen – und **lieben** kann? 1986 ist in der Schweiz ein Buch erschienen, das konkrete Hilfe anbieten könnte:

A. BEN-TOVIM und D. BOYD: „Das richtige Instrument für unser Kind – Der praktische Ratgeber für Eltern und Lehrer"; Verlag Albert Müller, Rüschlikon/Zürich.

Die folgenden Beispiele, natürlich zum Teil gekürzt, werden manchen überraschen. Finden Sie sich in Ihren eigenen Erfahrungen bestätigt?

DIE BLOCKFLÖTE

Körperliche Eignung
Für die meisten Kinder ist das Halten der Blockflöte bequem und angenehm. Ein Kind, das die Blockflöte nicht gern in den Mund nimmt oder die Atemtechnik anstrengend findet, wird sie nicht mit Vergnügen spielen.

Für das Blockflötenspiel werden zuerst die Finger der linken Hand gebraucht. Die meisten Sechsjährigen besitzen das körperliche Koordinationsvermögen, um linkshändig Melodien zu spielen. Die Probleme stellen sich dann ein, wenn es nach ein paar Monaten notwendig wird, einzelne Finger beider Hände zu koordinieren, manchmal zusammen, manchmal separat. Manche acht- bis neunjährigen Kinder (auch manche Erwachsene) können dies nicht. Zum Vergleich: Ein Blechblasinstrument wird nur mit drei Fingern einer Hand gespielt.

Blockflötenspielen erfordert wenig Energie und setzt auch wenig Energie frei. Zarte Kinder – selbst solche mit Atemproblemen – erleben mit Genugtuung, mit einem Minimum an körperlichem Aufwand einen musikalischen Ton zu erzeugen. Weil mit der Blockflöte wenig Energie abreagiert werden kann, geben Knaben sie häufig früher auf als Mädchen.

Geistige Eignung
Die meisten Kinder im Schulalter sind imstande, einfache Melodien auf der Blockflöte zu erlernen, indem sie zuerst nur die linke Hand benutzen. Das Blockflötenspiel ist ein ausgezeichnetes Mittel, um ein Kind mit dem Notensystem bekannt zu machen.

Persönliche Eignung
Kinder, die gerne singen, spielen auch die Blockflöte mit großem Vergnügen. Ausgelassene Kinder dagegen finden den Klang und die Musik unbefriedigend.

Ruhige, sanfte Kinder, die auf der Sopranblockflöte gut vorankommen, gehen zu den andern Blockflöten über und spielen in Junioren-Orchestern, Blockflöten-Gruppen und anderen Musikgruppen mit. Hier können sie in harmonisch strukturierten Ensembles „wirkliche Musik" spielen.

51

247

Schleswig-Holstein-Musik-Festival: der musikalische Flächenbrand

Die Idee – das Konzept
Das Programm
Die „Corporate Identity" des Festivals
Die Werbung
Zwischenbilanz
Das Beispiel Windsor

Lobeshymnen, Begeisterung: Für Schleswig-Holstein-Musik-Festival. Von Justus Frantz 1986 in Gang gesetzt, „flächendeckend wie das Flandern-Festival, starsüchtig wie Salzburg", (Klaus Umbach, Der Spiegel Nr. 26, 1986).

Ein explodierendes Festival. Wurden 1986 knapp 100 000 Karten verkauft – ein nie erwarteter „Raketenstart" – so waren es 1987 über 220 000. Und von 97 Konzertveranstaltungen 1986, erhöhte sich das Angebot 1987 auf 227 Konzerte.

„Wie ein Staffettenlauf von Waterkant zu Waterkant", malte Spiegel-Autor Umbach dazu ein sportives Wortbild aus, „gaben sich Dirigenten wie Yehudi Menuhin, Sir Neville Marriner und Raffael Frühbeck de Burgos den Stab in die Hand."

Ein weiterer kritischer Musik-Tourist in Schleswig-Holstein, Wolfgang Schreiber für die Süddeutsche Zeitung (Nr. 183, 12. 8. 1987) faßte seine Eindrücke vom zweiten Festspiel-Sommer folgendermaßen zusammen: „Die ganze Machart, die Präsentationsumstände, die Ereignisdichte und weite topografische Streuung, die Ruhe und Eindringlichkeit einer Landschaft, der ganze Charme sowie der Kunst- und Unterhaltungswert", dies alles komme einem gewandelten, sehr aktuellen kulturellen Bedürfnis entgegen: „Dieser Justus Frantz hat offenbar den Nagel des musikalischen Zeitgeistes auf den Kopf getroffen."

Ein Festival für Millionen

Am Festival gefiel den Kritikern vor allem das „Ineinander von charmanter Improvisation und organisatorischer Umtriebigkeit". Ein Festival für Millionen. Und nicht nur für die 2,6 Millionen Menschen des Landes Schleswig-Holstein, aus denen der Erfinder des Festivals, Justus Frantz, eine einzige Gemeinde von Symphonikern gemacht habe.

Die Idee – das Konzept

„Musik durch Künstler von Weltruf der breiten Öffentlichkeit nahebringen", so lautet, formelhaft verkürzt, diese Idee. Dies soll dort geschehen, wo die Menschen wohnen, und das auch noch zu erschwinglichen Preisen. Justus Frantz, Intendant des Festivals, Musikprofessor und Klaviervirtuose von hohen Graden dazu, dann Carl Hermann Schleifer, der damalige Staatssekretär im Finanzministerium des Landes, und Ulrich Urban, ein dynamischer Unternehmer, standen am Anfang. Sie verdichteten die Idee zu einem Konzept. Ein im doppelten Wortsinne „ausgezeichnetes", weil es 1987 den Deutschen Marketingpreis erhielt. Womit erstmals eine nicht auf kommerziellen Erfolg gerichtete Marketing-Leistung ausgezeichnet wurde. Es beeindruckte vor allem die „unverbrauchte Kreativität, das unternehmerische Gespür und das schnelle Handeln" des Teams um Justus Frantz, die das Festival gleich zum größten seiner Art machten.

Doch wie gehen nun Marketing und Musik zusammen? Angestrebt und im Konzept formuliert: die „nützliche Harmonie zweier Pole". Wo liegt der „Nutzen"? Den Initiatoren ging es um die Attraktivität des Standortes Schleswig-Holstein. Das Festival soll als Welle ein ganzes Bundesland erfassen, ihm neue Impulse vermitteln. Oder um ein anderes Wortbild zu gebrauchen, ein „musikalischer Flächenbrand". Auswirkungen: a) Ein Angebot erstklassiger Musik im nördlichsten Bundesland, b) eine Image-Verbesserung, und zwar nach „außen" und „innen".

Ein weiteres Stichwort aus dem Festival-Konzept ist die „Wechselwirkung zwischen Kultur und Wirtschaft". Gemeint ist: Kultur als Anreger für die Wirtschaft und als Werbeträger und Markenzeichen dazu. *Wechselwirkung zwischen Kultur und Wirtschaft*

In diesem Konzept wurden drei wichtige Kriterien festgeschrieben:

Hohe Qualität: Konzerte auf höchstem musikalischen Niveau.

Weltstars: Und zwar nicht nur die von heute, sondern auch Weltstars von morgen gehören zu diesem Festival. Junge Künstler erhalten die Chance, sich einen Namen zu machen und unter der Leitung von Spitzenmusikern weiterzubilden. In Meisterkursen mit Leonid Brumberg, Kim Kashkashian, Siegfried Lorenz, Heinrich Schiff, Elisabeth Schwarzkopf.

Steigerung des Lebensgefühls: Ausgelöst durch ein kulturelles Angebot auf höchster Ebene. Als Folge daraus eine stärkere Identifikation der Bevölkerung mit dem Bundesland Schleswig-Holstein.

Das Programm

Es wird durch mehrere Produktlinien bestimmt, soll stets inhaltlich vielschichtig sein und eine breite Interpretenpalette anbieten. Schwerpunkte werden gesetzt. Wie 1986 mit „Mostly Mozart" und 1987 mit Mahler und Bruckner. Die zeitgenössische Musik nimmt einen festen Platz ein, wird aber nicht in Mischprogrammen untergeschoben.

Auch die Konzert-Atmosphäre ist konzeptionell „geplant". Gespielt wird/wurde, wie bis zum Überdruß zu lesen war, in „Schlössern und Scheunen", wie auch in „Herrenhäusern". Aber auch in Großturnhallen und Kirchen. Ein unorthodoxes Konzert-Ambiente zur Motivation junger Leute.

Die „Corporate Identity" des Festivals

Die Landschaft und Architektur Schleswig-Holsteins gehören dazu. Das gesamte Festival ist geplant und aufgebaut wie ein Markenartikel. Marco Arturo Marelli entwarf das Signet. Symbolisch stellt das Zeichen die Verknüpfung des Landes mit der Musik dar: Seen, Hausdächer, Wiesen, Meer und Wolkenhimmel stehen für das Land, das daraus erwachsende Notensystem für das Programm. Auch die Preispolitik gehört zum Konzept: nicht gewinnorientiert, ein Fest „frei von Etikette und großer Garderobe", um finanzielle und/oder gesellschaftliche Hemmschwellen abzubauen. Stets gibt es Zehn-Mark-Karten an der Abendkasse, und der „Schnitt" liegt bei 35 Mark. Oberste Preisgrenze: 100 Mark. Eine Preispolitik, die eine Alternative zum Kinobesuch schaffen will.

Die Werbung

Das Festival, nach klassischem Muster konzipiert, wurde stets auch nach klassischem Muster beworben. Im Vorfeld mit Anzeigen in Tageszeitungen, Plakatierungen – regional und überregional. Es gab begleitend Bestellbroschüren, große Signettafeln standen an Ortseingängen und Plätzen sowie Aufkleber, Fahnen, Spannbänder, Poststempel und eine Reihe von Sonderplakaten.

Zwischenbilanz

Überfüllte Konzerte, junge Zuhörer – die Musik eroberte die Menschen. Ein Erfolg für das Land, dessen Image über das Vorstellungsbild „Ferienland" hinaus aufgewertet wurde. Und ein Nutzen für den Markt. Resultate, die dem Festival den Deutschen Marketingpreis 1987 eintrugen. Neuansiedlung von Industrie war eines der Ziele. Festival-Vorstand Dr. Kajo Schommer, Stadtkämmerer in Neumünster, über Ursache und Wirkung. „Investitionsentscheidungen werden von Menschen getroffen, und die sehnen sich nach Kultur. Schleswig-Holstein wird als Standort attraktiver. Bisher fahren Spitzenmanager nach Salzburg, um zwischen den Konzerten über Geschäfte zu reden, jetzt kommen sie in den Norden." Aus „Schläfrig-Holstein" war „Schleswig-Bernstein" geworden (Cordt/Schnibben, Die ZEIT, 30/88). Nur selten sei in der Geschichte der Image-Produktion mit so wenig Geld so viel Bewußtsein verändert worden. Durch ein schwer faßbares Produkt, das Musik gibt und Image bringt.

Von „Schläfrig Holstein" zu „Schleswig Bernstein"

Als musealen Aspekt möchte Frantz eine Ausstellung aus der UdSSR nach Schleswig-Holstein holen. Geplant sind auch einige „neuartige, entspanntere Präsentationsformen".

Die Gefahren der Gigantomanie sehen die Planer wohl auch, denn fürs dritte Jahr (1988) verordnete Frantz dem Festival eine Konsolidierungsphase, „damit nicht alles ins Chaos katapultiert".

Gefahren der Gigantomanie

Neben den Haupt-Sponsoren Lufthansa, Audi, Windsor helfen zahlreiche Donatoren bei der Finanzierung. Sie werden im Almanach prominent neben den Kuratoren aufgeführt.

Und es wird auch eines guten Fingerspitzengefühls bedürfen, um die Begleitumstände, die Präsentation der Sponsoren, nicht ins Geschmacklose abgleiten zu lassen.

Volker Boser malte in der Münchner Abendzeitung (22. Juli 1987) die Horror-Vision von Orchestermusikern und Dirigenten, die „Leibchen tragen, wie unsere Fußballer, mit weithin sichtbarem Werbeaufdruck, um auch dem letzten Zuhörer klarzumachen, wem er diese Interpretation von Beethovens Fünfter in Wirklichkeit zu verdanken hat". Inspiriert zu dieser Vision fühlte er sich durch jene Mädchen, „die nur mal zum Probieren eine Zigarette anbieten". Die Schönen boten Probe-Pakkungen der noblen Zigaretten-Marke Davidoff in den Wandelgängen

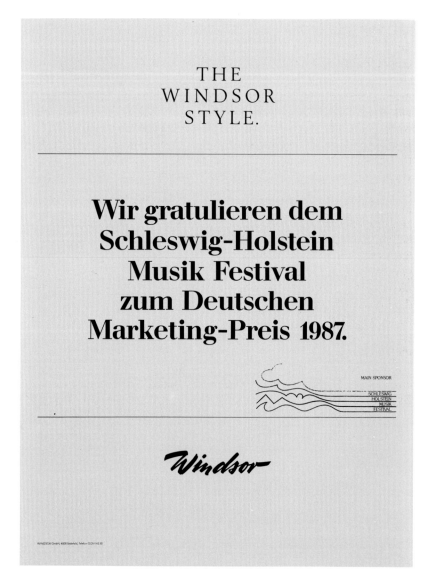

von Hamburgs Musikhalle an, denn Reemtsma sponserte das Sinopoli-Konzert. Boser gestand indes ein, daß dieses Konzert, „verglichen etwa mit Salzburg, zu erstaunlich umweltfreundlichen Preisen stattfinden kann". Dem Zigaretten-Konzern war dies zu danken.

Erfolgreich waren die Organisatoren auch in der Aquisition von privaten Förderern und Sponsoren, die in schöner Eintracht zusammen mit dem Land die finanzielle Basis schufen. Sponsoren, die sich wirklich mit dem Festival identifizierten, waren Lufthansa, Audi und Windsor.

Aquisition von privaten Förderern und Sponsoren

Das Beispiel Windsor

Der Bielefelder Hemden-Konfektionär stieg im zweiten Festival-Jahr zu, mit der Absicht, mindestens drei Jahre lang als Sponsor dabei zu bleiben. Finanzieller Beitrag: eine halbe Million Mark pro Jahr. Es besteht die Absicht, in Zukunft stärker vom Image des Festivals zu profitieren. Geschäftsführer Rolf Schaal: „Außerdem können wir es uns nicht leisten, als Mäzen aufzutreten. Einfach deshalb, weil wir als kleine Firma nicht zu hohe Spenden absetzen können. Also kommt die halbe Million aus dem Werbebudget. Und dafür wollen wir einen werblichen Gegenwert."

Der Gegenwert besteht aber auch in einem gewissen Kartenkontingent für wichtige Windsor-Kunden sowie den üblichen Vorteilen und Vergünstigungen, die ein Sponsor genießt. „Wir werden in den Programmen genannt", so Rolf Schaal, „tauchen in allen begleitenden Schriften auf."

Warum Schleswig-Holstein-Musik-Festival? Weil sich die meisten Mitbewerber von Windsor im Bereich des Sports tummeln. Schaal: „Ich habe nach etwas Geeignetem gesucht, das hätte durchaus auch ein Engagement in der Bildenden Kunst sein können, vielleicht eine Ausstellung, die auf Tournee geht. Es mußte etwas sein, das lebt, da kommt uns doch die Musik sehr entgegen." Zwei Konzertabende mit Leonard Bernstein wären auch möglich gewesen, doch ein ganzes Festival dauert länger, das in Schleswig-Holstein lief über den Juli und den August 1987, da ist die Chance größer, mehr Menschen anzusprechen. Außerdem hat dieses Festival eine positive und unverbrauchte Ausstrahlung. Es ist zwar ein „elitäres Produkt" (Schaal), aber anders als Bayreuth oder Salzburg. Es ist moderner und hat sich von der Region gelöst, in der es stattfindet.

Bayerische Rück:
Identität aus Architektur, Corporate Design, Ausstellungen und Public Relations

„Wer über sich reden will, muß wissen, wer er ist." Dieser Satz läßt schon ahnen, daß die „Bayerische Rück", wie sich die Rückversicherung mit Stammsitz München in merkfähiger Verkürzung heute nennt, tief verwoben ist in eine komplexe Philosophie. Und wo gibt es das schon – eine Selbstdarstellung, „Die Rückversicherung und Öffentlichkeitsarbeit" und dazu ein akribisches Literaturverzeichnis über eine Zweidrittel Druckseite? Hier ist absolut nichts zufällig, eines paßt zum anderen, jede Aktion scheint fein dosiert wie mit dem Tropfenzähler, und das Bild der Versicherung in der Öffentlichkeit wird bestimmt durch eine „Corporate Identity" in strenger Konsequenz. Das „Bild des Hauses", gewöhnlich eine Worthülse, ist bei der „Bayerischen Rück" ein sehr reales und durchaus wörtlich zu verstehen. Mit dem Domizil der „Rück" fängt alles an. Dieses Haus ist Fundament der „Haus"-Philosophie, die Basis des Selbstverständnisses.

Es ist im Münchner Tucherpark zu finden, genaue Anschrift: Sederanger 4-6. Und so ist in den diversen formulierten Selbstdarstellungen dem Gebäude reichlich Raum gewidmet. Da heißt es zum Beispiel auf Seite 20: „In unserem Selbst-Verständnis hat sich eine entscheidende Wandlung vollzogen. Beginn des Wandlungsprozesses war der Zeitpunkt des Umzuges aus einer „Villa der Gründerzeit" in das Haus am Tucherpark. Ein Ortswechsel, der symbolisch eine Änderung des Standpunktes einleitete: „Vom Stuck in die Moderne."

„Vom Stuck in die Moderne"

Die innere Wandlung jedoch, so glauben die Autoren der Haus-Philosophie, vermochte dem Wechsel des Standortes anfangs nicht so recht zu folgen. Die neue Identität stellte sich erst mit der Zeit ein. Dieser Zeitpunkt schien dann geeignet für einen nächsten Schritt: „Wir wollten uns nach außen mitteilen. Es schien uns nicht mehr angebracht, Anzeigenflächen zu buchen, um sie mit unserer Visitenkarte zu belegen."

Die „Bayerische Rück" nahm den Dialog zu ihren Kunden auf, suchte neue Themen, „auch außerhalb des reinen Fachgespräches". Womit dann der Bogen geschlagen war, vom Ambiente des Unternehmens im Tucherpark zu neuen Themen für einen Dialog mit den Kunden, zu Aktionen, die sich nach der gängigen Sprachregelung auch Public Relations nennen lassen, und zu Engagements, die in den Bereich des Sponsoring gehören.

Die Unternehmensphilosophie der „Bayerischen Rück" ist höchst komplex, was sich schon aus einer Marginalie herauslesen läßt, verfaßt von Hans Herrmann Wetcke: „Alles was von einem Unternehmen zu sehen ist, prägt sein Erscheinungsbild." Oder auch anders: „Erst bauen wir die Häuser, dann bauen die Häuser uns."

Und als sich die „Bayerische Rück" 1969 entschloß, das neue Haus zu bauen, war „ein deutlicher Widerspruch" zwischen der architektonischen Atmosphäre des damaligen „palaisartigen" Firmendomizils mit seiner klassizistischen Fassade und dem neuen Zeitgeist, geprägt von der mit Macht einsetzenden Computer-Ära. Das war wohl auch der Auslöser, der notwendig war, um diesen Umzug in eine neue Zeit zu vollziehen.

Zitieren wir eine weitere Marginalie: „Das Haus muß ein leistungsfähiges Instrument der Unternehmensführung sein und dem Eigenverständnis der ‚Bayerischen Rück' bildhafte und räumliche Gestalt verleihen." Dieses Konzept des Erscheinungsbildes unter der programmatischen Formel „Schlichtheit und Transparenz" entwarf Otl Aicher, bekannt geworden vor allem auch als Gestalter des Erscheinungsbildes der Olympischen Spiele 1972.

Auch die „Farbwelt des Bauwerks" ist selbstverständlich ein wichtiger Teil dieses Konzepts. „Wir haben uns für einen unbunten Charakter entschieden", heißt es in der von Hans Hermann Wetcke verfaßten Haus-Schrift. „Unbunt", das bedeutet, die Palette reicht von Weiß über alle Grautöne bis Schwarz. Warum? „Die Farbwelt soll nach unserer Auffassung Aussagen ermöglichen, nicht aber auf Aussagen festlegen", ist weiter zu lesen. Farbe ist bei der „Rück" also auch Philosophie, denn „die Egalisierung der Farbe war immer schon Symbol der Beständigkeit, der Gediegenheit und Zuverlässigkeit." Genau das sollen die „unbunten" Oberflächen signalisieren: Gediegenheit und Beständigkeit.

Die Beschäftigung mit der äußeren und der inneren Architektur dieses Hauses im Tucherpark fällt deshalb so umfassend aus, weil dieses Haus das Fundament des Selbstverständnisses ist, bildhafter Ausdruck von all dem, was die „Bayerische Rück" unter Kultur versteht. Ein Dreieck, gebildet aus der Architektur, dem „Corporate Design" von Otl Aicher und den Engagements, die von der „Rück" als „Dialoge mit dem Kunden" bezeichnet werden. Sie sind geprägt von „unserem Interesse und unserer Zuneigung zu dieser Stadt, in der die ‚Bayerische Rück' seit 75 Jahren ihren Sitz hat..."

Ergebnis dieser Gedankengänge sind die „Erkundungen". Eine Art Dachzeile für die Ausstellungen der „Rück". In der formulierten Philosophie liest sich das folgendermaßen: „Die Erkundung steht am Anfang. Wer Neuland betritt, tut dies ohne Sicherheit. Sein Interesse gilt weniger dem Ziel als dem Weg zu einem solchen. Erkundungen sind somit unprogrammatisch, es fehlt ihnen ein jegliches Pathos." Und ein paar Sätze weiter heißt es: „Die ‚Bayerische Rück' sieht dies als einen zu fördernden Aspekt menschlicher Kultur an, da Neugier und neuere Fragestellungen oft die Wegbereiter gesellschaftlicher Entwicklungen sind."

Die erste dieser „Erkundungen" führte in die Wüste. Eine Ausstellung mit Photographien von Otl Aicher unter dem Titel: „Gehen in der Wüste", angefertigt auf seinen Exkursionen durch die Sahara. Es folgte die Ausstellung „Schatten über München", in der es um Wahrheit und Wirklichkeit in Lion Feuchtwangers Roman „Erfolg" ging. „Für uns wird es ein Erfolg sein, wenn wir Ihnen damit zeigen können, daß Wirtschaftsunternehmen nicht unbedingt konformistisch-konservativ und lautlos arbeiten, sondern daß wir durchaus bereit und in der Lage sind, neue Wege zu gehen", so Vorstandsvorsitzender Dr. Peter Frey in seiner Ansprache zur Eröffnung der Ausstellung. Er führte dann noch fort, „für uns ist es nämlich gar nicht so leicht, der Öffentlichkeit nahezubringen, was sich bei einem Rückversicherer in diesen Mauern hier und bei unseren Kunden abspielt".

Die dritte Erkundung trug den Titel „Die andere Tradition, Architektur in München von 1800 bis heute". Die Veranstalter versuchten, kontrapunktisch zur klassizistischen Münchner Baukunst zu belegen, daß es auch eine „Tradition der Moderne" in München gibt.

Ausstellung Nr. 4 war einem ganz anderen, wenn auch wieder sehr münchnerischen Thema gewidmet. Titel: „Die Besitzergreifung des Ra-

Unten: Doppelseite aus „Gehen in der Wüste". Rechts: Buchtitel „Die andere Tradition" und die Besitzergreifung des Rasens".

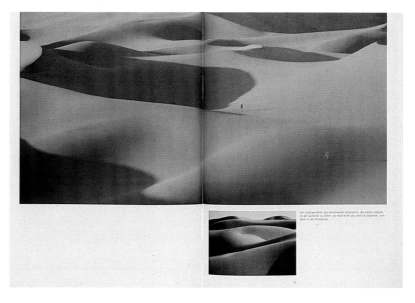

sens." Carl Amery hielt die Eröffnungsrede über die „Demokratisie-
rungstendenzen auf dem Grün" und prägte das Wort von einer „freund-
lichen Kulturrevolution". Diese Aktion enthielt viel Feinsinniges zur
Parkgeschichte der bayerischen Metropole und gipfelte in Planspielen
für eine fast schon paradiesische Zukunft in „Benutzerparks", deren
Hauptmerkmal eine neue Art von Ästhetik ist, die nicht mehr länger nur
der Repräsentation dient, sondern Inhalte aufzeigt, Gebrauchswerte
vermittelt und „den agierenden Menschen" miteinbezieht: eben die Ästhetik des Selbstverständlichen. „Erkundung" Nr. 5 bewegte sich auf

*Freundliche
Kulturrevolution*

den Spuren eines vergessenen Philosophen des Mittelalters: Wilhelm von Ockham. Im Vorwort zu dem – wie stets – vorzüglichen Begleitbuch heißt es: „Zu einer ersten Begegnung mit ihm verhalf uns Umberto Ecos Der Name der Rose." Jener Wilhelm von Ockham war ein franziskanischer Mitbruder des William von Baskerville, und Ockham ist, was nur wenige wissen, mitten in Schwabing eine Straße gewidmet, die Occamstraße. Die „Bayerische Rück" lockte die Wiederentdeckung eines großen Denkers, der das Verständnis seiner Zeit entscheidend beeinflußte und mit der Summa Logicae eine Reihe von Kommentaren zu den naturphilosophischen Schriften des Aristoteles verfaßte. Ockham war von der Fähigkeit des Menschen überzeugt, seine Welt selbst human gestalten

zu können. Damit wäre wieder eine Brücke geschlagen, diesmal von Wilhelm von Ockham, aus dem Mittelalter, zur Philosophie des Hauses in den achtziger Jahren des 20. Jahrhunderts. Auch diese außerordentlich hohe graphische Qualität ist zu erwähnen.

Ein Urteil, das selbstverständlich auch für das Begleitbuch zur Ausstellung in der Münchner Stuckvilla: „Heller Zauber" gilt. Jürgen Kolbe hat dieses Buch geschrieben, und Thomas Mann ist es gewidmet; seinen Münchner Jahren von 1894 bis 1933. Bemerkenswert: Die Bayerische Rück hat auch mit diesem Thema den Bogen zur Heimatstadt München geschlagen. Im Vorwort zu dem mehr als 400 Seiten starken Bildband heißt es dann auch: „Unser Interesse und auch unsere Zuneigung für diese Stadt, in der die Bayerische Rück seit 75 Jahren ihren Sitz hat, das Interesse für Münchner Traditionen und Gegenwartsfragen hat nicht nachgelassen. Und wir verstehen unsere Buch- und Ausstellungsreihe als konkreten Ausdruck dieses Interesses."

Interesse für Münchner Tradition und Gegenwartsfragen

Die „Bayerische Rück" hat sich, was nicht verwundern kann, den Grundsatz „Public Relations begins at home" zueigen gemacht. Was bedeutet: Dieses Bild eines „intellektuellen Unternehmens" bestimmt, und das ist nur konsequent, den Führungsstil im Hause. Eine autoritäre Führung im überlieferten Sinne ist somit undenkbar. Die parlamentarisch-demokratische Grundordnung unseres Staatswesens bestimmt den Führungsstil, generell den gesamten Verhaltenskodex innerhalb des Unternehmens. Letzter Satz des Kapitels über die Öffentlichkeitsarbeit der „Rück": „Nur der Mitarbeiter, der sich solchermaßen identifizieren kann, ist dann innerhalb und auch außerhalb seines Unternehmens ein

Links der Titel, unten eine Innenseite aus dem von Otl Aicher gestalteten Buch über Wilhelm von Ockham.

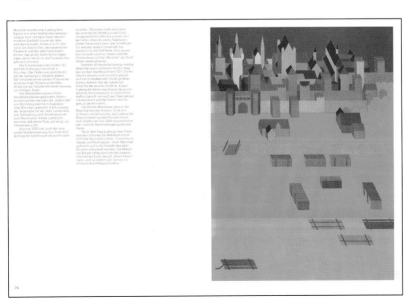

positiver Meinungsbildner und leistet seinen Beitrag zur Öffentlichkeitsarbeit."

Es wäre zu wünschen, wenn sich möglichst viele Unternehmen diesen Überlegungen anschließen würden.

Bestechend in seiner Konsequenz und harmonischen Feinabstimmung ist der Ganzheits-Aspekt dieser Image-Konstruktion „Bayerische Rück". Eine Identität ohne Stilbrüche und Widersprüche, eine komplexe Einheit von Architektur, Corporate Design, Ausstellungen, Werbung und Public Relations.

Typisch für diese Münchner Versicherung, die den Namen der Stadt nicht auf dem Firmenschild trägt, dafür aber im Herzen, ist diese enge

264

Beziehung zur Stadt. Das wird niemals platt und volkstümelnd, sondern stets sehr subtil formuliert und mit zahlreichen Engagements auch demonstriert. Bestimmend in der Konsequenz aber auch die Ästhetik. In der Formulierung, der Marke, im gesamten graphischen Auftritt.

Links der Titel des für seine darstellerische Qualität mehrfach ausgezeichneten Buches „Heller Zauber". Unten: Kultur-Engagement als Thema einer Anzeige

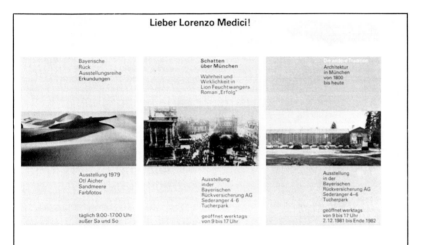

Lieber Lorenzo Medici!

Unter den großen Mäzenen dieser Welt gilt Ihr Name als einer der prächtigsten. In unnachahmlicher Manier haben Sie Eigennutz, Eitelkeit und Gemeinwohl zu einer grandiosen Mischung gebracht. Florenz lebt heute noch davon.

Der Mäzen von heute tut sich schwerer. Die Sitten sind von uns verdorben durch Rentabilitätsrechnungen und Publizitätsscheu. Kunst und Kapital haben meist nur noch den Anfangsbuchstaben gemeinsam.

Wir sind ein bescheidener Veranstalter von Ausstellungen in München. Die „Erkundungen", die wir anbieten, orientieren sich nicht an repräsentativen Bedürfnissen, sondern an unserem Eigeninteresse. Was alle mögen, denken wir, interessiert keinen.

Aus dieser Auffassung ist unsere erste Ausstellung entstanden. Sie war der Sahara und ihren Sandformationen gewidmet. Nicht weniger spezifisch war das Thema unserer zweiten „Erkundung".

Hier ging es um das München der Zwanziger Jahre, wie es der Schriftsteller Lion Feuchtwanger in seinem Roman „Der Erfolg" gezeichnet hat.

In diesem Jahr wollen wir „Die andere Tradition" entdecken. Gemeint ist damit jene Architektur in München, die – völlig zu unrecht – von der großen klassizistischen Tradition Münchens in den Hintergrund gedrängt wird.

Ein sehr subjektives Thema? Natürlich ist es das. Ganz so, wie uns das vorgemacht haben, vor fünfhundert Jahren, verehrter Herr Medici.

Bayerische Rückversicherung Aktiengesellschaft, Sederanger 4–6, 8000 München 22, Telefon 089 / 38 44-1

Bayerische Rück

265

Daimler Benz:
Warhol und seine sinnlich-lockenden „Cars"

Es waren seine letzten Bilder, und er schuf sie von Mai 1986 bis Anfang Februar 1987: der Zyklus „Cars" von Andy Warhol. Auftraggeber war mit der Daimler Benz AG ein Unternehmen, das aufs engste mit dieser Erfindung und ihrer Entwicklung in den zurückliegenden hundert Jahren verbunden ist. Der Bildzyklus blieb unvollendet, nicht einmal die Hälfte der geplanten Bilder liegt vor; 35 bunte Tafeln, die Daimler-Benz Modelle zeigen. Weitere 48 hätten noch folgen sollen. Warhols plötzlicher Tod am 22. Februar 1987 verhinderte dies. Vom 17. Januar bis zum 13. März 1988 war das, was Warhols Werkstatt noch verlassen hatte, in der Tübinger Kunsthalle zu sehen.

Die Warhol-Auto-Parade

Die Warhol-Auto-Parade beginnt mit dem Benz-Patent-Motorwagen von 1886 und endet mit dem legendären Versuchswagen C 111, vielbewundert, aber nie in Serie gegangen. Zum Warhol-Zyklus gehören acht verschiedene Modelle in diversen Pop-Farbvarianten. Diese Wagen fahren einzeln auf oder auch serienweise zu viert, zu acht oder auch zu zwölft. Einige sind mit berühmten Passagieren besetzt, den Erfindern Gottlieb Daimler und Carl Benz zum Beispiel. Wer sich die Mühe macht zu zählen, kommt auf 230 Autos. Alle im typischen Warhol-Stil, ganz kühl, wie die berühmte Marilyn-Serie oder die legendären Campbell's-Suppendosen.

Die „Auto-Ikonen" gingen zuerst auf eine lange Tour rund um die Welt, machten unter anderem in Japan in fünf Städten Station. Nach dieser Welt-Reise finden Warhols letzte Bilder dann ihren endgültigen Platz im Stuttgarter Verwaltungsneubau des Konzerns, dem bereits eine gewisse museale Atmosphäre zu eigen ist. Daimler Benz sammelt seit den siebziger Jahren moderne Klassiker speziell aus der südwestdeutschen Heimat, wie unter anderem Oskar Schlemmer und Willi Baumeister.

Autos allerdings ließen sich an dieser Stelle bisher nicht finden. Die Urheberschaft an dieser Idee teilen sich zwei kreative Köpfe. Der Galerist Hans Mayer aus Düsseldorf und der Kritiker Werner Spies, der unter dem Titel „Kritik der Emotionslosigkeit" den Text zum Katalog schrieb. Zu verstehen sind diese Autobilder als eine „Reverenz an das Genie der Ingenieure" des Hauses. Ideen-Geber Mayer trieb das Projekt dann quasi auf Alleinfahrt an, brachte Andy Warhol 1986 ein Foto des Mercedes 300 SL, jenes Wagens, mit dem das Werk Anfang der fünfziger Jahre an seine Sportwagen-Tradition anknüpfte. Wie der „Spiegel" (Nr. 52/1987) in einer ausführlichen und mit vielen „Cars"-Bildern illustrierten Beschreibung dieses Projektes erkennen ließ, begeisterte sich Warhol gleich an der Form, fand sie so einprägsam wie eine Coca-Cola-Flasche; er übertrug das überbrachte Sujet auf vier Leinwände, zweimal als Einzelmotiv, zweimal in Achterserien. Das Ergebnis gefiel den Auftraggebern in Stuttgart, und so wurde im September 1986 ein Vertrag geschlossen. Der sah vor, daß Warhol in gleicher Weise insgesamt 20 Mercedes-Modelle auf 80 Bildern darstellen sollte. Mittelsmann Mayer fand Warhol von dem Großauftrag (was sich nachfühlen läßt) „absolut begeistert", obwohl der Pop-Artist hatte „große Zugeständnisse" machen müssen. So war es jedenfalls später zu lesen.

Über das Honorar Warhols sind keine Einzelheiten bekannt, die Auftraggeber verhandelten aber „sehr preisbewußt". Der Wert läßt sich jedoch ziemlich präzise abschätzen, Warhol-Bilder von dieser Größe, nämlich 1,52 und 1,27 mal 1,52 Meter, erzielen als Originale einen Stückpreis zwischen 120000 und 150000 Dollar.

Doch die große Serie blieb ja unvollendet, schaffte doch Andy Warhol bis zu seinem Tod nur acht Motive, wenn er auch mit drei auf eigene Faust behandelten Großformaten laut „Spiegel" über das Vertragsziel hinausschoß. Auftraggeber Daimler Benz kaufte davon noch eines dem Künstler ab. Auch zu einem geplanten Besuch in Stuttgart kam es nicht

mehr, dort sollte sich Warhol die Aufnahmen neuer und noch nicht produzierter Modelle abholen.

Zitieren wir den Kritiker Werner Spies aus dem Katalog der Tübinger Ausstellung: „Warhols Serie ist reich an Abwechslung, Farbwahl, Wahl des Schemas, in das sich die Wiederholung des Motivs einschreibt ... die Autos unter verschiedenem Blickwinkel zeigen, nach rechts oder links blickend, verkürzt wiedergegeben, helle Pastelltöne, dann wieder Beschränkung auf die drei Primärfarben, Vorliebe für Komplementärkontraste, die die aufheizende Leuchtkraft der Marilyn-Bilder und Selbstportraits in Erinnerung rufen, Farbparadoxien, die aus dem ‚Silberpfeil‘ bunte Dragees machen."

Zu dem Gedanken, das „Auto als Ikone", schreibt Werner Spies dann:

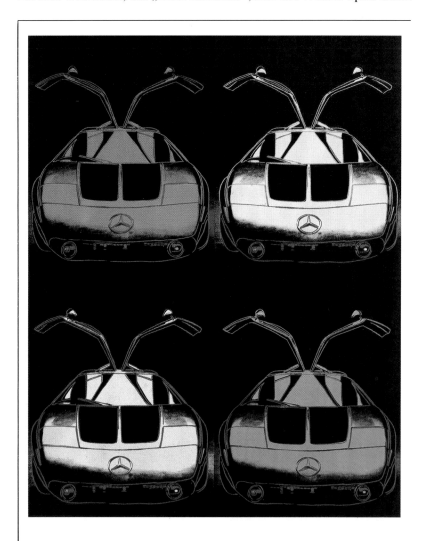

50

„Die Autos, die er malt, wirken unantastbar. Die irrealen Farben ent-materialisieren sie. Es sind leere Autos. Erzählerisches fehlt – einen Kommentar bringt der Verzicht auf die Funktion."

Dieser letzte Zyklus schließt an eine Reihe von Serien an, die zur Kultur-geschichte der sechziger und siebziger Jahre gehören. Zum Beispiel „Shadows" der bereits erwähnten „Campbell's Soup Cans", „Myths", „Shoes", „Endangered Species", „Details of Renaissance Paintings", „Reigning Queens". Auch typisch deutsche Motive waren übrigens da-bei. Zum Beispiel der Kölner Dom, Goethe, das Holstentor, Einstein. Warhol beschäftigte sich auch nicht zum erstenmal mit dem Thema „Cars". Allerdings verarbeitete er früher das Auto stets zu Bildern des Schreckens, den „Car Crash"-Motiven, die Autos aus dem Panoptikum

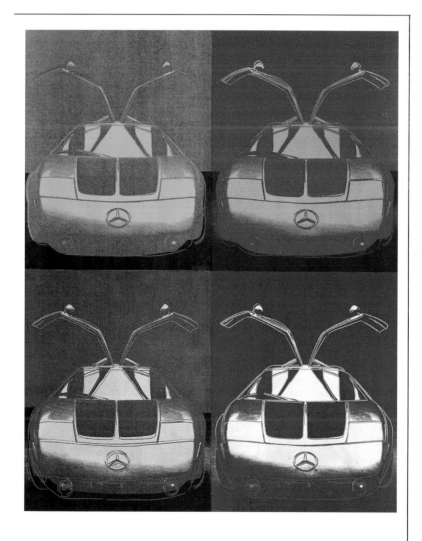

51

271

des Horrors zeigen. Offensichtlich gehörte das Automobil (Warhol besaß keinen Führerschein) bis dahin für ihn zu den „Ikonen des Schrek-
kens". In seiner letzten Serie machte er aus ihm dann eine sinnlich-lok-
kende Erscheinung.
Fazit: Der Leiter der Tübinger Kunsthalle, Götz Adriani, hält es für
durchaus legitim, einen Künstler so eng an ein Unternehmen zu binden,
wie es im Fall Warhol–Daimler Benz geschah: „Was wäre Michelangelo
ohne die Medici."
Daimler Benz wird mit diesen Bildern noch viel Publizität erhalten. Dafür sorgt schon Warhols Bedeutung für die zeitgenössische Kunst.

Philips: Mit der Oper auf eine „Bank" gesetzt

Im Sommer 1986 wurde der Richtungswechsel vollzogen. Philips mochte nur noch wenig Sinn darin sehen, als stiller Spender aufzutreten. Also: raus aus Anonymität, weg vom heimlichen Mäzenatentum – künftig sollten die Gaben des Unternehmens öffentlich publiziert werden. Das Budget belief sich zu diesem Zeitpunkt (1986) auf eine halbe Million Mark. Philips widmete es der Oper. Und zwar ausschließlich solchen Häusern, „deren Namen synonym für herausragende Opernarbeit stehen".

Herausragende Opernarbeit

Im Visier auch: die Klassiker. „Faust" zum Beispiel wurde 1986 in Hamburg gefördert. „Der fliegende Holländer" mit einer Inszenierung in Bonn und „Martha" am Stuttgarter Opernhaus. Den Klassikern fühlte sich Philips also verbunden und den großen Opernhäusern. Philips, als Einsteiger ins Sponsoring, setzte auf diese „Bank" und mochte sein Vertrauen nur den großen Häusern schenken.

Wie es hieß, geschah dies alles, um eine neue, unverkrampfte und ehrliche Beziehung zwischen Wirtschaft und Kultur aufzubauen. Deshalb setze man auf Inszenierungen und Häuser, „die sich bereits durch eine bestmögliche Realisierung ihres Spielplans vom Durchschnitt des allgemeinen Angebots abheben".

In der Süddeutschen Zeitung (15. Juli 1986) wurde dann noch ein Zusatz, quasi als Ermahnung, vermerkt. Gerichtet vom Sponsor an die verantwortlichen Intendanten. Da heißt es, die Förderung enthebe sie „nicht der Verpflichtung, in ihrem Betrieb auch ein Instrument zu sehen, das man als Wirtschaftsgut behandeln muß". Wobei die Intendanten jener Häuser, wie die Süddeutsche bemerkte, zu denen Rolf Liebermann, Wolfgang Sawallisch oder Götz Friedrich zählten, keine „verantwortungsscheuen Novizen" des Genres seien, „die also ermahnt werden müssen, mit den Philips-Subsidien ganz besonders genau umzugehen".

Burda:
Andy Warhol und der Passepartout-Preis

Der Auftrag an Andy Warhol, zwei Bilder für das Verlagsgebäude in München zu schaffen, und die Ausschreibung für den ersten Passepartout-Preis liegen mehr als fünf Jahre auseinander und haben so direkt eigentlich nichts miteinander zu tun, außer daß der gleiche Initiator und Sponsor dahinter stand: Dr. Hubert Burda. Immer schon den schönen Künsten sehr zugeneigt, ließ er sich die Gelegenheit nicht entgehen, für das neue Verlagsgebäude an prominenter Stelle, im Foyer, Kunst einzuplanen, und das, bevor mit den Bauarbeiten begonnen wurde – so wie es eigentlich sein sollte. Andy Warhol schuf zwei Bilder, „Images of Munich City" mit markanten Baudenkmälern der Stadt und „Bunte Covers", eine Bildcollage aus Bunte-Titeln mehrerer Jahrzehnte. Die Bilder sind seitdem nicht nur attraktiver Blickfang für den Besucher, sondern häufig und vielfach besprochen im Zusammenhang mit Andy Warhols Lebenswerk.

Kunst-präsentation

Mit dem Passepartout-Preis will Hubert Burda nunmehr jährlich Ausstellungsmacher für herausragende Konzepte auf dem Sektor der Kunst-Präsentation auszeichnen. „Was die Ausstellungsmacher leisten, kann meiner Meinung nach gar nicht hoch genug geschätzt werden. Denn ohne sie wäre Kunst geblieben, was sie allzulange war: eine Sache für Eingeweihte, für eine Elite, für wenige. Deshalb habe ich einen Preis gestiftet, der denjenigen auszeichnen soll, der in diesem Bereich etwas Besonderes geleistet hat." Jan Hoet, Direktor des Genter Museums für zeitgenössische Kunst, ist der erste Preisträger. Er erreichte, daß namhafte Gegenwartskünstler aus aller Welt die Gelegenheit bekamen, in Genter Bürgerhäusern Kunst zur inszenieren, Räume zu gestalten, mit Farbe, Licht oder Bildern.

Andy Warhol's Auftragsarbeit für das Burda-Verlagsgebäude in München; Titel: „Bunte Covers".

DFS&R:
Dialoge im Garten

Daß Kultur-Sponsoring nicht den Großunternehmen vorbehalten bleiben muß, zeigt das Beispiel der Ausstellung des Schweizer Bildhauers Schang Hutter, die von der Werbeagentur DFS&R auf dem Agentur-Gelände, für die Öffentlichkeit zugänglich, durchgeführt wurde. Eröffnet von Jürgen Kolbe, dem Münchner Kultur-Referenten, war die Ausstellung im Münchner Stadtteil Bogenhausen Gegenstand zahlreicher positiver, teils überschwenglicher Besprechungen in den Feuilletons der Münchner Zeitungen. Michael Bökler kommentierte in „werben und verkaufen" die Ausstellung und erläuterte die Idee: „Im Garten der Agentur DFS&R an der Münchner Possartstraße konnten kunstinteressierte Besucher fast einen Monat lang zwischen Plastiken des Schweizer Bildhauers Schang Hutter lustwandeln. Und bei dieser Gelegenheit Dialoge führen und über Dialoge nachdenken. Denn Hutters Plastiken sind Gruppenfiguren, die miteinander kommunizieren – und deshalb zur Kommunikation anregen sollen." Und Jürgen Kolbe sagte zur Eröffnung: Normalerweise schließen die Leute ihre Gärten zu. Hier ist der lobenswerte Fall, daß ein Garten geöffnet und einem kulturellen Zweck zugeführt wird". In der Tat – geeignete „Gärten" gäbe es viele, wo Skulpturen außerhalb des Museums in einem lebendigen Umfeld präsentiert werden könnten. Mit Sicherheit eine eher ungewöhnliche Alternative zu der eher üblichen Ausstellung bildender Kunst in der „Empfangshalle unseres Bürogebäudes . . ."

Garten geöffnet

279

SCHANG HUTTER

Plastik in Architektur
und Landschaft

Possartstraße 13
München
26.6.-3.8.'79
Montag mit Freitag
10.00-17.30 Uhr

SCHANG HUTTER

Plastik in Architektur   Possartstraße 13
und Landschaft   München
                         26.6.-3.8.'79
                         Montag mit Freitag
                         10.00-17.30 Uhr

Schang Hutter-Architektur und Plastik / Eine Ausstellung bei DFS + R Dorland:

Im Garten der Agentur DFS + R Dorland an der Münchner Possartstraße konnten kunstinteressierte Besucher fast einen Monat lang zwischen Plastiken des Schweizer Bildhauers Schang Hutter lustwandeln. Und bei dieser Gelegenheit Dialoge führen und über Dialoge nachdenken. Denn Hutters Plastiken sind Gruppenfiguren, die miteinander kommunizieren — und deshalb zur Kommunikation anregen sollten.

„Normalerweise schließen die Leute ihre Gärten zu. Hier ist der lobenswerte Fall, daß ein Garten geöffnet und einem kulturellen Zweck zugeführt wird." Mit diesen Worten hat Dr. Kolbe, seines Zeichens Kulturreferent der Stadt München, im Juli dieses Jahres bei Dorland die Schang-Hutter-Ausstellung eröffnet.

Tatsächlich haben die Dorland-Werber mit ihrer Ausstellungs-Initiative mehrere Ziele erreicht. Neben dem PR-Effekt der Schang-Hutter-Plastiken für DFS+R Dorland ist wohl auch die Auswirkung derartiger kultureller Präsentationen auf das Image der Werbung im allgemeinen und der Werber im speziellen nicht zu unterschätzen.

Ein Aspekt, der auch von Dr. Kolbe angesprochen wurde: „Die großen Städte in diesem Land sind auf Initiativen der Wirtschaft und des Bürgers angewiesen, wie wir wieder zu einem reicheren und vielfältigeren Kulturleben kommen wollen. Diese Ausstellung könnte ein Beispiel setzen." Werbe-

Dialoge im Garten

agenturen und Kommunikationsbetriebe also als Nachfolger mittelalterlicher Potentaten und Kunstmäzene — im kleinen Stil, aber mit möglicherweise großen Auswirkungen: Der „Buh-Mann" Werbung auf dem Weg zu einem kulturfördernden Image?

Der Künstler Schang Hutter ist für eine Ausstellung, die von Kommunikationsfachleuten und Kreativen inszeniert wird, fast schon prädestiniert. Seit einigen Jahren formt der Berner Plastiker vorwiegend Gruppenfiguren, meist aus Holz, die in einer kommunikativen Beziehung zueinander stehen.

Dorland-Geschäftsführer Peter Roth: „Mich erinnern Schang Hutters Plastiken an unsere Arbeit; Werbung ist zuerst und zuletzt eine Mitteilung von Mensch zu Mensch. Hutters figurative Plastiken führen Dialoge, und wir können einen Dialog mit ihnen führen."

Michael Böckler

„Schaffen neuer Wirklichkeiten durch die elektronische Veränderung vorhandener Objekte"; Titel: „T for 2" Gestalter: Inge Graf + Zyx

„T for 2", Inge Graf + Zyx

Siemens:
artware – Kunst und Elektronik

„artware" heißt das Konzept, das Siemens vor drei Jahren entwickelt hat, um elektronische Kunst zu präsentieren. „artware" ist auch der Name einer Ausstellungsreihe, die von Siemens und der Deutschen Messe AG in Hannover ins Leben gerufen wurde. 80000 Besucher verzeichnete die Ausstellung auf der CeBIT im Jahre 1988. Akzeptanz findet das Konzept jedoch nicht nur bei Messebesuchern, sondern auch bei den Besuchern des Siemens-Museums in München. Dreizehn renommierte Künstler haben Objekte, zum Teil spezielle, für „artware" geschaffen und damit Einblick in die Avantgarde des Kunstgeschehens an der Nahtstelle zwischen Kunst und Elektronik gegeben." Siemens ist auch Haupt-Sponsor der Ausschreibung des „Prix Ars Electronica", veranstaltet vom Österreichischen Rundfunk, einem mit hoher Beteiligung durchgeführten Wettbewerb. Siemens will mit diesen Aktivitäten dem wachsenden Interesse an der elektronischen Kunst gerecht werden und Technik durch künstlerische Interpretation verständlich machen. Schließlich soll Künstlern, die mit hochkomplizierten Apparaten arbeiten, die Möglichkeit der Präsentation geboten werden, die in herkömmlichen Galerien nur selten gegeben ist.

Technik durch künstlerische Interpretation verständlich machen

Sind diese Werke nun Kunst oder Unterhaltung oder unterhaltsame Kunst? Eine eindeutige Antwort, so Prof. Kallaway, künstlerischer Leiter von „artware", sei darauf nicht möglich. Fest steht für ihn nur, daß Künstler sich mit diesen Medien auseinandersetzen müssen, wenn sie sich in die medienbestimmten Grenzbereiche vorwagen wollen.[92]

Bill Kallaway

Großbritannien: Der Sponsor findet zunehmend Akzeptanz

Die Entwicklung in Großbritannien

Kunst- und Kulturförderung

C & C Clark

Harveys of Bristol

ABSA Business Incentive Scheme

J. Sainsbury

Royal Insurance und
Royal Shakespeare Company

Eine unerwartete, aber zeitgemäße Rolle spielte im August 1987 ein Schild von Richard II aus dem Fundus der Royal Shakespeare Company, als dieser von Terry Hands, dem künstlerischen Direktor der Company, dem General Manager der Royal Insurance Gruppe, Ian Rushton, übergeben wurde. Dieser Akt symbolisierte nicht nur das größte jemals in Großbritannien eingegangene Engagement in Höhe von mehr als 1,1 Millionen £ Sterling, sondern auch einen neuen Abschnitt im Kultur-Sponsoring, da die RSC eingewilligt hatte, den Namen des Sponsors in ihr weltbekanntes Logo zu integrieren. Die Anerkennung einer Partnerschaft, noch vor 20 Jahren undenkbar und selbst Mitte der achtziger Jahre von vielen für unmöglich gehalten.

Die Details, die sich hinter diesem Engagement verbergen, werden später diskutiert. Um aber seine Wirkung und Bedeutung zu verstehen, ist ein kleiner Rückblick in die Geschichte des Sponsoring in Großbritannien in den letzten 20 Jahren sinnvoll.

Sponsoring wird definiert als „a mutually advantageous business colaboration to achieve a defined objective."

Its purpose is:

„the creation of a favourable climate in which to trade."

In der täglichen Praxis ist Sponsoring ein etwas vager Begriff, mit dem alle Aktivitäten eines Unternehmens in Verbindung mit Veranstaltungen oder Anlässen bezeichnet werden, die außerhalb der normalen Geschäftstätigkeit liegen und einen kommerziellen Vorteil bringen sollen. Seiner Natur nach kann dieser Vorteil vieles bedeuten – von breiter internationaler Publizität bis zu einem niveauvollen Rahmen für geschäftliche Einladungen.

Sponsoring, ob nun auf breiter Ebene oder sehr individuell betrieben, wird in zunehmendem Maße genutzt, um ein Unternehmen oder eine Marke vorteilhaft im Markt zu positionieren.

Die Entwicklung in Großbritannien

Erst seit den sechziger Jahren kann man in Großbritannien ernsthaft von Sponsoring sprechen, als die Zigaretten-Industrie und die Brauereien sich des Sponsoring annahmen. Es war die Erkenntnis, vorrangig im Sport, daß Freizeitbeschäftigungen eine motivierende Kraft für das Produktmarketing haben können.

Sie betraf das persönliche Auftreten von Sportlern und Sportlerinnen, Startgelder und Werbung auf dem Produkt. Sie ließ der Bandenwerbung im Stadion neue Bedeutung zukommen und veranlaßte Fernsehgesellschaften, die Richtlinien für die Präsentation kommerzieller Produkte neu zu überdenken. Die Sportfunktionäre und -verbände fanden neue Ansatzpunkte für ihre Verhandlungen, neues Geld floß auf ihre Konten, und sie sahen einer hoffnungsvollen Zukunft entgegen.

Da die Tabakindustrie das Feld anführte, beeinflußte sie auch die Definition des Wortes „Sponsoring", damals noch als „Promotion" bezeichnet. Vom Ansatz her war Sponsoring Teil des Marketings, da es Merchandising-Aktivitäten und Musterverteilung in großem Umfange ermöglichte. Wachsender Druck der immer mächtiger werdenden Anti-Raucher-Lobby und die Veröffentlichung von Berichten über Gesundheitsschäden signalisierten das Ende der Zigarettenwerbung im Fernsehen. So wurden neue Möglichkeiten für eine weitverbreitete Darstellung des Markennamens immer wichtiger. Indem sie sich auf ihren Rückzug aus dem kommerziellen Fernsehen vorbereitete, begann die Tabakindustrie, die Verhandlungen mit Sportverbänden zu dominieren und leitete eine hektische Suche nach fernsehübertragenen Veranstaltungen ein.

Markenbekanntheit war nun die Zielsetzung, und die Probenverteilung sank in der Prioritätenskala. Gleichzeitig wurden „Sales Promotion" – in „Special Events"-Abteilungen umbenannt.

Kunst- und Kulturförderung

Während dieser Entwicklungsphase waren die Kultur-Vertreter weniger überzeugt von den Errungenschaften der Kommerzialisierung und verhielten sich abwartend.

Um diese Zurückhaltung zu verstehen, muß man die Kultur im Zusammenhang mit ihrer Finanzierung betrachten. Der Arts Council of Great Britain wurde 1946 gegründet und mit einem Budget von jährlich 2,325 £ Sterling ausgestattet. Eine Royal Charter formuliert seine Aufgabe *Royal Charter* wie folgt: „to develop and improve the knowledge, understanding and practice of the arts; to increase the accessibility of the arts" 1987 betrug das jährliche Budget 138 400 000 £ Sterling.

Obwohl diese Förderung der öffentlichen Hand eines der vitalsten, kreativsten Kunstszenarios weltweit hervorbrachte, hat sie gleichzeitig zu einer Abhängigkeit geführt, der die staatliche Finanzierung nicht mehr gerecht werden konnte. In den frühen siebziger Jahren zeichnete sich dann ab, daß die Kunst einer pluralen Finanzierung bedarf, und zwar seitens des Arts Council, privater Nutzer, kommerzieller Interessenvertreter und Sponsoren. Aber anders als ihre „sportlichen" Gegenspieler war die Kunst für diese Herausforderung nicht reif.

In den späten sechziger Jahren wurden die ersten Verbindungen eingegangen, zwischen WD & HO Wills und dem London Philharmonic Orchestra, und Peter Stuyvesant und dem London Symphony Orchestra. Obwohl diese Engagements damals als innovativ galten, handelte es sich aus heutiger Sicht mehr um Mäzenatentum denn um Sponsoring.

Gegen Mitte der siebziger Jahre flossen der Kunst etwa 0,5 Millionen £ Sterling an Sponsorengeldern zu, aber zu dieser Zeit begann sich die bevorstehende Entwicklung bereits abzuzeichnen. 1976 sponserte Commercial Union zur Stützung seines expandierenden Versicherungsgeschäftes eine große Tournee des London Philharmonic Orchestra, und 1977 feierte John Player, eines der größten Tabakunternehmen des Landes, sein 100jähriges Jubiläum mit einem 10tägigen Kunstfestival in London. Hierbei folgte Players einem Muster, das bereits im Sport ange-

wandt wurde, indem der Firmenname Bestandteil des Veranstaltungs-
titels wurde: The John Player Festival. Mit vier Neuinszenierungen und
einer einmaligen Aufführung des Tom Stoppard Stückes „Every Good
Boy Deserves Favour", inszeniert von Trevor Nunn, mit Andre Previn,
der das London Symphony Orchestra dirigierte, erregte es erhebliches
Aufsehen.

Plötzlich konnte man eine Vielzahl von Aktivitäten auf allen Gebieten
beobachten. Kultur-Sponsoring und seine Bedeutung im Rahmen der
Kulturfinanzierung nahm seinen Lauf.

Association for Business Sponsorship of Arts

Die logische Folge war die Gründung der Association for Business Sponsorship of the Arts (ABSA) im Jahre 1976. Ihre Zielsetzung war, das öffentliche Bewußtsein und Verständnis für kommerzielles Sponsoring zu
erhöhen und Industrie und Handel zu einem erhöhten Engagement für
die Kunst zu bewegen.

Die ABSA fand Unterstützung bei den wichtigsten Sponsoren des Landes und erhielt damit eine gute Basis für ihre Arbeit (1987 hatte die
ABSA über 220 Mitglieder).

Eine der ersten Initiativen der Association war die Schaffung des Annual ABSA Award, der vom Daily Telegraph unterstützt wurde. Eingeführt im Jahre 1978, spielt dieser Preis heute eine wichtige und begehrte
Rolle im Jahreskalender des britischen Sponsoring. Frühere Empfänger
des ABSA Awards waren C & J Clarks für die Unterstützung des Whirligig Theatre und Haryeys of Bristol für die Unterstützung der Leeds International Piano Competition.

C & C Clark

Der Schuhhersteller **C & C Clark,** einer der Großen in Großbritannien,
war auf der Suche nach neuen Ideen, um die neue Corporate Identity
bekanntzumachen und neue Verbraucherschichten zu erschließen.

Clark's Kinderprodukte mit ihrer Qualität, guter Verarbeitung und Paß-
form fanden in den Städten der „Mittelklasse" großen Anklang.

Zum gleichen Zeitpunkt befand sich das Whirligig Theater, eine Kinder-
theatergruppe unter Leitung von David Wood, einem bekannten Autor
von Kinderstücken, in seiner Gründungsphase.

Beide Parteien hatten sich jeweils getrennt mit ihrem Anliegen an Kallaway gewandt.

Da die Vorteile einer möglichen Kooperation auf der Hand lagen,
wurde ein Vorschlag ausgearbeitet. Der Name lautete „Clark's Whirligig Theatre", wobei das Wort Clark mit dem festgelegten Logo erschien,
und die Hausfarben Rot, Grün, Gelb Verwendung fanden.

Das vorgeschlagene Sponsor-Engagement baute auf einer Tournee auf.
Die Kosten wurden aus der geschätzten Differenz zwischen Aufwendungen und geschätzten Einnahmen kalkuliert, wobei der Eintrittspreis
künstlich niedrig gehalten wurde, um Kindern, unabhängig von ihren familiären Verhältnissen, den Besuch zu ermöglichen.

Das Konzept wurde von Clark angenommen, und so gab es eine 13-Wo-

chen-Tournee, durch die größeren britischen Städte. In etwa der Hälfte dieser Städte war ein Theaterbesuch für Kinder eine ganz neue Erfahrung.

Die Tournee, die erste ihrer Art, ermöglicht ausschließlich durch Sponsorengelder, wurde auf den klassischen Wegen angekündigt: Poster, Handzettel, Anzeigen, Bekanntmachung in Schulen und Clark Filialen. Lehrerseminare wurden abgehalten, und die Qualität der Whirligig Pro-

---

Comic-Heft (oben) und Theater zum Ausschneiden als Geschenk für Kinder.

duktion – mit voller Bühnenausstattung, komplettem Erwachsenen-Ensemble – wurde erläutert.

Über 100 000 Kinder und Eltern besuchten während der ersten Tournee die Aufführungen.

Um das Clarks Engagement zu unterstreichen, wurden jedem Kind nach der Aufführung Buttons, ein Comic-Heft, das aus der Produktion entwickelt war, und ein Theater zum Ausschneiden übergeben. Also etwas zum Mitnehmen und etwas, womit man in der Schule arbeiten kann.

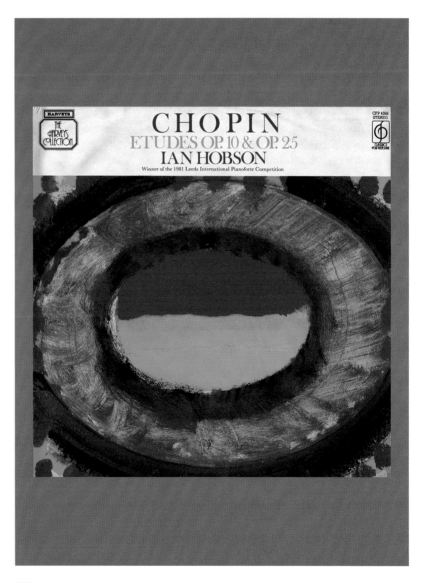

Harveys of Bristol

Harveys of Bristol wurde durch seine Identifikation mit dem Kunstleben der Stadt Bristol zu einem bedeutenden Sponsor. 1987 war das 13. Jahr der Harveys of Bristol Konzertreihe und der Zusammenarbeit mit dem angesehenen Bristol Old Vic Theatre.

Von dieser Grundlage aus erweiterte das Unternehmen 1978 sein Pro-

Prominente Künstler entwarfen Platten-Cover zu bekannten Klavierstük-ken. Daraus entstand „The Harveys Collection". Der dezente Sponsor-Hinweis befindet sich in der linken oberen Ecke.

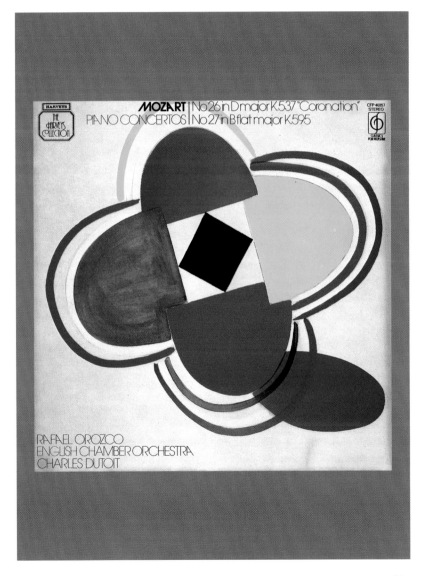

gramm und unterstützte die Leeds International Piano-forte Competition, einen der bedeutendsten Musikwettbewerbe der Welt. Der Wettbewerb wird alle zwei Jahre mit Unterstützung des BBC Fernsehens abgehalten. Untersucht werden mußte deshalb die Frage, wie die Veranstaltung in den spielfreien Jahren zwischen den Wettbewerben ausgebaut und die Verbindung mit der Veranstaltung erhalten werden konnte. Also lautete die Aufgabenstellung, eine Veranstaltung zu schaffen, welche die Assoziation mit dem Wettbewerb noch steigern kann.

So startete Harveys nach dem Wettbewerb des Jahres 1981 eine landesweite Tournee der National Trust Properties, bei der im Wettbewerb ausgezeichnete Teilnehmer auftraten. Dann beauftragte Harveys sechs bekannte britische Künstler – Terry Frost, Peter Blake, David Inshaw, Howard Hodgkin, Graham Arnold und Patrick Heron – Bilder zu sechs bekannten Klavierstücken zu malen. Die Bilder mußten quadratisch sein, damit sie auf Plattenhüllen abgebildet werden konnten. Die Werke wurden von Classics for Pleasure, einem Plattenproduzenten, ausgewählt und vermarktet.

Harveys unterstützte auch eine Reihe von Plattenaufnahmen ehemaliger Gewinner des Leeds Piano Wettbewerbes und des English Chamber Orchestra. Die Platten wurden landesweit in Niederlassungen mit hohem Fußgängerverkehr verkauft. Bekannt als „The Harveys Collection" erreichten sie einen hohen Identifikationsgrad mit Harveys.

Die Medienresonanz auf die Bilder, die Unterstützung der Plattenaufnahmen und die erzielten Verkäufe waren äußerst positiv.

Um die Verbindung mit dem Wettbewerb noch zu verstärken und die Medienwirkung zu erhöhen, wurde der Wettbewerb in „The Harveys Leeds Piano Competition" umbenannt.

ABSA Business Incentive Scheme

Zu den Aufgaben der ABSA gehört auch das Business Sponsorship Incentive Scheme (Stimulierung des Sponsoring). Das Projekt wurde im Oktober 1984 vom Minister für Kunst ins Leben gerufen und von der Abteilung für Kunst und Bibliotheken finanziert. Durch dieses Projekt sollen neue Sponsoren gewonnen und andere zu höheren Zuschüssen bewegt werden.

Über Anträge entscheiden der Sponsor und das gesponserte Institut gemeinsam. Im ersten Halbjahr (1984) des Programmes, als die Beiträge neugewonnener Sponsoren noch auf der Basis 1 zu 3 bezuschußt wurden (die gesponserten Beträge rangierten von 2500 bis zu 25 000 £ Sterling), erhielten 57 Kultur-Institute auf insgesamt 2,5 Millionen £ Sterling an neuen Sponsorengeldern einen Zuschuß von 0,5 Millionen £ Sterling.

Das Programm wurde 1985 geändert, die Zuschüsse wurden in zwei Kategorien unterteilt:

1. Sponsorengelder von Unternehmen, die erstmalig als Kunstförderer auftreten, wurden bei einem Betrag von über 1000 £ Sterling im Ver-

hältnis 1:1 aufgestockt. Hierdurch sollte kleineren und mittleren Unternehmen ein Anreiz geboten werden.

2. Zuschüsse auf der Basis 1:3 wurden gegeben, wenn Sponsoren ihr Engagement um 3000 £ Sterling oder mehr erhöhten.

Dieses neue Regierungsprogramm ist ein Beispiel für Mrs. Thatchers Förderung der Privat-Initiative auch in der Kultur. Es hat wesentlich zur Stimulierung des Kunstmarktes beigetragen.

Förderung der Privat-Initiative

Während der letzten 20 Jahre sind die Aufwendungen für Kultur-Sponsoring auf etwa 30 Millionen £ Sterling angestiegen – was ungefähr einen Anteil von 15 Prozent der Gesamtausgaben für Sponsoring in Großbritannien ausmacht.

Kultur-Sponsoring begann mit ersten zaghaften Ausdrucksformen unternehmerischen Engagements und entwickelte sich sehr vielfältig, bis zu speziell für das Fernsehen entwickelten Anlässen.

Preisgekröntes Beispiel ist der Sainsbury's Choir of the Year Wettbewerb.

J. Sainsbury

J. Sainsbury ist die größte Lebensmittelkette in Großbritannien mit 270 Supermärkten, die ca. 6,5 Millionen Kunden wöchentlich bedienen.

Sainsbury begann sein Sponsoring-Programm 1981. Mit einem Beitrag von insgesamt 500 000 £ unterstützte das Unternehmen regionale Tourneen der Kent Opera, des Sadler's Wells Royal Ballet und des Polka Children's Theatre. Noch während dieses Programm lief, machte das Unternehmen eine Untersuchung, um die Vorteile, die ein Programm unter eigenem Namen bieten würde, festzustellen. Dieses Programm sollte den Interessen der Kunden entgegenkommen. Es sollte

- einen bestehenden Bedarf erfüllen,
- nur durch Sponsorunterstützung möglich sein,
- die Zielgruppe Frauen/Familie erreichen,
- eine landesweite Präsentation möglich machen,
- eine hohe Beteiligung in den Gemeinden erreichen,
- gute Medienberichterstattung, möglichst Fernsehen ermöglichen,
- von guter Qualität sein.

Chorgesang ist eine in England stark verbreitete Aktivität mit einer traditionell großen Anhängerschaft. Vornehmlich von Frauen wahrgenommen, ist Chorsingen weitgehend klassenlos. Das verbindende Element ist das gemeinsame Interesse an Chormusik. Sainsbury erkannte das Potential und sponserte 1982 „Sainsbury's Festival of Choirs", das in der Royal Albert Hall abgehalten wurde. 1983 wurde dieses Engagement fortgesetzt, und man begann nach Möglichkeiten zu suchen, die Anziehungskraft auf andere Regionen auszudehnen. Schließlich wurden Verhandlungen mit der BBC aufgenommen.

Interesse an Chormusik

Das Resultat war eine neue Veranstaltung unter dem Namen „Sainsbury's Choir of the Year". Die Veranstaltung wurde landesweit beworben und wandte sich an zwei Altersgruppen – Erwachsene und Jugendliche:

- Über 300 Chöre mit 11 000 Sängern nahmen teil.
- 16 Veranstaltungen wurden landesweit durchgeführt. 48 Chöre wurden für Fernsehübertragungen ausgewählt.
- BBC Television sendete sieben 40minütige Vorabendprogramme. Die Übertragungen liefen sieben Wochen bis in die Weihnachtszeit.

Alle Werbemittel, Handzettel, Programme und Poster zeigten ein speziell entworfenes Logo. Besondere Poster für den Ladenaushang in den Regionen wurden entwickelt.

Alle Semi-Finalisten erhielten eine gesondert angefertigte Einkaufstasche mit dem individuellen Namen ihres Chores und dem Wettbewerbslogo.

1986 wurde die Veranstaltung mit einer einstündigen Sondersendung des BBC Television eingeleitet.

1987 nahmen 350 Chöre mit 15 000 Sängern teil. Das BBC Television sendete acht Programme, und die Finalisten dieser Sendung traten in mehreren Fernseh- und Radioshows auf.

„Pirelli-Gardens", hier abgebildet auf dem Album des Victoria & Albert Museums in London, heißt nun der restaurierte historische Innenhof des berühmten Museums. Sponsor: Pirelli. Dezent wird auf den Wegweisern im Museums darauf hingewiesen. Im Innenhof selbst verkündet nur eine im Boden eingelassene Marmorplatte von der edlen Tat.

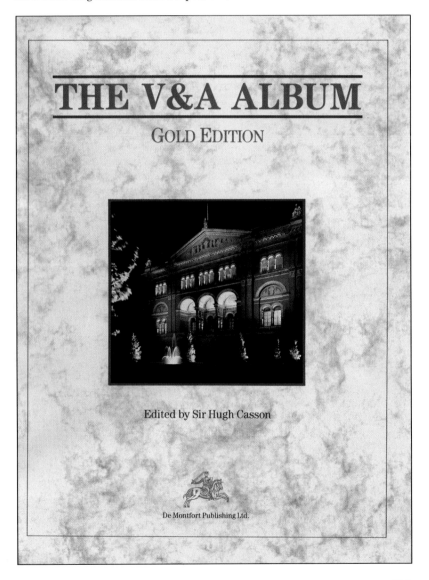

Zusätzlich zu den Kosten für Mieten, Promotion, Verwaltung und Jury-Honorare übernahm Sainsbury's im Rahmen seines Engagements die Reisekosten für die 48 ausgewählten Chöre und zahlte die Übernachtungen für ca. 1000 Sänger.

Der Sainsbury's Choir of the Year, eine jedes zweite Jahre ausgetragene Veranstaltung, ist zur führenden Veranstaltung für Chöre geworden. Sie soll nun in jedem Jahr wiederholt werden.

Sainsbury's erhielt 1985 den ABSA Award für dieses Engagement.

Der größte Empfänger von Sponsorengeldern ist das Royal Opera House, Covent Garden. Es wird mit 13 Millionen £ Sterling jährlich vom Arts Council und ca. 2 Millionen £ Sterling von Sponsoren unterstützt.

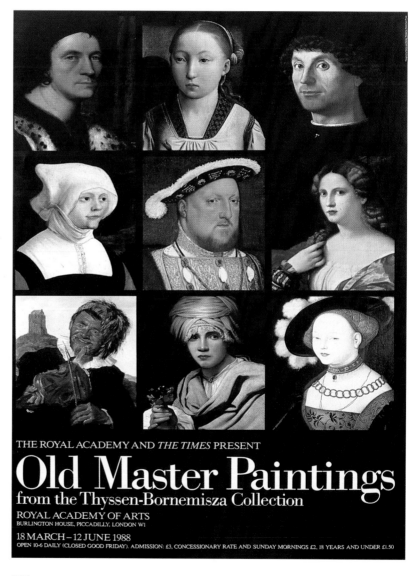

THE ROYAL ACADEMY AND *THE TIMES* PRESENT

Old Master Paintings
from the Thyssen-Bornemisza Collection

ROYAL ACADEMY OF ARTS
BURLINGTON HOUSE, PICCADILLY, LONDON W1

18 MARCH – 12 JUNE 1988
OPEN 10-6 DAILY (CLOSED GOOD FRIDAY). ADMISSION: £3, CONCESSIONARY RATE AND SUNDAY MORNINGS £2, 18 YEARS AND UNDER £1.50

Als klassisches Musiktheater ist es sehr beliebt bei Sponsoren, die für ihr Engagement die konservative Richtung bevorzugen, z.B. British Airways mit der Unterstützung der Frederic Ashton Produktion von Cinderella. Mit einer Royal Gala zugunsten der British Lung Foundation eröffnet, betrug der Sponsorbeitrag 150 000 £ Sterling.

Im Gegensatz hierzu Mont Blanc – mit der Unterstützung dreier britischer Künstler der Whitechapel Gallery. Dieses Engagement, das auch

---

Die Royal Academy arbeitet mit unterschiedlichen Sponsoren zusammen, um große Ausstellungen zu finanzieren. Links: Thyssen-Sammlung, Sponsor: The Times. Unten: Cezanne, „sponsored by the Chase Manhatten Bank"

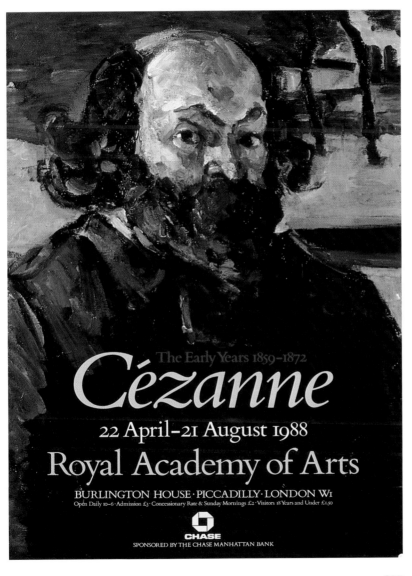

unterstützende Werbung beinhaltet, wird über mehrere Monate laufen. Digital, ein High Tec Unternehmen, kündigte 1986 an, zwei Jahre 500 000 £ Sterling für Ballett zur Verfügung zu stellen. Dieses einfallsreiche, kollektive Sponsor-Engagement, das sieben Aktivitäten einschließt – London Contemporary Dance, Ballett Rambert, Sadler's Wells Theatre, the Central School of Ballett und the Royal Academy of Dance, endet jeweils in der Annual Digital Dance Awards Festveranstaltung. Auch verstaatlichte Industrie-Unternehmen unterstützen die Kultur. So British Gas mit 70 000 £ Sterling für den Yorkshire Sculpture Park und British Rail InterCity mit der Unterstützung des Edinburgh Festival. Die Bedeutung des Kultur-Sponsoring liegt darin, daß es allen Unternehmen Möglichkeiten eröffnet – Babir's Indian Brasserie's mit seinem

1500 £ Sterling Beitrag für die Avant Garde Glasgow Citizens Theatre Company genauso wie den Unternehmen, die im Bereich von 1 Million £ Sterling fördern. National Westminister Bank und British Petroleum (BP) gehören wohl in diese Kategorie. Um nach der Definition des ABSA „ein Major Sponsor" zu sein, muß ein Unternehmen mehr als 100 000 £ Sterling jährlich aufwenden.

Die Art, wie Sponsoring betrieben wird, und die Möglichkeiten, die es

Major Sponsor

General Accident gestaltete eine informative Poster-Serie für Schulen über Musik, Musikinstrumente, Orchester. Die Serie war ein großer Erfolg. Mit Zustimmung des Sponsors wird sie nun durch Boosey & Hawkes, ein Unternehmen im Musikhandel, breit gestreut.

eröffnet, machen es zu einem der einflußreichsten und kultiviertesten Kommunikationsinstrumente, die einem Unternehmen zur Verfügung stehen. Viele Sponsoren haben die Erfahrung gemacht, daß man mit Sponsoring gute Resultate für jede Organisation erzielen kann, ob groß oder klein, sofern ein eindeutiges Ziel zugrunde gelegt, gut geplant und korrekt organisiert wird. Wird allerdings nicht sorgfältig budgetiert und Sponsoring nicht in die Marketing-Strategie integriert, kann es sich auch als wirkungslos erweisen.

Einige Unternehmen meiden hoch dotierte Veranstaltungen und bevorzugen, sich innerhalb ihrer Gemeinde zu betätigen, indem sie kleinere Beträge zur Unterstützung lohnender Veranstaltungen zur Verfügung stellen. Marks & Spencer wendeten mehr als 3 Millionen £ Sterling für kommunale Aktivitäten auf, wobei ca. 600 000 £ auf die Kunst entfielen. Diese Zuwendungen können leicht mit Wohltätigkeit verwechselt werden, da der Nutzen für das Unternehmen gering erscheint. Die Grenzen zwischen Sponsoring und wohltätigen Zuwendungen sind stets fließend.

Kommunale Aktivitäten

Neue Überlegungen beeinflussen heute die Rolle des Sponsors. Kürzere Arbeitszeiten, längere Ferien, Jobsharing und Arbeitslosigkeit sorgen für eine erhebliche Ausweitung der Freizeit, wodurch dem Sponsor steigende Bedeutung und Verantwortung zufällt.

Rolle des Sponsors

Die sozialen Verflechtungen des Sponsoring, sein Beitrag zur Bereicherung eines Gemeinwesens, ob nun auf nationaler oder internationaler Ebene, sind Aspekte, die heute mit den augenscheinlich kommerziellen Vorteilen eines Sponsor-Engagements wetteifern.

Vor diesem sich wandelnden Hintergrund verläuft heute die Entwicklung des Sponsoring in Großbritannien, wobei ein bedeutender Schritt von der Royal Insurance Company mit ihrem Engagement für die Royal Shakespeare Company getan wurde.

We are pleased to announce today that Royal Insurance, one of the world's leading insurance companies, is to provide £1.1 million to the RSC over three years.

This represents the culmination of a "Royal relationship" which goes back over four years to the first very successful Royal Insurance Armchair Proms at the Barbican Theatre in 1984, and is the largest ever business commitment to a performing arts organisation.

Full details of the Royal Insurance/ RSC sponsorship programme will be announced in the New Year. The RSC is grateful to Royal Insurance for its generous support of this extensive new programme.

Royal Insurance und Royal Shakespeare Company

Im Jahre 1986 beliefen sich die weltweiten Einnahmen aus Versicherungsprämien auf 3,103 Millionen £ Sterling, wodurch Royal Insurance zum zweitgrößten europäischen Versicherungsunternehmen (ohne Lebensversicherung) und zum größten Sach-Versicherer in Großbritannien wurde.

Während einer Pressekonferenz in London im August 1987 gab Royal Insurance sein Sponsor-Engagement für die Royal Shakespeare Company bekannt. Mit einem Betrag von 1,1 Millionen £ Sterling für die RSC über drei Jahre war es das bedeutendste singuläre Sponsorship des Landes.

In der darauffolgenden Medienberichterstattung als Rettungsanker für die RSC in ihrer finanziell schwierigen Situation beschrieben, markierte dieses Engagement einen neuen Schritt in der Entwicklung des Kultur-Sponsoring.

Die RSC, die jährlich in sechs Theatern vor über einer Million Zuschauern auftritt, hatte einem Exclusivvertrag und einer Integration des Sponsor-Namens in das weltbekannte RSC Logo zugestimmt. Durch Anzeigen, Poster und Drucksachen mit einer Auflage um vier Millionen, welche die RSC jährlich produziert, wird hohe Aufmerksamkeit erzielt.

Integration des Sponsor-Namens

Das Engagement der Royal Insurance für die Company wird dem Sponsor und seinen Gesellschaften, speziell Royal Life und Royal UK, eine breite Palette von Vorteilen bringen. An erster Stelle sind die Möglich-

---

Links: Die offizielle Bekanntgabe der Zusammenarbeit zwischen Royal Shakespeare Company und Royal Insurance. Konsequent wird der gemeinsame Logo in allen Drucksachen eingesetzt. (siehe auch die Plakate auf den folgenden Seiten)

keiten zu nennen, die von allen RSC-Theatern geboten werden, und ein neues Tourneeprogramm. Hierdurch werden Einladungen, Empfänge, aber auch Medien-Berichte in großer Zahl möglich.

An dieser neuen Konzeption der RSC werden sich viele Kultur-Institute orientieren. Die Verhandlungen über diese Vereinbarungen zogen sich allerdings über sechs Monate hin, und erst 14 Tage vor seiner Bekanntgabe trafen die Vorsitzenden endgültig zusammen, um alle Details festzulegen. Das Engagement bei RSC entspricht den von Royal Insurance festgelegten Zielen für das Sponsoring:

– ein originelles und hochrangiges Ereignis zu kreieren,

– ein Projekt zu unterstützen, das nur mit Hilfe von Sponsoren durchgeführt werden kann,
– eine Identifikation mit jungen Menschen herbeizuführen,
– Vorteile für Publicity und Promotions zu erzielen.

So sah das Sponsorkonzept vor, drei der erfolgreichen Produktionen der RSC zu präsentieren, alle Vorderplätze für weniger als den halben Preis anzubieten und die Karten erst am Aufführungstag selbst zu verkaufen. Alle Plätze waren innerhalb von 35 Minuten nach Kassenöffnung verkauft. Eine Publikumsanalyse erbrachte:

- 72 Prozent der Begünstigten waren unter 35 Jahre alt; 50 Prozent unter 24,
- fast 40 Prozent der Begünstigten befand sich in Ausbildung,
- fast 20 Prozent der Begünstigten besuchten zum erstenmal das Barbican-Theater,
- nahezu 60 Prozent der Zuschauer lebten in der Region von London,
- über 40 Prozent der Begünstigten waren durch eine speziell entwickelte Royal Insurance Postercampagne auf die Vergünstigungen aufmerksam geworden.

Die Ergebnisse dieser Promotion waren für beide Partner von Vorteil. Sie wird ein wesentlicher Bestandteil des neuen Dreijahresvertrages bleiben. Das Konzept wird möglicherweise auf andere RSC-Gastbühnen erweitert.

1992 wird die Europäische Gemeinschaft Realität. Die universelle Sprache der Kunst, ihr Beitrag zur Lebensqualität, Bildung und Verständigung wird wichtiger denn je werden. Der Zeitpunkt ist gekommen, wo vorausblickende Sponsoren das sich bietende Potential erkennen und ihre Pläne für die Zukunft machen.

Blacket Ditchburn

Prudential Versicherungen:
Der Weg zu einer langfristigen Sponsoring-Strategie

Sponsoring als Instrument

Die Entwicklung des Sponsoring bei Prudential

Der Entscheidungsprozeß innerhalb
des Unternehmens

Was wir hoffen, zu erreichen

Visuelle Präsenz

Goodwill

Imageveränderungen

Sponsoring ist das jüngste Instrument der Kommunikation.

Und wie schon bei Werbung und PR verlaufen Wachstum und Entwicklung in den ersten Jahren stürmisch und rufen häufig beim Management höhere Erwartungen hervor, als es bei einem so wenig verstandenen Medium angebracht ist.

Darum sollte sich jeder, der die Verantwortung für ein Sponsoring übernimmt, ernsthaft bemühen, das Instrumentarium genau zu verstehen.

Betrachtet man den speziellen Fall des Kultur-Sponsoring, so ist diese Verantwortung in zweifacher Hinsicht bedeutsam: erstens sollte der sinnvolle Einsatz von Unternehmensgeldern gesichert sein; zweitens sollten die Künste vor neuen Finanzierungsquellen geschützt werden, die sich nachträglich als negativ für sie erweisen.

Sollten diejenigen, die Kultur-Sponsoring betreiben, keine ehrliche Rechtfertigung für ihr Engagement entwickeln, könnte Sponsoring schon in der nächsten Entwicklungs-Phase in die Niederungen von Halbwahrheit und Mißtrauen absinken, was die Künste letztlich in einer schlechteren Situation als vor Einführung des Sponsoring zurückließe.

Als das Management von Prudential die ersten Überlegungen zu einem Engagement in der Kultur anstellte, faßte man zunächst den Beschluß, das gesamte Gebiet genauer zu untersuchen. Generelle Erwägungen und eine bis ins Detail durchdachte Strategie waren notwendig. Der Beitrag geht in der Folge noch auf die Einstellung des Managements und die Aufgabenstellung ein.

An diesem Punkt sollte lediglich das Unbehagen erwähnt werden, das ältere Führungskräfte, die bislang wenig Kontakt mit Sponsoring hatten, empfunden haben müssen – denn schließlich sahen sie beträchtliche Summen in die Kostenstelle „Kultur-Sponsoring" verschwinden.

Entscheidungs-
Prozeß

In diesem Beitrag soll der Entscheidungs-Prozeß, den Prudential während der Überprüfung der Alternativen in der Kulturförderung durchlaufen hat, geschildert werden, auch wenn sich dieser Prozeß nur wenig von den Erfahrungen, die andere kommerzielle Unternehmen gemacht haben, unterscheidet.

Beschrieben wird, was die Konsumenten generell von Kulturförderung durch die Wirtschaft halten, wie sie möglicherweise auf die stimulierende Wirkung eines Sponsoring reagieren, und letztlich, wie Prudential beabsichtigt, sein Sponsoring besser in das gesamte Marketing-Kommunikationskonzept einzubinden.

Sponsoring als Instrument

Als die Diskussion des Prudential Managements über Kulturförderung einen Siedepunkt erreicht hatte, mußte man zunächst erkennen, daß nur wenige den Stellenwert, den sie im Rahmen der Marketingkommunikation einnimmt, überhaupt verstanden. Während Werbung und mehr kommerziell orientierte Sponsorships wie beispielsweise im Sport leichter verständlich waren, verlangte die Kulturförderung ein breiteres Wissen und Bewußtsein, um ihre Existenz zu rechtfertigen.

Dies mag zunächst nach einem Eingeständnis des Unvorbereitetseins klingen. Vielmehr ist es jedoch die ehrliche Darstellung dessen, was die meisten nicht bereit sind zuzugeben.

Die erste Frage, die bei unserer Überprüfung der Situation auftrat, war deshalb nicht, „wie sollen wir von jetzt an verfahren?", sondern, „brauchen wir überhaupt Kulturförderung?" Indem wir uns diesem generellen Problem näherten, wurde zunehmend deutlich, daß sich Prudential anfangs tatsächlich mit dem Thema befaßt hatte, weil sich hier offensichtlich ein zeitgemäßes Managementinstrument anbot, und nicht, weil es einer sorgfältig überlegten Kommunikationsstrategie entsprach. Man könnte die Hypothese aufstellen, daß sich auf diese Weise jedes Kommunikationskonzept entwickeln ließe – solange jedoch diese Einstellung im Management vorherrscht, wird es nur geringe Möglichkeiten geben, den Wert eines neuen Konzeptes zu erkennen.

Brauchen wir überhaupt Kulturförderung?

Angesichts dieser relativ unklaren Situation entschloß sich Prudential, weitere Fakten zusammenzustellen, um den Wert der Kulturförderung beurteilen zu können.

Am Anfang der Recherche stand die Frage: „Welche Wirkung hat Sponsoring auf den kunstinteressierten Konsumenten?" Um herauszufinden, welche grundsätzlichen Einstellungen und Meinungen hinsichtlich Sponsoring bestehen, sind wir das Problem von zwei Seiten angegangen: erstens mit dem Versuch, durch sekundärstatistische Daten alle möglichen Begründungen für Sponsoring zu erfassen; und zweitens mit einer Primär-Untersuchung, um herauszufinden, wie die Öffentlichkeit Sponsoring aufnimmt und wie sie darauf reagiert. Im ersten Punkt waren unsere Bemühungen enttäuschend – nur wenig war dokumentiert, und das beruhte auf Meinungsäußerungen von Praktikern mit einem klar erkennbaren Interesse.

Diesen Quellen zufolge wurden Begründungen gegeben durch so verschwommene Begriffe wie „Image Management", „Aufwertung durch Partnerschaft" und „Demonstration sozialer Verantwortung".

All diese Gründe waren passend für ein führendes britisches Unternehmen – aber keiner traf die Kernfrage, ob Sponsoring funktioniert. In gewissem Maße ist diese Unsicherheit erklärbar. Die Kunst, und somit auch die Kunstförderung, bewegt sich auf einem abstrakten Niveau, in einer Gesellschaft, die vorwiegend durch rationales Denken bestimmt ist. Hier liegt auch der Grund, warum die Mechanismen und die Wirkung der Kulturförderung stets im Bereich abstrakter Erklärungen liegen werden. Selbst erfahrene Praktiker auf dem Gebiet der Public Relations und des Sponsoring zeigten wenig Neigung, zu erklären, wie Sponsoring den Konsumenten beeinflußt. Und genau das war aus der Sicht von Prudential ein erstes Hindernis.

Unser zweiter Anlauf, die Rolle des Sponsoring zu definieren, bestand deshalb in einigen einfachen Untersuchungen, um die Reaktionen der Kunden zu erfahren.

Erstes und wichtigstes Ergebnis war, daß die Bevölkerung die Entwicklung des Sponsoring wahrnahm.

Die Konsumenten beurteilten Unternehmen – zumindest anfänglich – nach den Leistungen, die sie auf diesem Gebiet anbieten konnten, und dann auch nach der Art und Weise, wie sie diese kommunizierten.

Dies hatte zur Folge, daß Sponsoring als ein neues Forum angesehen wurde, auf welchem sich führende Unternehmen darstellten. Die Unternehmen ihrerseits spürten die Erwartung, entsprechende Aktivitäten zu unterstützen, und so schloß sich der Kreis. Führende Unternehmen müssen sich deshalb bewußt sein, daß Konsumenten von ihnen ein Engagement im Bereich der Kultur erwarten.

Als weiteres Ergebnis unserer Untersuchung ergab sich eine eindeutige sozio-demographische Trennung. Während Angehörige der Gruppen A oder B eine generelle Unterstützung der Kunst für notwendig erachteten und demzufolge in der Lage waren, eine Meinung über Vorteile des Sponsoring zu äußern, zeigten die anderen gesellschaftlichen Gruppen, die der Kategorie C1, C2, D, E angehörten, wenig Interesse für die generelle Situation der Kultur, und dementsprechend geringer war das Interesse für Sponsoring. Die Kategorie AB stellt jedoch eine wichtige Zielgruppe für Gesellschaften im Finanzmarkt dar, die darum bemüht sein müssen, im Bewußtsein der Öffentlichkeit präsent zu sein. Bei unseren Gruppen-Diskussionen konzentrierten wir uns deshalb auf diese Zielgruppe, um ihre Einstellungen hinsichtlich dieser neuen Kommunikationsform zu erfahren. Zunächst einmal bestand in der AB-Gruppe ein Interesse für die Kunst. Diese Gruppe war ernsthaft um die Existenz der Kunst besorgt und erkennt sie als ein wesentliches Element innerhalb einer progressiven Gesellschaft an. Ein Faktor wurde jedoch deutlicher: Trotz eloquenter Unterstützung gab es nur eine kleine Gruppe, die regelmäßig Kunstveranstaltungen besuchte. Ein interessantes Paradox. Einerseits erhält man verbale Unterstützung für die Förderung der Kunst, andererseits aber verzeichnet man nur eine geringe persönliche Teilnahme. Die Kunst als Thema war also sehr wohl spontan, irrational und auch emotional in der Gesellschaft verankert.

Kunst als Thema

Kunstförderung wurde mit einer gewissen Vertrautheit betrachtet. Obwohl man von einer Generation, die mit Fernsehwerbung und lautstarken Marketingbemühungen aufwächst, einen gewissen Zynismus erwarten sollte, zeigte sich in Wahrheit, daß man erfreut war, gewisse Mittel für Zwecke verwendet zu sehen, die einem am Herzen lagen und nicht nur kommerziellem Gewinnstreben entsprachen.

Die Menschen haben gelernt, ein wenig zynisch angesichts der Werbung, der sie ausgesetzt sind, zu reagieren. Mehr als den Verantwortlichen in der Wirtschaft lieb sein kann, ist der Verbraucher heute geneigt, sich bequem in seinem Sessel zurückzulehnen und Inhalte sowie Botschaft der konventionellen Werbung zynisch zu beurteilen.

Wenn es jedoch um Sponsoring geht, sind die Orientierungspunkte verschoben und eine gewisse Nervosität, daß hierdurch eine unterschwellige Beeinflussung zustande kommen könnte, wurde spürbar. Obwohl Sponsoring von den eher zynischen Konsumenten als billige und möglicherweise verdeckte Werbung angesehen werden könnte, wurde sie

308

doch als willkommene Unterstützung für eine Sache betrachtet, die generell dem Wohl der Gesellschaft dient.

Hierin liegt, unserer Meinung nach, ein wesentlicher Grund für das Dilemma in der praktischen Ausübung des Kultursponsoring. Ein zu dominantes Auftreten im Rahmen einer gesponserten Kunstveranstaltung ruft beim Konsumenten Nervosität hervor. Das Engagement wird als Versuch angesehen, eine unterschwellige Botschaft zu vermitteln, und weniger als Engagement für die Gesellschaft. Eine zu laute Darstellung wird deshalb im wesentlichen als „Vergewaltigung" und nicht als eine langfristig wachsende Verbindung empfunden. Das war für uns die erste Erkenntnis im Zusammenhang mit Kultur-Sponsoring und seinem Stellenwert im Rahmen der Marketingkommunikation.

Die Botschaft wird wesentlich dadurch bestimmt, wie der Sponsor in Erscheinung tritt; die Assoziationen, die durch eine bestimmte Kunstveranstaltung oder Aktivität hervorgerufen werden, spielen eine untergeordnete Rolle.

Auf einer ganz anderen Ebene und vor dem Hintergrund des eher weniger anspruchsvollen Prudential-Image wurde von den zynischen Verbrauchern der Vorwurf erhoben, daß Prudential „lediglich versucht", sein Image aufzubessern. Aus der Sicht von Prudential sollte sich darum jedes künftige Sponsoring-Engagement darauf konzentrieren, Kunst zu den Menschen anstatt zu Prudential zu bringen. Die Botschaft heißt deshalb: „Wird von Prudential unterstützt" und nicht: „Prudential sponsert X."

Die Gruppendiskussionen, die wir durchführten, zeigten viele weitere Aspekte auf, die zu einem bessseren Verständnis der Formen des Kultur-Sponsoring führten. Aber es bleibt noch ein weiter Weg, wenn wir verstehen wollen, in welcher Weise Kultur-Sponsoring den Konsumenten beeinflußt. Für den Anfang glauben wir jedoch, den Beweis erbracht zu haben, daß Kultur-Sponsoring eine wertvolle und nützliche Bereicherung des Kommunikations-Mix darstellt.

Bereicherung des Kommunikations-Mix

Die Entwicklung des Sponsoring bei Prudential

Prudential war schon seit Jahren, wie andere Gesellschaften im Finanzmarkt auch, im Sport und auf anderen Gebieten des Sponsoring aktiv. Die Entscheidung, Kulturförderung zu betreiben, wurde erst 1982 getroffen. Das Engagement bewegte sich auf einem relativ niedrigen Niveau, und wie bei vielen anderen Sponsoring-Entscheidungen basierte es eher auf einer persönlichen Präferenz des Managements als auf fundierten Marketingentscheidungen. Diese Situation war typisch für die Einführung des Kultur-Sponsoring bei großen Organisationen.

Rein zufällig fielen neue Wettbewerbsangebote der führenden Finanzinstitute sowie die Notwendigkeit, Imageverbesserungen vorzunehmen und neue Kommunikationsformen einzusetzen, zusammen. Sponsoring wurde schnell als ein neuer „Gimmick", den man für Promotionszwecke heranziehen konnte, aufgegriffen. Die Tatsache, daß dies auch noch mit einem sehr akzeptablen und angenehmen Ambiente, geeignet für vielerlei Aktivitäten, verbunden war, ergab einen schönen Nebeneffekt für diejenigen, die sich mit Unternehmensveranstaltungen befaßten. Als die grundlegende Übereinstimmung erreicht war, daß Prudential von Kultur-Sponsoring profitieren könnte, standen die Türen weit offen, und viele Angebote kamen ins Haus.

Das passiert vielen Sponsoren, die neu in der Arena der Kunst auftreten – sobald das erste Engagement sichtbar wird, zieht es eine Flut von Briefen anderer Organisationen, die um Unterstützung bitten, nach sich. Dies führt früher oder später dazu, daß ein Manager einen großen Teil seiner oder ihrer Arbeitszeit für entsprechende Verwaltungsarbeiten aufwendet. Schließlich wird sich dieser Manager der Situation bewußt und beginnt, das Kultur-Sponsoring in der Sache zu verteidigen und seine Bedeutung im Rahmen der Organisation hervorzuheben. So schließt sich ein weiterer Kreis für die Rechtfertigung des Kultur-Sponsoring.

Bis zu den jüngsten Untersuchungen hatte sich Kultur-Sponsoring nach sehr breitgefächerten und relativ unpräzisen Richtlinien entwickelt. Da nur geringes Wissen über die Wirkung bestand, konnten andererseits kaum klare Richtlinien für die Anwendung gegeben werden. In relativ kurzer Zeit wurde die Zusammenarbeit mit einer ganzen Anzahl von Kultur-Instituten aufgebaut und mit dem Argument gesellschaftlicher Verantwortung gerechtfertigt. Trotz leidenschaftlicher Unterstützung seitens kunstinteressierter Mitarbeiter wurden nur geringe Anstrengungen unternommen, diese Organisationen auch kommunikativ zu nutzen. Was vielleicht noch wichtiger war, es wurde kaum versucht, das Sponsoring in die Kommunikations-Strategie einzugliedern.

In den letzten Jahren wurde diese Forderung immer deutlicher vernehmbar.

Anfangs führte dies dazu, daß vornehmlich solche Organisationen unterstützt wurden, die regional auftraten oder bedeutend waren. Der Grund hierfür lag in der Struktur von Prudential – mit Niederlassungen landesweit und einer Hauptverwaltung, bei der ständig Klagen der Mitarbeiter eintrafen, daß sich alles in London abspiele und nichts für die Organisation vor Ort getan wurde.

Ungefähr zur selben Zeit, als Prudential begann, sich mit dem Sponsoring als Instrument zu befassen, wurden andere Elemente des Kommunikationsmix verbessert und ausgebaut. Der Grund für diese Bemühungen war die Einführung einer neuen Corporate Identity, unter welcher die Unternehmensteile der Prudential Corporation auftreten sollten. Die direkte Folge war eine Rückkehr zu erheblichen Werbeaufwendungen. Beiden Initiativen lag die generelle Strategie zugrunde, den Konsumenten zu einer überraschend neuen Sicht von Prudential zu bewegen. Untersuchungen und Analysen hatten gezeigt, daß Prudential als viel zu institutionalisiert galt. Das Unternehmen wurde als leicht verstaubt, bürokratisch und eher für ältere als für junge Menschen geeignet angesehen. Als Konsequenz dieser neuen generellen Kommunikations-Strate-

Einführung einer neuen Corporate Identity

gie des Unternehmens, den Konsumenten zu überraschen, um ihn zu einer Neubeurteilung von Prudential zu bewegen, erschien es folgerichtig, daß unser Kultur-Sponsoring-Programm zu einem wirkungsvollen Träger dieser Botschaft würde.

Da Prudential als etwas steif und altmodisch angesehen wurde, erschien es uns angebracht, die zeitgenössische Kunst zu fördern. Obwohl im Gegensatz zur weitverbreiteten Meinung über das Unternehmen, entspricht diese Strategie doch dem wahren Geist der Organisation.

Der Entscheidungsprozeß innerhalb des Unternehmens

Der Nutzen des Sponsoring für Prudential wurde somit begründet und sauberer definiert, als es früher der Fall war.

Nutzen des Sponsoring

Wenn man den Prozeß der Meinungsfindung betrachtet, so ist es interessant, daß solche Entscheidungen erst nach einer gewissen Zeit und nachdem schon größere Beträge eingesetzt wurden, zustande kommen und nicht getroffen werden, bevor man sich auf ein neues Gebiet begibt. Man kann aus einem solchen Entscheidungsprozeß viel lernen. Von Ausnahmefällen abgesehen, wird Sponsoring wohl selten von Anfang an einen hohen Stellenwert im Rahmen der Kommunikationspolitik einnehmen.

In der Regel wird wohl eine günstige Gelegenheit am Anfang stehen – dementsprechend sind die Wurzeln oft auf einer niedrigeren Ebene des Unternehmens gelegt, als es vielleicht wünschenswert wäre. In dem Maße, in dem die Budgets jedoch wachsen, wird Sponsoring zu einer Entscheidung des mittleren Managements, das seinerseits den Wert dieser Aktivitäten sehr kritisch betrachtet.

Diese Manager sind nicht unbedingt erfahren, was Sponsoring angeht oder die Kommunikation. Darum beurteilen sie den Nutzen aus einer sehr persönlichen Sicht. Aus Mangel an empirischen Daten, die für Sponsoring sprächen, wird die Subjektivität des Urteils noch erhöht. So wird Sponsoring, speziell Kultur-Sponsoring, – wie zuvor schon Werbung und Public Relation – noch einige Jahre benötigen, bevor es als ein wertvolles Instrument der Unternehmenskommunikation anerkannt wird.

Diesen Mangel an Verständnis für die Mechanismen des Kultur-Sponsoring auf der mittleren Managementebene sollten all diejenigen berücksichtigen, die das Instrument im Unternehmen einführen wollen. Wie schon erwähnt, könnten Kultur-Institute – zumindest in Großbritannien – durch die Begeisterung seitens der Wirtschaft getäuscht werden. Wenn die kommerzielle Unterstützung von Kunst und Kultur in den Unternehmen nicht genügend abgesichert ist, könnte der Tag kommen, an dem sich die Wirtschaft aus der Kultur zurückzieht und die finanziellen Bedürfnisse unbefriedigt läßt. In Großbritannien besteht außer einem gewissen Steuervorteil kein weiterer wirklicher Anreiz für die kommerzielle Unterstützung der Kunst.

Intern ist es deshalb wichtig, Kultur-Sponsoring nicht als eine vorübergehende Erscheinung zu betrachten, sondern einer sorgfältigen Prüfung zu unterziehen, noch bevor eine Bindung eingegangen wird. Bei Prudential haben wir diesen Prozeß glücklicherweise durchgemacht, ohne daß unser Engagement ins Stocken geraten ist. Viele Unternehmen können sich aber nicht den Luxus einer sorgfältig durchgeführten Untersuchung während eines bereits laufenden Programmes leisten. In diesen Fällen werden Zweifel entstehen, das Programm wird in Frage gestellt und möglicherweise fehlschlagen, statt Erfolg zu haben.

Was wir hoffen, zu erreichen

Mit einer überarbeiteten Strategie und einem besseren Verständnis, wie dieses Instrument arbeitet, sind wir jetzt dabei, ein neues Programm vorzubereiten, das auch mit unserer Kommunikations-Strategie übereinstimmt. Dabei werden unsere Ziele von Anfang an klar definiert. Jede dieser Zielsetzungen wird nach einer gewissen Zeit überprüft, der Erfolg untersucht, um Grundlagen für die Fortsetzung des Programmes zu erhalten.

Allerdings beginnen wir gerade erst, die neue Strategie einzusetzen. Wir rechnen mit einem Zeitraum von mindestens drei Jahren, bevor ein Erfolg unserer neuen Strategie des Kultur-Sponsoring festgestellt werden kann.

An drei wichtigen Kriterien wollen wir zukünftige Aktivitäten im Kultur-Sponsoring beurteilen:

Visuelle Präsenz

Als führendes Unternehmen auf dem Gebiet Versicherungen/Assekuranz und verwandter Dienstleistungen in Großbritannien müssen wir um

Präsenz bei der Zielgruppe für Kultur-Sponsoring bemüht sein. Diese Zielgruppe ist hoch angesiedelt und kritisch. Sie ist identisch mit den sogenannten Meinungsbildnern, was ihr eine entscheidende Bedeutung für unser Unternehmen gibt. Nach einer dreijährigen Laufzeit hofft Prudential als wichtiger Förderer zeitgenössischer Kunst in all ihren Erscheinungsformen von der Mehrheit der AB Zielgruppe akzeptiert zu werden. Um das zu erreichen, werden wir nicht nur Veranstaltungen unterstützen, sondern wir werden auch jede Gelegenheit nutzen, unser Sponsoring-Programm zu veröffentlichen und zu erläutern. Der Aufmerksamkeitwert für ein so konzentriertes Programm ist relativ leicht meßbar. Wir werden in regelmäßigen Abständen Gruppendiskussionen und quantitative Untersuchungen durchführen.

Präsenz bei der Zielgruppe

Goodwill

Kultur-Sponsoring bietet die Möglichkeit der Selbstdarstellung für ein Unternehmen – die Öffentlichkeit sieht Kultur-Sponsoring und seine Ausdrucksformen ähnlich, wie man die Kleidung eines Menschen beurteilt. In gewisser Hinsicht ist es Mode, in gewisser Hinsicht auch persönlicher Geschmack, aber insgesamt doch Ausdruck unverwechselbarer Persönlichkeit.
Dieser Aspekt, nämlich Goodwill für ein Unternehmen zu erzeugen, ist

Möglichkeit der Selbstdarstellung

Diese Großflächen-Plakate wurden eingesetzt, bevor Prudential eine Untersuchung über die Wirkung des Sponsoring durchführte. „The London Philharmonic's Backing Group" bedient sich einer „relativ plumpen" Aussage. Die Untersuchungen haben gezeigt, daß eine gewisse Zurückhaltung im Auftritt von Vorteil ist. Deshalb wurde – siehe nächste Seite – mit dem Ausspruch „in concert" eine wesentlich zurückhaltendere Form gewählt.

313

PRUDENTIAL AN

THE LONDON PHILHARMONIC. IN CONCERT.

PRUDENTIAL

der überzeugendste im Zusammenhang mit Kultur-Sponsoring. Die Tatsache, daß Verbraucher eine Form der Unternehmenskommunikation, wie sie das Sponsoring darstellt, begrüßen, ist wohl einmalig. Allerdings hängt dies wesentlich davon ab, wie das Sponsoring-Programm durchgeführt wird.

Imageveränderungen

Konzentration auf zeitgenössische Kunst

Die Kombination aus visueller Präsenz und gesteigertem Goodwill zielt darauf ab, eine Imageveränderung für Prudential bei der AB Zielgruppe zu erreichen. Durch die Konzentration auf zeitgenössische Kunst – und darum kaum von Prudential erwartet – glauben wir, die eher altmodischen und konservativen Facetten unseres Images abbauen zu können. Dies ist kein leichter Prozeß, und es wird auch schwer sein abzugrenzen, ob die Imageveränderungen nun aufgrund des Kultur-Sponsoring, der deutlicher sichtbaren Werbung oder unserer Direktmarketing-Bemühungen resultieren.

Hoch angesiedelte Zielgruppen sind jedoch erfahrungsgemäß schwer durch herkömmliche Werbung zu erreichen. Bei Prudential setzen wir Kultur-Sponsoring auch deshalb ein, um die generelle Ansprache dieser Gruppe zu unterstützen, indem wir ihr auf einem anderen Gebiet unerwartet begegnen.

Generell wird jedes Pfund unseres Sponsoring-Budgets eingesetzt, um die Kaufbereitschaft für Prudential-Produkte zu verbessern. Obwohl das eine anspruchsvolle Zielsetzung ist, Sponsoring ein nur schwer meßbares Instrument darstellt, ist Prudential zum gegenwärtigen Zeitpunkt damit zufrieden, daß die gemachten Erfahrungen die Aufwendungen rechtfertigen. Wir haben, wie wir glauben, wohlüberlegt einige Schritte in ein Gebiet getan, das wir in seiner Wirkungsweise als weitgehend irrational erkannt haben. Es ist uns gelungen, eine übergeordnete Strategie zu formulieren, die den wesentlichen Kommunikationszielen des Unternehmens entspricht. Wir haben auch die unterschiedlichen Faktoren definiert, die in quantitativen und qualitativen Untersuchungen berücksichtigt werden müssen, um einen Erfolgsnachweis für unsere Aktivitäten zu erbringen.

Letztlich glauben wir, daß wir durch Kultur-Sponsoring die Ziele, die wir für Prudential gesetzt haben, erreichen werden. Gleichzeitig sind wir auch bedacht, in der Kulturwelt keine Erwartungen aufkommen zu lassen, bevor konkrete Ergebnisse über den Wert des Kultur-Sponsoring vorliegen.

USA:
Museen müssen wie Unternehmen wirtschaften

Auch was das Kulturverständnis angeht, ist in Amerika alles ganz anders. Ob Amerika es, nach einem Goethe-Wort, wirklich besser hat, bleibt dahingestellt. Die meisten Amerikaner sind der Überzeugung, daß der Staat in der Kultur nichts zu suchen habe. Bei einer Umfrage im Jahre 1985 sprachen sich nur 35 Prozent für amtliche Subventionen aus. An den Anfang seiner Analyse über die privat geförderte Kultur in den USA hat Jörg von Uthmann (Frankfurter Allgemeine Zeitung, 22. 7. 1987) diese Zahlen gestellt. Als eine Art Standortbestimmung. Sinfonieorchester, Opernhäuser, Theater, ja selbst auch die Hochschulen sind in der Mehrzahl private Institutionen. Wie in den USA die Gewichte verteilt sind, zeigt das Beispiel der Renovierung der Carnegie-Hall. Da steuerte die Stadt New York nur ein Viertel der Kosten bei; der Rest wurde durch Spenden aufgebracht. Und wer 10000 Dollar für den New Yorker Konzertsaal übrighatte, konnte damit sein Namensschild auf einen Parkettplatz setzen lassen. Auch die amerikanischen Museen sind in erster Linie private Einrichtungen, sie stehen, anders als in Europa, nicht in der Nachfolge fürstlicher Sammlungen, sondern sind die Früchte bürgerlichen Mäzenatentums.

Erst spät und zögernd trat der Staat in den USA als ein Förderer der Kunst auf. Die erste Kulturstiftung dieser Art wurde beispielsweise 1965 durch den damaligen Präsidenten Johnson aus der Taufe gehoben – das *National Endowment for the Arts* „National Endowment for the Arts" (NEA). Mittlerweile hat jedoch der staatliche Sponsor an Bedeutung und an „Kultur-Markanteilen" gewonnen, ist mit einem Jahresetat von 165 Millionen Dollar bereits die Nr. 1 als Mäzen im Lande. An bundesdeutschen Verhältnissen gemessen, ist das aber alles noch höchst bescheiden. Uthmann setzte bei seiner Rechnung die Kaufkraft von Mark und Dollar gleich. Danach würde der US-Etat in etwa dem Etat der Stadt München entsprechen. Auch im New Yorker Kultur-Haushalt sind nur 123 Millionen Dollar ausgewiesen. Und an den Kosten des Metropolitan Museums ist die Stadt nur mit 24 Prozent beteiligt. Das Museum of Modern Art erhält überhaupt kein Geld von der Stadt.

Wie kommen unter diesen Umständen die amerikanischen Museen finanziell über die Runden? Die drei wichtigsten Geldquellen sind nach Uthmanns Recherchen erstens Einnahmen aus dem Stiftungsvermögen, zweitens Beiträge der Mitglieder und drittens Spenden von Privatleuten. Hinzu kommen immer mehr die Sponsoren aus der Wirtschaft. Ohne Hilfe von Sponsoren, das ist klar, geht gar nichts. Ausstellungen wären zum Beispiel überhaupt nicht zu verwirklichen.

Zu den Anschaffungsbudgets bemerkt Jörg von Uthmann in seiner Analyse, sie seien, verglichen mit den Preisen, die heute auf dem Kunstmarkt gezahlt würden, „lächerlich gering". Ein Sonderfall sei das Getty-Museum, das jährlich 40 bis 60 Millionen Dollar für Neuerwerbungen ausgeben kann. Im Schnitt haben die führenden Kunstinstitute jedoch nur eine halbe Million Dollar zum Wirtschaften. „Höchstens zehn oder zwölf Häuser haben siebenstellige Summen zur Verfügung", wozu das Kimbell Art Museum in Fort Worth (8 Millionen) zähle, die National

Gallery in Washington (3 Millionen), ferner das Metropolitan Museum in New York (2 Millionen). Was die amerikanischen Kustoden nach von Uthmanns Erfahrung gelegentlich dazu zwingt, sich wie Kaufleute zu verhalten: Um auf Auktionen mithalten zu können, verkaufen sie nicht selten entbehrliche Werke aus ihrem Fundus.

Abhängigkeit von Gönnern

Ein Problem liegt allerdings in der extremen Abhängigkeit von Gönnern, die gelegentlich Kniefälle und Demutsgebärden der Abhängigen verlangen. Der FAZ-Autor erwähnte hier als Beispiel den 1962 verstorbenen Sammler Chester Dale, der sich in den Aufsichtsrat von sechs Museen wählen ließ; alle hofften, nach seinem Ableben in den Genuß seiner Dollar-Millionen zu kommen. Schließlich ging dann die Erbschaft an die National Gallery.

Schenkungen an gemeinnützige Einrichtungen waren in den USA bis zur Hälfte des Wertes von der Steuer absetzbar. Mittlerweile hat der Staat jedoch ziemlich hart auf die Steuerbremse getreten: „Der Tax Reform Act von 1986 erschwert Schenkungen an gemeinnützige Einrichtungen", schreibt von Uthmann. Der Höchstsatz der Absetzbarkeit wurde erst einmal von 50 auf 38,5 Prozent und dann ab 1988 auf 28 Prozent heruntergekürzt. Schwer zu sagen, ob dies zu einem Zusammenbruch privater Wohltätigkeit führen muß. Es gibt jedoch Stimmen, die dies verneinen; die echten Gönner seien über derartige kleinliche Erwägungen erhaben, ihr Motiv sei nicht ein profaner Steuergrund, sondern genuine Philanthropie. Und die Zahl der Sponsoren, die mit ihrem Engagement auch unternehmerische Ziele verfolgen, wie die folgenden Beispiele zeigen, wächst unaufhaltsam.

Die großen amerikanischen Museen akquirieren aktiv private Förderer und Sponsoren. Sie nennen die Namen ihrer Finanziers und sogar deren Beiträge, wie die Anzeige des Metropolitan Museums aus der New York Times zeigt. (Vorseite)
Gut vorbereitetes Prospektmaterial rückt die Vorteile einer Zusammenarbeit mit dem Museum ins rechte Licht. (rechte Seite)

GREAT COMPANY.

Washington Crossing the Delaware, Emanuel Leutze 1816–1868

In over 115 years since its founding, the Metropolitan has become an international institution serving a public that extends far beyond New York City to all the United States and, indeed, the world. Annual attendance averages over 4 million, and the Metropolitan ranks as New York's primary tourist attraction, with half its visitors being people from out of town.

In accordance with its longstanding commitment to excellence, each year the Metropolitan presents an average of twenty-five special exhibitions, which are drawn from the Museum's own outstanding collections and augmented by works of art loaned from collectors and museums worldwide. In order to meet the escalating costs of mounting these special exhibitions, the Museum has turned to the corporate community for support. In return, corporate sponsors like the ones listed in this brochure have found that a partnership with the Metropolitan Museum provides considerable public relations opportunities and enhances corporate visibility. Sponsorship can often provide a creative and cost effective answer to a specific marketing objective, particularly where international, governmental or consumer relations are concerned.

Your company can enjoy the distinction shared by the companies listed below...the distinction of sponsoring an exhibition at The Metropolitan Museum of Art. These companies know that it's good business to support the arts. That it has a highly positive effect on corporate recognition. And that it makes them, their stockholders, and their employees take pride to be in partnership with one of the world's great museums.

You needn't be a corporate giant to join this distinguished company. To learn how your firm can sponsor a future show, call Emily K. Rafferty at (212) 879-5500, ext. 3580, or write her care of The Metropolitan Museum of Art, Fifth Avenue at 82nd Street, New York, N.Y. 10028.

The Metropolitan Museum of Art

October 1, 1987   Photo: Brian Rose

Special Exhibitions
Sponsor Credit, Publicity and Benefits

In an effort to give the sponsor maximum visibility and appropriate recognition for its support, a credit line like the following is included in all materials published by the Museum in connection with the exhibition:

This exhibition is made possible by

Following is a list of credit line locations:
☐ Exhibition catalogue and brochure
☐ Title signage at the entrance to the exhibition
☐ In-house posters
☐ Fifth Avenue kiosk posters
☐ Sales posters sold in the main poster shop, in the exhibition sales area, in other officially licensed Museum shops, to wholesale distributors and by catalogue mail order
☐ Recorded tour of the exhibition, when applicable
☐ The bi-monthly "Calendar/News" published by the Museum and sent to over 100,000 Museum members
☐ Press coverage:
  • Schedule of special exhibitions distributed to press list of 1,700 and to any additional press lists supplied by the sponsor sent monthly beginning six months prior to the opening of the exhibition
  • Formal press release issued to full press list three weeks prior to opening
  • Invitation to press preview sent one week prior to opening and press information distributed at press preview

Additional Benefits

☐ The sponsor of an exhibition may host opening events and any additional events during the run of the exhibition at the Museum in one of its unparalleled settings for entertaining, all costs of such events to be assumed by the sponsor.
☐ Employees of the sponsoring corporation are given free admission to the Museum and The Cloisters during the run of the exhibition.
☐ Arrangements can be made for special curatorial tours of the exhibition.
☐ Special sponsor discount on merchandise.
☐ Contributions of $400,000 or more qualify the corporate sponsor for permanent status as a "Corporate Benefactor" of the Museum, and the corporate name will be incised in the plaques in The Great Hall.

Advertising

The Museum works closely with corporations that choose to develop advertising plans which can be used to supplement Museum publicity and further increase sponsor visibility.

AT&T:
der High-Tech-Riese setzt auf High Quality

„About AT & T" – den eigenen Steckbrief hat der Elektronik-Gigant aus den USA auf Seite 68 seines Zweijahres-Berichtes gesetzt. Es ist die letzte Seite, und es sind auch nicht allzu viele Zeilen. Wer also nicht nur etwas über die gemeinnützigen Aktivitäten des weltumspannenden Unternehmens erfahren will, über Gesundheits- und soziale Programme, über Ausbildungs-Förderung, Zuschüsse für Colleges und Universitäten, über AT&T und die Kunst, AT&T und die Kultur, der kann sich auf dieser letzten Seite informieren. Und er erfährt, daß weltweit rund 330000 Menschen bei AT&T in Lohn und Brot stehen, daß AT&T an Telekommunikationssystemen arbeitet. Ein High-Tech-Riese, dessen Anfänge bis in jene Zeit zurückgehen, als Mr. Bell die ersten long distance Gespräche über den Draht laufen ließ. Seitdem sorgen AT&T-Produkte weltweit dafür, daß die Kommunikation nicht abreißt, wie groß auch die Entfernungen zwischen den Teilnehmern des Gesprächs sein mögen. Dieser Kommunikationsriese kann selbstverständlich auch mit eindrucksvollen Zahlen dienen. Mit einem Betriebskapital von 40,5 Milliarden Dollar und einem Jahresumsatz, der bei 35 Milliarden Dollar liegt. Zahlen, die auch darauf hinweisen, auf welch stabilem finanziellen Fundament das AT&T-Sponsorship steht. In dem Zweijahresbericht ist akribisch jeder Sponsoren-Dollar aufgelistet. Wer den „Biennial Report" durchblättert, stellt auch fest, daß zweigleisig gefördert wird. Gleis eins ist eine Stiftung, die AT&T Foundation. Gleis zwei: direkte Patronate für die schönen Künste. Vornehmlich dort, wo sie höchste Perfektion erreichen.

Die AT&T Foundation tritt sowohl national auf als auch in den Kommunen, und zwar vornehmlich dort, wo die Angestellten des Unternehmens leben und arbeiten. Beispielsweise in New Jersey, wo AT&T der größte Arbeitgeber ist. Doch ob auf der nationalen oder regionalen Bühne, stets achtet das Unternehmen aus dem Hi-Tech-Bereich auf „high quality". Vier wichtige Kriterien gelten für die Stiftung:

AT&T unterstützt neue Unternehmungen und bedeutende Projekte von Institutionen, die für hohen Qualitätsstandard garantieren.

AT&T hat es sich zur Aufgabe gemacht, die Kunst auch in kleinere Städte und Gemeinden zu bringen.

AT&T fördert gezielt und stets mit dem Anspruch der Exklusivität.

AT&T unterstützt Künstler aus nationalen Minderheiten der USA, wie zum Beispiel die „Fund for Artists Colonies".

Ein AT&T-Anliegen war in der Vergangenheit auch die Computer-Musik, wohl im besonderen Hinblick auf die AT&T-Bell-Laboratorien und deren historische Rolle im Bereich dieser Technologie.

American Encore Programm

In diese Schublade gehört auch das „American Encore" Programm, ein Patronat, das zur Aufführung selten gespielter Musikstücke ermuntern soll. Werke aus dem 20. Jahrhundert müssen es sein, geschaffen von amerikanischen Komponisten. Dem Sponsor geht es um Qualität. Die führenden Dirigenten werden ans Pult gebeten: Riccardo Muti zum Beispiel beim Philadelphia Orchestra und André Previn beim Los Angeles Philharmonic Orchestra.

324

1987/88 AT&T DANCE TOUR—THE FELD BALLET
HARBINGER

Choreographer: Eliot Feld   Costumes: Stanley Simmons
Pictured: Geralyn DelCorso, Paul Vitali   Photographer: Martha Swope

AT&T

Die AT&T Foundation ermöglicht auch die aufwendigen Tourneen bedeutender amerikanischer Tanz-Ensembles. In der Vergangenheit wurden beispielsweise das Ensemble von Paul Taylor, das Dance Theatre of
Harlem wie auch das American Ballet Theatre auf die Reise geschickt.
Die kulturellen Patronate hat AT&T auch zum Thema seiner Anzeigen-
Werbung gemacht, wo die Verbindung zu hochklassiger Musik, die besondere Affinität des Hauses zu Qualität jeglicher Art reflektiert.
Stichwort: „Quality of life" – Lebensqualität: Wenn es eine hervorra- *Quality of life*
gende Darbietung ist, nach der sich der Kultur-Konsument sehnt, dann
wird AT&T dafür sorgen, daß er sie auch bekommt. Das Außergewöhnliche muß sich aber nicht unbedingt stets in der zwanghaften Verpflichtung von Weltstars ausdrücken. So unterstützt das Unternehmen auch
Künstler, die Minderheiten angehören, zum Beispiel das „Hispanic
American Arts Center". Neben der Stiftung, der AT&T Foundation,
wird, wie erwähnt, zusätzlich auf direkter Schiene gefördert. Dies begann 1940 mit der Ausstrahlung der „Bell Telephone Hour", einem Programm aus den goldenen Tagen des Radios. Bis 1958 in den USA ein
klassischer Radio-Hit und von 1959 bis 1968 eine erfolgreiche TV-Show.
In diesen 28 Jahren gewann die „Bell Telephone Hour" auch viele
Preise. Im Mittelpunkt standen die Großen der Musik, wie Arthur Rubinstein, Jasha Heifetz, Marian Anderson, Renata Tebaldi, Lilly Pons,
Jacques d'Amboise, der Tänzer Rudolf Nurjew, um nur einige zu nennen.
Später dann, in den sechziger und siebziger Jahren, sponserte AT&T
viele spezielle TV-Aufführungen: die „New York Philharmonic Young
Peoples Concerts" und das „Bell System Family Theatre" zum Beispiel.
Von 1979 bis 1983 garantierte das Unternehmen Tourneen von 30 be-
deutenden amerikanischen Orchestern. Slogan: „Bell System American

325

If music didn't exist,
joy of tapping our feet.

Music not only brings us together, but uplifts us in the process. An example of music that exalts is the Great Performers Series at Lincoln Center, sponsored by AT&T. With living legends like Leonard Bernstein, Joan Sutherland, and Luciano Pavarotti.

Equally inspiring is the new musical series, AT&T American Encore. Through live performances by the Los Angeles Philharmonic and The Philadelphia Orchestra, musical treasures of gifted American composers get the attention they deserve.

And AT&T's Distinguished Artists performances with the Dallas Symphony present some of the world's leading classical musicians.

For those times when you can't get out to enjoy classical music, there's AT&T Presents Carnegie Hall Tonight, hosted by John Rubinstein. In the comfort of your home, you can tune your radio in to the exquisite sounds of Carnegie Hall.

Our association with fine music is a reflection of our commitment to excellence. In the quality of life. And in our products and services.

If it's outstanding performance you want, AT&T will see that you get it.

© 1987, AT&T

AT&T
The right choice.

we'd never know the

Orchestras on Tour." Bei diesen Kontinent-Tourneen wurden Millionen Menschen in 284 Städten und 46 amerikanischen Staaten erreicht.

Um das Jahr 1984 trennten sich die Wege von Bell System und AT&T. Danach trat AT&T als Sponsor allein auf. Eine wöchentliche Radio-Sendung „AT&T presents Carnegie Hall tonight", bei der wie in der Vergangenheit die Großen der Musik präsentiert werden, läuft zur Zeit gerade – mit: André Previn, Eartha Kitt, Isaac Stern, Pincas Zukerman, Marilyn Horne, Yo Yo Ma, Pete Seeger. Als Sponsor förderte AT&T Aufführungen der Bostoner Symphonie, des Cleveland Orchestra, des jugoslawischen National-Ballets, der Wiener Symphonie sowie im Museum of Modern Art in New York Ausstellungen mit Künstlern der Moderne.

Alles in allem sind es derzeit fünf gezielt ausgewählte Bereiche, zu denen auch die regionalen, zeitgenössischen Bühnen zu rechnen sind, die Avantgardistisches zeigen. Um dies zu ermöglichen, wurde das Programm „On stage" ins Leben gerufen – ein AT&T Theaterprogramm. In all dem drücken sich nicht nur die großen finanziellen Möglichkeiten des Unternehmens aus, sondern auch viel Sachverstand. Dafür gab es öffentliche Anerkennung, wie etwa durch das „Business Committee for the Arts" (BCA), eine gemeinnützige Institution der amerikanischen Wirtschaft, die es sich zum Ziel gesetzt hat, Wirtschaft und Kunst zusammenzuführen, und AT&T für vorbildliches Sponsorship einen Preis verlieh.

United Technologies:
„Wandernde" Kunst bis ins Detail durchgestylt

Amerikanische Künstlerinnen der Epoche
von 1830 – 1930

„Living Art of American Indians" –
die Kultur der Indianer Nordamerikas

Franz Xaver Winterhalter und seine Portraits

Die Werke Edgar Degas'

United Technologies, das ist der Name für einen noch jungen amerikanischen Großkonzern. Unter diesem Namen haben sich eine Reihe von Unternehmen aus dem Bereich qualitativ hochstehender Technologie versammelt. Durchweg Namen von allerbestem Klang: etwa Pratt & Whitney, Hersteller von Flugzeugmotoren; Sikorsky, der legendäre Helikopter-Bauer, oder Norden-Verteidigungssysteme; Space Transportation Systems und schließlich UTC, deren Produkte für das US-Raumprogramm benötigt werden.

Die Dachorganisation United Technologies ist nicht nur führend in der Hochtechnologie, die Organisation hat sich auch zu einem der bedeutendsten Kultur-Sponsoren in den USA entwickelt, der 1985 beispielsweise rund drei Millionen Dollar für Büchereien, Theater, Tanz-Ensembles und andere kulturelle Institutionen spendete. Bemerkenswert ist *Wander-* *ausstellungen* das United Technologies Sponsorhsip von großen Wander-Ausstellungen, von denen das Unternehmen stets auch noch Dokumentarfilme herstellt. Und sehenswert sind auch die stilvollen Kataloge, die alle Ausstellungen publizistisch begleiten.

Vier Ausstellungen aus jüngster Zeit sollen als „Highlights" etwas eingehender beschrieben werden:

Amerikanische Künstlerinnen der Epoche von 1830-1930

Eine Sammlung von 124 Gemälden und Skulpturen, geschaffen von Künstlerinnen des späten 19. und frühen 20. Jahrhunderts. Diese Ausstellung war gleichzeitig die Eröffnung des ersten Museums in den USA, das ausschließlich Künstlerinnen des Landes vorbehalten ist: National Museum of Women in the Arts, Washington DC. Enthalten sind Werke von Lilla Cabot Perry, Georgia O'Keeffe, Mary Cassat und Constance Coleman Richardson. Die Schau war auch im Minneapolis Institute of

Arts zu sehen, weiterhin im Wadsworth Atheneum in Hartford Connecticut, im San Diego Museum of Art. Eröffnet wurde die Schau in Dallas, im Meadows Museum, am 20. Februar 1988.

„Living Art of American Indians" – die Kultur der Indianer Nordamerikas

Annähernd hundert kunstvolle Objekte indianischen Kunsthandwerks: Töpferei, Lederwaren, Schnitzereien, Masken und Kleidung. Entliehen der Sammlung des Denver Art Museum. Die Ausstellung begann ihre Wanderung in Paris La Defense im April 1987 und machte im November des Jahres auch in Bonn Station.

Franz Xaver Winterhalter und seine Portraits

Er gilt als einer der bedeutendsten Portraitisten Europas um die Mitte des 19. Jahrhunderts. Ganz sicher aber war er der beliebteste. So gut wie alle gekrönten Häupter seiner Zeit wollten sich von ihm in Öl malen lassen. Queen Victoria gönnte sich dies gleich 120 mal. United Technologies sponserte eine Ausstellung von 65 seiner Portraits, die aus königlichen und privaten Kollektionen ausgeliehen wurden. Start in der National Portrait Gallery in London im Oktober 1987. Nächste Station war das Petit Palais in Paris, wo die Winterhalter-Würdigung im Februar 1988 öffnete.

Für jede Ausstellung wird ein markantes Design entwickelt. Links: „American Woman Artists 1830-1930". Unten: „Living Art of American Indians". Nächste Seite: „Light on America"

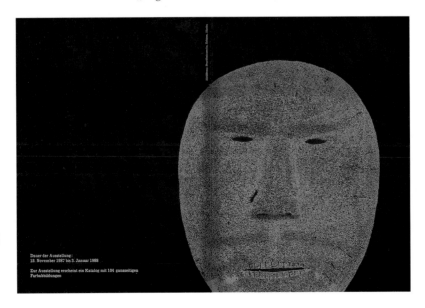

Die Werke Edgar Degas'

Die wohl wichtigste Ausstellung von Werken Edgar Degas' mit rund 300 Gemälden, Pastellen und Skulpturen des französischen Künstlers. Im Februar 1988 nahm die Ausstellung im Grand Palais in Paris ihren Weg auf. Weitere Stationen der Degas-Schau waren die National Gallery in Ottawa Kanada und schließlich, zum Finale, das Metropolitan Museum of Art in New York.

United Technologies bietet durchweg Ausstellungen von höchstem Anspruch. Viele machen mit amerikanischer Kunst und Künstlern bekannt, aber Europa wird nicht ausgeklammert, wie der knappe Einblick

LIGHT ON AMERICA
PHOTOGRAPHS BY JAY MAISEL

in ein großes Programm zeigt. So wurde auch Oskar Kokoschka von United Technologies gewürdigt: mit einer Ausstellung von rund zweihundert Arbeiten. Sie waren 1986 und 1987 in der Londoner Tate Gallery sowie im Solomon R. Guggenheim Museum in New York zu sehen. Ausstellungen und begleitende Werbung sind stets sorgfältig geplant und die Gestaltung gut aufeinander abgestimmt, wobei die Erwähnung des Sponsors nicht zu kurz kommt. United Technologies betreiben Sponsoring bewußt und konsequent, um das noch junge Unternehmen wichtigen Meinungsbildnern und Entscheidern nahezubringen – in den USA, wie auch in Europa.

Begleitende Werbung

Sara Lee
und die Reise der niederländischen Meister

Die Meldung war auf den 17. November 1987 datiert: Sara Lee Corporation gibt eine Million Dollar für amerikanisch-sowjetischen Kulturaustausch. Was Sara Lee, der Lebensmittel-Konzern aus Chicago, ermöglicht hatte, das war Kultur-Sponsoring von der außergewöhnlichen Art. Meisterwerke aus einer der berühmtesten Sammlungen holländischer und flämischer Maler des 17. Jahrhunderts – die Sammlung der Leningrader Eremitage – traten im Frühjahr 1988 eine Reise in die USA an. Sie verließen das Pushkin-Museum damit zum ersten Mal seit mehr als zweihundert Jahren. Damals hatte Katharina die Große all diese Bilder in ihr Land geholt. Vom 26. März bis zum 5. Juni waren Gemälde von Frans Hals, Rembrandt, Rubens, van Dyck, van Ruisdael und Jacob Jordaens im New Yorker Metropolitan Museum of Art zu sehen. Und nach einer Chicago-Reise dann vom 9. Juni bis 18. September am Art Institute of Chicago.

Im Austausch reiste eine Sammlung von 50 französischen Impressionisten, Meisterwerke, die ihre Heimat im Art Institute of Chicago sowie im Metropolitan Museum of Art haben, ins Pushkin-Museum in der Leningrader Eremitage.

Solche spektakulären Unternehmungen haben bei der Sara Lee Corporation Tradition. Kunstförderung geht hier zurück auf den Gründer des Unternehmens, auf Nathan Cummings, einen anerkannten Philantropen und enthusiastischen Kunstsammler. Die Begeisterung für die schönen Künste ist dem Unternehmen geblieben, die Nachfolger von Nathan Cummings teilen die Neigung.

Lebensqualität durch Kreativität

Kunstförderung bei Sara Lee hat einen philosophischen „Unterbau": Chairman John Bryan jr. möchte Lebensqualität durch Kreativität vermitteln. „Künstlerischer Ausdruck, das ist ein konstanter Wert in unserer Gesellschaft, Kunst braucht Unterstützung", so der Chairman – Malerei, Musik, Theater, Tanz gehören, wie er weiter erläutert, zu jenen seltenen Werten, die Bestand haben, die mit der Zeit ihren Wert noch steigern. Die Sara Lee Corporation fühlt sich in der Nachfolge des Philantropen Nathan Cummings dazu aufgerufen, solche Werte zu bewahren.

Zwar ist die Förderung der Kultur seit Cummings Tagen von einer immensen Bedeutung, doch bis 1981 war der Sponsor Sara Lee eher als Mäzen einzustufen. Ein Mäzen, der ganz spontan und von Fall zu Fall, eigentlich eher ungezielt, Beträge locker machte. Dann gründete das Unternehmen die Sara Lee Foundation, eine Stiftung zur Unterstützung der schönen Künste wie auch unterprivilegierter Mitbürger.

Die Gewichte sind klar verteilt: 40 Prozent für die Künste, 50 Prozent im sozialen Bereich und ein Rest von 10 Prozent wird ganz spontan und nach Bedarf eingesetzt. Im Jahre 1987 flossen 2,6 Millionen Dollar in die Kunstförderung. Dieses Geld war nicht nur an die sogenannten etablierten Institutionen adressiert, wie etwa das „Art Institute of Chicago" oder das „Kennedy Center" in Washington, die genauso zu den Geförderten gehören wie die „Lyric Opera of Chicago" und das „Chicago Symphonic Orchestra". Sara Lee unterstützt mit seinen Dollar-Millionen auch Bereiche der Kunst und Kultur, die eher zum experimentellen Flügel zu zählen sind. Beispielsweise die „Steppenwolf Theatra Company" oder das „Chicago Repertory Dance Ensemble". Stets war das Engagement in diesen fünf Jahrzehnten Kunstförderung breit gefächert. Theaterbühnen, Opernhäuser, Tanz-Theater, Museen, Galerien, Musikgruppen und künstlerische Gruppierungen in den Kommunen – sie alle werden von Sara Lee bedacht. Manche dieser Engagements fördern sowohl kulturelle wie soziale Anliegen gleichzeitig: Sara Lee setzt sich mit seiner Finanzkraft auch für Minderheiten in den USA ein und ermöglichte jüngst eine Ausstellung von Arbeiten 22 lateinamerikanischer Malerinnen in Chicagos „Mexican fine Arts Center" und „Black Creativity" in „Chicago's Museum of Science and Industry".

Kunstförderung breit gefächert

Detail from *Still Life with a Compass*, Leger, 1926.

A LEGACY

The outstanding
qualities represented
in AN IMPRESSIONIST
LEGACY:
THE COLLECTION OF
SARA LEE CORPORATION
published by Abbeville Press
reflect our
management
philosophy
and our commitment
to produce the
finest products
for the consumer.

Detail from *Woman Painting*, Braque, 1936.

SARA LEE CORPORATION

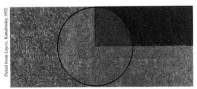

Detail from *Layers*, Kandinsky, 1932.

337

The Art of Sara Lee

"Seated Ballerina" by Toulouse-Lautrec.

"Russian Dancers" by Degas.

Chagall's "Lovers at Vitebsk."

These are among over six hundred paintings

and sculptures found

in the Sara Lee Collection.

A collection that is a tribute to our founder.

A masterful addition to

Sara Lee companies around the world.

A reflection of our commitment

to support the arts.

SARA LEE CORPORATION

Camille Pissarro | Woman Washing Her Feet | 1895

Ausgeprägt und gut geschult erscheint das Gespür für spektakuläre Ereignisse in der Kunst. Die Reise der niederländischen Meister von der Leningrader Eremitage nach New York und Chicago steht durchaus nicht allein. Ein Musical wurde ermöglicht: „Sunday in the Park with George." Die Produktion des „Goodman Theatre" gewann dafür den Pulitzer-Preis. Außerdem sponserte Sara Lee eine Reihe von Konzerten des „Chicago Symphony Orchestra" in der Carnegie Hall in New York. Daneben stehen die sozialen Engagements. Schulungsprogramme beispielsweise im Bereich der Kunst für Kinder bedürftiger Familien.

Doch Sara Lee schwebt in der Selbstdarstellung nicht auf den Wolken der Mildtätigkeit einher. In Publikationen taucht häufig die Formulierung „Partnerships" auf. Das Unternehmen versteht sich als ein Partner, der etwas zu geben hat – nämlich seine Finanzkraft – und der dafür auch etwas für sich reklamiert: all jene Werte, die Kunst und Kultur vermitteln. Soziale Partnerschaften sind die Sache von Sara Lee ebenso, beispielsweise im Kampf gegen Drogenmißbrauch, in diversen karitativen Programmen. All dies mache Sinn, so heißt es in einem Anzeigentext, Sinn für das Unternehmen, Sinn für das Gemeinwesen, also für die Menschen. „Ein vitales kulturelles Leben erweitert den Horizont und gibt den Menschen die Möglichkeit, mit uns in Kontakt zu treten", so Chairman Bryan.

Aura einer Weltstadt

Die stärksten Akzente werden dabei im Raum Chicago gesetzt. Sara Lee möchte mithelfen, der „Windy City" die Aura einer Weltstadt zu geben und sie attraktiv für Kunden und Mitarbeiter zu machen. Wenn über die eigenen Motive gesprochen wird, geschieht das generell ganz gerade heraus. In einer Offenheit, die deutlich macht, daß Partnerschaft Geben und Nehmen ist. Das Image von Sara Lee, das Engagement in Kunst, Kultur sowie im sozialen Bereich, das sind Werte, „die es uns erleichtern, unsere Angestellten an uns zu binden, und die unseren Gemeinden dabei behilflich sind, neue Unternehmen anzusiedeln und Arbeitsplätze zu schaffen".

Zwei Aspekte verdienen es, noch besonders herausgestellt zu werden. Da wäre einmal die Förderung kleinerer Kunstorganisationen mit innovativem Charakter; was geschieht, um solchen Unternehmungen in der Anfangsphase zu helfen. Der Lebensmittelkonzern aus Chicago fördert auch darstellende Künstler, indem er ihre Arbeiten aufkauft und sie in seinen Geschäfts- und Büroräumen ausstellt. Einzigartig ist jene Sammlung, die auf Nathan Cummings zurückgeht: Ausgewählte Bilder und Skulpturen, zusammengetragen in vierzig Jahren. Dazu wieder ein Satz von philosophischem Sinngehalt: „Die Kunst bleibt ein Vermächtnis von Schönheit und Inspiration für all jene Generationen, die nach uns kommen. Dies zu unterstützen ist einer der wertvollsten Beiträge, die ein Unternehmen leisten kann." Das klingt zwar pathetisch, aber es ist durchaus ernst und ehrlich gemeint, und die Taten halten ja auch mit den starken Worten Schritt. Konsequent wurde das Engagement übrigens auch in die Anzeigenwerbung integriert. Ein paar Beispiele: Headline: „The Art of Sara Lee" – die Kunst von Sara Lee. Querformat. Das Motiv

340

zeigt „Die Frau am Fluß" von Camille Pissarro. Eines von 600 Bildern und Skulpturen der „Sara Lee Collection". Eine Sammlung – wie es im Lauftext heißt – die auch eine Art Ehrenbezeigung an den Gründer Nathan Cummings ist. In einem weiteren Anzeigen-Motiv geht es um Konzerte des „Chicago Symphony Orchestra" unter Sir George Solti. Headline: „Sara Lee in Concert." Und auch jenes Pulitzer-Preis(gekrönte) Musical „Sunday in the Park with George" des „Goodman Theatre" wurde per Anzeigenmotiv einem breiteren Publikum nähergebracht. Das Grundmotiv dieses Musicals geht auf ein Bild von Georges Seurat zurück. Und so titelte der Texter: „Sara Lee invites you to see and hear the whole Picture". Sara Lee lädt Sie ein, das ganze Bild zu sehen und zu hören.

341

Fazit: Sara Lee hat Sinn für spektakuläre Engagements. Man denke nur an die Reise der niederländischen Meister von der Leningrader Eremitage nach New York und Chicago, sowie an den Gegenbesuch der 50 Werke französischer Impressionisten von Chicago und New York nach Leningrad. Sara Lee hat auch viel Sinn für Gemeinsinn. Stichwort: Engagement in den Kommunen. Sara Lee zeigt Verantwortung, indem es Minderheiten gezielt fördert. Schließlich hat Sara Lee so etwas wie ein Sendungsbewußtsein, möchte durch die geförderte Kunst ein Vermächtnis an spätere Generationen weitergeben. Und ein pädagogisches Anliegen verfolgt das Unternehmen auch. Es drückt sich in seinen brillanten Anzeigen-Motiven aus, die dazu einladen, sich mit der Kunst auseinanderzusetzen. Und auch mit Sara Lee, dem großzügigen Sponsor.

Sinn für
Gemeinsinn

Mobil Oil:
Bildschirm-Unterhaltung mit Niveau

Der Slogan ist deutlich, hat nichts von verschämter Zimperlichkeit: „Made possible by a grant from Mobil" – ermöglicht durch einen Zuschuß von Mobil. Und ein Booklet (Grant Guidelines) mit Richtlinien des Sponsoring, wenn man so will, macht das transparent, was Mobil Oil „Support of Arts and Culture" nennt.

Mobil Oil offenbart dem Leser dieses Booklets gleich auch seine Motive, entwickelt auf 14 Zeilen seine Philosophie des Sponsoring. Kernsatz: Kulturelle Höchstleistungen suggerieren auch Höchstleistungen des Unternehmens. So einfach ist das. Doch das Unternehmen spricht auch von der Verpflichtung, durch seine Leistung das Umfeld zu bereichern. Das formulieren die anderen sicherlich auch nicht grundsätzlich anders. So gut wie bei jedem US-Sponsor ist zu lesen, daß solche Engagements

„good business sense" machen. Und ganz im Gegensatz zu nicht wenigen Sponsoren hierzulande dringt durch alle Formulierungen die unerschütterliche Überzeugung, daß der Sponsor durch sein Engagement einfach eine gute Figur machen muß. Diese Grundhaltung verlangt geradewegs nach der großen Bühne für die eigene Präsentation. Das „Cultural Programs and Promotion department of corporate public affairs" publiziert alle kulturellen Projekte von Mobil, setzt sie in Anzeigen um und sorgt für die Promotion. Nur eine graphisch und textlich hervorragend gestaltete Kampagne kann für Mobil eine Art Versicherungspolice dafür sein, daß ein Engagement auch jene öffentliche Anteilnahme findet, die es nach Ansicht des Unternehmens verdient.

Mobil präsentiert eben die Kultur, formuliert die eigenen Absichten nie

Free Museum Evenings

AMERICAN CRAFT MUSEUM
Tuesdays 5 to 8 PM

AMERICAN MUSEUM
OF NATURAL HISTORY
Fridays and Saturdays 5 to 9 PM

COOPER-HEWITT MUSEUM
The Smithsonian Institution's
National Museum of Design
Tuesdays 5 to 9 PM

THE CORCORAN
GALLERY OF ART
Thursdays 5 to 9 PM

GUGGENHEIM MUSEUM
Tuesdays 5 to 8 PM

WHITNEY MUSEUM
OF AMERICAN ART
Tuesdays 6 to 8 PM

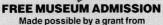

FREE MUSEUM ADMISSION
Made possible by a grant from

Mobil®

©1987 Mobil Corporation

MASTERPIECES *of the* AMERICAN WEST

SELECTIONS FROM THE ANSCHUTZ COLLECTION

November 29, 1985–February 16, 1986
American Museum of Natural History
Made possible by a grant from Mobil

verwaschen. Dazu gehört auch das graphische Konzept. Die besten amerikanischen Illustratoren und Designer arbeiten daran, entwickeln Logos, an denen sich jedes einzelne der Kultur-Projekte des Hauses auf den ersten Blick identifizieren läßt. Solch ein Logo ist dazu da, einer Kampagne, die ein Kulturprojekt vorstellt, eine Alleinstellung zu verschaffen. Graphische Umsetzung gehört zu den ganz besonderen Stärken dieser Kultur-Konzeption. Eine Reihe von Auszeichnungen durfte Mobil schon dafür entgegennehmen. Es geht auch bei Mobil um gesellschaftliche Verantwortung. Doch genau so unzweideutig wird vom „direct business benefit" gesprochen. Um die ehrgeizigen Unternehmensziele auf gar keinen Fall zu verfehlen, unterstützt die Kulturabteilung jedes Projekt auch werblich: Zeitungs- und Zeitschriftenanzeigen, Plaka-

Das graphische Konzept

This exhibition is made possible by a grant from Mobil.

Pueblo of Taos by Victor Higgins

Mr. Philip F. Anschutz
President, The Anschutz Corporation
and Mrs. Anschutz

Mr. Alex H. Massad
Executive Vice President, Mobil Oil Corporation
and Mrs. Massad

and

Mr. Robert G. Goelet
President, American Museum of Natural History

cordially invite you to a reception to celebrate the opening of

MASTERPIECES OF THE AMERICAN WEST
Selections From The Anschutz Collection

Tuesday evening, December 3, 1985
6:00 to 8:30 PM

American Museum of Natural History
West 77th Street between Central Park West and Columbus Avenue
New York, New York

Please reply on enclosed card by November 19.

tierung, Radio- und TV-Spots. Es werden Bücher und Prospekte herausgegeben, Kataloge zusammengestellt. Kurzum: Für ein Engagement werden alle Register der werblichen Kunst gezogen.

Förderung
anspruchsvoller
TV-Unterhaltung

Schwerpunkt des Programms ist vor allem die Förderung anspruchsvoller TV-Unterhaltung. Begonnen wurde dies bereits 1970 und es war dabei nicht der Ehrgeiz der Öl-Multis Theater auf den Fernsehschirm zu bringen, sondern man wollte dazu beitragen, Literatur in televisionäre Formen umzusetzen. Dies ist zweifellos gelungen; 55 Emmy-Nominierungen beweisen es („Emmy" ist der „Oscar" des Fernsehschirms), von denen 22 gewonnen wurden. Die schönsten und wertvollsten TV-Serien in den USA gehen auf Mobil-Engagements zurück. Produktionen, die unter dem Signet „Masterpiece Theatre" stehen.

„Mystery" lautet der Titel einer anderen TV-Produktions-Reihe. Krimi-Produktionen mit literarischem Anspruch: „Agatha Christie-Stories" zum Beispiel und auch „Lord Peter Wimsey" von Dorothy Sayers verdankt Mobil seine kongeniale Bildschirm-Präsenz.

Daneben stehen die Museums-Programme, die „Mobil Foundation" und die „Cultural Projects". Doch am häufigsten sind die Begegnungen mit Ergebnissen des Kultur-Engagements von Mobil Oil auf dem anspruchsvollen „Channel 13".

Auch ein Literatur-Preis wird von Mobil Oil vergeben: „The Pegasus Prize for Literature." Es geht um Literatur aus Ländern, die von der US-Öffentlichkeit bisher weitgehend übersehen wurden. Die Gewinner kamen aus Ägypten, Dänemark, der Elfenbeinküste, den Niederlanden, Neuseeland und Indonesien. Durch diesen „Pegasus Prize" möchte Mobil Oil die literarisch Interessierten in den USA dazu ermuntern, sich eingehender mit der Literatur aus jenen weniger beachteten Winkeln der Erde zu beschäftigen. Außerdem soll durch das Engagement die Beziehung zu jenen Ländern vertieft werden, in welchem Mobil wirtschaftliche Interessen verfolgt. Der Gewinner erhält einen Geldpreis, eine Medaille mit dem geflügelten Roß und außerdem – was für ihn viel wichtiger ist – wird sein Werk in den USA aufgelegt.

348

Chase Manhattan:
Wegbereiter des „Sponsoring of the Arts"

Der Jahresreport der guten Taten ist in diskretes Grau gebunden. Darüber ist zu lesen: Chase Manhattan Corporate Responsibility-Annual Report. Im unteren Drittel steht die Jahreszahl, in diesem Fall 1986. Links daneben, eingestanzt, das Symbol des Unternehmens, ein stilisiertes Achteck mit einer quadratischen Öffnung im grauen Karton. Darunter schimmert Gold. Wer dem Goldschimmer nachspürt und den Report aufschlägt, stößt auf eine goldene Säule, Seite 3. Ganz oben das Dollar-Zeichen und eine achtstellige Zahl: 11 864 296, also fast 12 Millionen Dollar. Diesen Beitrag leistete die Chase Manhattan mit Hauptsitz in der Wall Street anno 1986 an wohltätigen Beiträgen. Im Originaltext: Charitable Contributions. Diese fast 12 Millionen Dollar stehen für eine Sponsorenleistung, zu der sich hierzulande nichts in vergleichbarer Größenordnung finden läßt. Wer Genaueres über diese achtstellige Zahl wissen will, kann sich auf 29 Seiten über jeden Sponsor-Dollar der Chase Manhattan informieren. Da ist jede Aktivität aufgeführt. Und die Auflistung der Charitable Contributions, der mildtätigen Beiträge, „for the year ended Decembre 31, 1986", beginnt mit Kultur und Künsten (Culture of the Arts). Förderung von Tanz und Musik, auch Beiträgen für Kunstzentren, für Theater, Museen. Links der Betrag, rechts das Engagement und unter dem Strich, am Ende der Sparte, wird eine Zwischensumme gezogen. Es waren 876 858 Dollar in diesem Berichtsjahr 1986. Im Bereich „Ausbildung" fast 2,3 Millionen Dollar, für Gesundheitsprogramme mehr als 1,6 Millionen. Die Summen sind eindrucksvoll, und die Chase Manhattan legt sie in diesem dezenten Jahresreport alle offen. Diese Zahlen beeindrucken nicht nur im Vergleich mit der Bundesrepublik außerordentlich, sie gehören auch in den USA zu den Spitzenleistungen der Spendefreudigkeit. Und dort kommen ja bekanntermaßen acht von zehn Dollar für die Kultur aus privater Hand. Als freiwillige Leistungen.

Kultur-Sponsorship geht bei der Chase Manhattan zurück bis in die fünfziger Jahre, als das Unternehmen sein Förderprogramm aufnahm. Ein Konzept, das in seiner Grundstruktur auch noch heute gilt. Nehmen wir als Zeitpunkt des Starts das Jahr 1958. Damals waren es nur eine Handvoll Unternehmen, die sich an der Kunstförderung beteiligten. Und der Kultur-Beitrag der Chase Manhattan lag zu jener Zeit bei etwa einer halben Million Dollar. Das Ziel wird heute wie damals auf zwei Gleisen angesteuert: 1. Es ist die erklärte Absicht der Chase, das künstlerische Niveau bedeutender etablierter Kunst-Institutionen zu heben sowie kleinere Organisationen zu unterstützen, die wichtige Arbeit in einem kreativen Lernprogramm leisten. 2. Die Chase fördert kommunale Anliegen und Unternehmungen, unterstützt Gemeinden, in denen Mitarbeiter und Kunden leben. Diese Leistungen für das Gemeinwohl sind gleichfalls erheblich.

Neighbourhood and Economic Development

Stichwort: Neighbourhood and Economic Development! Frei übersetzt: Nachbarschaft und Entwicklung von Handel und Wandel. Ein weiteres Stichwort: Neighbourhood Grants. Ebenso frei übersetzt: Nachbarschafts-Zuschüsse.

Dieses freiwillige kommunale Förderprogramm, wenn wir es so nennen wollen, hat sich zu einer respektablen Dimension ausgewachsen.

Was – enggefaßt – das Kultur-Sponsoring angeht, wurde für das Jahr 1988 ein Betrag von 1,5 Millionen Dollar angesetzt. Etwa 13 Prozent des Gesamt-Budgets für öffentliche Aufwendungen. In New York reicht die Streuung von einer Förderung des „Lincoln Center for the performing Arts" und des „Metropolitan Museum of Art" bis hin zu einem Kinderzentrum am South Street Seaport Museum.

Daneben besitzt die Chase Manhattan aber auch eine der größten Kunstsammlungen, die ein Unternehmen zusammengetragen hat: Mehr als 11 500 Kunstwerke, die in rund 350 Niederlassungen der Bank weltweit gezeigt werden. Schließlich ist die Chase Manhattan eine internationale Bank, die sich deshalb in der Kunst auch international engagiert. Im Jahre 1986 wurden Werke aus zwei sehr unterschiedlichen Kunstrichtungen auch für Museumsveranstaltungen bereitgestellt. In der ersten präsentierte das „Bruce Museum" in Greenwich, Connecticut, Künstlerisches unter dem Titel „Elections from the Chase Manhattan Collection". Gezeigt wurden 86 sehr verschiedene Einzelstücke, angefangen von einer Richterperücke des späten 18. Jahrhunderts, über ein besticktes politisches Banner der zwanziger Jahre bis hin zu Nancy Bursons computergesteuerten Photographien der achtziger Jahre. Kurator Nancy Hall-Duncan schrieb zu dieser Ausstellung, „bestimmte Bilder" seien so „unverwechselbar und unbestreitbar amerikanisch", daß sie ein Bild Amerikas widerspiegeln. Die Ausstellung gastierte im übrigen auch noch in verschiedenen anderen Museen. „Selections from the Collection of the Chase Manhattan Bank", so der Titel der zweiten Ausstellung im „Nassau Country Museum of fine Art" in Roselyn, New York. Diese Auswahl umfaßte 62 Exponate. Werke von Jonathan Borofsky, Arch Connelly, James Rosenquist, Allan McCollum, Julian Schnabel, Isaac Witkin, Alice Aycock, John Ahearn, Tom Otterness und Joseph Beuys. Eine Auswahl seit 1960 gesammelter Kunstwerke. Zusammen mit Mitarbeitern des Instituts trafen die beiden Museumsdirektoren die Auswahl.

Wie das Unternehmen seine Aktivitäten selbst beurteilt, ist aus einer Anzeige herauszulesen. „But we haven't done this out of Charity" – aber wir haben dies nicht aus purer Wohltätigkeit heraus getan – so heißt es: „We have done it, because it makes good business sense." Wir haben es getan, weil es gutem Geschäfts-Sinn entspricht. Nicht nur die Banker, die amerikanischen Sponsoren sind generell ganz offen, verstehen sich als Partner, die nicht nur geben, sondern auch nehmen.

Nicht aus purer Wohltätigkeit

Sinngemäß – wir helfen, die Lebensqualität in den Kommunen und Gemeinden zu retten, wir machen sie auch zu geeigneteren Orten für unsere Bankgeschäfte. Die Philosophie des Sponsoring im Stil der Chase Manhattan verkündete bereits am 20. September 1966 der langjährige Chairman David Rockefeller. Seiner Rede – „The Culture and the Corporation", die Kultur und das Unternehmen – haben wir einige Auszüge entnommen.

WITH THE GOVERN TO ART AND SOMEBODY'S GO

MENT GIVING LESS
EDUCATION,
TO GIVE MORE.

And that somebody is America's corporations.

As one of the leading corporate contributors in America, we're proud to say that this year we've increased our contributions to the arts, education and other social programs by over 40%.

But we haven't done this out of charity. We've done it because it makes good business sense.

At Chase, we believe we're in partnership with the communities we serve.

And by improving the quality of life in those communities, we make them better places to bank.

THE CHASE PARTNERSHIP

 **CHASE**

Die Öffentlichkeit erwarte von einem Unternehmen wie der Chase Manhattan auch, daß sie zu einer positiveren Entwicklung ihres Umfeldes beitrage. „Wenn ich von Umfeld spreche", so Rockefeller, „meine ich damit den weiten Komplex wirtschaftlicher, technologischer, sozialer und politischer Kräfte." Aus ihrer gesellschaftlichen Verantwortung heraus seien Unternehmen verpflichtet, einen Beitrag zu leisten, statt passiv nur auf äußere Einflüsse zu reagieren. Schließlich verdanke Amerika seinen materiellen Wohlstand vor allem der Eigeninitiative seiner Großunternehmen. Diese Rede war eine Grundsatzerklärung über Wert und Lohn wohldurchdachter Public Relations, denn auch den konkreten wirtschaftlichen Gewinn solcher Engagements ließ David Rockefeller nicht aus. Auf die Gewinnseite stellte er umfangreiche Publicity und Medien-Präsenz, die Hervorhebung im öffentlichen Ansehen und das aufgewertete Unternehmens-Image. Der Lohn solcher Engagements: engere Kundenbindung, mehr Produkt-Akzeptanz und eine Aufwertung der Qualität. Kunstförderung sei das Mittel der Wahl, um die Moral der Angestellten zu heben und die Anwerbung qualifizierter Mitarbeiter zu erleichtern.

Auch die Architektur, Gestalt und Besonderheit des Firmengebäudes spiele dabei eine wichtige Rolle. Bei der Planung eines neuen Hauptverwaltungsgebäudes in Manhattan wollte die Chase in den sechziger Jahren ein modernes architektonisches Konzept verwirklichen. Ausdruck eines zeitgemäßen Images des Bankwesens. „Wir wünschten uns ein Gebäude, das nicht nur in höchstem Maße funktional zu sein hatte", so Rockefeller. Dieses Gebäude sollte das Bild der Wall Street heben und jene erfreuen, die sich täglich daran vorbeibewegen. Schließlich sollte

von der Architektur eine stimulierende Arbeitsatmosphäre auf die Angestellten ausgehen. Im Banken-Distrikt der Wall Street gibt es jedoch einige Stellen, die die Sonne weniger als 24 Stunden im Jahr sehen. Deshalb war es wichtig, daß dieses neue Gebäude nicht zusätzlich noch den Blick auf den Himmel verstellt, und wurde so konzipiert, daß es nur ein Drittel der Grundfläche einnimmt. Auf der verbleibenden Fläche wurde ein Platz mit Platanen, runden Granitbänken sowie Wasserspielen und Skulpturen angelegt. Innen sollte die darstellende Kunst die Architektur ergänzen. Rockefeller fand schließlich, das Gebäude habe dazu beigetragen, das Image eines als kalt und unpersönlich geltenden Geschäftszweiges zu humanisieren. „Wir glauben, es hat das Leben im Stadtzentrum bereichert." Der Chairman sagte dann auch noch Grundsätzliches zum Thema Public Relations, die er im Wortsinne verstehe, nämlich als Verhältnis zur Öffentlichkeit. Selbstverständlich habe nicht jedes Unternehmen die finanziellen Möglichkeiten der Chase Manhattan Bank, doch jedes Unternehmen sei in der Lage, seine Corporate Identity klar, deutlich und unmißverständlich darzustellen. Und zwar in frischen Konzepten für Gebäude, Büros, in Ausstellungsräumen, Möbeln, Anzeigen, Broschüren, Briefköpfen und natürlich auch in ungewöhnlichen Produktideen. Wer sich daranmache, ein Unternehmensimage aufzubauen, finde in der Kunst meist ein geeignetes Mittel.

354

Als weiteren Aspekt nannte er eine bewußte Produktgestaltung. Schließlich sei erwiesen, daß ein hoher künstlerischer Anspruch selbst bei unwichtig erscheinenden Produkten des täglichen Lebens nicht nur dazu beitrage, das allgemeine Geschmacksniveau zu heben, sondern sich auch positiv auf die Gewinn- und Verlustrechnung auswirken könne. Dies sei auch der Grund, warum die Anzeigen des Hauses und viele Darstellungen mit erstklassiger Typographie und hochwertiger Fotografie gestaltet werden. Und zu dieser Corporate Identity gehöre selbstverständlich auch die Architektur des Firmengebäudes, die für die Umgebung eine Bereicherung sein könne, wie auch, wenn sie mißlungen ist, ein Störfaktor. „Gutes Design beeinflußt entscheidend das Umfeld eines Unternehmens, weil es eine Wohltat für Auge und Geist ist."

Eine Wohltat für Auge und Geist

Gedanken, die auch nach mehr als 20 Jahren nichts von ihrer Aktualität verloren haben.

Problematisch für große Unternehmen sei allerdings die häufig fehlende Kompetenz auf der Seite der Gesponserten. „Offen gestanden, ich habe beobachtet, daß einige kulturelle Organisationen nicht immer den intelligentesten und überzeugendsten Eindruck bei ihren Spenden-Versuchen machen. Ihre Argumentationsführung ist oft verschwommen, ihre Dokumentation schwach. Selbst das öffentlichkeitsbewußte Unternehmen hat, wie ich glaube, einen Anspruch darauf, von den Organisationen die seine Unterstützung suchen, ein realistisches Budget und realisierbare Pläne zu verlangen, um kurz- und langfristige Zielsetzungen zu

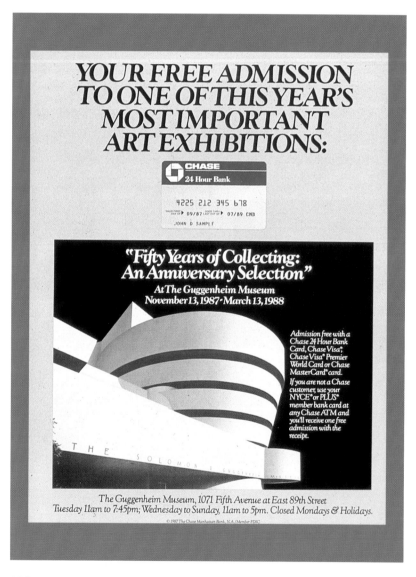

erreichen." (Eine Aufgabe, der sich seitdem das von Rockefeller initiierte „Business Committee for the Arts" sehr intensiv annahm.)

Kunst, im Verständnis des David Rockefeller, ist „Bestätigung unserer Individualität, ein Wertmaßstab für Schönheit. Kunst, das sind auch Gefühle, die fast jeden erreichen".

Gefühle, die fast jeden erreichen

Und Kunst, „ist unersätzlich, wenn wir unsere große Verantwortung für den einzelnen und für die Entwicklung aller Talente, die in jedem einzel-

---

Sponsoring und Verkaufsförderung: Die Chase unterstützte die Jubiläums-Ausstellung des Guggenheim-Museums und verband dies mit einer Aktion für den Absatz von Kredit- bzw. Bank-Karten.

nen stecken, gerecht werden wollen." Lebensqualität sei schließlich nicht ausschließlich auf der Basis wirtschaftlicher Gewinne zu erzielen, sondern durch jene wertvollen und unantastbaren Elemente, die es jedem einzelnen ermöglichen, ein erfüllteres, bewußteres und befriedigenderes Leben zu führen.

„Ich kenne kein anderes Gebiet, auf dem wir unsere Talente und Energien sinnvoller einsetzen könnten."

Ein bedeutendes kulturelles Engagement der achtziger Jahre sei noch erwähnt, die Ausstellung aus Anlaß des fünfzigjährigen Jubiläums des Guggenheim-Museums. Promoted durch die Chase. Titel: „Fifty Years of Collecting: Anniversary Selection."

Kunden wurden zu Förderern des Museums
Sie öffnete am 13. November 1987 und schloß am 13. März 1988. Die Kunden der Bank wurden zu Förderern des Museums und seines Programms erhoben, erhielten freien Eintritt und eine Reihe von weiteren Vergünstigungen.

Auf besonders sinnvolle Weise wurde das Guggenheim-Jubiläum mit dem Kreditkarten-Geschäft gekoppelt. Jeder Kreditkarten-Kunde der Chase Manhattan erhielt freien Eintritt. Das Angebot wurde angenommen, die Chase verbuchte Rekord-Verkäufe bei Kreditkarten, die Ausstellung war bestens besucht. Eine Promotion, die der Bank nutzte und zum anderen eine hervorragende Werbung für das Guggenheim-Museum war.

Philip Morris USA:
Kultur als Jungbrunnen für das Unternehmen

Sie ist ganz offensichtlich typisch amerikanisch, sie ist damit den bundesdeutschen Unternehmen nicht nur fremd, sie ist bei ihnen fast schon verpönt – jene Begeisterung, mit der George Weissman, Aufsichtsratsvorsitzender von Philip Morris Incorporated, über das „Art Program" des Hauses spricht. „Verjüngend" habe es sich geradezu ausgewirkt, Spaß habe es gemacht und der täglichen Arbeit aller eine gewisse Würze gegeben. Dies treffe heute noch so zu wie damals, Ende der fünfziger Jahre, als Philip Morris sich intensiv mit den Künsten auseinanderzusetzen begann.

Seitdem hat der Tabak-Konzern in seiner Partnerschaft mit den Künsten starke Akzente gesetzt. Ausstellungen von weltweitem Rang, darunter die „Sammlung des Vatikans", von dem Unternehmen durch eine Drei-

Millionen-Dollar-Gabe auf Tour geschickt, übrigens die größte Einzelspende eines Unternehmens in diesem Bereich. Das „Whitney Museum of American Art" etablierte in der Eingangshalle der Zentrale in New York eine Museums-Dependance und stellt dort ausgewählte Stücke aus.

Museums-Dependance

Dem breitgefächerten Kunst-Programm sei es zu danken, so George Weissman, daß eine einzigartige „Corporate Identity" aufgebaut wer-

Links: „25 Jahre Philip Morris and The Arts" – ein eindrucksvoller Bericht. Unten: Die Museums-Dependance im Philip Morris-Verwaltungsgebäude, Prospekt des Whitney Museums.

Whitney Museum of American Art
at Philip Morris

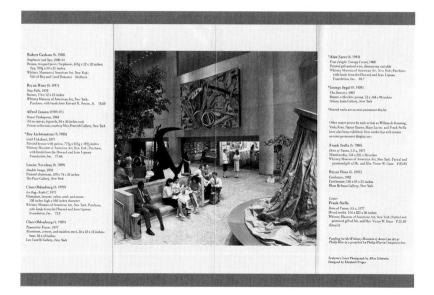

Blick in das „Whitney Museum at Philip Morris". Die permanente Ausstellung an einem stark frequentierten Standort New Yorks zeigt im wesentlichen Skulpturen. Rechts: eine Einladung für eine Veranstaltung des American Dance Theatre.

den konnte. Ohne die vitale Komponente Kunst sei das heutige Erscheinungsbild überhaupt nicht denkbar. Die Ausstellungen, Projekte des Unternehmens, erzielten Besucher-Rekorde, regten Symposien, Seminare an, und John Russell von der New York Times reihte zwei von Philip Morris gesponserte Ausstellungen unter die fünf bedeutendsten ein: „Edward Hopper – The Art and the Artist" und die exquisite Ausstellung über den deutschen Expressionismus. Ein anderer Times-Kritiker, Michael Branson, nannte dazu noch die „Sammlung des Vatikans" als Anwärter für diese imaginäre Hall of Fame der Ausstellungen.

Parallelen zum Geschäftserfolg

Es ergeben sich im übrigen Parallelen zum Geschäftserfolg des Konzerns wie auch zur Positionierung seiner Produkte. Ende der fünfziger, Anfang der sechziger Jahre fand sich Philip Morris nur auf dem sechsten Platz unter den großen amerikanischen Tabak-Konzernen. In diese Zeit fiel dann ein dramatischer Schnitt, der bei der Marke Marlboro vollzogen wurde. Von einer eher femininen Ausstrahlung zum harten Marlboro-Mann, dem lonesome rider im Marlboro Country. „Marlboro hat uns gelehrt", so die Erkenntnis aus diesem dramatischen und erfolgreichen Schritt, „daß es nicht reicht, sich nur im Gleichschritt mit dem Zeitgeist zu bewegen, man muß auch in die Zukunft schauen." Dieses kreative Grundgefühl, diese Aufbruchstimmung und ihr schöpferischer Geist sollte unter den Mitarbeitern verbreitet werden. So wurde die New Yorker Zentrale 1962 völlig neu gestaltet – mit dem erklärten Ziel, eine kreative Atmosphäre zu schaffen, ein inspirierendes Umfeld für unge-

wöhnliche Ideen und Gedanken. Moderne Architektur und Kunst erschienen dem Management als die Mittel der Wahl, um Raum für phan-
tasievolle Gedankenflüge zu schaffen.

Positive Reaktionen zeigten, daß dies der richtige Weg war. Hervorragendes Design und ausgewählte Kunst-Ausstellungen gehörten von nun
an zum Stil des Hauses. Um die Mitte der sechziger Jahre gärte auch in
den USA heftig der Zeitgeist, und in Unternehmen breitete sich jener
philanthropische Gedanke aus, daß Wirtschaft und Industrie aufgrund
ihrer finanziellen Möglichkeiten die Verpflichtung haben, eine bessere
Gesellschaft zu bauen. George Weissman: „Die soziale und ökonomische Gesundheit unserer Gemeinden ist untrennbar mit der Gesundheit

*Hervorragendes
Design und aus-
gewählte Kunst-
Ausstellungen*

Early Sunday Morning, 1930. Oil on canvas, 35 x 60 inches. Whitney Museum of American Art, New York. 31.426

EDWARD HOPPE

WHITNEY MUSEUM OF AMERICAN AR

THIS EXHIBITION IS SPONSORED BY PHILIP MORRIS IN

THE ART AND THE ARTIST

PTEMBER 23, 1980–JANUARY 18, 1981

D THE NATIONAL ENDOWMENT FOR THE ARTS

Auf den Vorseiten: Plakat für die legendäre Edward Hopper-Ausstellung und doppelseitige Anzeige mit einem Überblick der wichtigsten Engagements der letzten Jahre.
Oben: Wandgemälde von Richard Haas in der Philip Morris Hauptverwaltung.
Unten: Philip Morris informiert die Öffentlichkeit regelmäßig durch Anzeigen über das Kultur-Engagement.

des Wirtschaftslebens verbunden." Für die Wirtschaft eine Chance, die führende Rolle zu übernehmen.

Eine Analyse zeigte Philip Morris, daß die eigenen wohltätigen Aktionen bis zum Ende der fünfziger Jahre zu statisch angelegt waren. Vor allem wurden die drei Akzente Gesundheit, Erziehung und Wohlfahrt gesetzt. Die Hinwendung zu den Künsten erfolgte dann, um bestimmte Geschäftsziele zu erreichen, und in der Überzeugung, daß Kunst und Kultur die Kreativität der Mitarbeiter anregen würde.

Corporate Citizen

Auch der Gedanke des Corporate Citizen taucht in der Philosophie des Förderns immer wieder auf. Die Engagements sollen helfen, die Lebensqualität der Gemeinwesen zu verbessern. Und dabei ging es Philip Morris vor allem um das Wohlergehen jener Gemeinden, in der Niederlassungen bestehen. Deshalb wurden und werden Ausstellungen in Städten wie New York, Richmond, Milwaukee, St. Louis, Louisville, Fort Worth oder Houston inszeniert.

Philip Morris als weltweites Unternehmen läßt die Segnungen von Kunst und Kultur aber auch den Mitarbeitern in anderen Teilen der Welt zukommen. „Wir glauben daran, daß eine stimulierende Arbeitsatmosphäre ein Gefühl des Wohlbefindens schafft und die kreativen Reserven der Mitarbeiter freisetzt."

Kunst ist allgegenwärtig

Diese Idee realisierte man in der New Yorker Zentrale am konsequentesten. Büros, Korridore, Lobby's, überall Zeichnungen, Gemälde, Drucke; die Kunst ist allgegenwärtig. Ein so aktiver Sponsor, der beim Fördern auch ganz bewußt die Geschäftsziele mit einbezieht und sich auch offen dazu bekennt, verzichtet selbstverständlich nicht auf die Mittel der klassischen Werbung, wenn er auf seine Kultur-Projekte aufmerksam machen will. Brillant gestaltete Doppelseiten beispielsweise für einen Auftritt des „Alvin Ailey American Dance Theater" im New Yorker City Center demonstrieren dies. Und auch die Philosophie des Unternehmens wird zumindest noch in einem Satz angerissen: „Assistance to the Arts, that remind us of such things is not patronage. It's a business and a human necessisity." Hilfestellung für die Künste, die uns an solche Dinge erinnert, ist nicht Patronage, sondern entspringt gutem Geschäftssinn und menschlicher Notwendigkeit.

Schweiz:
Geldinstitute als Stützen des heimischen Kulturbetriebes

Tatsache ist: Die privaten Unternehmen der Schweiz, allen voran die Banken, tragen wesentlich dazu bei, in der Schweiz den Kulturbetrieb aufrechtzuerhalten. Dies ist, in einem Satz zusammengefaßt, die Situation des Kultursponsoring nach Schweizer Art. Christian von Faber-Castell formulierte für das Handelsblatt (10. 11. 1986) eine Analyse.

In dem 1983 erschienenen „Handbuch der öffentlichen und privaten Kulturförderung" sind unter den 62 Wirtschaftsunternehmen allein 21 Banken, Sparkassen und verwandte Institute aufgeführt. Beträchtliche Mittel werden von ihnen für den Ankauf von Kunstwerken aufgewandt. Manche der angekauften Werke werden an Ausstellungen verliehen, Dauerleihgaben an Museen dagegen sind seltener. Ein großer Teil der erworbenen Kunstwerke findet sich im übrigen in den Geschäfts- und Arbeitsräumen der Geldinstitute wieder. Wer zum Beispiel die Zürcher Bank Bär besucht, wähnt sich nach dem Eindruck von Christian von Faber-Castell eher in einem Modern Art Museum als in einer der größten Privatbanken. Die Banken arrangieren aber auch eigene Ausstellungen. So ließ die Kreditanstalt beispielsweise in ihren Räumlichkeiten eine der bedeutendsten Porzellanausstellungen einrichten und zeichnete auch für eine der umfangreichsten Retrospektiven des Plastikers Armand verantwortlich. Nicht wenige Schweizer Geldinstitute verfügen heute schon über eigene Ausstellungsräumlichkeiten.

„Eine Sonderrolle" spielen bei der Kulturförderung die sogenannten „Kantonalbanken". Sie sind zwar staatliche Institute, aber sie arbeiten nach marktwirtschaftlichen Prinzipien. Die größte unter ihnen, die Zürcher Kantonalbank, inszenierte anläßlich der 2000-Jahr-Feier der Stadt eine Ausstellung der 950jährigen Geschichte des Zürcher Münzwesens. Am Eingang des Hauses steht ein überlebensgroßes eisernes Nashorn, eine originelle Arbeit des Plastikers John A. Tobler. Und selbst die kleinste der 26 Kantonalbanken, die des Halbkantons Appenzell-Innerrhoden, betreibt eine aktive, wenn auch logischerweise lokal orientierte Kulturförderung, unterstützt die Restaurierung von Baudenkmälern der Region wie auch Ereignisse der Bildhauerwoche.

Das Problem der Schweizer Kulturförderung liegt nicht in mangelnder Gebefreudigkeit „oder gar in einem Mangel an Geld". Christian von Faber-Castell sieht die Probleme in einem „hierzulande tiefverwurzelten *Hang zur Bildung von Kommissionen*". Er meint, daß oft zu viele über einzelne Vergaben mitreden. Noch etwas bremse den Elan der Sponsoren, die Presse honoriere das Mäzenatentum der Banken nur mit äußerster Zurückhaltung. So beklagte sich der Vizedirektor des Bankvereins, Herbert E. Stüski, im „Tagesanzeiger" im Zusammenhang mit dem Rückzug seiner Bank als Sponsor des Zürcher Jazzfestivals. Der Sponsor sei von den Fachjournalisten geschnitten und nie in den Artikeln er-

Hang zur Bildung von Kommissionen

In der Schweiz nimmt niemand mehr Anstoß an der Nennung von Sponsoren in den Programmen der Kultur-Institute, auch nicht, wenn diese, wie hier, in Tageszeitungen veröffentlicht werden.

OPERNHAUS

Do 15. 10. 19.30–ca. 22.15 Do Abo B + beschr. FV	**Wiederaufnahme** **I Puritani** Oper von Vincenzo Bellini Santi/Deflo/Tommasi/Widl Bolgan, Maclean; Fisichella, Sardinero, Will u. a.

Fr 16. 10 19.30–ca. 22.30 Fr Abo. B + beschr. FV	Erster Ballettabend **Romeo und Julia** Ballett in 3 Akten nach William Shakespeare Choreographie John Cranko Presser; Brady, McBeth, Newburger, Ga- briel Lopez, Muri; Paganini, Cruz Martinez. Dadey, Harris, Candeloro, Stripling, Dalle, Miedzinski und das Corps de Ballet

Sa 17. 10. 19.30–23.00 Restkarten	**Im Rahmen des** **Zürcher Mozart-Zyklus** **Die Zauberflöte** Oper von Wolfgang Amadeus Mozart Harnoncourt; Chalker, Goetze, Lenhart, Maclean, Pellekoorne; Polgar, Winbergh, Scharinger, Keller, Hermann, Rohr, Peter, Will, Zürcher Sängerknaben Gesponsert von Mercedes-Benz (Schweiz) AG

So 18. 10. **14.00**–17.00 So Na Abo. A u. beschr. FV	**L'Italiana in Algeri** Komische Oper von Gioacchino Rossini Dufour; Kaluza, Chalker, Maclean; Gonza- lez, Berger-Tuna, Dene, Hartmann Gesponsert vom Schweizerischen Bankver- ein SBV, Zürich

20.00– ca. 22.15 So Ab Abo u. beschr. FV	**I Puritani** Oper von Vincenzo Bellini Gleich wie 15. 10.

Di 20. 10. 19.30–23.00 Di Abo C + beschr. FV	**Die Zauberflöte** Oper von Wolfgang Amadeus Mozart Gleich wie 17. 10. 87 Gesponsert von Mercedes-Benz (Schweiz) AG

Mi 21. 10. 19.30–23.00 FV	**Letzte Vorstellung** **Guglielmo Tell** Oper von Gioacchino Rossini Santi; Chiara, Asher, Chalker; Salvadori, Fisichella, Muff, Zanazzo, Will, Straka, Nelson, Dewald Gesponsert von Beat Curti

Do 22. 10.	**Geschlossen**

FV = Freier Verkauf   VV = Volksvorstellung
Vorverkauf: Jeweils 1 Woche vor Vorstellungsbeginn.
Am Samstag jeweils Vorverkauf für Samstag und Sonntag
der folgenden Woche.
Opernhaus:
Theaterplatz, Tel. (01) 251 69 22 und (01) 251 69 23
Montag bis Samstag: 10.00–18.30 Uhr, Sonntag: 10.00–
12.00 Uhr
BiZZ: Werdmühleplatz, Tel. (01) 221 22 83.
Jelmoli Stadt: Kundendienst. Mit Jelmoli-Kundenkarte auch
tel. Bestellungen möglich, Tel. (01) 211 97 97.
Abendkasse des Opernhauses: 1 Stunde vor Vorstellungs-
beginn.

wähnt worden. „Wir möchten ja nicht nur dann in der Zeitung stehen, wenn uns etwas Dummes passiert." Die Fördergelder seien ja nur dann erhältlich, wenn ein Bankmann auch beweisen könne, „daß die entsprechenden Aktivitäten seiner Bank in der Öffentlichkeit registriert" würden. Stüski sah hier eine „unheilige Allianz aus konservativ-puritanischer Zurückhaltung und modisch-ideologischen Vorbehalten". Daraus habe sich ein Informationsdefizit entwickelt.

Informations-
defizit

Ein Beispiel dafür: Die kunstgeschichtlich interessante Ausstellung der Tessiner Gotthardt-Bank „Schweizer Kunst der Gegenwart" fand beinahe unter Ausschluß der Öffentlichkeit statt. Die Medien hatten das Ereignis totgeschwiegen.

Ebel und die Villa, die Le Corbusier
zum Schicksal wurde

Die Geschichte dieser Villa ist Architektur-Geschichte. Le Corbusier hat das Haus entworfen, der Schweizer Baumeister, der als größter dieses Jahrhunderts gilt. Die Villa steht in La Chaux de Fonds, seiner Heimatstadt, und gebaut hat er sie um 1916/17 für Anatole Schwob, einen Uhrenfabrikanten. Und wenn Le Corbusier, der eigentlich Charles Edouard Jeanneret hieß, nicht so schlampig kalkuliert hätte, wäre sein Lebenslauf womöglich ganz anders verlaufen. Dieser Auftrag hatte nämlich Folgen.

Bauherr Schwob, von cholerischem Temperament, verklagte den Kalkulator, es kam zum Prozeß, den der 30jährige Baumeister auch prompt verlor. Damit war der Ruf des genialen Konstrukteurs lichtvoller Lebens-Räume in seiner Heimatstadt zuerst einmal dahin.

Charles Edouard Jeanneret oder Le Corbusier, wie er sich später nannte, verließ La Chaux de Fonds, nein, er floh nach Paris. Was wohl sein Glück gewesen ist, denn dort begann eine beispiellose berufliche Laufbahn.

So weit die Vorgeschichte dieser Villa. Das Frühwerk von Le Corbusier war lange Zeit vergessen und zeigte auch hier und da schon Zeichen des Verfalls, was nach sieben Jahrzehnten nicht wundern darf. Bis sich dann ein renommierter Schweizer Uhrenhersteller unserer Tage fand, um das Aussehen dieses Hauses wieder aufzupolieren und damit auch etwas für das eigene Ansehen sowie das des berühmten Sohnes dieser Stadt zu tun: Ebel kaufte die Villa, die in La Chaux de Fonds „Villa Turque" genannt wird. „Türken-Villa", wahrscheinlich weil Le Corbusier hier auch architektonische Eindrücke einer Reise in den Vorderen Orient und durch die byzantinische Baukunst verarbeitete. Doch nicht nur das, Le Corbusier wurde – der Garten macht es deutlich – auch sichtbar durch Palladio inspiriert – das Ergebnis von Reisen nach Oberitalien in den

Jahren 1907 und 1912. Der Baumeister verwendete ein Stahlbetonskelett, das auf Erfahrungen mit Industriebauten im Atelier von Peter Behrens in Berlin gründete. Und innen folgte er weitgehend angelsächsischen Vorbildern, die vor dem Ersten Weltkrieg in Europa als die Inkarnation moderner Architektur galten.

So hat er also begonnen, der große Architekt aus La Chaux de Fonds. Mit diesem Haus ist Le Corbusier übrigens schon ganz der Zauberer mit Licht und Raum, was dem ersten Besitzer, Anatole Schwob, offensichtlich entgangen sein muß. Wie auch immer, die Firma Ebel, bereits in der dritten Generation in La Chaux de Fonds ansässig, erwarb das Anwesen 1986 und stellte es pünktlich zum 100. Geburtstag des Baumeisters 1987 der Öffentlichkeit vor. Le Corbusiers Frühwerk trägt jetzt den Namen „Centre de Relations Publique Ebel", ist sozusagen das „Außenministerium" des Uhrenherstellers, ein Ort der Kommunikation und eine feine Herberge für wichtige Gäste dazu.

Ort der Kommunikation

Die Restaurierung der Innenräume übernahm die Innenarchitektin Andrée Putman, die zusammen mit Thierry Conquet diese anspruchsvolle Aufgabe hervorragend meisterte. Ein Architekturbüro aus La Chaux de Fonds, Roland und Pierre Studer, zeichnete für den Außenbau verantwortlich. Die Gesellschaftsräume im Erdgeschoß sind so, wie Le Corbusier sie wollte, also eher karg möbliert, und zwar mit Objekten von Eileen Gray und Jean-Michel Frank. Im Obergeschoß befinden sich die Gäste-Appartments, mit hellen Eichenmöbeln ausgestattet. Wie es heißt, bieten sie den Komfort eines First-Class-Hotels.

Mit der „Villa Turque", dem Haus, das der Uhrenhersteller Schwob bauen ließ, möchte Ebel nicht nur präsentieren, sondern auch so etwas wie eine Wiedergutmachung an Le Corbusier leisten, der, wie der Schweizer Schriftsteller Siegfried Giedion schrieb, nirgends böswilliger behandelt worden ist „als in seiner engsten Heimat".

Mit dieser Form von Denkmal- und Imagepflege betrat Ebel, eines der erfolgreichsten Schweizer Unternehmen, im übrigen kein Neuland als Sponsor, wenn auch mit dem Namen des Uhrenherstellers aus der Westschweiz bisher Sponsoren-Engagements im Bereich des Sports verbunden waren. Ebel trat im Tennis auf, wo Boris Becker (trug die Ebel-Uhr am linken Handgelenk) zu den Geförderten zählte, aber auch im Golf, wie im Motorsport. Doch die „Architekten der Zeit" (Firmen-Slogan: „Les Architectes du Temps") förderten auch schon im Bereich der Musik, der Literatur und sponserten wie im Fall des Frühwerks von Le Corbusier Architektur.

Denkmal- und Imagepflege

Wobei allerdings die Frage erlaubt ist, ob solch ein Engagement letztlich Sponsoring genannt werden darf. Schließlich geht es ja um ein Haus, das ausschließlich von Ebel genutzt wird und das der Öffentlichkeit nicht zugänglich ist. Doch was immerhin bleibt, ist ein wiederhergestelltes Kultur-Denkmal, das ohne den Einsatz von Ebel verfallen wäre.

377

Schweizerische Kreditanstalt: Kulturförderung fürs Image und auch „Züri z'lieb"

Die Einschränkung erscheint notwendig: Alles nun auch wieder nicht, was die Schweizerische Kreditanstalt in Sachen Kunst und Kultur so möglich macht, geschieht „Züri z'lieb". Genaugenommen ist dieser mundartliche Slogan Sammelbegriff für eine flächendeckende Kultur-Aktion in Zürich und Umgebung. Für eine Reihe von Unternehmungen, Engagements, Patronaten, die in besonders enger Beziehung zu jener Stadt stehen, in der die SKA ihren Stammsitz hat. Das allerdings ist nicht wenig, denn Züricher Lokalpatriotismus ist in dieser oder jener Form sehr häufig als Motiv mit dabei. Doch es geht nicht nur um Heimatliebe, die Schweizerische Kreditanstalt engagiert sich stets auch „gesellschaftsorientiert" und richtet sich damit am Beispiel des Bankgründers Alfred Escher aus, der, wie berichtet wird, eine Verantwortung weit über die Grenzen der unternehmerischen Tätigkeit hinaus verspürte. Dies ist bis heute Leitlinie für das SKA-Sponsoring geblieben: Also selbstauferlegte Verpflichtungen im kulturellen, sozialen und gemeinnützigen Bereich. Dies nur als erster Versuch einer Interpretation der Sponsoring-Philosophie dieser Schweizer Bank.

Zurück zur SKA-Kulturförderung. Sie ruht auf drei Säulen. Säule eins, das sind Beiträge der SKA für kulturelle und soziale Anliegen. Ganz allgemein ausgedrückt. Säule zwei – die Jubiläumsstiftung des Hauses. Sie unterstützt „selektiv" Projekte gemeinnütziger oder kultureller Natur. Das Eggwilhaus in Ballenberg etwa, um ein Beispiel zu nennen; die Teilsanierung des Gotthardt-Museums oder die Restaurierung der Kathedrale von Sitten.

Säule eins und Säule zwei, das sind wohl auch nach Nicht-Schweizer-Verständnis eher Engagements der spontanen Art. Da tritt der Sponsor in einem akuten „Notfall" als Retter auf, macht etwas möglich, was ohne ihn nicht machbar wäre. Mit Säule drei der SKA-Sponsoring-Konstruktion ist das anders. Da geht es vorwiegend um langfristige Unternehmungen, die auf dem Prinzip enger partnerschaftlicher Zusammenarbeit zwischen dem Sponsor und dem Geförderten basieren. Hier trägt der Sponsor auch nicht mehr den Mantel des Mäzens, hier geht es um Erwägungen wie „Kosten und Nutzen" und um „Möglichkeiten zur Kommunikation" mit der anvisierten Zielgruppe. Es geht also um unverfälschtes *Klassische Musik* Sponsoring. Schwerpunkt dieses Programms ist derzeit die klassische Musik – etwa das Patronat, das die SKA bei der Extra-Konzert-Reihe der Tonhalle-Gesellschaft Zürich übernommen hat oder beim landesweiten Schweizerischen Jugend-Musik-Wettbewerb. Auch zeitgenössische Literatur wird gefördert: Die SKA veranstaltet Autoren-Abende. Und schließlich tritt die Kreditanstalt auch als Förderer der bildenden Kunst auf, speziell der Kunst am Bau, und zwar mit der erklärten Absicht, aus solchen Patronaten selbst (Image-)Nutzen zu ziehen.

Für eine gute, wohlabgewogene Koordination aller Maßnahmen des Sponsors SKA sorgt Catherine Däniker, diplomierte Kunst-Historikerin und „Kulturbeauftragte" des Hauses. Um erfolgreich zu sein, so sagt sie, benötige der Sponsor selbst eine Reihe von Qualitäten, deren wichtigste Beständigkeit und Beharrlichkeit seien, denn nur diese Eigenschaften könnten ein kontinuierliches Vorgehen garantieren – womit letztlich der erhoffte Image-Erfolg der Maßnahmen stehe und falle.

In der besonders delikaten Beziehung zwischen den „Kulturschaffenden" und den sogenannten „Wirtschaftsspezialisten" sieht Catherine Däniker gewisse Probleme, weil jeder der beiden Parteien nun einmal aus anderem Holz geschnitzt sei. Bei so großen Unterschieden der Mentalität, elementaren Unterschieden im Denken und Fühlen, „können nur viel gegenseitiges Verständnis und Respekt zu einer wirklichen Partnerschaft führen". Fazit: Künstler und Unternehmer müssen sich als gleichwertige Partner sehen.

Gegenseitiges Verständnis und Respekt

„Das Bekenntnis unseres Instituts zur Kulturförderung hat Eingang in unser Leitbild und unsere Unternehmenskultur gefunden. Im Leitbild

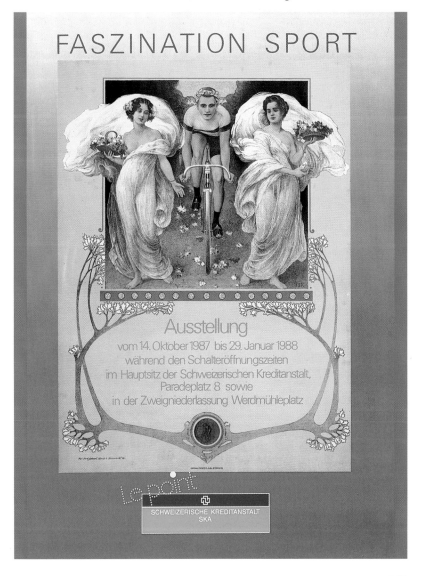

heißt es: Wir unterstützen Tätigkeiten im kulturellen, politischen, gemeinnützigen und sportlichen Bereich. Diese Aussage weist auf ein umfassendes Verständnis von Kultur hin und gibt gleichzeitig die Basis für dessen Umsetzung in ein Konzept.

„Ein Unternehmen, dessen Hauptaufgabe es ist, sich an den Erfordernissen seines Marktes zu orientieren, erfährt fast automatisch eine Öffnung gegenüber äußeren Einflüssen aus Wirtschaft, Gesellschaft, Umwelt und Politik. Welchen Stellenwert jedoch gerade die kulturelle Dimension allen unternehmerischen Tun und Handelns hat, zeigt sich in der Haltung der einzelnen Unternehmen zum Begriff Kultur im allgemeinen, drückt sich aber auch nachhaltig in der spezifischen Unternehmenskultur der einzelnen Firmen aus."

Die SKA folgt im Bereich der Kulturpolitik der bekannten Definition von Kultur, so wie sie von der UNESCO aufgestellt wurde: „Die Kultur umfaßt die Strukturen, Ausdrucksformen und Bedingungen des Lebens einer Gesellschaft und die verschiedenen Arten, mit denen sich das Individuum in der Gesellschaft zum Ausdruck bringt und erfüllt." Hier werden Schnittstellen zum eigenen unternehmerischen Selbstverständnis klar, denn so, wie in dieser Definition dem kulturellen Ausdruck ein weitmögliches Aktionsfeld eingeräumt wird, werden im Unternehmen SKA gesellschaftlich bedingte Ausprägungen, sei es auf der Ebene der Mitarbeiter oder der Rahmenbedingungen, für die Geschäftspolitik akzeptiert und auch gefördert.

Sympathiegewinn, Steigerung des Bekanntheitsgrades

Sympathiegewinn, Steigerung des Bekanntheitsgrades und ein möglichst strahlendes Image, „das sind Ziele", wie sie sagt, „die durch das Kultur-Sponsoring angestrebt werden. Das Sponsorobjekt ist für den Sponsor ein Medium, mit dem er eine bestimmte Botschaft an ein bestimmtes Publikum richten kann. Der Sponsor erhofft sich einen Image-

transfer, der die Ausstrahlung des Sponsorobjektes mit dem Bild koppelt, welches das Publikum von seiner Unternehmung hat. Gerade bei einer kontinuierlichen Wiederholung einer bestimmten Veranstaltung oder einer ständigen Partnerschaft zwischen Kultur und Unternehmen, beispielsweise einem Theater und einer Versicherung, darf mit einer nachhaltigen Wirkung gerechnet werden."

Neben der Häufigkeit des Auftritts spielt nach dem Verständnis des Unternehmens der Stil, die Art des Auftritts, eine entscheidende Rolle. Eine Frage des Fingerspitzengefühls. So müsse beispielsweise der Werbeaufwand gut dosiert sein. Weniger Werbeaufwand sei beim Kultur-Sponsoring häufig mehr. Die Erkenntnis daraus läßt sich formelhaft verkürzen: Dezent muß er zuerst einmal auftreten, der Kulturförderer, wenn er überzeugen will. Zeigt er sich allzu plakativ, streicht er zu deutlich seine Leistung heraus, gewinnt er womöglich an Bekanntheit, aber kaum an Sympathie.

Art des Auftritts

Eine wichtige Funktion hat die Presse-Arbeit. Geht es doch nicht nur um die Frage des „Ob oder Ob-Nicht", sondern auch des „Wieso". Und schließlich geht es auch darum, eine Nachricht zu verbreiten, nach der sich nicht jeder drängt. Gelinge dies, so biete nach Erkenntnis der Schweizerischen Kreditanstalt gerade der Rahmen kultureller Veranstaltungen die Chance, sich regelmäßig einem interessanten Zielpublikum oder Kundensegment zu nähern. Ein Kontakt – und dies sei ein weiterer Vorzug des Mediums –, der zudem auf individueller und persönlicher Basis gepflegt werden könne. „Denn", so Catherine Däniker, „bekannterweise ist es natürlich gerade der gehobene Kultur-Konsument,

Links und unten: Einladung für eine Ausstellung in der Galerie „Le point". Jede Ausstellung erhält ein eigenes, themenbezogenes Design.

Zürich, im Oktober 1986

Vom 11. November 1986 bis am 28. Februar 1987 zeigt die Galerie «le point» der Schweizerischen Kreditanstalt (Paradeplatz 8) eine Ausstellung mit dem Titel «Spielwaren und Kinderspiele» aus der Zeit um 1800 bis heute. Diese schöpft vor allem aus den Beständen des Zürcher Spielzeugmuseums und wird ergänzt durch historische Stücke sowie Bilder und Objekte aus weiteren schweizerischen öffentlichen und privaten Sammlungen.

Schausammlungen alten Spielzeugs sprechen in der Regel eher Erwachsene als Kinder an, sind letztere doch an ihr persönliches «zeitgenössisches» Spielzeug gewohnt, messen die alten Dinge an ihrem Spielwert und finden daher zu den oft verblassten, abgenutzten, ja sogar geradezu unattraktiven Gegenständen keinen Zugang. Der Erwachsene wiederum vermag den Zauber, der diesen Spielzeugen anhaftet, nur durch die vor seinem inneren Auge auftauchende eigene Kindheit zu verspüren. Die vorliegende Zusammenstellung versucht insofern eine Synthese zwischen kindlicher und erwachsener Sicht zu erlangen, indem sie das Ausstellungsgut attraktiv und vor allem so ausgewählt hat, dass die durch fast zwei Jahrhunderte typischen Gegenstände im europäischen Kinderzimmer repräsentiert werden.

Die Ausstellung ist geöffnet von Montag bis Freitag während der Schalterstunden der Bank; 8.15 bis 16.30 Uhr, Donnerstag bis 18.00 Uhr.

Eintritt frei

Gleichzeitig findet eine ergänzende Sonderschau in der SKA-Zweigniederlassung Zürich-Werdmühleplatz statt, welche im Gegensatz zur Galerie «le point» ihren Schwerpunkt auf die Spielzeuggruppen Tiere und Tierspiele, Malen und Zeichnen legt. Speziell hervorzuheben sind ein «Koffermuseum» zum Thema Arche Noah aus der Sammlung Kaysel, Spielzeugmuseum Baden, Oblatenbildobjekte – eine heute vergessene Kinderspieltätigkeit – sowie die zusätzlich ausgestellten zwanzig prämierten Arbeiten aus dem Mal- und Zeichenwettbewerb der Zeitschrift Schweizer Familie zum Thema «Mein liebstes Tier».

383

der über die gängige Form der Werbung – also direkt ‚bankdienstleistungsbezogen' – nur schlecht bis gar nicht ansprechbar ist."

Für die SKA gelten dabei folgende Sponsoring-Grundsätze:
– Leistung und Gegenleistung müssen sich die Waage halten
– Branchenexklusivität beim jeweiligen Engagement
– Integrale Auswertung
– Konzentration der Kräfte
Drei Hauptschwerpunkte werden gesetzt:
1. Bildende Kunst, vor allem Ausstellungen
2. Musik – Konzert-Veranstaltungen vorzugsweise
3. Literatur- und Theater-Partnerschaften
In allen drei Kulturbereichen bewegt sich die Schweizerische Kreditanstalt mit ihren vielfältigen Engagements auf verschiedenen Ebenen, fördert regional, national und international. Der Organisationsablauf sieht eine Koordination der Aktionen vom Hauptsitz Zürich aus vor. „Vor Ort", dort, wo das Ereignis stattfindet, helfen dann die Filialen mit, das jeweilige Ereignis möglichst glanzvoll zu inszenieren.
Stichwortartig die wichtigsten Engagements der Schweizerischen Kreditanstalt:
„Le point" – unter diesen Titel hat die SKA all jene Ausstellungen gestellt, die sie in der Galerie des Züricher Zentralgebäudes zeigt. Der feste Standort ist nicht selten auch Startpunkt für Ausstellungen, die von der Kreditanstalt auf Tournee geschickt werden. Wie beispielsweise die Ausstellung „Faszination Sport". Bei diesem Thema konnten die beiden Förder-Bereiche der SKA, nämlich Sport und Kultur, auf ideale Weise miteinander verknüpft werden. Die Bank erinnert ganz gerne daran, daß ihr das Engagement bei der alljährlichen „Tour de Suisse" ein sportives Image verliehen hat. Gelegentlich fällt in diesem Zusammenhang dann auch die Bezeichnung „Sportbank". Der Aspekt kam bei dieser bemerkenswerten Ausstellung hinzu. Gemeinsam mit dem Schweizerischen Sportmuseum in Basel war ein Querschnitt durch zwei Jahrtausende Sportgeschichte – exzellent dokumentiert und präsentiert – zusammengestellt worden, mit Originalbildern, Kleidungsstücken und Geräten.
Breit gefächert sind die musikalischen „Einsätze" der Bank. Zu den Geförderten zählt die Tonhalle-Gesellschaft, für die die SKA eine Reihe von „Extra-Konzerten" sponsert. Sie erlaubt ihrerseits in den Anzeigen den Zusatz „ein Kultur-Engagement der SKA". Diese inzwischen markentypische Formel wird bei allen Engagements konsequent eingesetzt. Einmal im Jahr findet dann auch eine Konzertveranstaltung in der Tonhalle für Kunden der SKA statt. Sie beginnt mit einem Buffet und schafft damit ideale Kontaktmöglichkeiten für SKA-Mitarbeiter zu ihren Kunden. Auch das „Orchestre de la Suisse Romande", das 1987 auf Welttournee ging, gehörte zu den Geförderten. Und an dem großen nationalen Schweizerischen Jugend-Musikwettbewerb – 1988 war es bereits der dreizehnte – ist die SKA als Sponsor entscheidend beteiligt. Er richtet

*„Kultur-
Engagement der
SKA"*

384

sich an Jugendliche, die neben Schule, Lehre oder beruflicher Tätigkeit in ihrer Freizeit musizieren. Ein umfassender Wettbewerb, der nur mit viel Aufwand zu organisieren ist. Ausgehend von regionalen Musikwettbewerben in Altstätten, Basel, Genf, Bern, Nyon, Lugano, Luzern, Schaffhausen und Zürich, gipfelt der Wettbewerb in einem großen Finale der Besten. Ausgetragen im „Maison de la Radio" in Lausanne.

Autoren-Abende werden von der SKA zusammen mit der „Museumsgesellschaft" gefördert. Das Unternehmen hat dabei eine besondere Aufgabe übernommen. Es tritt nicht nur als Geldgeber in Erscheinung, sondern leistet auch werbliche und organisatorische Hilfestellung. Was wohl deshalb unumgänglich scheint, weil die „Museumsgesellschaft" für solche Aufgaben personell nicht ausreichend gerüstet ist.

Organisatorische Hilfestellung

Zürizlieb

PICASSO IM SPIEGEL SEINER PLAKATE

Eine Ausstellung in der SKA-Zweigniederlassung Zürich-Werdmühleplatz

(Leihgeber: Museum für Gestaltung Zürich)

Vom 1. April bis 30. Juni 1987 zu den Schalteröffnungszeiten

SCHWEIZERISCHE KREDITANSTALT
SKA

Ein Kultur-Engagement der SKA

„Off Züri", das ist der Titel eines Engagements, das mittlerweile schon Vergangenheit ist, weil die Kleinbühne dieses Namens geschlossen wurde. Sie bot ein Programm, das nicht unbedingt zur etablierten Kunst zu zählen war; anspruchsvolle Inhalte, literarisch hohe Qualität. Im Grunde verstand die SKA sich bei „Off Züri" eher als Mäzen, doch zum Erstaunen des Managements löste dieses Engagement bei Kunden und Meinungsbildnern eine große und positive Resonanz aus. Durch den Verkauf des Hauses, in dem „Off Züri" beheimatet war, mußte die Bühne geschlossen werden.

Im Dienste der urbanen Qualitäten

„Züri z'lieb" wurde bereits eingangs erwähnt, jenes breite Programm unterschiedlicher Unternehmungen, Patronate und Aktivitäten, die eigentlich nur eines gemeinsam haben: den engen Zusammenhang zu der Stadt Zürich, dem Sitz des Unternehmens. Worum es dabei auch immer gehen mag, alles geschieht vorrangig im Dienste der urbanen Qualitäten der Stadt, und alle Aktivitäten sollen helfen, das Image Zürichs als einer weltoffenen Stadt auszubauen. Begonnen hat das „Züri z'lieb"-Programm Anfang 1987, und die Bank hat unter dieses Dach nicht nur kulturelle Engagements gestellt, sondern auch sportliche. Weil, wie häufig betont wird, die SKA sich als älteste Zürcher Großbank der Stadt und ihrem gesellschaftlichen und kulturellen Leben besonders verbunden fühlt. Diese historische Bindung soll auch in Zukunft noch weiter betont werden.

Darüber hinaus gibt es noch eine Vielzahl ganz unterschiedlicher Anlässe, Begegnungen, Veranstaltungen der kulturellen Art, die von den SKA-Filialen im ganzen Land angeregt und mitgetragen werden: Jazz-Konzerte, Kindertheater, Vernissagen, Lyrik-Abende, folkloristische Feste. Voraussetzung dafür: Die Themen müssen mit der Zentrale abgestimmt sein und in ein zentral festgelegtes Gesamtkonzept passen.

Und Catherine Däniker als Kultur-Beauftragte steht auch hier mit Rat und organisatorischer Hilfe zur Verfügung. Was ein weiterer Beweis für die These ist, daß Unternehmen die heute umfangreichere Programme im Kultur-Sponsoring durchführen wollen, Mitarbeiter mit spezieller Ausbildung und professionellem Know-how benötigen.

Neun Beispiele von insgesamt 80 im Jahr 1988

Marionetten-Ausstellung in Bern ● Kirchen-Konzert in Schwyz ● Pro Arte Lyrica in Lausanne ● Jazz-Nights in Reinach ● Aargauer Symphonieorchester in Aarau ● Tellspiele in Altdorf ● Internationale Musikfestwochen in Luzern ● Laienbühne Möhrel in Brig ● Konzert im Theater am Stadtgarten in Winterthur

---

Rechts: Alle Kultur-Initiativen der SKA tagen den signethaften Abbinder: Ein Kultur-Engagement der SKA. Selbst die seriöse Neue Zürcher Zeitung hat kein Problem mehr mit der Nennung von Sponsoren im Veranstaltungsteil.

KONZERTE
der Tonhalle-Gesellschaft

Di 20. Okt. Abo-Konzert (Gr.), 20.15–22.00 h
Mi 21. Okt. Abo-Konzert (M)
Do 22. Okt. Abo-Konzert (A)

**TONHALLE-ORCHESTER
HERBERT BLOMSTEDT,** Leitung
CHRISTIAN ALTENBURGER, Violine

Beethoven: Violinkonzert D-Dur op. 61
Nielsen: Sinfonie Nr. 5

Restliche Karten **im freien Verkauf**
ausschliesslich an der Tonhalle-Billettkasse

Fri 23. Okt. **Klavierrezital,** 20.15 h
15.–/60.–
Maurizio Pollini

Chopin: Polonaise Fantaisie Nr. 7 As-Dur op. 61,
Nocturne Nr. 17 op. 62,1 und Nr. 18 op. 62,2, Barca-
rolle Fis-Dur op. 60, Scherzo Nr. 3 cis-Moll op. 39
Debussy: 12 Etüden premier et deuxième livre

Steinway-Flügel Hug/Jecklin

Vorverkauf: Tonhalle-Billettkasse, Claridenstr. 7,
Eingang «T», 201 15 80 (Mo–Fr 10–18 Uhr;
Sa 10–12 Uhr); Hug 47 16 00; Jecklin 251 59 00;
BiZZ 221 22 83; Jelmoli City 211 97 97

Weiteres Konzert im Vorverkauf:

Sa 14. Nov. **Extrakonzert,** 20.15–22.00 h
15.–/90.–
**ORCHESTRE SYMPHONIQUE
DE MONTREAL
CHARLES DUTOIT,** Leitung
ANNE-SOPHIE MUTTER, Violine

R. M. Schafer: Dream-Rainbow-Dream-Thunder
Dvořák: Violinkonzert a-Moll op. 53
Bartók: Konzert für Orchester SZ 116

Restliche Karten nur an der Tonhalle-Billettkasse

**Ein Kultur-Engagement
der SKA**

Armin Fehle

Österreich:
Stürmische Entwicklung, der Staat hilft

Ausgangssituation für eine
stürmische Entwicklung

Keine Berührungsängste zwischen
Kultur und Wirtschaft

Die Projektbörse

Ausblick in die Zukunft

Das Informationsangebot in den USA ist von 1969 bis 1980 im Jahresdurchschnitt um 8,4 Prozent gewachsen. Die Nachfrage nach Information hingegen nur um 3,2 Prozent. Wir können annehmen, daß das Mißverhältnis zwischen Informatinsangebot und Informationsnachfrage in Europa ähnlich liegt und in der Zukunft wohl weiter zunimmt.

Die Informationsüberlastung der Bevölkerung durch die Medien (Zeitung, Zeitschrift, Hörfunk und Fernsehen) lag in der Bundesrepublik im Jahre 1986 bei 98,1 Prozent. (Das heißt, daß die meisten angebotenen Informationen einfach nicht aufgenommen werden können und deshalb ins Leere gehen.) Man kann mit Recht annehmen, daß dieses ungeheuer eindringliche mediale Konzert auch zu einer immer geringeren Aufnahmemöglichkeit im Bereich der Werbung führt. Die Werbung wird immer lauter! Die Produkte werden immer ähnlicher! Der Konsument wird immer unempfänglicher!

Die ungeheure Überlastung stellt an die Kommunikations-Branche ganz neue Anforderungen:

Was muß geschehen? Was wird geschehen?

Im Bereich der Wirtschaftswerbung werden Image-Faktoren immer wichtiger. Da wieg- und meßbare Unterschiede zwischen den Produkten immer geringer werden, wird die Kaufentscheidung immer mehr von Imagefaktoren beeinflußt – das heißt, die Werbung in den Massenmedien wird zwar weiter ihre Rolle spielen, die Wirtschaft wird jedoch immer mehr auf andere Bereiche wie Public Relations (Sponsor-Tätigkeit in Kultur und Sport), auf das Direct Marketing etc. ausweichen.

Ausgangssituation für eine stürmische Entwicklung

Bis zum Februar 1987 konnten Sponsorengelder steuerlich nur dann geltend gemacht werden, wenn sie an ein Museum oder an eine Universität gingen. Förderungen von Theatern oder privater kultureller Institute waren nicht oder nur in höchst bescheidenem Maße absatzfähig.

Problem der Kameralistik

Zu dieser grundsätzlichen, durch ein Gesetz geregelten Situation kam das Problem der Kameralistik: Die staatlichen Theater durften gar keine Förderungen von privater Seite entgegennehmen, eventuelle Zahlungen mußten über das Bundesministerium für Finanzen geleitet werden. Eine Publikation solcher „Schenkungen“ – und rechtlich waren es Schenkungen – in den Programmheften war möglich, nicht aber in Form einer Insertion oder eines werblich gestalteten Hinweises.

Daraus ergab sich die groteske Situation, daß Schenkungen nicht absetzbar waren, daß andererseits aber, im Falle irgendwelcher Gegenleistungen durch das Kultur-Institut (z.B. Inserat), die Spende inkameriert wurde, d.h. der Direktor des Theaters konnte über den Betrag gar nicht verfügen. Das Inserat hingegen konnte als Werbeaufwand abgeschrieben werden. Die Anzeigen-Rechnungen mußten allerdings in ihrer Höhe den Marktgegebenheiten entsprechen. Was bedeutet, daß zum Beispiel eine ganze Seite im Programmheft der Wiener Staatsoper maximal S 10000,– bis 15000,– kosten durfte. Die Abwicklung von Sponsorengeldern (S 1 Mio. und mehr) über Anzeigen war deshalb unmöglich. Zitat aus einer Aktennotiz des Bundestheaterverbandes vom 28. 2. 1987: Eine Publikation dieser Schenkung, etwa im Programmheft, ist möglich. Hierbei darf jedoch nur der Hinweis aufgenommen werden, daß das entsprechende Vorhaben durch eine Spende der Firma X ermöglicht wurde. Hingegen würde eine Aufforderung, in Geschäftsverbindung mit dem Sponsor zu treten, diesem Hinweis den Charakter einer Werbung bzw. eines Inserates verleihen und damit eine Gegenleistung der Bundestheater bewirken.

Sollte aber eine Gegenleistung, gleich welcher Art auch immer, vorliegen, bedeutet dies, daß – neben der Fälligkeit einer Anzeigengebühr – der dem Wert der Gegenleistung entsprechende Teil der Spende inkameriert werden müßte und der Direktor nur über den Rest verfügen könnte.

Mitte März 1987 wurde in Verhandlungen mit dem Bundesministerium für Finanzen erreicht, daß die Kameralistik im Falle von Sponsoren-Geldern abgeschafft wurde, womit zwar ein erster Schritt gesetzt wurde, aber keinesfalls noch eine Lösung des Problems erreicht war. Das Geld konnte zwar jetzt direkt dem Theater zugeleitet werden, die steuerliche Absetzbarkeit war aber nur über Inserate gegeben, wobei diese wieder den Marktgegebenheiten entsprechen mußten. Die bloße Anführung von Spendern war nicht als Werbeeinschaltung zu bewerten und führte also nicht zur Absetzbarkeit.

Am 24. April endlich erklärte der Finanzminister, daß in Zukunft in erhöhtem Maße private Mittel für Kulturförderung mobilisiert werden sollen, wobei die steuerliche Absetzbarkeit derartiger Zuwendungen ausgeweitet werden soll.

Im einzelnen bedeutete dies, daß die Sponsoren-Tätigkeit von Unternehmen für kulturelle Ereignisse mit entsprechender Breitenwirkung in Hinkunft generell als Werbeaufwand absetzbar sein wird. Bisher mußte in jedem einzelnen Fall untersucht werden, ob die dafür getätigten Aufwendungen einen Werbeaufwand darstellten, und nur dieser Teil der Zuwendungen konnte als Betriebsausgabe geltend gemacht werden. Diese Unterscheidung wird in Zukunft entfallen. Das Sponsern von großen Theater- und Opernproduktionen wird schon dann als Werbeaufwand gelten, wenn die Tatsache der Sponsortätigkeit in der Öffentlichkeit angemessen bekanntgemacht wird. Dabei sind nicht mehr Werbemaßnahmen im engeren Sinn, wie Inserate oder Plakate, notwendig, sondern es genügt, wenn über die Sponsortätigkeit in den Medien redaktionell berichtet wird. Ein entsprechender Erlaß an die Finanzbehörden wird derzeit im Finanzministerium ausgearbeitet.

Als Werbeaufwand absetzbar

Außerdem wird auch die Mobilisierung privater Geldmittel für Museen von Gebietskörperschaften wesentlich erleichtert. Bisher mußten die Zuwendungen für den Kauf von Exponaten oder für die Forschung verwendet werden. Diese Einschränkung wird durch eine neue Regelung im 2. Abgabenänderungsgesetz 1987, das zur Zeit im Finanzministerium vorbereitet wird, wegfallen. Dadurch wird dann jeder Geldbetrag, der dem Museum einer Gebietskörperschaft gespendet wird, abzugsfähig sein: Für Arbeitnehmer als Sonderausgabe, für Unternehmer als Betriebsausgabe. Dies heißt beispielsweise, daß auf diese Art auch Renovierungen und andere Verbesserungen am Gebäude finanziert werden können.

Diese neue Regelung durch das Finanzministerium brachte allerdings auch ein Problem zutage: Wann ist die Sponsor-Tätigkeit in der Öffentlichkeit angemessen bekanntgemacht?

Diese Formulierung führte zu heftigen negativen Reaktionen in den Medien, die den Eindruck hatten, man hätte ihnen den schwarzen Peter zugesteckt. In der Praxis stellte sich jedoch heraus, daß Sponsortätigkeit bei wesentlichen kulturellen Ereignissen immer in den Medien entsprechend bekanntgemacht wurde.

Keine Berührungsängste mehr zwischen Kultur und Wirtschaft

Die Kultur entdeckte die Wirtschaft

Durch diese für Österreich absolut neue Entwicklung begann ein völlig neues Kapitel in der österreichischen Kunst- und Kulturförderung. Die Kultur entdeckte die Wirtschaft, und die größeren, weltweit operierenden Unternehmen entdeckten sehr rasch auch in Österreich die Möglichkeiten, die sich aus Kunst- und Kulturförderung boten. Eine Projektbörse für Kunstförderung wurde geschaffen. In dieser Projektbörse ist die Mehrzahl der österreichischen Kulturprojekte, die Förderer suchen, erfaßt. Es handelt sich dabei um Projekte von S 20 000,– bis S 2 Millionen – d.h. die Kunst- und Kulturförderung steht nicht nur den Millionen-Unternehmungen, sondern auch hilfsbereiten, förderwilligen Klein- und Mittelbetrieben offen.

Die Projektbörse

Österreichische Kulturprojektbörse

Die öffentliche Präsentation der Projektbörse erfolgte erstmals am 2. Oktober 1987 anläßlich des Symposiums „Wirtschaft und Kunst. Alternative für Morgen".

Grundgedanke war die Schaffung einer „Österreichischen Kulturprojektbörse". Damit sollte einerseits der Kunst eine Möglichkeit gegeben werden, Sponsorprojekte zentral anbieten zu können, andererseits für die Unternehmen eine zentrale Nachfragestelle geschaffen werden.

Der bisherige Erfolg gab der Idee recht. Bereits wenige Wochen nach der Gründung sind über 60 Projekte an die Projektbörse herangetragen worden.

Technisch gesehen, handelt es sich bei der Projektbörse um eine mittels EDV verwaltete Datenbank. Dadurch sind sowohl die Datenerfassung als auch der Zugriff auf die gespeicherten Informationen schnell möglich. In der Praxis geht es darum, wie bei jeder Börse, Angebot und Nachfrage zusammenzubringen.

Mit der Projektbörse steht den Kulturinstitutionen ein Instrument zur

Verfügung, geplante Projekte für die noch Geldmittel benötigt werden, einer breiteren Öffentlichkeit vorzustellen.

Grundsätzlich können alle kulturellen Veranstaltungen in die Börse aufgenommen werden. Der Veranstalter gibt den „Initiativen Wirtschaft für Kunst" die relevanten Daten bekannt, diese werden in den Computer eingegeben und können sodann jederzeit abgerufen werden.

Die Informationen über die einzelnen Veranstaltungen werden nach bestimmten Kriterien gespeichert (Projektträger, Projektbeschreibung, Werbemöglichkeiten, Kosten usw.).

Firmen werden über aktuelle Sponsormöglichkeiten in regelmäßigen Abständen informiert.

Ausblick in die Zukunft

Rationale Erwägungen werden in den Hintergrund treten, emotionale Überlegungen treten in den Vordergrund.

Wir gehen in eine Zukunft blühender Fantasie und Emotion, auch in der Kommunikation.

Dies bringt ganz neue Aspekte mit sich, denn „die Seele ist ein weites Land…"

Jacobs Suchard und die Oper:
„Melange von Wirtschaft und Kultur"

„Der Duft von Kaffee hing Donnerstagabend zweifelsohne in der Wiener Staatsoper in der Luft, als Rossinis Oper ‚Il Viaggio a Reims‘ (Die Reise nach Reims) Gala-Premiere feierte. Selbst auf der Straße vor den Riesen-Bildschirmen gab's Gratis-Kaffee." So schrieb Boulevard-Kolumnist „Adabei" von der Neuen Kronen-Zeitung am „21. Jänner 1988".

Nicht nur die Tendenz in der Kolumne von „Adabei" fiel so wohlwollend aus. Die Reaktion der österreichischen Presse auf diese Staatsopern-Premie war begeistert bis enthusiastisch. Im Wiener „Kurier" (22. Januar 1988) malte W. Gürtelschmied an einem Wortbild: „Rossini hat ein Luxusbad in der Staatsoper genommen, ein vor vier Jahren noch unbekanntes Stück hat in einer hinreißenden Produktion auf seinem Er-

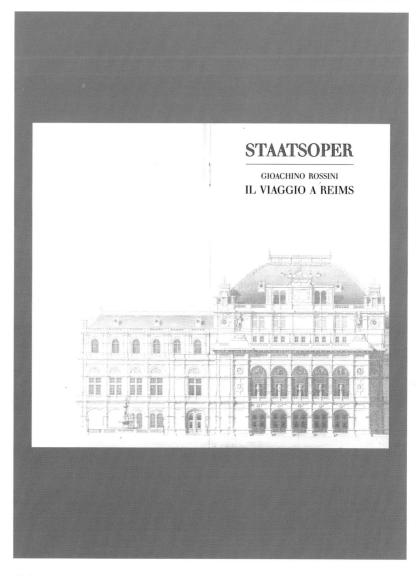

folgsweg von Pesaro über Mailand in Wien Visit' gemacht (89 geht's dann nach Japan), mehr als eine Handvoll von Topstars zeigte vokale Kunststücke aller Arten, und schließlich gab's nur Jubel, Trubel, Heiterkeit."

Unter dem Stichwort „Conclusions" zogen die Planer und Organisatoren dieses Sponsoren-Engagements (Agentur Dorland Wien) sehr viel nüchterner Bilanz und notierten die Ergebnisse stichwortartig:

- Hohe Aufmerksamkeit und ein großes öffentliches Interesse seien mit der Reise nach Reims erzielt worden, und zwar in höherem Maße als bei der Othello-Aufführung.

Hohe Aufmerksamkeit

- Das Ereignis, das am 20. Januar 1988 über die Bühne der Staatsoper ging, schwang nach mit einem „langen" Echo.

Die „Bunte" berichtete noch gut sechs Wochen später, am 2. März 1988, darüber.

- Das zeige: Sponsorship als ein kontinuierliches Programm zahlt sich aus. Neue Publicity verlangt neue Ideen.
- Sponsorship, das habe die Premiere auch gezeigt, kann selbst in einer übersättigten Medien-Welt Aufmerksamkeit erzielen. Vorausgesetzt, es gibt klare Ziele, und die Organisation arbeitet zielgerichtet.
- Sponsorship als ein festes Programm sollte allerdings ständig auf seine Wirkung hin überprüft werden.

Auf Wirkung hin überprüft

Alles in allem kostete Jacobs Suchard diese „Reise nach Reims" 2,5 Millionen Schilling, wobei 1,5 Millionen die Sponsorenschaft kostete. Für TV-Einblendungen wurden 500 000 Schilling gezahlt. Ein günstiges Ko-

DIE KRÖNUNG KARLS X. Sie fand unter größter Prunkentfaltung am 29. Mai 1825 in Reims nach dem alten Ritual statt.

Das aufwendige Opernprogramm nennt mehrfach den Sponsor: „Jacobs Suchard förderte die Produktion durch eine großzügige Spende für die Kostümausstattung."

sten-Nutzungs-Verhältnis bei 40 Millionen an den Bildschirmen. An Nebenkosten kamen noch weitere 500000 Schilling hinzu.

– Das Unternehmen demonstriert durch diese Sponsorenschaft, daß es ein wichtiger und verantwortungsbewußter Teil der Gesellschaft ist.
– Unterstützung der Corporate Identity. Jacobs Suchard präsentiert sich via Sponsorship als ein Schweizer Unternehmen von internationaler Bedeutung, als Freund und Förderer der Künste und der Kultur.
– Unterstützung des Images der Gesellschaft durch eine hohe Publizität in einem Bereich vorrangiger Bedeutung (High Class Image).
– Vorbereitung der „Invasion" des japanischen Marktes durch das Unternehmen.

Unterstützung der Corporate Identity

„Besonders wichtig ist mir, daß ein Unternehmen wie unseres einmal mehr ein öffentliches Bekenntnis ablegt zu Kunst und Kultur. Wir verdienen unser Geld mit der Freude der Menschen an guten Dingen: an Lebenskunst und Tafelkultur, wenn Sie so wollen. Und ich hoffe, daß wir damit für andere ein Beispiel geben."
„Mand darf zwar nicht fragen, was sowas bringt. Aber ich glaube, daß wir etwas zurückerhalten: die Sympathie und den Goodwill unserer Kunden, vor allem der Frauen."

Klaus J. Jacobs

Diese „Reise nach Reims" war nicht der erste Auftritt von Jacobs Suchard als Opern-Sponsor. Premiere feierte das Unternehmen bereits im Mai 1987 mit einer Luxus-Produktion von „Othello", bei der Placido Domingo die Hauptrolle übernahm. Dazu schrieb Otto F. Beer am 12. Mai 1987 in der Süddeutschen Zeitung: „Der großzügige Spender war eine Schweizer Schokoladenfirma samt ihrem Kaffee-Unternehmen." Beer verschwieg dabei auch nicht, daß ohne diesen Sponsor „Othello" nicht finanzierbar gewesen wäre. Das Projekt „Othello" wurde mit 250000 Mark gefördert, und in den Pausen durften sich die Besucher an Gratis-Kaffee erfrischen. Förderer und Ereignis hatten im übrigen einiges gemeinsam. Beispielsweise das „Geburtsdatum". Oper und Unternehmen wurden im Mai 1987 beide hundert Jahre alt. Und es gab auch noch einen weiteren Anknüpfungspunkt, hatte doch Verdi einst in einem Brief sein Projekt als einen „Schokoladenplan" bezeichnet.

Von Klaus Unterrieder in der Tageszeitung „Die Presse" (22. Januar 1988) befragt, erklärte Firmenchef Klaus J. Jacobs: „Alles hat einen rationalen und einen emotionalen Gesichtspunkt." Der emotionale Aspekt, das ist die Neigung des Sponsoren zu den schönen Künsten, zur Oper speziell. Rational begründet wird das Engagement durch die Japan-Tournee des Ensembles von „Il Viaggio a Reims". Diese Opern-Reise in den Fernen Osten soll auch Stimmung für die Produkte des Hauses Jacobs Suchard machen, beginnen sich in Japan doch mittlerweile europäische Frühstücks-Gewohnheiten breitzumachen, und zu denen zählt eben der frisch aufgebrühte Kaffee...

Klaus J. Jacobs, Hanseate mit Schweizer Paß, weil in Bremen geboren, Neffe des Firmengründers Johann Jacobs, übernahm 1982 das Schweizer Schokoladen-Unternehmen Suchard und damit auch, wie „Die Presse" weiter schrieb, „eine große K.u.K.-Tradition". Hatte doch Philippe Suchard Ende des vergangenen Jahrhunderts in Bludenz eine Schokoladenfabrik gebaut, die für die gesamte Habsburgermonarchie produzierte.

Ähnlich wie beim Neujahrskonzert der Wiener Philharmoniker war auch bei den beiden Opern-Engagements von Jacobs Aufsehen garantiert. Allein schon durch eine TV-Übertragung von „Il Viaggio a Reims" vor 40 Millionen Zuschauern am Bildschirm. Einzigartig war dabei die Kombination von Opern-Premiere und TV-Übertragung sowie die Außen-Übertragung auf Riesen-Bildschirmen draußen auf der Straße.

Opern-Premiere und TV-Über-tragung

Bevor sich auf der Bühne der Vorhang hob, ging noch ein TV-Spot über die Bildschirme. Dieser Spot wurde nach Ende der Aufführung ein zweites Mal gesendet. In der Pause gab es ein Inerview mit Klaus J. Jacobs. Allerdings soll nicht verschwiegen werden, daß die „Bunte" ein gewisses Mißverhältnis zwischen dem Sponsoren-Beitrag und dem dominierenden Auftreten des Unternehmens bei dieser Premiere ausmachte: „Der von Jacobs dafür spendierte Betrag – nicht einmal zwei Millionen Schilling – deckte gerade die Gagenkosten der Gesangsstars der Premiere recht und schlecht ab. Der Werbewert für das Schweizer Unternehmen: ein Vielfaches höher."

In „Wiener Staatsoper aktuell", Saison 1987/88, Jänner, äußerte sich Charles Gebhard, Generaldirektor der Gruppe und Aufsichtsrat-Vorsitzender von Suchard Schokolade Bludenz, zu den Sponsoren-Absichten des Unternehmens: „Sponsoring, sei es bei Kunst oder Sport, muß untrennbar Bestandteil einer Unternehmenskultur sein, der die Ausbildung der Mitarbeiter ebenso ein Anliegen ist, wie deren Bildung, der die Pflege der Rohstoffmärkte genauso wichtig ist wie die pflegliche Behandlung der Umwelt, und für die Lebensqualität mehr ist als ein bloßes Marketingkonzept."

Wenn Jacobs Suchard dem ORF Gelder zahle, um damit die Übertragung der Oper („Il Viaggio a Reims") möglich zu machen, „so tun wir dies nicht aus Eitelkeit oder buchhalterischem Kalkül, sondern aus Überzeugung, daß jenes Bekenntnis zur Unternehmenskultur und damit zur Unternehmer-Verantwortung langfristig Erfolg verspricht".

Unternehmer-Verantwortung

Einerseits solle sich das Unternehmen der Wertschätzung vieler Menschen erfreuen, andererseits gehe es darum, die Welt zu gestalten. Gebhard äußerte sich auch zur „Liaison der Kunst mit privaten Sponsoren". Durch ein solches Bündnis verliere die Kunst nach seiner Ansicht keineswegs zwangsläufig ihre „Unschuld". Im Gegenteil, diese Verbindung bedeute zusätzlich Freiheit für die Kunst: „Ein bißchen mehr Unabhängigkeit von staatlichen Spar- und Förderungsentscheidungen und weniger künstlerische Kompromisse. Ich denke, wir werden von Mal zu Mal besser miteinander auskommen, wir, die nun schon etwas erfahrenen Sponsoren, und die, die uns das Leben lebendig machen: die Kunstschaffenden."

Was aber erwartet Jacobs Suchard letztendlich? „Erstens gehen wir selber gern in die Oper, und zweitens verwechseln wir Kulturförderung nicht mit einem Werbefeldzug. Wer Geld für Kultur ausgibt, darf das nicht in der Absicht tun, unmittelbar Vorteile realisieren zu wollen."

Kosten des Sponsoring

Grundbetrag für Opern-Aufführung:	1,5 Mio. A.S.
TV-Einblendung „Jacobs Suchard":*	0,5 Mio. A.S.
Sonstige Kosten:	0,5 Mio. A.S.
	2,5 Mio. A.S.

* 40 Mio. Fernsehzuschauer

Veröffentlichungen im Zusammenhang mit dem Sponsoring

– Beiträge in allen führenden Tageszeitungen Österreichs unter Nennung des Sponsors
– Sponsoren-Hinweis auf Plakat und im Opern-Programm
– Fernseh-Interview mit Klaus J. Jacobs, ausgestrahlt in Österreich, Schweiz, Bayern. Dauer: 4 Minuten

IBM Österreich:
Das Neujahrskonzert der Wiener Philharmoniker:
Die ganze Welt hört und sieht zu

Es gehört mittlerweile zum Neujahrstag wie der Christbaum zum Heiligen Abend. Das Neujahrskonzert der Wiener Philharmoniker hat zwar noch nicht ganz so viel Tradition, aber manchmal ist den Einschaltern am 1. Januar so, als gäb' es das schon ewig. Dreißig Jahre sind es, als TV-Tradition immerhin eine kleine Ewigkeit. Am 1. Januar 1958 war dieses schwungvolle Mittagskonzert zum erstenmal zu sehen und zu hören – in schwarz-weiß. Seitdem gehört dieser beschwingte Start in ein neues Jahr mit Walzern, Polkas, Marschklängen zu den wenigen besonders erfreulichen und niveauvollen TV-Ritualen mit Seriencharakter. Und mittlerweile ist dieser musikalische Gruß aus Wien dank des dichtgestrickten Satelliten-Netzes über unseren Köpfen zu einem Ereignis von weltweiter Bedeutung geworden. So gut wie die ganze Welt ist zugeschaltet, wenn ein großer Gast-Dirigent in der Nachfolge des Kapellmeisters Willy Boskovsky ans Pult tritt und den Taktstock hebt (bei Boskovsky war es noch der Fiedelbogen). Am 1. Januar 1988, beim 30. Konzert dieser Art, sahen und hörten weltweit mehr als 350 Millionen zu – dank China. Seit dem 1. Januar 1985 hat das Neujahrskonzert auch einen Förderer: den amerikanischen Elektronikkonzern IBM. Durch ihn war zuerst einmal sichergestellt, daß dieses Konzert auch in den Vereinigten Staaten ausgestrahlt werden kann.

„Corporate Social Responsibility"

Seit 1985 trägt IBM die Satellitenkosten, die für eine Übertragung in die USA anfallen. Das ORF erhält von dem Konzern zusätzlich einen Betrag für den Verkaufswert des Programmes und stellt mit Walter Cronkite einen prominenten US-Moderator für die US-Ausstrahlung. Auch für die Parallelwerbung in den Printmedien (In- und Ausland) sorgt IBM. Die beiden tragenden Sender, das ORF auf österreichischer Seite und bei den Amerikanern WNET/Channel 13 zeigen am Beginn und am Ende des Konzertes jeweils ein Sponsorship-Statement von fünf Sekun-

den. Dieses IBM-Sponsorship-Statement war 1988 von mehr als 20 Millionen Zuschauern zu sehen. In den USA erreichte das Konzert 1985, dem ersten Jahr, rund 29 Millionen Zuseher, zwei Jahre später (1987) dann schon mehr als 51 Millionen. IBM Österreich will mit diesem Neujahrskonzert nicht nur ein attraktives Sponsorship-Projekt verwirklichen, sondern auch der „Corporate Social Responsibility" entsprechen und einen Beitrag für das Image Österreichs im Ausland leisten.

Doch was verspricht sich nun IBM Österreich als Unternehmen von diesem Engagement? Ziel aller Bemühungen, so heißt es sehr allgemein, sei erst einmal, Image und Erscheinungsbild des Unternehmens in der Öffentlichkeit positiv darzustellen, im nächsten Schritt dann die „Akzeptanz unternehmerischer Tätigkeit" zu erhöhen. Als erfolgreiches Unternehmen fühlt IBM eine Verpflichtung, die „Corporate Responsibility" weit über die wirtschaftliche Kernfunktion hinaus. „Wirtschaften", im Verständnis von IBM, ist „gesellschaftliches Geschehen", und damit ein Kulturprozeß.

„Corporate Social Responsibility"

Für Kultur-Projekte, die von IBM unterstützt werden, hat der Konzern drei Auswahlkriterien formuliert:

Die Projekte sollen 1. Neuen Ideen zum Durchbruch verhelfen. 2. Der Allgemeinheit zugute kommen. 3. Nicht als Mittel eingesetzt werden, um Geschäftsabschlüsse zu erreichen.

Das alles hat sehr viel mit dem Selbstbild des Unternehmens zu tun. Der Konzern fühlt sich einer innovativen Branche zugehörig und deshalb unkonventionellen Lösungen mit ungewöhnlichen Ideen sehr verbunden. Durch seine Engagements möchte IBM ein gesellschaftliches „Reizklima" fördern. Und so wird neben dem Sponsoring kultureller Tradition auch das Noch-Nicht-Etablierte unterstützt. IBM zeigt Herz für die Avantgarde. Und nicht zuletzt will der Elektronikkonzern mit seiner mehr als 60jährigen Tradition in Österreich sich als „Good Corporate Citizen" erweisen.

Weltweit setzt das Unternehmen sechs Schwerpunkte im Sponsoring:

1. Wissenschaft und Forschung
2. Kunst und Kultur
3. Bildung und Ausbildung
4. Gesundheit und Umwelt
5. Gesellschaft und Wohlfahrt
6. Dritte Welt

Für diese sechs Bereiche wurden von IBM allein 1986 weltweit rund 187 Millionen Dollar aufgewendet.

In Österreich hat sich das Unternehmen für den Schwerpunkt „Kunst und Kultur" entschieden.

Frankreich:
Die „Kultur-Revolution" der Sponsoren
hat begonnen

Vorausgeschickt eine Zahl, wenn auch mit Vorbehalt zitiert: Mit knapp einer halben Milliarde Franc pro Jahr sind die privaten kulturellen Aufwendungen in Frankreich vergleichsweise bescheiden. Entspricht der Betrag doch in etwa dem Jahresbudget der Pariser Oper.

Wie Joseph Hanimann im Rahmen der Serie über privat geförderte Kultur in der Frankfurter Allgemeinen Zeitung (11. 9. 1987) schrieb, stehen privater Kulturinitiative im Nachbarland seit langem viele Hindernisse im Wege. „Öffentliches Wohl gilt als ausschließliche Staatsangelegenheit, Eigeninteresse – mit latentem Profitstreben – als ebensolche Privatsache. Jede Initiative von privater Seite erscheint demnach in den Augen der Nichtbeteiligten prinzipiell suspekt und wird vom Staat bevormundet, kontrolliert, eingedämmt."

Die Privatstiftungen haben es, wie Hanimann in seiner Analyse herausfand, besonders schwer. Sie müssen grundsätzlich vom Staat genehmigt sein und müssen von Anfang an auf festen Füßen stehen.

Das alles ist nicht ohne inneren Widerspruch, sporne doch einerseits das französische Steuerrecht zum uneigennützigen Mäzenatentum an, während gleichzeitig das Strafrecht jede Unternehmung verfolge, deren Interessenmotive nicht offen zutage treten. Die Klage kommt von Alain-Dominique Perrin, Chef des Hauses Cartier, der im Auftrag des Kulturministeriums einen umfangreichen Untersuchungsbericht über die private Kulturförderung seines Landes erstellte.

Private Kulturförderung

Erste Schritte zu einer „Kultur-Revolution" der privaten Förderung schöner und bildender Künste sind allerdings bereits getan. Ermöglichte doch 1985 der damalige Kulturminister Jack Lang es den Firmen, Kulturaufwendungen als Werbeausgaben zu verbuchen. Und auch die gegenwärtige Regierung möchte der privaten Kulturförderung Wachstumsimpulse vermitteln.

Doch in dem Perrin-Bericht steht auch, daß private Kulturförderung außerhalb des vom Staat gesteckten Rahmens aus prinzipiellen Gründen fast unmöglich erscheint und weiterhin Unternehmer und Sammler abschreckt. Also keine günstige Ausgangslage für Sponsoren, die auch selbst von ihrer Großzügigkeit Image-Profit ziehen möchten. Hinzu kommt noch, daß Frankreich nach einem eigenen Weg sucht, irgendwo zwischen britischem, amerikanischem und japanischem Modell. Wobei das amerikanische Beispiel, wie in Frankreich wohl nicht anders zu erwarten, am wenigsten zur Nachahmung anzuregen scheint. Da mögen sich die Franzosen schon lieber an der Kulturdiplomatie japanischer Unternehmen orientieren.

Eigenwillige Initiativen der Unternehmen sind deshalb auch selten, ausgenommen vielleicht die Cartier-Stiftung in Jouyen-Josas mit einer Sammlung neuer Skulpturen. Französische Unternehmen, alles andere als Vorreiter des Kultur-Sponsoring, setzen dann, wenn sie schon fördern, auf die sogenannten bleibenden Werte, auf Malerei, Fotografie, Bildhauerei und das Museumswesen. Diese Bereiche machen innerhalb des Industrie-Mäzenatentums 42 Prozent aus. Es folgt die Musik mit 11 Prozent, Theater 6 und Literatur 3,1 Prozent.

Unternehmen und private Kunstinteressierte sollen künftig umfassender am Kunstgeschehen in allen Sparten beteiligt werden. Wunsch des französischen Kulturministeriums ist es, öffentliche und private Institutionen einander näherzubringen. Ein neues Mäzenatengesetz sorgt jetzt auch für günstigere Bedingungen privater Förderung. Industrie- und Gewerbeunternehmen dürfen statt wie bisher nur 0,1 Prozent fortan 0,2 oder auch 0,3 Prozent vom Jahresumsatz absetzen. Kulturvereinigungen und Stiftungen sind der Gewerbesteuer enthoben, und die Bewährungsfrist für das Prädikat der Gemeinnützigkeit ist generell aufgehoben. Die Vereine dürfen nunmehr neben Staats-, Departements- und Gemeindesubventionen auch Unterstützung von den Regionen und öffentlichen Betrieben empfangen.

Neues Mäzenatengesetz

Doch dies alles sind erst zaghafte Schritte, zumindest an amerikanischen, japanischen oder auch deutschen Verhältnissen gemessen. Jetzt muß sich die Industrie bewegen, muß mehr Dynamik und Risikobereitschaft zeigen, so Hanimann.

Das neue Mäzenatentum, sprich Sponsoring, ist mittlerweile als Kommunikations-Strategie anerkannt, nun befürchtet man, daß, sind erst einmal die Schleusen der Spendenfreudigkeit so richtig geöffnet, jedes Gefühl für das Delikate des Themas verlorengehen könnte, „daß eine Art rauschendes Konstümfest der endlich emanzipierten freien Wirtschaft ausgerufen wird".

Cartier, Paris:
Provokante Thesen und ein Paradies der Künste bei Versailles

Das Werk umfaßt 800 Seiten und beschäftigt sich mit dem „Mécénat Francais", dem Mäzenatentums Frankreichs. Nun sollte niemand glauben, mit der Untersuchung französischer Förderfreudigkeit würde er 800 Seiten Jubel- und Erfolgsmeldungen durchblättern, das Gegenteil ist der Fall. Mäzenatentum auf französische Art, die Förderung der schönen und der bildenden Künste, das ist ein Pflänzchen, das gerade erst mühsam den Asphalt staatlicher Kulturförderung durchbrochen hat. Die Franzosen, eine traditionsbewußte Nation, wollen nicht so leicht von der Vorstellung lassen, daß Mäzenatentum, die Förderung, nun einmal Angelegenheit der öffentlichen Hand sei. Doch an dieser Grundhaltung beginnt sich langsam einiges zu ändern, und wenn jetzt im Nachbarland eine Art „Kulturrevolution" der Sponsoren beginnt, dann ist Monsieur Alain-Dominique Perrin ganz sicher der Anführer unter den Kultur-Revolutionären; der Generaldirektor von Cartier, Präsident eines Konzerns, der 1986 mehr als 600 Millionen Dollar umsetzte. Zweifellos ist der 1942 geborene Perrin eine Ausnahmeerscheinung in Frankreich, einem Entwicklungsland des Kultur-Sponsoring. Mehr noch, seine Gedanken, provokanten Thesen werden gern zitiert, nicht nur, weil sie so plakativ sind, sondern weil sie überzeugen. Der französische Kulturminister Francois Léotard fand Alain-Dominique Perrin so überzeugend, daß er ihm den Auftrag zur bereits zitierten Untersuchung „Mécénat Francais" erteilte. Doch zitieren wir erst einige der Thesen des Mannes, der die Kulturförderung des Hauses Cartier steuert:

Vermittlung zwischen zwei Welten

- Mäzenatentum (von Monsieur Perrin häufig als „Patronage" bezeichnet) ist eine Vermittlung zwischen zwei Welten.
- Die Wirtschaft wird immer menschlicher. Die Kultur ist ein Mittel, mit dem sie zeigen kann, wie menschlich sie ist.
- Die Verbreitung der Kultur bedeutet nicht Banalisierung, ganz im Gegenteil. Sie verleiht den Menschen einen besseren Geschmack, eine bessere Erziehung, Konfessionalität, Kommunikationsfähigkeit.
- Ich glaube, daß die Ausbreitung der Kultur uns einer friedlichen Welt näherbringt. Die Idee der angeblichen Banalisierung stammt von Intellektuellen. Sie ist eine elitäre Idee, und dagegen habe ich etwas. Kultur gehört allen.
- Es ist unmoralisch, daß viele bildende Künstler erst berühmt wurden, als sie tot waren.
- Die Kunst ist ein Markt. Auf einem Markt gibt es Angebot und Nachfrage. Ein Künstler ist ein Produzent, und er ist privilegiert, er darf nämlich von einer Ware ein einziges Exemplar herstellen, wenn er will.
- Wenn ein Unternehmen die Kultur fördert, leistet es einen Beitrag zum Alltagsleben, also sollte das auch zur Kenntnis genommen werden. Wenn ein Unternehmen ein bestimmtes Ereignis erst ermöglicht, hat es das Recht, erwähnt zu werden. Das ist doch eine Nachricht!
- Das Publikum hat ein Recht auf Information. Man muß das ganz klar sagen: Wenn die Medien nicht mitmachen, wird es unmöglich sein, die Patronage weiter zu entwickeln. Die Firmen können so etwas nicht

gratis machen. Sie haben gar nicht das Recht dazu. Ich habe die Verantwortung, die Pflicht gegenüber den Anteilseignern von Cartier und gegenüber den Beschäftigten bei Cartier, kein Firmengeld zu verschleudern. Wenn ich Geld ausgebe, muß etwas dabei herauskommen: Gewinn, Berühmtheit, Publizität.

– Patronage ist für mich im Prinzip nichts anderes als Promotion, Werbung und Verkaufsförderung. Ich bin gegen Heuchelei.

In Frankreich ist das Wort „Sponsoring" verpönt, deshalb spricht man meist von Patronage oder Mécénat. Abbildung: Bericht über die Untersuchung, die Perrin für die Regierung durchführte.

ALAIN-DOMINIQUE PERRIN

MÉCÉNAT FRANÇAIS

STRATÉGIE

Zitate, die wir einem Interview des FAZ-Magazins (3.4.1987) entnommen haben. Das Gespräch mit dem Cartier-Präsidenten Perrin führte Michael Freitag. Ähnliche Sätze finden sich auch in den ausführlichen Dokumentationen des Hauses, beispielsweise in einer gedruckten Rede von Perrin. Starke Worte, die ihn unter Erfolgszwang setzen.

Mit rund fünf Millionen Dollar fördert Cartier jährlich die Gegenwartskunst über die „Fondation Cartier". Kunst und Kultur bilden für das Haus tatsächlich den Schwerpunkt, denn gerade die Hälfte dieses Betrages wird in die Förderung des Sports investiert.

Die „Fondation Cartier pour l'Art Contemporain", wie der komplette Name der Stiftung lautet, hat ihren Sitz an einem Ort, der dem hohen Anspruch entspricht, gerade fünf Minuten von Versailles, mitten in einem englischen Garten von 15 Hektar Größe, zwischen ausladenden Bäumen und bemerkenswerten Skulpturen auf dem ehemaligen Gut des Barons Oberkampf.

Ort kultureller Begegnung

Die „Fondation Cartier" ist also keine abstrakte Stiftung, keine Bankadresse, sondern ein Ort kultureller Begegnung, der nach der Ambition seiner Stifter bis 1990 zu einer internationalen Hochburg der Kunst werden soll. Keine Ankündigung, sondern ein Versprechen. Das Herz des Geländes bildet ein „Dorf", in den Häusern leben Künstler aus aller Welt, dort arbeiten sie, stellen ihre Werke aus. Besucher sind erwünscht, schließlich sind es zur „Fondation Cartier" vom Zentrum von Paris aus nur zwanzig Minuten Fahrzeit. Das „Dorf" hat einen Mittelpunkt, wie es sich für ein Dorf gehört, „Le Petit Café", sorgsam renoviert und möbliert. Im Winter können die Gäste am Kamin speisen, im Sommer unter den Schirmen der Sonnenterrasse.

Doch eigentlicher Mittelpunkt der „Fondation Cartier" ist das „Château Directoire", das Zentrum internationaler Begegnung. Die Räumlichkeiten, aufs anspruchsvollste ausgestattet, dienen als Seminarräume. Dazu gehört ein Schloß-Restaurant, dessen Küche und Keller sich einen Namen gemacht haben. Doch diese „Fondation Cartier" soll vorrangig kein gastronomisches Ereignis sein, es geht um Kunst, und für die ist im 15-Hektar-Park reichlich Raum. Monumental-Skulpturen zum Beispiel von Arman, César, Jean-Pierre Raynaud, Bernard Pagès und Daniel Spoerri sind zu sehen.

Image-Pflege ist das Anliegen, das dahintersteht; die „Fondation" als Ausdruck der schöpferischen Dynamik des Hauses Cartier.

Allerdings hat Alain-Dominique Perrin den Behörden schon mit Auszug aus dem Paradies der Künste gedroht. Er wolle entweder in die USA, nach Großbritannien oder auf die andere Seite des Rheins, in die Bundesrepublik emigrieren. Anlaß und Streitpunkt mit dem Ministerium waren ausgerechnet die Skulpturen im Park: Die Stiftung habe für sie keine Baugenehmigung eingeholt, wie es für das geschützte Grundstück notwendig sei. Und das passiert dem Kunstförderer, der zwei Jahre zuvor im Auftrag der Regierung die 800 Seiten starke Untersuchung über das Industriemäzenatentum verfaßt hatte. Dazu wurde der Cartier-Stiftung auch noch die Genehmigung für den Bau eines neuen

Museums verweigert; es soll nach Absicht des Stifters ausgerechnet an jener Stelle des Parkes entstehen, der gegenwärtig noch als öffentliche Müllhalde benutzt wird... Eine Entscheidung über das Schicksal der „Fondation Cartier..." im Südwesten von Paris stand im Frühsommer 1988 noch aus, wenn sich auch ein glücklicher Ausgang andeutete. Das zuständige Ministerium erteilte nachträglich die Baugenehmigung für den Arman-Turm und signalisierte auch ein Einlenken für das Baugelände des geplanten Museums.

Italien:
Förder-Festival der Banken –
und trotzdem Lücken im kulturellen Fleckerlteppich

Hektisch brodelnd hier, dort scheinbar vor sich hindösend, voller Initiativen, von denen viele nur kurz blühen oder still dahinscheiden. Dietmar Polaczek machte im Rahmen einer Serie über die die privat geförderte Kultur in der Frankfurter Allgemeinen Zeitung „eine Menge Phantasie" in Italiens Kulturleben aus. Aber auch „geringe Wirkung" und Reibungsverluste. Generell verschiebt sich in Italien das Verhältnis von staatlicher zu privater Kulturförderung zugunsten der privaten, ermöglicht durch das Gesetz über „Steuerliche Behandlung der Güter von erheblichem kulturellen Interesse". Es erlaubt, Zuwendungen an kulturelle Einrichtungen, Ausgaben für Erhaltung und Restaurierung von Kunstwerken steuerlich abzusetzen. Und Erbschaftsteuer läßt sich nach diesem Gesetz auch in Naturalien zahlen, also mit Kunstwerken aus einem Nachlaß. In besonderen Fällen sind Kulturgüter nationaler Bedeutung von der Erbschaftsteuer ganz befreit.

Sponsorleistungen
von Staatsfirmen

Für Ausländer erklärungsbedürftig: Manche Sponsorleistungen sind kaschierte staatliche Subventionen, und zwar deshalb, weil diese Sponsorleistungen von Staatsfirmen kommen. Zum Beispiel von Montefluos, der Tochter des Chemiekonzerns Montedison, oder Eurichem, der Mineralöltochter der Staatsholding ENI, oder auch von der Alitalia. Diese Sponsoren restaurieren Domfassaden, geben für die Scala Programmhefte heraus oder ermöglichen Plattenaufnahmen eines Verdi-Requiems, sie helfen vielleicht auch, irgendwo ein Festival zu inszenieren. Mit Olivetti, dem FIAT-Konzern oder der Turiner Bank Instituto Bancario di San Paolo ist das anders, sie sind, wie Dietmar Polaczek schrieb, „private Private".

In der Großfinanz stecken oft Staatsbeteiligungen, in der Industrie sogar zu einem Drittel. Viel früher als in anderen Ländern neigten die Italiener dazu, kulturelle Finanzierungsprobleme durch Sponsoring zu regeln, weil sie grundsätzlich privatwirtschaftlichen Strukturen mehr zutrauen als den öffentlichen. Ein Gesetzentwurf sieht die Autonomie für staatliche Museen vor, wie auch für Bibliotheken und Archive. Diese Institutionen sollen demnach nichtbeamtete Direktoren erhalten. Direkterwerbungen auf dem Kunstmarkt und der Abschluß von Sponsorenverträgen soll Bibliotheken, Museen und Archiven dadurch möglich werden.

Kritik wurde an den halbstaatlichen (oder halbprivaten) Unternehmen geübt. Montefluoz habe bei der Restaurierung einer Domfassade direkte Werbung mit einem Nebenprodukt der Raumfahrtindustrie (zur Imprägnierung des Mauerwerks) betrieben.

Im Niemandsland zwischen Geschäft und Mäzenatentum finden sich auch Aktionen wie die des TV-Tycoons Berlusconi, der die Konzerte der Filarmonica della Scala bezahlte und sie in einem seiner Sender übertrug.

Großunternehmen rücken in Italien ihr Mäzenatentum durch die Gründung einer Stiftung vom Unternehmenszweck ab, schreibt Polaczek in seiner Analyse. So ist die Fondazione Cini „ein wichtiger Faktor im Kulturleben Oberitaliens". Die Fondazione Olivetti hat sich mit spektakulä-

418

ren Rettungsaktionen für Kultur-Denkmäler, beispielsweise der Pferde von San Marco, weltweiten Ruhm geschaffen. Ähnlich die Turiner Bank San Paolo, die das Kloster San Fruttuoso und den Palazzo Citterio restaurierte. Auch sie hat dazu eine Stiftung installiert.

Allerdings gibt es Fälle, wo sich Stiftungsziel und Geschäftsnutzen nicht trennen lassen. Die Feltrinelli-Stiftung in Mailand führt Polaczek als Beispiel an. Sie hat sich der politischen Forschung gewidmet, und zwar in einem Bereich, in dem auch Werke des Verlages Feltrinelli überwiegen. Und die Stiftung des neapolitanischen Galeristen Lucio Amelio profitiere von dessen Tätigkeit ebenso wie dieser vom berechtigten Ruhm der Stiftung und ihrer „Terrae Motus"-Ausstellung.

Allerdings weigert sich Amelio, für seine Fondazione auch nur eine Lira von öffentlichen Stellen anzunehmen, „um nicht seine Unabhängigkeit und seinen eigenen ästhetischen Anspruch im Getriebe von hineinredenden Bürokraten versanden zu sehen".

Alle größeren Banken betätigen sich in Italien als Sponsoren. Die Botschaft, die sie damit übermitteln wollen, ist die der Verbundenheit mit der Region. Umfangreich ist vor allem die kunsthistorische Editionstätigkeit großer Geldinstitute.

Der Credito Italiano, die Banca Cattolica del Veneto, das Instituto Bancario di San Paolo, die Cassa di Risparmio delle Provincie Lombarde dokumentieren rare Sammlungen oder vergessene Baudenkmäler in eindrucksvollen Bänden, mit denen sie Geschäftsfreunde beschenken.

Tendenz: Die private Kulturfinanzierung befindet sich in Italien im Aufschwung. Die Sponsoren suchen in erster Linie bestimmte Prestige-Objekte, was, so Polaczek, „große Lücken im kulturellen Fleckerlteppich" lasse.

„Lücken im kulturellen Fleckerlteppich"

Gelegentlich tritt der Fiskus auch auf die Bremse, versucht, bereits existierende Gesetze zu unterlaufen und damit Schenkungen an Museen, Spenden, Sponsoren-Angebote steuerlich zu bestrafen.

Chivas Regal:
öffnet Italiens Museen und gewinnt Sympathien

Spätaufsteher, Italien und seine Kunst mit der Seele suchend – allerdings mit der Mentalität und der speziellen Situation des Landes nicht allzu vertraut, müssen damit rechnen, dort bei einem geplanten Museumsbesuch vor verschlossener Tür zu stehen. Was bedeutet: In Italien sind viele Schatzkammern der Kunst und der großen Vergangenheit, die Museen, täglich immer nur ein paar Stunden für das Publikum geöffnet. Und wer nicht genau weiß, wie es wo geregelt ist, muß nicht selten auf das erhoffte Kunst-Erlebnis verzichten. Doch warum nur? Es ist schlichtweg kein Geld da, um das Personal zu bezahlen, das notwendig wäre, um die Museen geöffnet zu halten. Möglicherweise haben sich die Italiener an diesen Zustand der häufig geschlossenen Tür gewöhnt, Tou-

Häufig geschlossene Tür

422

risten – sie machen 76 Prozent der Besucher italienischer Museen aus –
reagieren häufig jedoch verärgert. Dieses Ärgernis wurde einem auslän-
dischen Unternehmen besonders bewußt: dem schottischen Whisky-
Hersteller Seagram. Mit seiner Marke Chivas Regal ist Seagram hervorragend auf dem italienischen Markt positioniert. Und als Whisky-Kon-
sumenten rangieren die Italiener noch vor der bundesrepublikanischen
Spirituosen-Zielgruppe.

Im Jahr 1985 trat Chivas Regal deshalb mit einer bemerkenswerten Aktion an die Öffentlichkeit. In ganzseitigen Anzeigen wurde eine „Operation offene Museen" angekündigt. Die erste Welle lief über drei Jahre,
erfaßte elf Museen in den vier Städten Mailand, Venedig, Urbino und

*„Operation offene
Museen"*

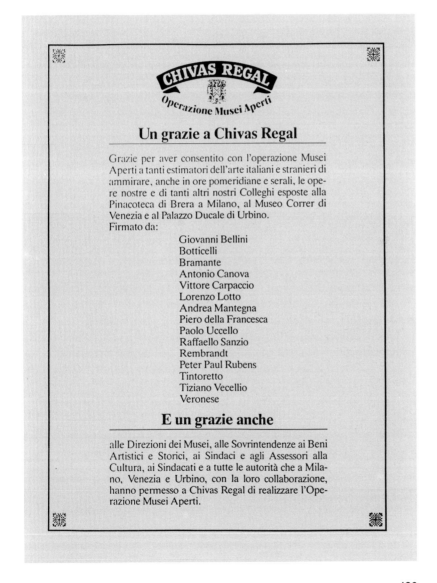

Bari. Die „Operazione Musei aperti" begann in Mailand mit der Pinacotheka Brera, wurde 1986 dort auch fortgesetzt. Das Museo Correr in Venedig kam hinzu, mit einer Ausstellung „Le Corbusier".

In Urbino wurde der Palazzo Ducale in den Monaten Juni bis Oktober auch von 15 bis 19 Uhr für die Interessierten geöffnet. Ebenso die Burg von Gradara in der Nähe von Rimini. Chivas Regal setzte die Aktion schließlich 1987 in verschiedenen Mailänder Museen und Galerien fort, dazu wiederum im Museo Correr in Venedig und in der Pinacotheca Provinciale in Bari. Auch 1988 ist die „Operazione Musei aperti" fest geplant. Chivas Regal hofft, die Aktion noch auf andere Museen ausdehnen zu können.

Selbstverständlich wollten die Öffner der Schatzkammern auch wissen, wie das Publikum dieses Engagement beurteilt. Die Reaktionen wurden getestet. In Venedig zum Beispiel war die Besucherzahl der geöffneten Museen 1987 um 24 Prozent gegenüber 1986 angestiegen. Einen Anstieg von 18 Prozent gab es in den Mailänder Museen, in Bari um 40 Prozent.

Das Institut EURISKO führte im Oktober und November 1987 eine Erhebung durch. Befragt wurden die Besucher der Museen sowie sogenannte „opinion leader" aus den Bereichen Hochschule, Journalismus und Werbung.

Von tausend telefonisch befragten Personen äußerten sich 87 Prozent sehr positiv, 11 Prozent zeigten sich indifferent, 2 Prozent kritisch.

Die positivsten Urteile stammten dabei von einer jüngeren Gruppe zwischen 18 und 24 Jahren sowie von kulturell Interessierten und Engagierten.

Ausdrücklich gelobt wurde die bessere Zugänglichkeit der Museen sowie die besseren Chancen für Berufstätige, ein Museum besuchen zu können. Bei einer Befragung von 156 Museumsbesuchern während der Sonder-Öffnungszeiten bewerteten 96 Prozent die Aktion als sinnvoll, insbesondere deshalb, weil auf diese Weise der Besuch der Museen mit mehr Freude und weniger Hast verbunden sei. Aus den Ergebnissen zog die durchführende Agentur Young & Rubicam drei Schlüsse:

Mehrheit begrüßt die Aktion

1. Die überwiegende Mehrheit begrüßt die Aktion. Das Museum als Kunstforum soll nicht nur zu einer Begegnung mit der Kunst anregen, sondern auch zu kulturellem wie sozialem Dialog. Daraus entwickelt sich die Idee eines „Museo spettacolo".

2. Nur eine Minderheit vertritt den eher elitären Museums-Kunstbegriff, der auf Verteidigung und Konservierung eines Kunstpatrimoniums beharrt. Danach sei die Verwaltung der Kunstwerke Sache des Staates und der von ihm eingesetzten Experten. Demzufolge steht diese Minderheit einer Initiative von privater Seite (wie bei Chivas Regal) kritisch gegenüber. Das Ideal dieser Minderheit ist laut EURISKO das „Museo stato".

3. Es herrscht die Ansicht vor, Chivas habe eine Verlängerung der Öffnungszeiten ermöglicht. Allerdings wird auch unterstellt, daß Chivas durchaus in der Lage wäre, die Museen selbst abends, nachts oder an Feiertagen zu öffnen.

Bekannt ist weiter, daß es sich um die bedeutendsten Museen des Landes handelt.

Kritikpunkte wurden in der Analyse der „Operazione Museo aperti" ebenfalls angemerkt:

- Das Patrimonium von Kunst und Kultur gerate durch solche Aktionen zunehmend in die Hände von Privatunternehmen.
- Schutz und Verwaltung dieser „Allgemeingüter" seien mehr und mehr „privater Wüllkür" ausgesetzt.
- Offiziell verfügbare Geldmittel würden durch solche Bündnisse nach privaten Gesichtspunkten verteilt.
- Durch übergroße Besucherfrequenz entstünden irreparable Schäden an den Kunstwerken.

Kritikpunkte, vorgebracht von der ablehnenden Minderheit, deren Ideal das „Museo stato" ist und die jegliche private Hilfe ablehnt.

Die Aktion blieb nicht ohne Auswirkungen auf das Firmen-Image. Einige Beispiele:

Auswirkung auf das Firmen-Image

- Chivas „belebt", „verjüngt" und „privatisiert" die Atmosphäre der Museen.
- Das Museum öffnet sich dank Chivas zunehmend einer Gruppe jenseits des „Bildungsbürgers".
- Chivas bringt Dynamik und unternehmerische Frische in die bisher geschlossene Welt italienischer Museen.
- Das Profil von Seagram und des Produktes Chivas Regal gewinnt durch dieses Engagement die Komponente Kultur hinzu.
- Die Kunst bleibt bei dieser Aktion einzigartig, sie wird vom Sponsor nicht etikettiert, seine Leistung besteht darin, die unzugänglichen, weil „verriegelten" Schätze der Kunst wieder erreichbar gemacht zu haben.

Olivetti:
Retter bedrohter Weltwunder der Kunst

Natürlich erregen sie weltweites Aufsehen, die großen Engagements von Olivetti. Da fällt zum Beispiel sofort das Stichwort die „Pferde von San Marco" oder „Das Abendmahl" von Leonardo da Vinci. Die Ausstellungen dieser Kulturdenkmäler wurden wie ein Markenartikel präsentiert. Und sie haben alle noch etwas gemeinsam: Fast immer ging es um etwas Einmaliges, Unwiederbringliches, es waren „Weltwunder der Kunst", und stets waren diese Stücke vom Verfall bedroht. Ohne das Eingreifen von Olivetti wären sie für uns wahrscheinlich verloren gewesen. Zurück zu den Pferden von San Marco, jenen herrlichen Bronze-Rössern, die 1204 von Konstantinopel nach Venedig kamen. Sie sind ein Bestandteil des künstlerischen Erbes der Stadt. Olivetti ließ diese überlebensgroßen Bronze-Plastiken restaurieren und organisierte dann mit den herrlich herausgeputzten und, wie es schien, nun für die Ewigkeit präparierten Stücken eine Reise-Ausstellung in die Metropolen der Welt. Nach London, New York, Mexico City, Paris, nach Mailand und Berlin. Das war im Jahr 1980, die Welt feierte die Wiederauferstehung eines Kunst-Denkmals; sie feierte auch den Retter – die spendablen und kunstsinnigen Sponsoren von Olivetti. Und am Ende dieses Jahrzehnts ist diese subtile Rettungsaktion immer noch beispielhaft in aller Munde. Mit der berühmten Freske „Das Abendmahl" von Leonardo da Vinci war das nicht anders. Auch hier ermöglichte der Sponsor die Restauration eines Kunstdenkmals und damit dessen Überleben. Speziell in diesem Fall war es eine höchst diffizile Aufgabe, war doch das legendäre Kunstwerk schon vor Jahrhunderten vom Zerfall bedroht. Es wurde mit dem Elektronenmikroskop gearbeitet, um Leonardos Originalfarben zu

„Die Pferde von San Marco" in London und (rechte Seite) das Cimabue Kreuz

428

finden und jene Farben zu entfernen, die noch aufgebracht worden waren. Warum übernahm Olivetti diese Aufgabe? Carlo de Benedetti, Chief executive officer des Unternehmens, sieht in dieser diffizilen Aufgabe eine Parallele zur Arbeit von Olivetti, zu den technologischen Produkten des Unternehmens und ihrem Herstellungsprozeß. Es geht um Forschung, es geht um innovative Technologie, und es geht um Design. Drei Themen, auf die sich Olivetti versteht. Und schließlich fühlt sich Olivetti auch dem großen kulturellen Erbe des Landes verpflichtet.

Forschung, innovative Technologie, Design

Eine dritte spektakuläre Rettungsaktion, ebenfalls am Anfang der achtziger Jahre: die Restauration des berühmten Cimabue-Kreuzes, das bei der Überschwemmung von Florenz, 1966, großen Schaden genommen hatte. Papst Paul VI. nannte dieses Kreuz das „berühmteste Opfer der

Flut". Und die Wiederherstellung wurde in aller Welt als Symbol für den Willen der Stadt zu einem neuen Anfang gewertet. Auch dieses Kulturdenkmal wurde nach seiner gelungenen Restauration auf eine Reise in die großen Zentren der Welt geschickt.

Drei große Ereignisse, drei Rettungsaktionen unter Olivetti-Protektorat. Drei Ereignisse auch, geplant, realisiert und der Welt präsentiert wie ein Markenartikel.

Spektakuläre Rettungsaktion
Diese spektakulären Rettungsaktionen trugen dem von Adreano Oli-

Acht Komponenten bestimmen für Olivetti den „Design-Process", formen die Identität des Unternehmens.

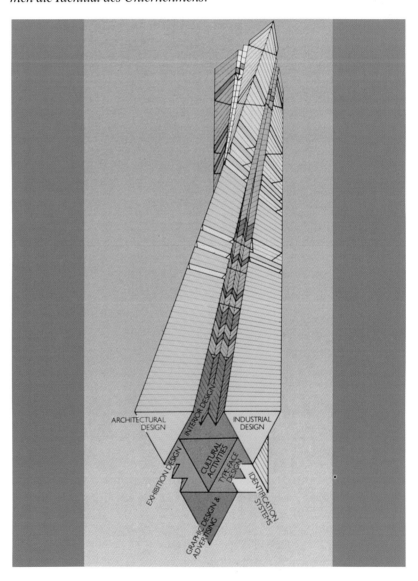

vetti gegründeten Unternehmen weltweite Aufmerksamkeit ein, doch ist die Förderung und Erhaltung der Kultur nur eine Facette der eindrucksvollen Unternehmens-Philosophie Olivetti: Die anderen Facetten sind Produkt-Design, Architektur und Graphik-Design. Als Adreano Olivetti seine Firma 1908 gründete, da war der Qualitätsanspruch für ihn eine Art Grundgesetz. Er wollte stets nur das Beste und arbeitete auch nur mit den Besten der Branche zusammen. Diese elitäre Auffassung zieht sich als roter Faden durch die Dokumentation des Hauses. Titel: „Design Process – Olivetti 1908-1983."

Ein wichtiger Gesichtspunkt ist dabei stets das Design: Form und Ausdruck als Kern einer Philosophie. Design, ein Gedanke, der bei Olivetti alles zu dominieren scheint. Renzo Zorzi formulierte die subtile Philosophie der Formgebung in der Dokumentation. Vorangestellt – Gedanken zu all dem, was ein Unternehmen im wohlverstandenen Sinne ausmacht und was seine Aufgabe in der Gesellschaft ist. Eine Aufgabe des Corporate Designs in der strengen Auffassung von Olivetti besteht laut Zorzi darin, durch die Form einen gemeinsamen Code zu schaffen, eine alles verbindende Formel für sich selbst. Oder um ein anderes Bild zu gebrauchen, die Grammatik der gemeinsamen Sprache zu finden. Deshalb versteht Olivetti das Corporate Design komplexer und bezieht ganz selbstverständlich Architektur und Kulturförderung mit ein.

Subtile Philosophie der Formgebung

„Unternehmen", das ist für Zorzi eine sehr komplexe Erscheinung. Nicht nur eine Ansammlung gewisser Werte und Tugenden, sondern auch von Material und Wissen, von Fertigkeiten und Fähigkeiten. Aber auch von menschlichen Qualitäten wie Willenskraft und Risikobereitschaft. Weitreichende Gedankengänge, die bei Olivetti einem starken Bedürfnis nach Selbstdefinition entspringen. Doch Zorzi möchte in seiner Formel des Designs, die für ihn ein verbindliches Kürzel des Unternehmens ist, noch mehr sehen: Er sieht durch Form auch die Geschichte eines Unternehmens ausgedrückt. Nicht durch Worte erzählt und auch nicht durch das Aneinanderreihen von Fakten, sondern durch ein universales System von Zeichen, die nur das Unterbewußte voll versteht.

Manchem mag diese Philosophie zu weit gehen, mag sie als puren Selbstzweck empfinden. Doch Adreano Olivetti wollte damals, am Anfang dieses Jahrhunderts, schon mehr, als nur Produkte entwickeln und vermarkten. Und das Unternehmen ist diesem Verständnis bis heute gefolgt.

Neben dem vorbildlichen Design wird das Maß auch im Bereich der Grafik, der Architektur ganz streng ausgelegt. Mit der Produktion von hochwertigen Kunst- und Kulturfilmen wurde schon in den fünfziger Jahren begonnen; Olivetti bringt aber auch Kunstbände und -kalender heraus sowie wertvolle Drucke in limitierter Auflage. All dies hat – so scheint es – keine direkte Beziehung zu den Erzeugnissen des Hauses, außer der, daß Olivetti auch hier den Maßstab allerhöchster Qualität legt: Olivetti möchte damit zeigen, was es als seinen „Charakter" definiert.

Elitäres unternehmerisches Selbstverständnis. Mehr noch, dieses abstrakte Verständnis von Qualität soll auch vermittelt werden. Filme,

Elitäres unternehmerisches Selbstverständnis

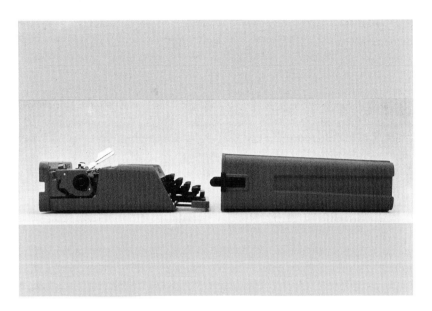

Ausstellungen, Bücher, Kunstdrucke, all die feinen Objekte, die das Haus in Auftrag gibt und mit seinem Signet versieht, bieten die Chance, den Bereich des Abstrakten zu verlassen, ganz konkret mit den Menschen Kontakt aufzunehmen, ihnen zu zeigen, was Olivetti will. Vehikel, die für den Transport der Idee sorgen.

Zorzi: „Doch dies ist nicht ihre ausschließliche Bedeutung." Warum habe man dies alles aus einer Fülle von Möglichkeiten ausgewählt? Warum gehe man Risiken ein, wo doch etablierte Kunst verfügbar wäre? Zum Beispiel: „Warum bemühen wir uns, Bücher durch unbekannte Künstler illustrieren zu lassen?"

Als Antwort auf diese Frage wird die Verantwortung eines Industrieunternehmens in der Gesellschaft genannt. Die Entscheidungen der Industrie, so heißt es, beeinflussen alle Bereiche des Lebens. Industrie muß danach Impulse setzen, weil von ihr die Entwicklung der Gesellschaft abhängt. Industrie und Wirtschaft steuern nicht nur das ökonomische, sondern auch das kulturelle Leben. Industrie besitzt die Macht, Völkerwanderungen auszulösen, verwandelt Landschaften und bestimmt den Fluß des Geldes. Industrie verwandelt aber auch die Gesellschaft selbst und nimmt durch ihre Produkte Einfluß auf das Leben jedes einzelnen. Industrie gefährdet andererseits Leben, weil die Steuermänner der Industrie gelegentlich katastrophalen Irrtümern unterliegen. Der nachvollzogene Gedankengang soll sagen, daß sich Olivetti die gesellschaftliche Verantwortung als Maxime gesetzt hat, was selbstverständlich die Förderung der Kreativität einschließt.

Viele wichtige Gedanken, die zeigen, daß die Leute von Olivetti das Leben grundsätzlich philosophisch betrachten, als ein Ineinandergreifen vieler Räder und Mechanismen, die zueinander gehören und einander bewegen. Zorzis Ideal ist die Verwandlung der Welt in eine Art Königreich der Kreativität, verwirklicht durch ein Unternehmen, das an diese Aufgabe mit derselben Leidenschaft und der gleichen intellektuellen Brillanz herangeht wie an die ökonomischen Anliegen.

Königreich der Kreativität

Design von Produkten, Architektur, Graphik, von den besten Künstlern ihrer Zeit. Das Verwaltungsgebäude in Frankfurt (linke Seite) entwarf Egon Eiermann.

Förder-Initiativen:
Kunst, Kultur und Wirtschaft
miteinander ins Gespräch bringen

David Rockefeller gab um die Mitte der sechziger Jahre den entscheidenden Anstoß. „Culture and the Corporation". Unter diesem Titel stand eine bemerkenswerte Rede des Chefs der Chase Manhattan Bank, gehalten am 20. September 1966. Die Anregungen David Rockefellers führten zur Gründung einer Institution: des „Business Committee for the Arts", kurz BCA genannt. Eine Initiative zur Förderung der Zusammenarbeit zwischen Künstlern und Kultur-Instituten einerseits und der Wirtschaft andererseits. In seiner für das Sponsoring in den USA historischen Rede vertrat Rockefeller vehement die Überzeugung, daß die großen Unternehmen eine Doppelfunktion besitzen, daß sie nicht nur wirtschaftliche, sondern auch soziale Institutionen sind. Er sprach von Idealen und von Verantwortungsgefühl, von einem Unternehmensverständnis, das weit über den Aspekt Gewinn hinausgeht. Daraus ergebe

Verpflichtung der Unternehmen

sich eine Verpflichtung der Unternehmen, zu einer positiven Verflechtung ihres Umfeldes beizutragen. Unter Umfeld wollte er den weiten Komplex wirtschaftlicher, technologischer, sozialer und politischer Kräfte verstanden wissen, die das Leben in den Gemeinwesen und die Menschen in ihnen beeinflussen. Er forderte einen Beitrag der Unter-

Culture and the Corporation.
(Auszüge aus der Rede David Rockefellers.)

„I'd like to share with you my own reflections on why I feel business should consider substantially greater involvement in the arts, and how it might go about this.

Almost imperceptibly over the past several years, the modern corporation has evolved into a social as well as an economic institution. Without losing sight of the need to make a profit, it has developed ideals and responsibilities going far beyond the profit motive. It has become, in effect, a full-fledged citizen, not only of the community in which it is headquartered but of the country and indeed the world.

The public has come to expect organizations such as yours and mine to live up to certain standards of good citizenship. One of these is to help shape our environment in a constructive way. When I speak about environment, I mean the vast complex of economic, technological, social and political forces that influence our cities and the people who live in them. In shaping this environment, the corporation must initiate its share of socially responsible actions, rather than merely responding passively to outside forces.

Mainly through the impetus provided by our business corporations, we have achieved in the United States a material abundance and a growing leisure unprecedented in history. It is sadly evident, though, that our cultural attainments have not kept pace with improvements in other fields. As people's incomes have risen, a proportionate

436

nehmen an der gesellschaftlichen Entwicklung – Wirtschaft und Industrie dürften nicht länger nur passiv auf äußere Einflüsse reagieren. Dies war der philosophische Part dieser für die Kunstförderung in den USA so wichtigen Rede. Rockefeller sagte aber auch, was solche Förderung einem Unternehmen an „Gewinn" eintragen kann. Nämlich Publicity und Medienpräsenz. Doch, was noch wichtiger ist: Image-Gewinn. Ein besseres Bild in der Öffentlichkeit, bessere Kundenbindung, Produktakzeptanz und Qualitätsaufwertung. Letztendlich sei die Kunstförderung auch ein hervorragendes Mittel, um die Begeisterung der Angestellten neu zu entfachen, und sie erleichtere die Anwerbung qualifizierter Mitarbeiter.

Es war Rockefeller durchaus auch bewußt, daß nicht jedes Unternehmen in der Lage ist, eine internationale Kunstausstellung, eine Konzertreihe oder ein Shakespeare-Festival auf die Beine zu stellen. Sicherlich aber könne jedes Unternehmen seine Aktivitäten im Hinblick auf Realisierbares überprüfen.

Thesen, die so, wie sie formuliert wurden, auch heute noch hochaktuell sind. Formuliert aber vor mehr als zwanzig Jahren, im September 1966. David Rockefeller schlug dann dem Auditorium die Gründung einer Organisation vor, um künftig die Zusammenarbeit zwischen der Kunst und

Gründung einer Organisation

share has not been devoted to artistic and intellectual pursuits. As leisure has increased, so has the amount of time given to unproductive and often aimless activities.

Corporations genuinely concerned about their environment cannot evade responsibility for seeing that this leisure is channeled into rewarding activities such as those the arts afford. We must face up to the task of bringing our cultural achievements into balance with our material well-being through more intimate corporate involvement in the arts.

From an economic standpoint, such involvement can mean direct and tangible benefits. It can provide a company with extensive publicity and advertising, a brighter public reputation, and an improved corporate image. It can build better customer relations, a readier acceptance of company products, and a superior appraisal of their quality. Promotion of the arts can improve the morale of employees and help attract qualified personnel.

At Chase Manhattan, we have seen first-hand evidence of these benefits from our own efforts in art and architecture. When we decided to build our new head office in lower Manhattan, we wanted to use modern concepts of architecture to express a contemporary image of banking instead of the traditional stodginess of the past. We were eager to have a building that, in addition to being highly efficient, would enhance the Wall Street area, give pleasure to the thousands who passed by every day, provide a stimulating atmosphere for our

437

der Wirtschaft zu fördern. Ein solches Komitee, gebildet aus kunstverständigen Geschäftsleuten, bedeutenden Kulturvertretern und repräsentativen Künstlern, könne starke Impulse geben und Richtlinien für eine künftige Zusammenarbeit setzen. Es war die Geburtsstunde des „Business Committee for the Arts" – kurz BCA. Ihrer Selbstbestimmung nach eine nationale, nichtkommerzielle Organisation führender Wirtschaftsvertreter zur Förderung und Unterstützung wirtschaftlichen Engagements für die Künste.

Die Aufgaben dieses Komitees sehen folgendermaßen aus:

Partnerschaften in der Kunst

– Unternehmen in den Vereinigten Staaten sollen angeregt werden, Partnerschaften in der Kunst zu übernehmen.
– Es wird darüber aufgeklärt, daß die Partnerschaft Kunst-Wirtschaft die Interessen der Wirtschaft stützen und ein integraler Bestandteil einer Unternehmensstrategie sein kann.

employees, and, hopefully, exert some influence toward civic improvement.

When it came to decorating the interior of the building, we felt that fine art would be the best complement to the contemporary architecture we had chosen. So we set up a special Art Committee, which included some of the country's leading museum officials, and gave them a budget of $ 500000. The works they selected for the reception areas and private offices ranged from primitive Americana to recently painted abstracts. Altogether, the bank has now accumulated about 450 paintings and pieces of sculpture, some of which are lent out from time to time; others have been donated to museums.

So far as results are concerned, we believe the building has helped humanize the image of what was once considered a cold and impersonal business. We believe it has enlivened the downtown community and given pleasure, reassurance and delight to employees, customers and visitors. In fact, customers have told us repeatedly how much they enjoy doing business in these surroundings. And many employees have remarked on the added benefits of working in such an environment.

Obviously, not every business can pick up the bill for an international art show, a concert series, or a Shakespearean festival. But surely each one can reexamine its own activities in the light of the opportunities which are within its grasp.

For instance, every company has an opportunity to project a corporate identity that is clear, forceful and unmistakably individual. When the identity scheme is artistic and is a planned one, so that each visual element is blended with the others, the result can be quite striking. This can find expression in many forms – in fresh concepts for buildings, offices, showroom displays, furniture, advertising, brochures, letterheads and of course in products themselves.

- BCA bietet Unternehmen, die solche Partnerschaften eingehen wollen, seine Beratung an.
- BCA unterstützt auch Unternehmen, die Verbindung zu ganz speziellen Kunstprogrammen suchen. Gemeint sind firmeneigene Kunstsammlungen, „matching-gift"-Programme und Veranstaltungen.
- BCA stellt Daten und Statistiken für Wirtschaft und Öffentlichkeit bereit.
- BCA fördert das öffentliche Bewußtsein und das Engagement der Wirtschaft in der Kunst.
- BCA veranlaßt prominente Vertreter der Wirtschaft, anläßlich nationaler Tagungen und Konferenzen über Partnerschaften der Wirtschaft mit der Kunst zu referieren.
- Landesweit veranstaltet BCA Konferenzen, Seminare und Workshops für führende Vertreter der Wirtschaft. Das Ziel: Es geht um mehr Verständnis für die Kunst und Unternehmenspartnerschaften.

Mehr Verständnis für die Kunst und Unternehmens-partnerschaften

Without question the arts provide a fertile field for building the corporation's image. It has been estimated that the business community in the United States and Canada spends more than $ 600 million a year on public relations. If only a small percentage – say five percent – of this expenditure were directed into the field of the arts, the arts would receive over $ 30 million annually from this source alone. Added to the total support now received through corporate gifts, it would more than double the business community's present contribution to culture.

Businesses can see to it that their products are tastefully and well designed and that the appeal made through advertisements and other media caters to something more than the lowest common denominator. The level of general merchandise today is certainly higher, in esthetic terms, than it was 25 years ago. This represents a conscious effort on the part of business. It means that businessmen have come to accept the fact that adopting high standards of artistic excellence in seemingly unimportant items of everyday life not only contributes to raising standards of public taste, but can also pay off in terms of the profit and loss statement. For example, much of our advertising and commercial art has been improved by first-rate typography and photography, as well as by the influx of ideas from other fields such as painting and sculpture.

The architecture of a company's buildings can contribute enormously to its environment – or, if poor in quality, can equally well detract from it. Good design can transform a whole area, and provide relief and refreshment for both the eye and the spirit. Those who have discovered this fact and have acted accordingly will be blessed for it by generations to come. But, alas, we have only to look around us here in New York to realize that far too many have still to learn this lesson."

– Die Sammlung von Informationen und Statistiken über Unternehmenspartnerschaften in den Vereinigten Staaten sowie über die speziellen Bedürfnisse amerikanischer Kunst-Organisationen betrachtet BCA auch als eine Aufgabe.
– Auf nationaler Ebene übernimmt BCA die Entwicklung und Durchführung von Kampagnen der Öffentlichkeitsarbeit. Sie sollen die Aufmerksamkeit auf Unternehmens-Partnerschaften mit der Kunst lenken.
– BCA gibt eine Informationsschrift heraus, ferner Broschüren und Strategieunterlagen, selbstverständlich mit dem erklärten Ziel, die Kunst noch stärker mit der Wirtschaft zu verflechten.

– BCA zeichnet Unternehmen für hervorragende Leistungen im Bereich der Kunstförderung aus. Alljährlich wird der „Business in the Arts Award" verliehen. An dieser Preisverleihung ist auch das „Forbes Magazine" beteiligt.

„Business in the Arts Award"

– BCA kooperiert mit staatlichen Agenturen, Stiftungen und mit privaten Interessentengruppen.

Das „Business Committee for the Arts" ist eine Institution mit festen Grundsätzen. Mittlerweile mußte das Komitee die Grenzen der Kunstförderung erkennen. Nach zwei Dekaden kontinuierlichen Wachstums

---

Mit diesen Anzeigen wirbt BCA für eine Partnerschaft mit der Kunst

The greatest apartment salesman of our time

To most of us, William Shakespeare is the quintessential playwright.

But when the Ballard Realty Company of Montgomery, Alabama, needed tenants for a new apartment complex, Mr. Shakespeare proved to be a top-notch salesman as well. With every signed lease, Ballard Realty offered free membership subscriptions to the nearby Alabama Shakespeare Festival. In no time, over 80% of the company's units were leased before construction was even completed.

Throughout the country, small and medium-sized businesses, like Ballard Realty, are discovering what blue chippers have known for years: that the arts can help create a positive public image, increase a company's visibility and improve sales. All this while reducing taxable income.

If you would like information on how your company — no matter what its size — can benefit through a partnership with the arts, contact the Business Committee for the Arts, Inc., 1775 Broadway, Suite 510, New York, New York 10019, or call (212) 664-0600.

It may just be the factor that decides whether this year's sales goals are to be or not to be.

BUSINESS COMMITTEE FOR THE ARTS, INC.

This advertisement prepared as a public service by Ogilvy & Mather.

ist die Förderung in den Vereinigten Staaten zu einem Stillstand gekommen, zeitweise war sogar ein Rückgang zu verzeichnen. Doch BCA wurde von dieser Entwicklung nicht kalt erwischt. Im Gegenteil, bereits 1984 crkanntc das „Business Committee for the Arts", daß die künftigen Wachstumspotentiale in der Verbindung zwischen Kunst und Industrie bei den kleineren und mittleren Unternehmen liegen werden. Allerdings können diese Unternehmen meist nur auf lokaler Ebene arbeiten. Deshalb stellte BCA ein Programm auf, mit dem der Gedanke des bodenständigen Engagements gefördert wird. Unter dem Titel „Kunst ist gut fürs Geschäft" wurde dieses Programm 1984 vorgestellt. Mittlerweile bietet es BCA überall in den USA an, flächendeckend sozusagen. Alle diese Niederlassungen sind lokale Modelle des nationalen Business Committee for the Arts, sind nichtkommerzielle Organisationen mit einer Fülle von Aufgaben. Sie beraten Unternehmen, gründen Kunst-Wirtschafts-Partnerschaften, fördern matching-gift-Programme und firmeneigene Kunstsammlungen. Festival-Programme, Mittags-Konzerte in Unternehmen, Seminare werden initiiert und organisiert, und es wird auch intensiv daran gearbeitet, das Interesse von Handelskammern, Fremdenverkehrsämtern wie auch von Wirtschaftsentwicklungs-Behörden zu wecken.

Alle diese Aktivitäten zielen darauf hin, kunstabstinente Unternehmen mit in den Kreis der Sponsoren zu ziehen, sie davon zu überzeugen, ihre Unterstützung der Kunst anzubieten, Programme sowie Anzeigen-, Marketing- und PR-Kampagnen unentgeltlich zu organisieren.

„National Endowment for the Arts"

Mit dem „National Endowment for the Arts" gibt es eine staatliche Institution, eine Art Kultusministerium. Gegründet wurde diese Institution 1965, erklärtes Ziel war und ist: Kunst und Künstler in den USA sollen ermutigt und unterstützt werden. Außerdem möchte das Endowment die künstlerische Vielfalt im Lande fördern und breitere Bevölkerungskreise für sie gewinnen. Unterstützung wird auf breiter Front gewährt, wie Hugh Southern Deputy Chairman des Endowment erläutert: an außergewöhnliche Talente ebenso wie an Organisationen und Projekten von hoher Qualität. Zum Endowment gehört auch das „National Council on the Art", eine Beratungs-Institution im Hinblick auf Politik, Programmgestaltung und Taktik des Auftretens.

Das Endowment hat vor allem drei Ziele:

1. „Non-matching fellow-ships", die sich mit den österreichischen Staatspreisen vergleichen lassen. Diese Preise werden an außergewöhnliche Talente vergeben. Es sind finanzielle Zuwendungen, die einem Künstler für die Dauer eines Jahres freies Schaffen ermöglichen.

2. „Matching-Grants." Eine staatliche Förderung, die mit einer Zusatzfinanzierung gekoppelt ist. Gewährt wird diese Förderung an sogenannte nicht am Gewinn orientierte Organisationen, die höchstem künstlerischen Anspruch gerecht werden und von nationaler oder regionaler Bedeutung sind.

3. Matching Grants an Bundes-, Regional- und Kommunal-Institutio-

nen im Bereich der Kunst. Die Förderung wird nach einem Aufteilungsschlüssel an alle 51 Bundesstaaten vergeben. Sie betreiben damit staatliche Kunstagenturen und fördern regionale Gruppierungen.

Rund 85 Prozent des Fördervolumens werden in den USA von den „Privaten" aufgebracht. Typisch für dieses Fördersystem in den Staaten ist seine dezentralisierte Struktur, ist auch die Förderung von sehr differenziertem künstlerischen Ausdruck. Positiv ist die Fähigkeit, neue Anregungen schnell aufzunehmen und umzusetzen. Auf der Negativ-Seite steht die ungleichmäßige Verteilung der Förderung über das Land. Dies ist auch der Grund für die vielen weißen Flecken auf der amerikanischen Kultur-Landkarte. Auch längerfristige Förderung ist auf diese Weise kaum möglich. Außerdem werden wenig populäre Kunstformen eher vernachlässigt.

Um es auf eine plakative Formel zu bringen: ein pluralistisches System, das die Individualität fördert. Es ist wettbewerbsorientiert und richtet sich nach dem Markt. Einerseits ist dieses System ein Spiegel der amerikanischen Gesellschaft, doch reflektiert dieser Spiegel auch das ständige Streben der Amerikaner nach Kultur.

Der National Endowment Fund kann mit seinen Beiträgen zwar nicht das Überleben einer Kunstinstitution garantieren, er wirkt eher wie ein Katalysator, ein Anreger, der Kettenreaktionen auslösen kann. Challenge Grants oder Zusatzfinanzierungsprogramme sind also gezielter Anreiz. Wie gewaltig eine durch den Fund ausgelöste Kettenreaktion sein kann, zeigen einige Zahlen. Durch staatliche Subventionen in Höhe von 195 Millionen Dollar ließ sich rund 1 Milliarde Dollar an privatem Geld für die Kunst aufbringen.

Österreich: „Initiativen Wirtschaft für Kunst – Creative Art Sponsoring"

Frei nach dem US-Vorbild hat die Wirtschaft in Österreich eine ähnliche Organisation geschaffen. Die Initiative geht von dem Wiener Kunstmanager Martin Schwarz aus, Geschäftsführer des Management Club Wien. Es sollen sinnvolle Wege der Zusammenarbeit zwischen Unternehmern und den sogenannten Kulturschaffenden gefunden und aufgezeigt werden. In den USA sammelte Schwarz Erfahrungen, holte sich Anregungen für den Dialog zwischen Wirtschaft und Kultur.

Sinnvolle Wege der Zusammenarbeit

Im Oktober 1987 präsentierten Vertreter österreichischer Unternehmen auf Schwarz' Initiative hin im Rahmen des Symposiums „Wirtschaft für Kunst" ihre Zielsetzungen. Dabei wurde eine Reihe von Prinzipien formuliert, wir geben sie hier auszugsweise und in gekürzter Form wieder:

1. Kunst-Sponsoring beruht auf dem Prinzip von Leistung und Gegenleistung. Die Erwartungen von Sponsor und Gesponsertem müssen klar definiert werden.
2. Sponsoring ist ein systematischer Entscheidungsprozeß, der profes-

sionell betrieben werden muß. Im Sinne einer Erfolgskontrolle müssen alle Aktivitäten organisiert und schließlich analysiert werden.

3. Das wichtigste Motiv für Sponsoring: Abgrenzung von der Konkurrenz und das Auffinden neuer Wege der Kommunikation mit den Zielgruppen.

4. Sponsoring, richtig eingesetzt, ist ein wichtiges Kommunikationsinstrument, das mit den anderen Kommunikationsinstrumenten kombiniert werden muß.

5. Jede Ausgabe für Sponsoring bedingt zusätzliche Mittel für die Projekt-Promotion, was bedeutet, daß jeder Sponsorenschilling auch einen Vermarktungsschilling erfordert.

Die Verkünder dieser Prinzipien, die „Initiativen Wirtschaft für Kunst – Creative Art Sponsoring" sind eine von der Wirtschaft getragene, wie es heißt, „überparteiliche" Initiative. Vorrangiges Ziel ist es, immer mehr Unternehmen zu Engagements mit der Kunst anzuregen und die private Kunstförderung damit auf eine breitere Basis zu stellen. Durch Geld, Sachleistungen und durch das Know-how der Wirtschaft. Die Initiative verkündet ihre Überzeugung, Sponsoring sei für die Wirtschaft ein Kommunikations-Medium von großer Reichweite.

„Überparteiliche" Initiative

Von zentraler Bedeutung auch für die Akzeptanz, die Bekanntheit und die Sympathie-Werte eines Unternehmens: Sponsoring ermögliche es den Unternehmen, der selbstauferlegten Verantwortung gegenüber der Gesellschaft (Corporate Social Responsibility) gerecht zu werden. „Wirtschaft für Kunst – Creative Art Sponsoring" will ein gedeihliches Klima schaffen, um Kunst-Sponsoring in Österreich zum Nutzen beider Parteien zu entwickeln. Die Institution stellt auch Künstlern und Gruppierungen Experten in Marketing- und Managementfragen zur Seite. Für interessierte Unternehmen wurde eine Projekt-Börse eingerichtet. Via Computer und Bildschirm kann man erfahren, welche Kunst-Projekte für Firmen-Image und finanzielle Möglichkeiten in Frage kommen. Ein praxisnahes Unterfangen.

Großbritannien: ABSA

Auch die britische Organisation ABSA ist nach dem Vorbild des amerikanischen BCA entstanden. Das war 1976, zur gleichen Zeit wie der Rat für Wirtschaft und Kunst in Kanada. Eine Gruppe engagierter Unternehmer, die bereits als Sponsoren aufgetreten waren, paßten das amerikanische Modell an britische Verhältnisse an. Gründungsmitglieder der ABSA waren Großkonzerne wie Shell, National Westminster Bank und IBM. In der damaligen Labour-Regierung wurde die ABSA gleich mit einer Startsubvention begrüßt. Heute ist der Zusammenschluß nach Auskunft von Colin Tweedy völlig unabhängig vom Staat, übernahm 1984 sogar „Staatsaufgaben", nämlich das „Zusatz-Finanzierungskonzept" der Regierung. Trotz dieser Nähe zur Regierung versteht sich die ABSA weiterhin als unabhängige nationale Körperschaft.

Unabhängige nationale Körperschaft

Die Gründungsmitglieder wollten vor allem modellhaft wirken, und das

Modell fand auch Anklang: Die Zahl der Mitglieder wuchs von rund fünfzig auf etwa zweihundert. Es sind namhafte Unternehmen von Weltruf, allerdings auch kleinere mit regionaler Bedeutung.

Zum Service der ABSA gehört zuerst einmal die Beratung der Mitglieder; ihnen stehen die umfangreichen Daten zur Verfügung, sie können sich über alle Möglichkeiten des Kunst-Sponsoring informieren. Die ABSA geht noch weiter, sucht für die Mitglieder interessante Objekte aus, die dem Unternehmensprofil und den Zielen entsprechen.

Galaabende anläßlich von Kunstereignissen sollen dazu beitragen, das Gemeinschaftsgefühl der Kunstförderung in der Wirtschaft zu steigern. Die Mitglieder können sich auch „hinter den Kulissen" über alle Möglichkeiten der Kunstförderung und ihrer Nutzung unterrichten. BP unterstützte zum Beispiel eine Sonderführung für Mitglieder in der Königlichen Akademie anläßlich der Ausstellung „Britische Kunst des 20. Jahrhunderts". Alljährlich werden auch die Mitglieder zur Preisverleihung für die Sponsoren der Wirtschaft eingeladen, eine Auszeichnung, die sich mit dem „Business in the Arts Award" der USA vergleichen läßt.

Die ABSA arbeitet sehr praxisnah. Es wird auch dafür gesorgt, daß die Mitglieder alle Vorteile des Sponsoring genießen können. Arthur Andersen, die Wirtschaftsprüfer, finanzierten beispielsweise einen neuen Steuerführer für Sponsoren.

Die übernommenen „Regierungsaufgaben" der ABSA wurden bereits erwähnt: das Zusatz-Finanzierungsprojekt der Regierung. Wie das funktioniert, zeigt das Beispiel von British Airways. Die Fluglinie sponserte im Dezember 1987 eine Aufführung des Königlichen Balletts „Cindarella" im Königlichen Opernhaus im Coventgarden. Der Beitrag von British Airways wurde durch das Zusatz-Finanzierungsprogramm des Staates im Verhältnis 1:1 aufgefüllt. Zur Zeit besteht die Institution aus 14 Angestellten, die in den drei Büros London, Edinburgh und Belfast arbeiten.

Die gewachsene Bedeutung des Kunst-Sponsoring in Großbritannien zeigt eine Zahl: 1976, als die ABSA gegründet wurde, betrug das Volumen etwa 600 000 £ Sterling. Elf Jahre später belief es sich nach Schätzungen auf 25 bis 30 Millionen £.

Die Unterstützung der Kunst durch die Wirtschaft hat auch in Großbritannien den Bereich ungezielter Philanthropie verlassen, und die ABSA hat entscheidend dazu beigetragen, das Meinungsklima zu verändern. Die Wirtschaft konnte davon überzeugt werden, daß Philanthropie zwar eine gute Sache ist, daß aber der wirkliche Sinn solcher Engagements für ein Unternehmen nur im konsequenten Sponsoring liegen kann, weil daraus auch für das Unternehmen ein Nutzen erwächst.

Unternehmensnutzen

Zum besonderen Vorzug des Instruments zählt die ABSA nicht nur den Kontakt zur jungen wohlhabenden Mittelklasse. Gesellschaft und Wirtschaft profitieren beide von den Künsten. Kunst schafft Arbeitsplätze, hilft Stadtzentren wieder herzustellen, die Unterhaltungsindustrie bezieht Inspirationen. Patriotischer Benefit ist ebenfalls damit verbunden, genannt „Steigerung des nationalen Prestiges". Für die Briten ist dies offensichtlich ein besonders wichtiger Aspekt. So ist in der Publikation des „Art Council of Great Britain" 1985 folgendes zu lesen: „Nationen wurden immer nach ihrer Kreativität beurteilt und bewertet – vom klassischen Griechenland über das Florenz der Renaissance bis in unsere Zeit. Um die Grundbedürfnisse seiner Bewohner zu befriedigen, braucht ein Land wirtschaftlichen Erfolg, doch wo es keine Vision gibt, da verhungern die Menschen."

Gefördert werden von der ABSA auch der Kontakt und die Kooperation zwischen Ländern und nationalen Vereinigungen. Dazu zählen die Initiativen der Europäischen Gemeinschaft und des Europarates. Letzterer rief ein Europäisches Kulturforum ins Leben, und ABSA übernahm darin wichtige Aufgaben. Der Rat publizierte auch Tweedy's Studie über die Ökonomie des Kunst-Sponsorship in Großbritannien.

Frankreich: Mécénat Francais

Auch in Frankreich wurde die Situation wesentlich durch eine Privat-Initiative belebt. Obwohl es eine der englischen ABSA und dem amerikanischen BCA ähnliche Institution schon seit 1983 gab, wurde Alain-Dominique Perrin, Chef des Hauses Cartier, 1986 anläßlich der Verleihung des „Oscar du Mécénat" – also auch hier eine Parallele zu den Awards in Großbritannien und in den USA – vom damaligen französischen Minister für Kultur und Kommunikationswesen François Léotard aufgefordert, eine Strategie für die Förderung des privaten Mäzenatentums zu entwickeln. Eine Formulierung im übrigen, die dem bei uns gebräuchlichen Begriff des Sponsoring gleichzusetzen ist. Ungewöhnlich an dieser Situation war die Tatsache, daß der Staat einen Privatmann oder Wirtschaftsführer beauftragte, diese Konzeption zu erarbeiten. Das Ergebnis dieser Bemühungen trägt den Titel „Mäzenatentum in Frankreich – Das Ende eines Vorurteils oder eine Herausforderung für Unternehmen".

Perrin schickte seinem Bericht eine Reihe von „Feststellungen" voraus.

„Kultur ist nicht allein Sache des Staates,…"

„Kultur ist nicht allein Sache des Staates, Kultur geht vielmehr jeden von uns an", lautet die erste.

Er beklagt auch: „Bis heute entsprang Mäzenatentum reiner Intuition, einem persönlichen Engagement, für das die Unternehmen rechtliche Anerkennung suchen. Er nennt drei Punkte, die für die Entwicklung unternehmerischen Mäzenatentums sprechen:

1. Kultur ist immer noch ein kleiner, schwer zugänglicher Markt. Kultur ist immer noch ein elitäres Feld und bleibt viel zu häufig Fachleuten und Intellektuellen vorbehalten. Perrin möchte allerdings die Kultur nicht banalisieren, sondern ihre Anhängerschaft vermehren und den Kreis der Kunstkenner vergrößern.

2. Der Staat hat sich im Interesse der Allgemeinheit zum „Unternehmer" und zum „Regisseur" gewandelt. Damit meint Perrin, die Überwachung und Reglementierung der Kultur unterdrücke die Pri-

vatinitiative, staatliche Kontrolle gehe bisweilen so weit, daß sie an die Stelle von privatem Handeln trete.

3. Die Wirtschaft ist ein leistungsfähiges Werkzeug für die Kulturförderung, und zwar deshalb, weil sie allein fähig ist, eine große kulturelle Vielfalt zu unterstützen.

Perrin macht auch Vorschläge, es sind genau 15. Besonders wichtig erscheint ihm, Ausgaben für Kultur steuerlich als allgemeine Betriebskosten absetzbar zu machen. Die gleiche Abschreibepraxis möchte er auch für die Werke zeitgenössischer Kunst angewandt wissen. Nur auf diese Weise könne der dahinvegetierende Markt der bildenden Kunst in Frankreich wieder in Bewegung gebracht werden. Perrins 15 konkrete Vorschläge beschäftigen sich – um es zusammenzufassen – mit finanzieller Partnerschaft, regionaler Kooperation, mit der Verbindung zwischen Schulen und Unternehmen, zwischen Künstlern und der Wirtschaft. Für die Kulturförderung als Werbeträger hat er dann schließlich noch weitere konkrete Vorschläge anzubieten. Ein abschließender Appell verrät dann fast schon (kultur-)revolutionären Elan: Laßt die Unternehmen sich frei entfalten! Macht Platz für die schaffenden Künstler!

Bundesrepublik: Kulturkreis im BDI

Vergleichbare Initiativen sind in der Bundesrepublik nicht zu finden. Am ehesten scheint noch der Kulturkreis im Bundesverband der deutschen Industrie (übrigens schon 1951 gegründet) in der Lage, Initiativen zu entwickeln und über eine neue Organisationsform Hilfestellungen und Leitlinien zu geben wie das BCA in den Vereinigten Staaten.

Bisher allerdings war das Engagement des Kulturkreises, der sicher mit einer ganz anderen Aufgabenstellung gegründet wurde, vergleichsweise gering. In einer Dissertation beschäftigt sich Michaela Dumme-Döring 1987 mit dem Kulturkreis: In der Nachkriegszeit machte es sich der Kreis zur Aufgabe, dabei mitzuhelfen, den Anschluß an die Entwicklung der Kunst in der Welt wiederzufinden. Deshalb wurden und werden ausschließlich und unmittelbar gemeinnützige Zwecke verfolgt. Seine Mittel bezieht der Kreis aus Sammlungen, Stiftungen sowie Beiträgen seiner Mitglieder. Es handelt sich also um eine mäzenatische Institution reinsten Wassers, die Preise vergibt, Wanderausstellungen organisiert, Stipendien verteilt, auch Werke ankauft. Der Kreis will also eine unmittelbare praktische Hilfe für Künstler sein, er will auch die Kontakte zwischen unterschiedlichen Gruppen fördern wie etwa zwischen Künstlern und Arbeitern.[81]

Unmittelbare praktische Hilfe für Künstler

Beratung von Unternehmen, die ein Sponsor-Engagement übernehmen möchten, also im Sinne des BCA ist dem Kulturkreis im Bundesverband der deutschen Industrie nicht möglich. Das liegt an der bundesdeutschen Steuergesetzgebung, die es einem als besonders förderungswürdig anerkannten gemeinnützigen Verein verbietet, sogenannte Gegenleistungen für etwaige Spenden zu liefern. Beratungsaufgaben übernimmt für den Kreis deshalb eine benachbarte Organisation. Die Höhe der Förderbeiträge – zur Zeit beträgt der Gesamtetat des Kulturkreises etwa 800 000 Mark pro Jahr – will der Kreis aber nicht als Kriterium für den tatsächlichen Wirkungsradius gelten lassen. Der Kulturkreis sei für viele Künstler und künstlerische Vereinigungen auch als Vermittler an Unternehmen aktiv, besorge Materialspenden und Aufträge. Nach eigenem Selbstverständnis sieht man sich als ein „idealer Initiator". Zum Begriff Sponsor indes, so Dr. Brigitte Conzen, Geschäftsführerin des Kulturkreises, habe man ein „differenziertes Verhältnis" – was das auch immer bedeuten mag.

„Die Situation in anderen Ländern, besonders in den USA, ist nicht vergleichbar mit der in der Bundesrepublik Deutschland. Bei uns hat die staatliche Förderung immer eine größere Rolle gespielt. Dennoch – die Szenerie ändert sich.
Auch bei uns werden die Finanzierungsprobleme größer, vor allem, wenn im kommunalen Bereich mehr gespart werden muß. Hier wäre eine gewisse Ergänzung durch die Wirtschaft – über ihr bereits bestehendes Engagement hinaus – wünschenswert. Allerdings kann es nicht Aufgabe der Wirtschaft sein, der öffentlichen Hand kulturelle Verpflichtungen abzunehmen.
Der Kulturkreis denkt über Modelle nach, die dazu führen könnten, Unternehmen der Wirtschaft aktiv zu beraten, wie sie sich – mit Respekt vor künstlerischen Ausdrucksformen – im Kultur-Sponsoring engagieren können.
Eine solche Initiative könnte helfen, ein besseres Klima und einen größeren Anreiz für ein Engagement der Wirtschaft zu schaffen. Diese Überlegungen stehen am Anfang und müssen, auch aus steuerlichen Gesichtspunkten, sorgfältig überdacht werden."
Prof. Dr. Herbert Grünewald, Vorsitzender des Vorstandes des Kulturkreises im Bundesverband der Deutschen Industrie
16. August 1988

Teil IV

Informationen und Daten zum Thema
Kultur-Sponsoring

Den Abschluß des Buches bildet eine Sammlung von Ergebnissen repräsentativer oder qualitativer Untersuchungen sowie allgemein zugänglicher Daten und Fakten. Dieses ergänzende Material wurde nach folgenden Themenkomplexen gegliedert:

Kunst und Kultur – Komponenten des Freizeitverhaltens der Bevölkerung
– Die gesellschaftliche Förderung von Kunst und Kultur im Bewußtsein der Bundesbürger
– Kunst und Kultur als wichtige Freizeitkomponenten
– Persönlicher Stellenwert des Besuchs kultureller Veranstaltungen
– Kultur als faszinierende Dimension der Verbraucheransprache

Kultur-Sponsoring im Meinungsbild der kulturell aktiven Bevölkerung

Die Einstellung der Amerikaner zur Kunst

Die deutsche Wirtschaft als Kulturförderer
– Die Wirtschaft als Kulturförderer – „Bericht 1987"
– Unternehmen als Mäzene
– Kultur-Sponsoring der deutschen Großunternehmen

Bedeutung der Kulturinstitute für Kommunen, Privatpersonen und Wirtschaft – dargestellt am Beispiel der Stadt Zürich

Ausgaben der öffentlichen Haushalte für Kunst- und Kulturpflege

Die Entwicklung der Museumsbesuche in der Bundesrepublik

Kunst und Kultur –
Komponenten des Freizeitverhaltens
der Bevölkerung

Kunst und Kultur als wichtige Facetten des Freizeitverhaltens, der gesellschaftlichen und soziologischen Entwicklung der Bevölkerung sind in unterschiedlichen Studien untersucht worden. Gerade die großen, repräsentativ angelegten Untersuchungen der Kommunikationsbranche zum Medienverhalten der Bevölkerung schließen die kulturellen Aktivitäten und die Einstellung der Bevölkerung zu diesem Themenkomplex immer wieder mit ein.

Wie oft die Bevölkerung ins Theater geht, welche Rolle Popkonzerte spielen, wie man sich die Förderung von Kunst und Kultur durch Staat oder Wirtschaft vorstellt oder welchen Faszinationswert kulturelle Ereignisse haben ..., diese und weitere Aspekte sind in den vergangenen Jahren durch qualitative, aber auch durch repräsentative Untersuchungen beantwortet worden.

Die gesellschaftliche Förderung von Kunst und Kultur im Bewußtsein der Bundesbürger

Die vom Gruner + Jahr Verlag initiierte und im März 1987 veröffentlichte repräsentative Studie „Dialoge 2" über das Kommunikationsverhalten der BRD-Bevölkerung zeigt u.a. auch Ergebnisse über den Stellenwert der Förderung von Kunst und Kultur bei der Bevölkerung. Die Untersuchung spiegelt das Meinungsbild der Erwachsenen der BRD im Alter von 14-64 Jahren (= 39,4 Millionen Personen) wider. Die wesentlichen Ergebnisse daraus:

Kunst und Kultur als gesellschaftspolitisches Ziel

Für 41 Prozent der Bevölkerung ist die Förderung von Kunst und Kultur ein „sehr oder ziemlich wichtiges Ziel". Verständlicherweise rangieren eine Reihe humanitärer Ziele (z.B. mehr Verständnis für Ausländer entwickeln – 65 Prozent) oder umweltbezogene Ziele (z.B. Reinhaltung von Boden und Gewässern – 93 Prozent) klar vor dem Thema Kunst und Kultur, doch sehen immerhin über zwei Fünftel der Bevölkerung Kunst und Kultur als wichtiges und förderungswürdiges Thema an.

Wer sollte Kunst und Kultur fördern?

Staat und gesellschaftliche Institutionen werden vorrangig als die für die Förderung von Kunst und Kultur zuständigen Stellen benannt.

Zuordnung von Zuständigkeiten im Hinblick auf die Realisation gesellschaftlicher Ziele

	Zuständig ist/sind:			
	Staat	Wirt-schaft	gesell. Instit.	Bürger
	%	%	%	%
Förderung von Kunst und Kultur	66	17	32	24

(Quelle: Dialoge 2, Gruner + Jahr, März 1987)

Zwar herrschen noch tradierte Vorstellungen vom Staat als Kunstförderer vor, doch sind fast ein Fünftel der Bundesbürger bereits der Meinung, daß auch die Wirtschaft entsprechende Beiträge zu leisten hätte.

Kunst und Kultur als wichtige Freizeitkomponenten

Die großen repräsentativen Verlagsuntersuchungen über das Verhalten der Bevölkerung in den verschiedensten Tätigkeitsbereichen, darunter auch die Freizeit, nehmen auch immer wieder Bezug auf das Thema kulturelle Veranstaltungen. Im folgenden werden auszugsweise Ergebnisse aus folgenden Studien dargestellt:

- „Verbraucheranalyse 1987" (VA 87) – herausgegeben von einer Interessengemeinschaft großer deutscher Verlage.
- „Typologie der Wünsche 1986" – herausgegeben vom Burda-Verlag, Offenburg.
- „Brigitte-Kommunikation-Analyse 2 – 1986" – herausgegeben vom Gruner + Jahr-Verlag, Hamburg.
- „Persönlichkeitsstärke – 1983" – herausgegeben vom Spiegel-Verlag, Hamburg.

Besonders die letztgenannte Studie bringt eine Reihe von detaillierten Zahlen, die zur Bestimmung von Zielgruppenpotentialen in bezug auf das Kultur-Sponsoring herangezogen werden können.

Was sind nun, kurz zusammengefaßt, die wichtigsten Aussagen dieser repräsentativen Untersuchungen:

- Kulturelle Interessen verwirklichen zu können – das heißt ins Theater gehen, Konzerte oder Ausstellungen besuchen – ist für über die Hälfte der Bevölkerung von Bedeutung beziehungsweise von großer Bedeutung.
- Mehr als ein Drittel der Bevölkerung besucht gern bzw. besonders gern Theater, Oper oder Konzerte (insgesamt 37,7 Prozent). Interessant ist die Gegenüberstellung der Ergebnisse in der gleichen Frage bezüglich Sportveranstaltungen. Etwa 34 Prozent geben an, in ihrer Freizeit gern bzw. besonders gern Sportveranstaltungen zu besuchen (siehe Tabelle).
- Diese Ergebnisse zum Besuch kultureller Veranstaltungen werden durch eine andere Untersuchung gestützt. Die „Typologie der Wünsche – 1986" (herausgegeben vom Burda-Verlag, Offenburg) weist ebenfalls aus, daß etwa ein Drittel der erwachsenen BRD-Bevölkerung (32,4 Prozent) regelmäßig oder zumindest hin und wieder ins Theater, Oper, Konzert geht (siehe Tabelle).

Die Tendenz für das Interesse an kulturellen Veranstaltungen beziehungsweise auch den tatsächlichen Besuch ist dabei steigend. 1983 wurde auf ähnliche Fragen in einer Studie des Spiegel-Verlages („Persönlichkeitsstärke" 1983) nur von rund 27 Prozent der erwachsenen Bevölkerung geäußert, ins Kino, Theater und Konzert zu gehen. Weitere 11 Prozent gaben an, Ausstellungen, Museen, Galerien zu besuchen.

Die letztgenannte Untersuchung liegt zwar schon einige Jahre zurück, hat aber den Vorteil, daß sie sehr detaillierte soziodemografische Strukturierungen zu diesen Fragen ausweist. So kann die Spiegel-Dokumentation „Persönlichkeitsstärke 1983" gut für eine differenzierte Betrachtung von Zielgruppenpotentialen und -strukturen der an Kunst und Kultur interessierten Bevölkerung herangezogen werden (siehe Tabellen).

Was unternehmen Sie in Ihrer Freizeit besonders gern?

Basis: deutschsprachige Bevölkerung im Bundesgebiet und Berlin (West), die in Privathaushalten leben = 48.22 Mio.
(Stichprobe: 10.700 Interviews)

	bes. gern	gern	weniger gern	überhaupt nicht gern
	%	%	%	%
Sport treiben	19,3	26,7	21,4	32,6
Sportveranstaltungen besuchen	12,1	22,3	23,7	41,9
In meinen Verein gehen	16,4	23,6	15,6	44,4
Musik hören	41,8	42.8	10,6	4,8
Pop-, Schlagerkonzerte besuchen	**10,4**	**16,2**	**18,3**	**55,2**
Theater, Oper, Konzert besuchen	**11,0**	**26,7**	**24,7**	**37,7**
Musizieren	7,4	11,0	18,0	63,6
Bücher lesen	27,1	36,1	22,5	14,3
Tageszeitungen lesen	44,4	39,7	11,5	4,3
Zeitschriften lesen	32,1	46,5	16,4	5,1
Sammeln (Briefmarken, Münzen ...)	6,3	12,3	19,7	61,7
Fernsehsendungen sehen (keine Videofilme)	36,4	46,2	11,7	5,7

Quelle: VA 1987

Wie gestalten Sie die Freizeit an Wochenenden, an Abenden oder an Feiertagen?

Basis: deutschsprachige Bevölkerung im Bundesgebiet und Berlin (West), die in Privathaushalten leben = 48.22 Mio.
(Stichprobe: 8000 Interviews)

	regelmäßig	hin u. wieder	früher, heute nicht mehr	nicht, aber Interesse
	%	%	%	%
Sammeln von Briefmarken, Münzen ...	8,8	4,6	8,8	5,1
Ins Theater/Oper/Konzert gehen	**10,6**	**21,8**	**10,2**	**5,9**
Sportveranstaltungen besuchen	14,1	17,4	10,6	5,7

Quelle: Typologie der Wünsche, 1986

456

Einstellungen zum Lebensstil

Basis: Frauen in der BRD (incl. Westberlin), 14–64 Jahre = 20,38 Mio.
(Stichprobe: 4009 Interviews)

	Ist für mich persönlich von			
	großer Bedeutung %	Bedeutung %	geringer Bedeutung %	keiner Bedeutung %
Kulturelle Interessen verwirklichen (ins Theater gehen, Konzerte und Ausstellungen besuchen)	**13**	**40**	**33**	**14**
ein abwechlungsreiches Leben führen	21	49	25	5
besonders gesund leben	30	53	16	1
das Leben in vollen Zügen genießen	16	33	38	13
einen hohen Lebensstandard haben	8	40	43	9

Quelle: Brigitte Kommunikations-Analyse 2, 1986

Freizeitaktivitäten

Basis: Bevölkerung im Bundesgebiet und Westberlin,
14 Jahre und älter = 48.80 Mio.
(Stichprobe: 3.284 Interviews)

	Männer %	Frauen %	gesamt %
Ins Kino gehen, Theater, Konzerte besuchen	**27**	**27**	**27**
Ausstellungen, Museen, Galerien besuchen	**11**	**12**	**12**
mich mit meiner Sammlung beschäftigen	8	13	4
Mich um meine Nachbarn, Mitmenschen kümmern	19	16	22
Aktiv in einem Verein, in einer Bürgerinitiative, Partei oder Gewerkschaft mitarbeiten	17	25	11

Quelle: Persönlichkeitsstärke 1983

Häufigkeit von Konzert- und Theaterbesuchen – nach soziodemografischen Merkmalen

	gesamt %	Männer %	Frauen %	Alter: 14–19 %	20–29 %	30–44 %	45–59 %	60 u. älter %	Haushaltseinkommen: bis 1500 %	1500 bis 2000 %	2000 bis 3000 %	3000 bis 4000 %	4000 und mehr %	Schulbildung: Volksschule %	Weiterführ. Schule %	Abitur Studium %	Tätigkeit: Selbständ. Freiber. Beamte %	leit. Ang. Beamte %	sonst. Ang. Beamte %	Fach-Arb. %	Arb. %	Land-wirtsch. %	Nicht-berufstätig %
Konzertbesuche:																							
mehrmals im Monat	1	2	1	2	2	1	1	1	1	2	1	1	2	0	2	4	0	2	2	1	1	0	1
einmal im Monat	6	6	6	9	8	5	4	5	3	3	5	7	9	3	7	17	8	11	6	6	4	3	5
weniger als einmal im Monat	34	33	34	48	45	37	29	21	22	29	32	39	44	23	45	53	44	49	42	33	27	18	29
es sind seit Jahren nicht im Konzert gewesen	59	50	60	41	45	58	66	74	74	66	62	53	45	73	47	27	49	38	50	60	68	82	65
Theaterbesuche:																							
mehrmals im Monat	1	1	1	0	1	1	1	1	1	1	1	1	3	0	2	3	1	3	1	0	0	0	1
einmal im Monat	6	7	7	4	6	7	8	7	5	5	6	8	11	4	8	20	10	17	7	3	2	1	7
weniger als einmal im Monat	31	29	32	31	30	35	30	26	21	24	29	37	40	22	39	49	43	42	37	26	18	16	28
es sind seit Jahren nicht im Theater gewesen	61	64	59	64	62	57	61	65	74	69	65	55	47	74	52	28	45	38	55	70	81	83	63

Quelle: Persönlichkeitsstärke 1983

Freizeitaktivitäten – nach soziodemografischen Merkmalen

	Alter:					Haushaltseinkommen:					Schulbildung:			Tätigkeit:						
	14–19 %	20–29 %	30–44 %	45–59 %	60 u. älter %	bis 1500 %	1500 bis 2000 %	2000 bis 3000 %	3000 bis 4000 %	4000 und mehr %	Volksschule %	Weiterführ. Schule %	Abitur Studium %	Selbständige Freiber. %	leit. Ang. Beamte %	sonst. Ang. Beamte %	Fach-Arb. %	Arb. %	Landwirtsch. %	Nicht-berufstätig %
Ins Kino gehen, Theater, Konzerte besuchen	54	41	26	17	14	17	24	26	29	36	18	36	46	27	37	34	27	27	12	23
Ausstellungen, Museen, Galerien besuchen	8	9	14	15	11	8	9	10	11	23	7	14	31	20	19	12	8	7	4	11
Mich mit meiner Sammlung beschäftigen	9	5	10	9	8	4	7	9	9	11	6	11	11	13	15	9	8	5	3	7
Mich um meine Nachbarn, Mitmenschen kümmern	7	10	19	25	27	21	21	20	18	18	20	19	18	14	14	17	13	15	12	24
Aktiv in einem Verein, in einer Bürgerinitiative, Partei oder Gewerkschaft mitarbeiten	20	18	21	18	12	9	13	18	20	22	15	19	24	23	27	20	25	13	16	45

Quelle: Persönlichkeitsstärke 1983

Persönlicher Stellenwert des Besuchs kultureller Veranstaltungen

Die Studie „Dialoge 2" des Stern-Verlages (1986 veröffentlicht) beleuchtet durch einige spezielle Fragen den persönlichen Stellenwert bestimmter Aktivitäten, darunter auch Theater, Kultur und Kino. Auch hier wird die in den vorhergehenden Studien erkennbare Tendenz unterstrichen:

- Ein kleiner Kreis von Personen ist geneigt, viel Geld für den Besuch kultureller Veranstaltungen auszugeben.
- Über ein Drittel der Bevölkerung geht oft und gern seinen kulturellen Interessen nach.
- Die besonderen Ausprägungen sind auch hier wieder bei den eher jüngeren Zielgruppen, bei den besser Gebildeten und bei den besser Verdienenden zu sehen.
- Interessant ist auch die Tatsache, daß Engagement im Besuch kultureller Veranstaltungen mit hoher und überdurchschnittlicher Mediennutzung (sowohl Print als auch TV) einhergeht. Ein Indiz dafür, daß die an Kulturellem interessierten Personenkreise durchaus geneigt sind, auch entsprechende Medienübertragungen zu nutzen.

Zum Vergleich werden noch einige Ergebnisse ähnlich lautender Fragestellungen der etwa drei Jahre früher durchgeführten Erhebung des Spiegel-Verlages „Persönlichkeitsstärke" gegenübergestellt.

461

	Gesamtzahl (gewichtet) 14-64 Jahre	Hochrechnung in Mio. 14-64 Jahre	Anteile an Gesamt 16-64 Jahre	Verhältnis zur Gesellschaft				Schulabschluß		Alter				Mediennutzung Print/TV (Werbezeit)			
				Engagierte	Schwankende	Egoisten	Anpasser	Volksschule	Mittlere Reife/Abitur/Studium	14-19 Jahre	20-34 Jahre	35-49 Jahre	50-64 Jahre	Print hoch/TV niedrig	Print hoch/TV hoch	Print niedrig/TV niedrig	Print niedrig/TV hoch
(Basis)	6.113	39.38	39.38 100 6.113 100	12.22 31 1.898 100	4.48 11 696 100	6.45 16 1.001 100	15.57 40 2.417 100	22.27 57 3.457 100	16.78 43 2.605 100	5.82 15 904 100	10.97 28 1.702 100	12.16 31 1.888 100	10.43 26 1.619 100	9.52 24 1.477 100	10.22 26 1.586 100	10.17 26 1.579 100	9.47 24 1.470 100
Ich gehe oft meinen kulturellen Interessen nach (Konzert, Oper, Theater, Museen, Ausstellungen)																	
trifft voll und ganz zu trifft eher zu	488 1.688	3.14 10.87	8 28	12 35	9 33	8 22	5 23	4 21	13 37	11 25	8 29	7 29	7 25	12 35	8 28	8 27	5 21
trifft eher nicht zu keine Angabe	3.866 71	24.91 .46	63 1	52 1	58 1	68 2	71 1	74 1	49 1	62 1	61 1	63 1	66 1	52 1	63 1	64 2	74 1
Geldausgaben für Theater, Kultur, Kino																	
eher viel nicht so viel (fast) nichts/keine Angabe	410 2.394 3.309	2.64 15.42 21.32	7 39 54	12 48 40	7 46 46	5 36 59	3 32 65	3 30 67	12 51 37	12 52 36	8 40 52	5 37 58	4 33 62	11 46 43	6 41 54	6 38 56	4 32 64

Quelle: Stern, Dialoge 2, 1986

Kultur als faszinierende Dimension der Verbraucheransprache

Die Bedeutung des Themenkreises Kultur und Kunst für die Kommunikation bestätigt eine spezielle Verbraucheruntersuchung des Marktforschungsinstitutes Ires-Marketing. Angeregt von dem Generalthema des Deutschen Marketing-Tages 1987 „Marketing braucht die Faszination", hat die Ires-Marktforschung den Begriff der Faszination in bezug auf die Konsumentenansprache im Rahmen einer dreistufigen und repräsentativen Studie umfassend durchleuchtet. Sicher nicht unerwartet, in seiner Ausprägung aber doch überraschend, stellt sich der Bereich Kultur/ Unterhaltung als maßgeblicher „Auslöser" faszinierender Erlebnisse für den Bürger dar. Mit 18 Prozent Nennungen liegt dieser Bereich gleichauf mit „Reisen/Urlaub" oder „persönlich bedeutsame Ereignisse". Interessanterweise wird hier „Sport/sportliche Ereignisse" mit nur 6 Prozent der Nennungen weit abgeschlagen an letzter Stelle als Faszinations-Auslöser genannt. Bemerkenswert auch hier, daß mit zunehmendem Bildungsgrad der kulturelle Bereich auch verstärkt mit faszinierenden Erlebnissen in Einklang gebracht wird.

Auslöser des letzten faszinierenden Erlebnisses (Mehrfachnennungen)

	Alle Befragten	Frauen	Männer	Alter						Schulabschluß		
				15 - 19	20 - 29	30 - 39	40 - 49	50 - 59	60 - 69	Haupt-/ Volksschule	Mittel-/ Realschule	Abitur
Menschen	28	25	31	37	35	29	25	23	19	24	29	34
Natur	26	31	21	21	17	27	32	28	32	27	28	23
Reisen/ Urlaub	18	18	19	11	10	16	25	21	25	21	18	14
Kultur/ Unterhaltung	18	17	19	20	18	18	15	18	23	15	20	22
Persönliche bedeutsame Ereignisse	17	18	15	7	19	16	15	23	17	22	13	12
Produkte/ Warenwelt	10	10	10	11	12	9	14	8	5	11	9	8
Wissenschaft/ Technik	7	4	8	8	12	5	3	7	5	7	7	7
Sport/ sportliche Ereignisse	6	3	9	8	7	7	7	3	3	5	7	5

Quelle: Absatzwirtschaft, Sondernummer Oktober 1987   Angaben in %

Kultur-Sponsoring im Meinungsbild der kulturell aktiven Bevölkerung

Frei zugängliche Marktforschungsergebnisse über Einstellungen und Meinungen der Bevölkerung zum Kultur-Sponsoring sind praktisch nicht verfügbar. Nur einige wenige Auftragsforschungen wurden zu diesem speziellen Thema durchgeführt; die Ergebnisse aber nicht oder nur in Form allgemeiner Statements publiziert. Deshalb hat die Marketingforschung der DFS&R Werbeagentur, München, im April 1988 eine qualitative Studie durchgeführt.

Die Zielsetzung: Welche Meinung hat die kulturell aktive Bevölkerung zur Unterstützung von kulturellen Veranstaltungen durch Wirtschaftsunternehmen? Hauptsächliche Fragen: Welche Kenntnis hat man bisher von gesponserten Kulturveranstaltungen? Wie wird Kultur-Sponsoring insgesamt bewertet? Welche positiven oder negativen Auswirkungen hat das auf die Einstellung zum sponsernden Unternehmen?

Zur Erhebungsmethode: Die Stichprobe betrug 100 Personen, nach Quotenvorgabe ausgewählt. Als Auswahlkriterium wurde u.a. das spezielle Interesse an Kunst und Kultur und der Besuch entsprechender Veranstaltungen herangezogen. Die Stichprobe ist repräsentativ für das Bundesgebiet hinsichtlich Altersstruktur und Geschlecht. Die Erhebung wurde im April 1988 durch persönliche Befragungen im Haushalt anhand eines strukturierten Fragebogens durchgeführt.

Als wesentliches Fazit der Untersuchung kann festgehalten werden:

- Die (kulturell interessierte) Bevölkerung zeigt sich bereits gut informiert und dem Kultur-Sponsoring gegenüber sehr aufgeschlossen. Die Vor- und Nachteile für Unternehmen, Künstler und Besucher werden realistisch gesehen, wobei die positiven Aspekte überwiegen.
- Kultur-Sponsoring wird durchaus als Werbemaßnahme der Wirtschaft, allerdings überwiegend als qualitativ hochwertige Werbung angesehen. Sogar der Aspekt, daß die (unbewußte) Aufnahme von Werbung im exklusiven Rahmen kultureller Veranstaltungen möglich wird, ist von der Mehrheit akzeptiert.
- Der erkannte werbliche Hintergrund hindert die Besucher nicht daran, die Vorteile des Kultur-Sponsoring für sich selbst (mehr Veranstaltungen, niedrigere Preise) positiv zu empfinden und zu nutzen.

Im folgenden werden die wesentlichen Ergebnisse dieser DFS&R-Studie wiedergegeben.

Kulturelle Freizeitbeschäftigungen
(Mehrfachnennungen)

Besuch von Pop-, Schlagerkonzerten	53,0 %
Theater, Oper, klassisches Konzert	77,0 %
Aufführungen von Volksbühnen	29,0 %
Operetten, Musicals	46,0 %
Kino	67,0 %
Zirkus	36,0 %
Museen, Ausstellungen, Galerien	87,0 %

Durchschnittlich nannte jeder der 100 Befragten 3,9 Freizeitaktivitäten aus dem kulturellen Bereich sowie 2 sonstige Freizeitaktivitäten. Im kulturellen Bereich führt der Besuch von Museen, Ausstellungen oder Galerien vor dem Besuch von Theater, Oper oder klassischen Konzerten und dem Kinobesuch. Der Besuch von Aufführungen von Volksbühnen wird nur von knapp 30 Prozent der Befragten genannt.

Durchschnittliche Häufigkeit des Besuchs kultureller Veranstaltungen

	mehrmals im Monat %	einmal im Monat %	weniger als einmal i. M. %	seit langem nicht mehr %
Pop-, Schlagerkonzert	3,8	18,9	47,2	30,2
Theater	9,1	24,7	39,0	27,3
klassische Konzerte	4,2	31,3	33,3	31,3
Volksbühnen	0,0	13,8	44,8	41,4
Oper	4,3	14,9	40,4	40,4
Operetten, Musicals	0,0	8,7	54,3	37,0
Ballett	0,0	11,4	42,9	45,7
Kino	29,9	43,3	20,9	6,0
Zirkus	0,0	0,0	25,0	75,0
Museen, Ausstellungen	11,5	24,1	46,0	18,4

Das Kino stellt sich erwartungsgemäß als die kulturelle Einrichtung heraus, die am häufigsten besucht wird. 73 Prozent der Befragten besuchen das Kino mindestens einmal im Monat. 36 Prozent der Befragten gehen mindestens einmal im Monat in ein klassisches Konzert, 34 Prozent besuchen mindestens einmal im Monat das Theater. Museen, Ausstellungen und Galerien werden von den Befragten zu 26 Prozent mindestens einmal im Monat besucht. 22 Prozent der Befragten geben an, mindestens einmal im Monat in ein Pop- oder Schlagerkonzert zu gehen.

466

Besuch gesponserter Veranstaltungen

keine gesponserten Veranstaltungen besucht	46,0 %
gesponserte Veranstaltung besucht	54,0 %
nämlich: musikalische Veranstaltungen	18,0 %
Theaterveranstaltungen	5,0 %
Ausstellungen	20,0 %

Fast jeder zweite Befragte hatte bereits gesponserte kulturelle Veranstaltungen besucht. Bis auf 3 Prozent konnten sich alle der betreffenden Befragten an den Sponsor erinnern. Das Schwergewicht der Ereignisse lag hier bei musikalischen Veranstaltungen und Ausstellungen.

Bereits erfolgter Besuch gesponserter Veranstaltungen

	männl. %	weibl. %	Volkss. %	Weiterf. Schule %	14–29 Stud. %	30–49 Jahre %	›50 Jahre %	Jahre %
Ja	55,1	39,6	28,1	36,7	74,3	62,8	50,0	26,5
Nein	44,9	60,4	71,9	63,3	25,7	37,2	50,5	73,5

In überdurchschnittlichem Maße geben Personen mit höchstem Bildungsabschluß (74 Prozent) und Personen zwischen 14 und 29 Jahren (63 Prozent) an, bereits gesponserte Veranstaltungen besucht zu haben. Bei Frauen, Personen mit niedrigem oder mittlerem Bildungsabschluß und bei Personen über 50 Jahren ist dies – nach eigenen Angaben – in stark unterdurchschnittlichem Maße der Fall.

Spontane Reaktion auf gesponserte Veranstaltungen

Positiv	41,3 %
Negativ	17,4 %
Neutral	39,1 %

Die spontanen Reaktionen bezüglich der gesponserten Veranstaltungen waren zu 41 Prozent positiv, zu 39 Prozent neutral. Nur 17 Prozent der Befragten urteilten spontan negativ.
Positive Reaktionen basierten hauptsächlich auf den Argumenten, daß Sponsoring Veranstaltungen überhaupt erst ermöglicht, daß professionellere Veranstaltungen stattfinden und die Preise niedrig hält. Neutrale Reaktionen wurden begründet mit den Aspekten, daß dies eigentlich nicht interessiert und daß Kultur-Sponsoring die Kunst ja nicht stört. Als negativ wurde das Verteilen von Zigarettenproben empfunden und die Tatsache, daß sich der Sponsor in den Vordergrund spielt.

Informationsübermittlung bzgl. der gesponserten Veranstaltung

Katalog, Programmheft	19,6 %
Veranstaltungsplakate	58,7 %
Veranstaltungshinweise	26,1 %
Anzeigen	15,2 %
Besprechungen	4,3 %
TV-/Radiowerbung	8,7 %
Anzeigenwerbung	0,0 %
durch das Unternehmen	10,9 %
Mund zu Mund	2,2 %
sonstiges (Stände, Fahnen)	15,2 %

Zu 59 Prozent erfuhren die Besucher von gesponserten Veranstaltungen diese Tatsache über die Veranstaltungsplakate, 26 Prozent erfuhren es über anderweitige Veranstaltungshinweise. Hieraus ist auch zu entnehmen, daß die Besucher von gesponserten Veranstaltungen größtenteils bereits vor dem Besuch der Veranstaltung über die Sponsorschaft Bescheid wissen.

Mögliche Reaktion auf eine gesponserte Veranstaltung

Positiv	47,1 %
Negativ	13,7 %
Neutral	52,9 %

Personen, die noch keine gesponserte kulturelle Veranstaltung besucht haben, beurteilen das Sponsoring in hohem Maße positiv (47 Prozent) beziehungsweise neutral (53 Prozent). Nur 14 Prozent der Befragten geben ein negatives Urteil ab. Die befragten Personen zeigten sich durch die geforderte hypothetische Annahme leicht überfordert. Dies führte zu Mehrfachnennungen (kann ich nicht so genau beurteilen ...).
Die positiven Reaktionen beziehen sich auch hier auf die Aspekte „preisgünstiger", „Veranstaltungen werden überhaupt erst ermöglicht", „Vorteile für Künstler und Besucher". Als negativ wird die erwartete Abhängigkeit zwischen dem Veranstalter und dem Künstler empfunden sowie das dahinterstehende geschäftliche Interesse. Die neutralen Reaktionen basieren fast ausschließlich auf den Nennungen, „da Sponsoring keinen Einfluß auf den Besuch der Veranstaltung hat, ist dies unerheblich" und „ist mir gleichgültig".

Einstellungsänderung gegenüber Unternehmen, die Kultur-Sponsoring betreiben

Positiv	41,0 %
Negativ	3,0 %
Neutral	56,0 %

Das Wissen, daß ein Unternehmen Kultur-Sponsoring betreibt, ändert für 56 Prozent der Befragten nichts an ihrer Einstellung zu diesem Unternehmen. Bei 41 Prozent ist dies in positivem Sinne der Fall, 3 Prozent reagieren negativ.

Positive Einstellungsänderungen bzgl. des Unternehmens werden hervorgerufen durch die Förderung der Kultur, die Förderung von unbekannten Künstlern, die Ermöglichung einzelner Veranstaltungen und die Tatsache, daß das Unternehmen der breiten Masse Kultur zugänglich macht.

Einstellungsänderung gegenüber Unternehmen, die Kultur-Sponsoring betreiben

	männl.	weibl.	Volkss.	Weiterf. Schule	Abitur Stud.	14–29 Jahre	30–49 Jahre	›50 Jahre
	%	%	%	%	%	%	%	%
Positiv	45,1	34,6	33,3	45,2	41,7	41,3	40,9	37,1
Negativ	2,0	3,8	2,8	3,2	2,8	4,3	4,5	–
Neutral	52,9	61,5	63,9	51,6	55,6	54,3	54,5	54,5

Leicht überdurchschnittlich positive Einstellungsänderungen gegenüber Unternehmen, die Kultur-Sponsoring betreiben, zeigen männliche Befragte und Personen mit mittlerem Bildungsabschluß.

Weibliche Befragte, Personen mit niedrigem Bildungsabschluß und Personen über 50 Jahre verneinen in überdurchschnittlichem Maße Einflüsse des Kultur-Sponsoring auf ihre Einstellung zum Unternehmen.

Zuständigkeit für die Förderung von Kunst und Kultur

der Staat	86,0 %
die Wirtschaft	42,0 %
gesellsch. Organe	38,0 %
die Bürger	25,0 %

Für die Befragten ist der Staat der eindeutig Zuständige, wenn es um die Förderung von Kunst und Kultur geht. Gleichwohl spielen daneben die Wirtschaft und gesellschaftliche Organe eine relativ große Rolle.

Vor- und Nachteile von Kultur-Sponsoring für das Unternehmen

Unternehmen wird bekannter	35,0 %
kann steuerlich abgesetzt werden	9,0 %
Werbung	50,0 %
Ansprache best. Zielgruppen	8,0 %
imagebildend	32,0 %
umsatzsteigernd	4,0 %

Der Vorteil von Kultur-Sponsoring für ein Unternehmen wird von den Befragten hauptsächlich im Aspekt der Werbung gesehen, in Verbindung mit dem Erreichen eines höheren Bekanntheitsgrades und der deutlicheren Ausprägung des Images.

Zielgruppen sind sehr ungenau bestimmbar	4,0 %
schlechte Veranstaltungen färben auf das Image ab	16,0 %
hohe Summen sind erforderlich	6,0 %
zu starke Identifizierung mit bestimmter(n) Kunst/Künstlern	19,0 %

Der von den Befragten empfundene Hauptnachteil für das Unternehmen liegt in der zu starken Identifizierung mit bestimmten Künstlern und bestimmten Kunstrichtungen. Außerdem sehen sie die Gefahr einer Negativbeeinflussung durch schlechte Veranstaltungen.

Vor- und Nachteile von Kultur-Sponsoring für Künstler beziehungsweise Kunstlandschaft

bessere, häufigere Auftrittsmöglichkeiten	49,0 %
finanzielle Förderung	12,0 %
Unterstützung unbekannter Künstler	11,0 %
Künstler werden bekannter	19,0 %

Hauptvorteil in den Augen der Befragten stellen die qualitativ und quantitativ günstigeren Auftrittsmöglichkeiten dar.

Abhängigkeit des Künstlers vom Unternehmen	53,0 %
Kunst wird zur Nebensache	8,0 %
negative Presse durch Verbindung mit Unternehmen	4,0 %

Als Hauptnachteil empfinden die Befragten die Abhängigkeit der Künstler vom Unternehmen.

Vor- und Nachteile von Kultur-Sponsoring für die Besucher

vielseitigeres Angebot	29,0 %
finanzielle Vorteile	31,0 %
Niveau der Veranstaltungen steigt	8,0 %
Veranstaltungen werden erst möglich	11,0 %

Insgesamt werden den Besuchern weniger Vorteile von Kultur-Sponso-ring zugesprochen als den Unternehmen und den Künstlern. Jeweils un-ter einem Drittel der Befragten nennt hier ein „vielseitigeres Angebot" und „finanzielle Vorteile/niedrigere Eintrittspreise".

Kunst wird von Wirtschaft beeinflußt	10,0 %
Werbung wirkt aufdringlich, steht im Vordergrund	32,0 %
unterschwellige Beeinflussung	6,0 %

Auch hier sehen die Befragten insgesamt die geringsten Nachteile von Kultur-Sponsoring. Hauptsächlich gehen ihre Bedenken dahin, daß die Werbung aufdringlich wirkt und im Vordergrund steht.

Zustimmung und Ablehnung zu folgenden Argumenten

	stimme zu	stimme nicht zu
Je mehr die Wirtschaft fördert, umso mehr wird der Staat aus der Verantwortung entlassen.	44,0 %	45,0 %
Je mehr die Wirtschaft fördert, umso mehr kann der Staat alternative und kritische Kunstrichtungen fördern.	61,0 %	23,0 %
Gesellschaftspolitisch wichtig, weil Hinführung zu einer sinnvollen Freizeitnutzung.	44,0 %	32,0 %
Auch wenn Sponsoren nicht direkt auf Programm und Inhalte Einfluß nehmen, indirekt tun sie es doch.	79,0 %	12,0 %
Unterstützt werden die, die einer Unterstützung am wenigsten bedürfen.	58,0 %	24,0 %
Viele Veranstaltungen werden durch Sponsoring überhaupt erst möglich.	83,0 %	7,0 %
Kultursponsoring ist das Ende aller nicht unterhaltenden Kunstsparten.	7,0 %	45,0 %
Kritische, alternative Kunstrichtungen geraten ins Hintertreffen.	67,0 %	22,0 %
Breite Streuung der Kunst. Kunst für alle.	49,0 %	38,0 %

Die größte Zustimmung überhaupt erhält das Argument „Viele Veran-staltungen werden durch Sponsoring überhaupt erst möglich" mit 83 Prozent. Das Argument „Beeinflussung der Künstler durch die Sponso-ren" wird mit 77 Prozent als potentielle Gefahr erkannt, Bedenken hin-sichtlich der Weiterexistenz von kritischen und alternativen Kunstrich-tungen tauchen zu 67 Prozent auf.
Die größte Ablehnung erfahren die Argumente „Kultur-Sponsoring ist das Ende aller nicht unterhaltenden Kunstsparten" und „Je mehr die Wirtschaft fördert, umso mehr wird der Staat aus der Verantwortung entlassen" mit jeweils 45 Prozent.

Zukunftsperspektiven von Kultur-Sponsoring

nimmt zu	79,0 %
nimmt ab	11,0 %
stagniert	2,0 %

Dem Kultur-Sponsoring wird von den Befragten eindeutig zunehmende Tendenz vorhergesagt, da es sich ihrer Ansicht nach um eine qualitativ gute Werbeart handelt, die auch unbewußt wirkt.

Zusammenfassung

– Fast jeder zweite Befragte konnte sich an den Besuch von gesponserten kulturellen Veranstaltungen erinnern. Die Erinnerung an den Sponsor ist hierbei sehr gut ausgeprägt (97 Prozent).
– Die spontane Reaktion auf gesponserte Veranstaltungen ist positiv (41 Prozent) beziehungsweise neutral (40 Prozent). Negative Äußerungen fallen zu 20 Prozent.
– Personen, die noch keine gesponserten Veranstaltungen besucht hatten, schätzen ihre Reaktion zu 47 Prozent als positiv ein, zu 53 Prozent als neutral und zu 14 Prozent als negativ.
Hauptgründe für die positive Reaktion beider Gruppen:
Veranstaltungen werden erst durch Sponsoring ermöglicht
Veranstaltungen sind professioneller
(Eintritts-)Preise sind günstiger
Hauptgründe für die negative Reaktion beider Gruppen:
Verteilen von Proben (Zigaretten)
Sponsor drängt sich in den Vordergrund
Abhängigkeit zwischen Veranstalter und Künstler
Hauptgründe für die neutrale Reaktion beider Gruppen:
Veranstaltung wird dadurch nicht gestört
interessiert nicht, daher beeinflußt es auch nicht
Sponsoring hat keinerlei Einfluß auf den Besuch der Veranstaltung
– Die Zuständigkeit für die Förderung von Kunst und Kultur wird dem Staat zugeordnet. Wirtschaft und gesellschaftliche Organe haben allerdings ebenfalls einen deutlichen Stellenwert.
– Als Vorteil des Kultur-Sponsoring für das Unternehmen wird eindeutig der werbliche Aspekt mit Erhöhung des Bekanntheitsgrades und der Imagekomponente gesehen. Die Identifizierung des Unternehmens mit einem bestimmten Künstler bzw. einer Kunstsparte und der mögliche negative Einfluß schlechter Veranstaltungen auf das Unternehmensimage werden als Hauptnachteile genannt.
– Die Vorteile des Kultur-Sponsoring für die Künstler sind bessere und häufigere Auftrittsmöglichkeiten (auch für unbekannte Künstler) mit der einhergehenden Erhöhung des Bekanntheitsgrades. Als Nachteil

wird die Abhängigkeit des Künstlers vom Unternehmen in sehr hohem Maße gesehen.

– Das Kultur-Sponsoring bietet den Besuchern die Vorteile eines vielseitigeren Angebotes, das sie meist noch zu günstigen Preisen nutzen können. Als nachteilig wird empfunden, wenn der Sponsor zu sehr im Vordergrund steht. Insgesamt betrachtet, sehen die Befragten für die Besucher selbst eindeutig weniger Vor- beziehungsweise Nachteile als für die Unternehmen und die Künstler.

– Die höchste Zustimmung finden die Argumente „Viele Veranstaltungen werden durch Kultur-Sponsoring überhaupt erst möglich" und „Auch wenn Sponsoren nicht direkt auf Programm und Inhalte Einfluß nehmen, indirekt tun sie es doch".

– „Kultur-Sponsoring ist das Ende aller nicht unterhaltenden Kunstsparten" findet die geringste Zustimmung.

– Von gut drei Vierteln der Befragten werden dem Kultur-Sponsoring gute Zukunftsperspektiven vorhergesagt, da es sich ihrer Ansicht nach um qualitativ gute Werbung handelt.

Die Einstellung der Amerikaner zur Kunst

Sponsoring und vornehmlich Kultur-Sponsoring hat in den USA seit vielen Jahren eine überaus stürmische Entwicklung mitgemacht und ist zwischenzeitlich zum akzeptierten Bestandteil vieler unternehmerischer Kommunikationsprogramme geworden. Diese Entwicklung ist auch erklärbar vor dem Hintergrund einer besonders positiven, ja fast enthusiastischen Einstellung der amerikanischen Bevölkerung gegenüber Kunst und Kultur. Das National Research Center of the Arts hatte 1980 eine repräsentative Studie „Americans and the Arts" in den USA durchgeführt. Es war nach 1973 und 1975 die dritte derartige Studie, wobei ein repräsentativer Bevölkerungsdurchschnitt, nämlich 1501 Personen über 18 Jahren, befragt wurde. Sponsor dieser Bevölkerungsumfrage, übrigens per Telefon, war die Philip Morris Inc. und die National Endowment for the Arts.

Schon die Zusammenfassung der wesentlichen Fazits dieser Studie macht deutlich, daß dem Thema Kunst und Kultur von den Amerikanern ein höherer Stellenwert als in Europa zuerkannt wird. Der Kulturbegriff mag in den USA anders und weiter ausgelegt werden, fest steht, daß sowohl quantitativ als auch qualitativ mehr Engagement bei dieser Untersuchung sichtbar wurde als vergleichsweise bei deutschen Umfragen. Um nur einige der Ergebnisse zu nennen:

- 9 von 10 Amerikanern über 18 Jahren betrachten Kunst und Kultur als essentiell für ihr Wohlbefinden und ihre Lebensfreude.
- Insgesamt ist zwischen 1973 und 1980 eine weitere deutliche Verstärkung der „Kunst- und Kulturbewegung" festzustellen. Die Einschätzung des „Bedarfs" an kulturellen Einrichtungen übertrifft mit einer Steigerung von 4 Prozent (1975 = 77 Prozent; 1980 = 81 Prozent) alle anderen Bedarfsschätzungen an sonstigen Einrichtungen, ob bessere Schulen, mehr Parks oder leistungsfähigere öffentliche Transportmittel.
- Vor dem Hintergrund allgemeiner Rezession (steigende Kosten, hohe Inflationsrate, hohe Arbeitslosigkeit, längere Wochenarbeitszeit) ist der Bereich Kunst und Kultur die einzige Domäne im Freizeitverhalten der USA-Bürger, die steigende Besucherzahlen aufweist.
- Amerikaner sind sogar bereit, bis zu 25 $ pro Kopf mehr Steuern zu zahlen, um Kunst und Kultur zu fördern.
- Erwartungsgemäß werden natürlich auch in den USA zu hohe Eintrittspreise als der wesentlichste Hinderungsgrund für eine nicht optimale Ausnutzung der kulturellen Angebote genannt und gleich danach – vielleicht als kurios oder typisch für Amerika zu benennen – die Parkplatzprobleme.
- Insgesamt wird in den USA der dort herrschende Kunst- und Kultur-

Boom mit dem geschichtlich gesehenen „amerikanischen Charakter"
begründet, dem angeborenen Wagemut und dem Glauben an die Fähigkeit, jegliche Probleme, denen das Land gegenübersteht, zu bewäl-
tigen.
Bezogen auf die Thematik Kultur-Sponsoring bei uns, kann diese Untersuchung sicher aufzeigen, welche Reserven kultureller Expansion gegeben sind, verbunden mit den Chancen guter Kultur-Sponsoring-Pro-
jekte.
Im folgenden werden in Stichpunkten die wesentlichen Ergebnisse dieser amerikanischen Studie zusammengefaßt; der Vergleich 1980:1975
macht dabei die Veränderungen besonders gut deutlich.

Einstellungen gegenüber Kunst und Kultur

	1980	1975
Kunst und Kultur sind so wichtig für eine Gemeinde wie Parks und Erholungszentren	87 %	83 %
wünschen sich mehr Theater, Konzerte	64 %	54 %
Kunst und Kultur sind erschwinglich, nicht mehr nur für Priviligierte	59 %	48 %
Kosten stellen jedoch teilweise noch immer Barriere dar	63 %	60 %

Besuch der verschiedenen Veranstaltungsangebote

	1980	1975
Kinobesuch	75 %	70 %
Theater	59 %	41 %
Popkonzerte	48 %	36 %
Klass. Konzerte	26 %	18 %
Klass. Musik: Radio, Platte, Tonband	71 %	56 %
Kunst-Museen	60 %	44 %
Tanz-Shows	25 %	16 %

Beobachtung:
Wer regelmäßig eine bestimmte Veranstaltungsart im Bereich Kunst/
Kultur frequentiert, ist eher auch Nutzer anderer kultureller Veranstal-
tungsangebote. Typologie von „Crossovers" z.B.: Im Vergleich zu einer
durchschnittl. Kinobesuchsrate von 3 pro Kopf/Jahr geht der regelmäßige Kunstmuseumsbesucher im Durchschnitt 7 mal jährlich ins Kino.

Einschätzung des Bedarfs an:

	1980	1975
mehr kulturelle Einrichtungen	81 %	77 %
mehr Parks	84 %	82 %
bessere Straßen	90 %	90 %
bessere Gesundheitseinrichtungen	91 %	90 %
Verbesserung d. öffentl. Transportmittel	91 %	88 %
bessere Schulen	91 %	89 %

Bemerkung:
Mit einer Steigerung von 4 % haben die „kulturellen Einrichtungen" in der Einschätzung der Amerikaner am meisten an Bedeutung gewonnen.

Kunst und Kultur als Mittel zur Selbstverwirklichung

	1980
– Kunst und Kultur vermitteln ein Gefühl des schöpferischen Ausdrucks	70 %
– vermitteln positive Erfahrung im negativen Umfeld	75 %
– helfen bei der Bewältigung der täglichen Sorgen	75 %
– vermitteln Freude, Abwechslung und aktivieren zum selbst schöpferisch Tätigwerden	80 %

In den Staaten hat geradezu eine „Kunst- und Kultur-Bewegung" stattgefunden. Folgende Einschätzungen belegen dies:

	1980
Museen, Theater, Konzerthallen sind wichtig für die Lebensqualität in der Gemeinde	92 %
Diese Institutionen sind wichtig für die Wirtschaft in den Gemeinden	86 %

Diese Einstellungen führten zu einer Verbesserung der kulturellen Einrichtungen in den Gemeinden. So werden sie gesehen:

	1980	1975
Theater	66 %	58 %
Gemeinde- und Erholungszentren	63 %	54 %
Konzerthallen	53 %	47 %
Museen	57 %	49 %

Diese Verbesserungen wurden z.T. zu Lasten anderer Angebote wie z.B. Sportstadien etc. durchgeführt.

Trotz allem sind die Bedürfnisse der Bevölkerung an Kunst- und Kulturangeboten noch nicht gedeckt, und es werden gefordert:

	1980	1975
mehr Kindertheater	61 %	50 %
Open-air Kunst-Festivals	51 %	47 %
Gemälde- und Skulpturausstellungen	50 %	42 %
Theater, Musicals, Pantomime etc.	47 %	44 %
Klassische Konzerte	46 %	37 %
Volkstanz-Darbietungenn	45 %	37 %
Ballett- und mod. Tanz-Vorstellungen	44 %	35 %

Beliebtheitsverluste erlitten Rock-Konzerte und Sportveranstaltungen

Als Hinderungsgründe für eine nicht optimale Ausnutzung der kulturellen Angebote wurden genannt:

	1980	1975
zu geringes lokales Angebot	58 %	51 %
zu hohe Eintrittspreise	64 %	60 %
zu schwierig zu erreichen	58 %	51 %
Parkprobleme	54 %	39 %
zu hohe Kosten wegen Babysitter, Außer-Haus-Essen etc.	44 %	29 %
Schwierigkeit, Informationsmaterial zu erhalten	48 %	26 %
Schwierigkeit, Karten zu bekommen	44 %	25 %
Güte der Darbietungen	39 %	24 %
unerfreuliche Gegend (Ort) d. Veranstaltung	36 %	20 %
Nachts ausgehen ist zu gefährlich	40 %	—
Sich deplaciert fühlen in Theater-/Konzerthallen	27 %	14 %

Ähnlich sind die Angaben bzgl. Museumsbesuche.

Diese Ergebnisse zeigen die Problematik von Kunst- und Kultur-Einrichtungen/Veranstaltungen bei einer immer stärker werdenden Kunst- und Kultursensibilisierung der Bevölkerung. Den steigenden Ansprüchen kann nur durch entsprechendes stärkeres finanzielles Engagement auf den besagten Gebieten begegnet werden.

Meinungen zur Finanzierung von Kunst und Kultur

Bezüglich der Finanzierung von Kunst- und Kulturangeboten sind folgende Meinungen in der amerikanischen Bevölkerung verbreitet:

		1980
Tragen sich selbst:	Theater-Gruppen	34 %
	Ballettgruppen	34 %
	Opernhäuser	31 %
	Symphonie-Orchester	29 %
	Kunstmuseen	13 %
Abhängig von privaten Spenden:	Theater-Gruppen	42 %
	Symphonie-Orchester	41 %
	Opernhäuser	39 %
	Ballettgruppen	38 %
	Kunstmuseen	37 %
Träger ist der Staat:	Kunstmuseen	24 %
	Theatergruppen	5 %
	Ballettgruppen	6 %
	Opernhäuser	6 %
	Symphonie-Orchester	8 %

Offensichtlich ist der Öffentlichkeit klar, daß sich Kunst- und Kulturveranstaltungen nicht mit den Eintrittspreisen allein finanzieren lassen. Nach Meinung der Befragten sollten Zuschüsse von folgenden Seiten geleistet werden:

	1980
Bund	50 %
Land	60 %
Gemeinde	64 %

Bei Privatfinanzierung werden folgende Präferenzen verteilt:

Wirtschaft	72 %
Stiftungen	79 %
Privatpersonen	84 %

Im Zusammenhang mit der Finanzierung ist man grundsätzlich:

Gegen Unterstützung einzelner Künstler durch den Staat		60 %
Für Unterstützung einzelner Künstler durch die Wirtschaft	(49 % 1975)	57 %
Für Incentive-Plan zur Finanzierung von Kultur-Organisationen (Staat/Private Quellen)		59 %

Zugunsten des Angebotes auf dem Sektor Kunst und Kultur ist die amerikanische Bevölkerung bereit, höhere Steuern zu zahlen:

	1980	1975
zusätzlich jährlich 25 US-Dollar	51 %	41 %
zusätzlich jährlich 15 US-Dollar	59 %	46 %
zusätzlich jährlich 10 US-Dollar	65 %	51 %
zusätzlich jährlich 5 US-Dollar	70 %	58 %

Dieses Ergebnis ist eines der überraschenden Details dieser Studie.

Die deutsche Wirtschaft als Kulturförderer

Die Wirtschaft als Kulturförderer – „Bericht 1987"
Unternehmen als Mäzene
Kultur-Sponsoring der deutschen Großunternehmen

Unternehmen der deutschen Wirtschaft engagieren sich seit langem als Mäzen, Förderer, Sponsor. Zahlreiche Firmen leisten dabei einen kontinuierlichen Beitrag auf den Tätigkeitsfeldern Wissenschaft, Forschung, Kunst, Kultur, Soziales und Sport. Allerdings ist über Umfang und Zielrichtung dieser unterstützenden Leistungen von Unternehmen noch wenig grundsätzliche Forschung betrieben worden.

Bericht 1987 – die Wirtschaft als Kulturförderer

Einen empirisch fundierten Einblick in die Kunst- und Kulturförderung der deutschen Wirtschaft gibt der Kulturkreis im Bundesverband der deutschen Industrie, dessen Bericht im Dezember 1987 erschienen ist. Nachdem mehr und mehr Kulturinstitutionen, die Medien, aber auch politische Parteien, Länder und Gemeinden sich für das Thema der Kulturförderung interessieren, wurde diese gründliche Recherche in Auftrag gegeben. Die wissenschaftliche Leitung lag beim Institut für angewandte Sozialforschung der Universität zu Köln.

Der Auslöser für diese Untersuchung war zweifellos auch das Stichwort „Kultur-Sponsoring". Die Unterstützung von Kunst und Kultur wird aufgrund betriebswirtschaftlicher Überlegungen zunehmend interessanter für die Unternehmen. Aufgabe der Studie sollte sein, Aufschluß über Umfang sowie Art und Weise des kulturellen Engagements von Unternehmen aller Größenordnungen und Wirtschaftszweige in der Bundesrepublik Deutschland zu erhalten. Die Methodik der Untersuchung war entsprechend ausgerichtet. Mit dem Ziel, ein möglichst umfassendes Bild vom kulturellen Engagement der Unternehmen in Deutschland zu erhalten, wurden die Mitgliedsunternehmen der Vollversammlung aller 69 Industrie- und Handelskammern in der Bundesrepublik einschließlich Westberlin auf postalischem Wege befragt. Die Vollversammlung einer IHK kann als wirtschaftliches Abbild der Region gesehen werden. Dadurch ist man dem angestrebten Ziel der Repräsentativität nahegekommen. Insgesamt konnten 1059 Fragebögen für die Untersuchung ausgewertet werden; das entsprach einer Netto-Rücklaufquote von 24,1 Prozent.

Einige der wesentlichen Ergebnisse und Feststellungen dieser Studie wurden vom Kulturkreis und Bundesverband der deutschen Industrie e.V. in einem ausführlichen Vorwort vorangestellt. Sie erscheinen als besonders bemerkenswert für die künftige Gestaltung der Beziehungen zwischen Kultur/Kunst und Wirtschaft und sollen deshalb im Wortlaut im folgenden wiedergegeben werden. (Quelle: Die Wirtschaft als Kulturförderer, Hrsg. Kultur-Kreis im BDI e.V., Köln 1987; Vorwort von Prof. Herbert Grünewald, Vorsitzender, und Dr. Bernhard Frhr. von Loeffelholz, geschäftsführendes Vorstandsmitglied des Kulturkreises). Diese Feststellungen sind:

1. Nicht nur bekannte Großunternehmen fördern Kunst und Kultur, sondern auch viele kleine und mittlere Unternehmen. Rund 55 Prozent der Antworten kamen von Firmen mit einem Jahresumsatz bis zu

DM 100 Millionen, knapp 20 Prozent von Firmen mit Jahresumsätzen über DM 1 Milliarde.

2. Kunst und Kultur (66,5 Prozent) werden von mehr Unternehmen gefördert als Sport (59 Prozent) und Wissenschaft (38,7 Prozent). Diese Feststellung bezieht sich auf die Häufigkeit der Nennung. Sie sagt jedoch nichts über das Finanzvolumen aus, das sowohl bei der Sport- als auch bei der Wissenschaftsförderung erheblich höher liegen dürfte. Betrachtet man nur die Kunstförderung und sieht von der Heimat- und Brauchtumspflege ab, die mit 56,7 Prozent der Nennungen an der Spitze steht, so sind die bildende Kunst mit 48,9 Prozent und die Musik mit 48,8 Prozent die am häufigsten geförderten Kunstsparten. Bei Großunternehmen dominiert eindeutig die bildende Kunst mit 77,5 Prozent gegenüber Musik (67,4 Prozent), Theater (50,4 Prozent) und Denkmalpflege (45,7 Prozent). Bei kleinen Unternehmen bis DM 10 Millionen Umsatz steht die Musik mit 37 Prozent an der Spitze, gefolgt von Denkmalpflege (32,6 Prozent), während die bildende Kunst mit 26,8 Prozent ebenso häufig gefördert wird wie das Theater.

3. Von den 354 Unternehmen, die genaue Angaben über die Höhe ihrer finanziellen Aufwendungen für Kunst und Kultur im Jahre 1986 gemacht haben, wurde im Durchschnitt ein Betrag von rund DM 82 000,– aufgewandt. 41,2 Prozent der Firmen gaben allerdings Beträge unter DM 10000,– an, 17 Prozent der Firmen wendeten DM 100000,– und mehr auf.

4. 64,3 Prozent der befragten Unternehmen – einschließlich derjenigen, die nicht Kultur, sondern andere gesellschaftliche Zwecke fördern – sind der Auffassung, daß es in Zukunft noch wichtiger werden wird, sich gesellschaftlich zu engagieren. Von den Unternehmen, die Kunst und Kultur fördern, rechnen 64 Prozent auch in Zukunft mit einer Konstanz ihres Engagements, 17,9 Prozent kündigen einen Ausbau und nur 3,5 Prozent eine Reduktion an. 63,6 Prozent der befragten Unternehmen gehen davon aus, daß das Kulturinteresse in der Bundesrepublik weiter steigen wird, und 53,4 Prozent der Unternehmen würden ihr eigenes kulturelles Engagement erhöhen, wenn der Staat die private Kulturförderung, beispielsweise durch steuerliche Regelungen, begünstigte.

5. Unter den von den Unternehmen genannten Motiven für die Förderung von Kunst und Kultur steht mit 73,6 Prozent die gesellschaftliche Verantwortung weit vor den marktbezogenen Motiven wie Imagepflege (56,5 Prozent) und Kundenpflege (23,8 Prozent). Letztere haben bei Großunternehmen zwar Bedeutung (Imagepflege: 71,9 Prozent, Kundenpflege: 42,2 Prozent). Hier dominiert aber die gesellschaftliche Verantwortung mit 87,5 Prozent der Nennungen noch deutlicher. Ein wichtiges Motiv ist bei mehr als der Hälfte der kleinen und mittleren Unternehmen das persönliche Interesse der Geschäftsleitung, das aber auch noch von über 30 Prozent der Großunternehmen als eines der Motive für die Kulturförderung genannt wird.

6. Das in jüngster Zeit zunehmend diskutierte Kultur-Sponsoring wird von 23 Prozent der befragten Unternehmen bereits im Rahmen ihrer Marketingstrategie beziehungsweise Öffentlichkeitsarbeit eingesetzt. 30,8 Prozent zeigten sich an den Einsatzmöglichkeiten interessiert, während 46,2 Prozent die Förderung von Kunst und Kultur nicht auf die Erreichung ihrer Marketing- und Absatzziele ausrichten möchten.

Der Kulturkreis folgert aus diesen Feststellungen:
1. Die deutsche Wirtschaft fördert in vielfältiger Weise Kunst und Kultur. Sie ist bereit, dieses Engagement kontinuierlich fortzusetzen und auszubauen.
2. Sehr viel breiter als in den meisten europäischen Ländern engagiert sich die Wirtschaft in der Bundesrepublik aus gesellschaftlicher Verantwortung für Kunst und Kultur. Die Tatsache, daß dies bisher weithin im stillen geschieht und auch daß es mehr als 40 Prozent der Befragten ablehnen, ihre Kunst- und Kulturförderung nach kommerziellen Interessen auszurichten, ist hierfür ein Beweis. Der Schwerpunkt des Engagements liegt dabei im regionalen Umfeld der Unternehmen. Die Kulturinstitutionen, die die Hilfe der Wirtschaft in Anspruch nehmen wollen, sollten in einem frühen Planungsstadium ihrer Programme und Projekte die Unternehmen an ihren Überlegungen beteiligen. Die Presse sollte die Beteiligung der Wirtschaft an der Finanzierung von Kunst- und Kulturprojekten konstruktiv kritisch kommentieren.
3. Die von der Wirtschaft für Kunst und Kultur zur Verfügung gestellten Mittel sind in der Bundesrepublik zwar wesentlich niedriger als beispielsweise in den Vereinigten Staaten. Ihre Bedeutung für die Realisierung neuer Projekte ist jedoch größer, als ein Vergleich der öffentlichen und privaten Mittel für Kunst- und Kulturförderung auf den ersten Blick vermuten läßt. Während die öffentlichen Mittel zum allergrößten Teil für Personal- und Sachaufwand schon lange im voraus verplant sind, können die privaten Mittel rasch und flexibel für wichtige neue Projekte eingesetzt werden. Ein Vergleich mit den USA muß entsprechend berücksichtigen, daß dort die Personal- und Sachausgaben der Museen und Orchester ebenso wie der Universitäten fast ausschließlich privat finanziert werden, so daß für neue Projekte auch nur eine Spitze dieses Gesamtbetrages zur Verfügung steht.
4. Neben dem bisherigen bewährten Weg der Kulturförderung erscheint in letzter Zeit häufiger das „Sponsoring" als eine weitere Möglichkeit der Finanzierung kultureller Projekte. Hierfür kann der Etat für Werbung oder für Öffentlichkeitsarbeit in Anspruch genommen werden. Allerdings fordert das jeweilige Unternehmen dann in der Regel eine Gegenleistung in Form von Namensnennung, so daß der Sponsor den Kommunikationswert nutzen kann.
5. Ein anderer Weg, der vor allem die größtmögliche Unabhängigkeit

garantiert, ist die Gründung einer Stiftung, der man kulturelle Aufgaben in der Satzung zuweist. Günstige Voraussetzungen für eine neue Belebung des Stiftungsgedankens sind zum einen das auf allen Seiten wachsende Kulturinteresse und zum anderen die beträchtlichen Vermögen, die in der Nachkriegszeit aufgebaut wurden. Mit der Einbringung persönlichen Vermögens oder mit der Abzweigung eines Teils des Firmenvermögens in eine Stiftung kann die gesellschaftliche Verantwortung von Unternehmen institutionalisiert und die Förderung wichtiger kultureller Zwecke dauerhaft sichergestellt werden. Dies beweisen eine Reihe vorbildlicher Stiftungen, die in der Bundesrepublik aus der Wirtschaft heraus entstanden sind.

6. Wichtige Voraussetzungen für den Ausbau des kulturellen Engagements der Wirtschaft kann die Steuergesetzgebung des Bundes schaffen. Um die Errichtung von Stiftungen zu erleichtern, sollten Bundesregierung und Bundestag das Stiftungssteuerrecht verbessern. Derzeit können Aufwendungen für die Dotierung einer Stiftung nur bis zu 5 Prozent (bei gemeinnützigen Stiftungen) beziehungsweise bis zu 10 Prozent (bei Wissenschafts- und Kulturstiftungen) vom Einkommen im Jahr der Einbringung steuerlich abgezogen werden. An diese Grenze stoßen vor allem potentielle private Stifter. Für Firmen gilt darüber hinaus die bisher wenig beachtete alternative Berechnungsgrenze von 0,2 Prozent des Umsatzes, zuzüglich der Lohn- und Gehaltssumme, die bisweilen höhere Abzüge zuläßt. Gleichwohl wäre es eine wesentliche Verbesserung, wenn die steuerliche Abzugsfähigkeit von Stiftungsdotationen, auf mehrere Jahre verteilt, geltend gemacht werden könnte.

Auch sollte ein Weg gefunden werden, der die Nachteile der Körperschaftssteuerreform von 1976 für Stiftungen, die Aktien und Beteiligungen an Kapitalgesellschaften besitzen, ausgleicht.

Vor allem aber darf eine Quellensteuer auf Zinserträge nicht zu einer weiteren Belastung der gemeinnützigen Stiftungen werden. (Zitatende).

Im folgenden werden einige Tabellen der Untersuchung des Kulturkreises wiedergegeben:

Gesellschaftliches Engagement der Unternehmen

(Mehrfachantworten)		% der Antworten	% der Fälle
Förderung von Mitarbeiterfreizeit, -erholung	282	7,7	27,5
Sportförderung	605	16,5	59,0
Unterstützung caritativer Organisationen	798	21,7	77,8
Unterstützung örtlicher Vereine	836	22,8	81,5
Kunst- bzw. Kulturförderung	682	18,6	66,5
Wissenschaftsförderung	397	10,8	38,7
Sonstige Förderungen	70	1,9	6,8
gesamt	3670	100,0	357,7

Gesamtförderbetrag des gesellschaftlichen Engagements (in DM)

	absolute n	relative Häufigkeiten %	%	kumuliert %
DM 1.000 – 9.999	242	22,9	35,4	35,4
DM 10.000 – 19.999	137	12,9	20,1	55,5
DM 20.000 – 49.999	105	9,9	15,4	70,9
DM 50.000 – 99.999	62	5,9	9,1	79,9
DM 100.000 – 299.999	59	5,6	8,6	88,6
DM 300.000 – 999.999	50	4,7	7,3	95,9
DM 1 Mio. – 3 Mio.	22	2,1	3,2	99,1
DM 3 Mio. – 5 Mio.	4	0,4	0,6	99,7
DM über 5 Mio.	2	0,2	0,3	100,0
ohne Angabe	376	35,5	–	100,0
gesamt	1059	100,0	100,0	

Mittelwert (arithm.)	143.755,— DM
häufigster Wert	10.000,— DM
Median	14.652,— DM
Summe	98.184.665,— DM

Kulturförderung

	absolute Häufigkeit n	relative Häufigkeiten gesamt %	bereinigt %
keine Kulturförderung	377	35,6	35,6
Kulturförderung	682	64,4	64,4
gesamt	1059	100,0	100,0

Zukünftige Bedeutung des gesellschaftlichen Engagements von Unternehmen

	absolute n	relative Häufigkeiten %	%	kumuliert %
sehr viel wichtiger	95	9,0	9,2	9,2
wichtiger	572	54,0	55,2	64,3
nicht zu beurteilen	183	17,3	17,6	82,0
nicht wichtiger	187	17,7	18,0	100,0
ohne Angabe	22	2,1	–	100,0
gesamt	1059	100,0	100,0	

Steigerungsbereitschaft für das kulturelle Engagement im Falle staatlicher Vergünstigungen

	absolute Häufigkeit n	relative Häufigkeiten gesamt %	bereinigt %
ja	557	52,6	53,4
nein	128	12,1	12,3
Unabhängigkeit	316	29,8	30,3
weiß nicht	42	4,0	4,0
ohne Angabe	16	1,5	–
gesamt	1059	100,0	100,0

Einstellung zum kulturellen Engagement der deutschen Wirtschaft

	absolute Häufigkeit n	relative Häufigkeiten gesamt %	bereinigt %
positiv	885	83,6	84,9
unentschlossen	128	12,1	12,3
negativ	30	2,7	2,9
ohne Angabe	16	1,5	–
gesamt	1059	100,0	100,0

Bereiche der Kulturförderung

(Mehrfachantworten)	n	% der Antworten	% der Fälle
Förderung von Architektur	55	3,2	8,3
Förderung von Denkmalpflege	227	13,2	34,4
Förderung von bildender Kunst	323	18,8	48,9
Förderung von Design	74	4,3	11,2
Förderung von Musik	322	18,7	48,8
Förderung von Literatur	73	4,2	11,1
Förderung von Theater	209	12,1	31,7
Förderung von Film – Foto	27	1,6	4,1
Förderung von Heimat- und Brauchtumspflege	374	21,7	56,7
Förderung von sonstigem	37	2,1	5,6
gesamt	1721	100,0	260,8

22 ohne Angaben/660 antwortende Unternehmen

Empfänger der Förderung

(Mehrfachantworten)	n	% der Antworten	% der Fälle
Förderung von Institutionen	382	26,8	58,4
Förderung von Kunst- und Kulturstiftungen	212	14,9	32,4
Förderung öffentlicher Haushalte – Kulturamt	108	7,6	16,5
Förderung von Kulturvereinen	393	27,6	60,1
Förderung von Belegschaftsaktivitäten	100	7,0	15,3
Förderung von einzelnen Künstlern	189	13,3	28,9
Förderung sonstiger Personen oder Institutionen	41	2,9	6,3
gesamt	1425	100,0	217,9

28 ohne Angaben/654 antwortende Unternehmen

Form der Förderung

(Mehrfachantworten)	n	% der Antworten	% der Fälle
Förderung durch Stipendien	223	13,3	33,5
Förderung durch Kunstpreise und Wettbewerbe	83	4,9	12,5
Förderung durch Veranstaltungen	258	15,4	38,7
Förderung durch Beratungs- und Organisationshilfen	90	5,4	13,5
Förderung durch Sach- bzw. Materialspenden	434	25,8	65,2
Förderung durch Infrastruktur	68	4,1	10,2
Förderung durch Publikationshilfen	211	12,6	31,7
Förderung durch Ankäufe	166	9,9	24,9
Förderung durch Auftragsvergabe an Künstler	123	7,3	18,5
Förderung durch Sonstiges	23	1,4	3,5
gesamt	1679	100,0	252,1

16 ohne Angaben/666 antwortende Unternehmen

Entscheidungsträger im Auswahlprozeß

	absolute Häufigkeit n	relative Häufigkeiten		
		gesamt %	bereinigt %	kumuliert %
Firmenleitung	555	81,4	84,5	84,5
Mitarbeiter	29	4,3	4,4	88,9
Mitarbeiter und Fachleute	44	6,5	6,7	95,6
externe Fachleute	21	3,1	3,2	98,8
sonstige	8	1,2	1,2	100,0
ohne Angabe	25	3,7	–	100,0
gesamt	682	100,0	100,0	

Motive unternehmerischer Kulturförderung

(Mehrfachantworten)	n	% der Antworten	% der Fälle
gesellschaftliche Verantwortung	488	31,4	73,6
Imagepflege	374	24,1	56,4
Kapitalanlage	8	0,5	1,2
Mitarbeitermotivation und Arbeitsplatzgestaltung	99	6,4	14,9
Interesse der Unternehmensleitung an Kunst	297	19,1	44,8
Kundenpflege	159	10,2	24,0
persönliche Kontakte zu Künstlern	121	7,8	18,3
sonstige Gründe	9	0,6	1,4
gesamt	1555	100,0	234,5

19 ohne Angaben/663 antwortende Unternehmen

Förderbetrag für Kultur (in DM)

	absolute Häufigkeit n	relative Häufigkeiten		
		gesamt %	bereinigt %	kumuliert %
DM 1.000 – 9.999	146	21,4	41,2	41,2
DM 10.000 – 19.999	61	8,9	17,2	58,5
DM 20.000 – 49.999	60	8,8	16,9	75,4
DM 50.000 – 99.999	26	3,8	7,3	82,8
DM 100.000 – 299.999	44	6,5	12,4	95,2
DM 300.000 – 999.999	9	1,3	2,5	97,7
DM 1 Mio. – 3 Mio.	6	0,9	1,7	99,4
DM 3 Mio. – 5 Mio.	2	0,3	0,6	100,0
ohne Angabe	328	48,1	–	100,0
gesamt	682	100,0	100,0	

Mittelwert (arithm.)	82.192,— DM
häufigster Wert	10.000,— DM
Median	10.315,— DM
Summe	29.095.968,— DM

Entwicklung des kulturellen Engagements im Unternehmen

	absolute Häufigkeit n	relative Häufigkeiten	
		gesamt %	bereinigt %
Ausbau	118	17,3	17,9
Konstanz	423	62,0	64,0
Reduktion	24	3,5	3,6
keine Aussage möglich	96	14,1	14,5
ohne Angabe	21	3,1	–
gesamt	682	100,0	100,0

Kulturförderung im Ausland

	absolute Häufigkeit n	relative Häufigkeiten	
		gesamt %	bereinigt %
ja	32	4,7	4,8
nein	628	92,1	95,2
ohne Angabe	22	3,2	–
gesamt	682	100,0	100,0

Bedeutung von Sponsoring für das Unternehmen

	absolute Häufigkeit n	relative Häufigkeiten gesamt %	bereinigt %
als Marketing-Instrument	142	20,8	23,0
könnte sinnvoll sein	190	27,9	30,8
sponsern anderes als Kultur	114	16,7	18,5
generell uninteressant	171	25,1	27,7
ohne Angabe	65	9,5	–
gesamt	682	100,0	100,0

Vermutete Entwicklung des Kulturinteresses in der Bevölkerung

	absolute Häufigkeit n	relative Häufigkeiten gesamt %	bereinigt %
eher zunehmend	424	62,2	63,6
eher nachlassend	31	4,5	4,6
konstant	159	23,3	23,8
weiß nicht	53	7,8	7,9
ohne Angabe	15	2,2	–
gesamt	682	100,0	100,0

Unternehmen als Mäzene

In bezug auf das vorhergehende Thema kann auch noch auf eine kleine Untersuchung eher qualitativer Art über das allgemeine Mäzenatentum deutscher Unternehmen von Marion Richtermann/Rudolf Spiegel hingewiesen werden. In drei ausgewählten Industrie- und Handelskammerbezirken unterschiedlicher Wirtschaftsstrukturen wurden im Herbst 1985/Anfang 1986 ausgewählte Unternehmen schriftlich befragt. Schwerpunkte bildeten die Fragen Wissenschaftsförderung, Kunst-, Kultur- und Musikförderung, Sportförderung, Förderung im regionalen, kommunalen und caritativen Rahmen sowie zu Stiftungen der Unternehmen, zur Motivation und zur Bestimmung und Höhe des Spendenvolumens. Insgesamt hatten 89 Unternehmen diese Befragung unterstützt.

Die Untersuchungsergebnisse wurden in der Schriftenreihe „Beiträge" zur Gesellschafts- und Bildungspolitik des Instituts der deutschen Wirtschaft – Hüchtermann/Spiegel „Unternehmen als Mäzene"; Nr. 118, herausgegeben (Deutscher Institutsverlag GmbH/ISBN 3-602-24868-2). Der spezielle Ergebnisbericht zum Thema Kunst-, Kultur- und Musikförderung (Kapitel 3, Seite 22) wird im folgenden im Wortlaut wiedergegeben, da er interessante Details zu einzelnen Sponsoring-Engagements enthält:

Ergebnis-Kommentar zum Bereich Kunst-, Kultur- und Musikförderung

Als klassische Felder mäzenatischen Engagements gelten nach wie vor Kunst, Kultur und Musik. Bekannte Mäzene wie Abs, Töpfer, Sprengel, Körber haben sich insbesondere um die Bereiche verdient gemacht.
Deren Förderrolle übernehmen heute vielfach die Unternehmen selbst. Manchmal tritt an die Stelle des Mäzens auch eine Stiftung. So sei beispielsweise auf das umfangreiche Engagement auf dem Gebiet der Kunst- und Musikförderung seitens der großen Banken hingewiesen. Die Dresdner Bank unterhält zum Beispiel unter anderem einen Stiftungsfonds für Kunst und Wissenschaft sowie einen Instrumentenfonds für junge Musiker, die 1972 ins Leben gerufene Jürgen-Ponto-Stiftung fördert Musik, Literatur, Bildende Kunst und Architektur.
Bei zahlreichen Veranstaltungen treten zudem Unternehmen als Sponsoren auf. Regional ergibt sich dabei ein sehr differenziertes Bild.
Im Bereich der Handelskammer Oberfranken/Bayreuth läßt sich aus den Angaben der befragten Unternehmen kaum eine nennenswerte Kunst-, Kultur- und Musikförderung ablesen. Lediglich jeweils 7,7 Prozent der antwortenden Unternehmen verweisen auf entsprechende Ak-

tivitäten; sie spenden an Museen (z.B. Deutsches Museum) oder beteiligen sich an Vortrags- oder Musikveranstaltungen.

Eine ähnliche Tendenz läßt sich auch im Kölner IHK-Bezirk feststellen. Lediglich ein Unternehmen der Nahrungs- und Genußmittelindustrie engagiert sich regelmäßig mit einem vergleichsweise umfangreichen Beihilfen- und Beitragsvolumen; ein weiteres Unternehmen fördert ein örtliches Museum ("Museum für Kölner Brauchtum").

Auch die im Wissenschaftsbereich so stark engagierten Unternehmen im Bereich der Handelskammer Mittlerer Neckar behandeln den Bereich Kunst und Kultur weniger aufwendig. Während noch ein gutes Viertel (26,3 Prozent) der Unternehmen angibt, Museen und Galerien zu unterstützen, engagieren sich lediglich 3,4 Prozent für kulturelle Veranstaltungen. Allerdings ist der Umfang des angegebenen Spendenvolumens bedeutend größer als die genannten Volumina in den anderen Bezirken. Es erreicht bis zu sechsstellige Summen. Nach Branchen aufgeschlüsselt, treten zwar wiederum die großen Unternehmen der Elektrotechnik durch vergleichsweise hohe Spenden hervor. Gegenüber ihren Aufwendungen für Wissenschaftsförderung bleibt das Aufkommen für Kunst, Kultur und Musik jedoch relativ gering: Ein Unternehmen führt 67,7 Prozent seines Spendenvolumens der Wissenschaftsförderung, 10,9 Prozent der Förderung der Kunst und Kultur zu; ein anderes verwendet 77,1 Prozent für die Wissenschaft, dagegen 7 Prozent für den künstlerischen und kulturellen Bereich.

Als Verwendungszwecke und Zielgruppen werden allgemein in erster Linie angegeben: Bibliotheksausbau, Spenden für Musikschulen, den Orgelbau, Chöre und Philharmonieorchester sowie die Bezuschussung von künstlerischen und musikalischen Wettbewerben.

Weitaus stärker engagieren sich die großen Unternehmen für den Bereich der Kunst-, Kultur- und Musikförderung: 86,7 Prozent von ihnen geben an, Museen und Galerien zu unterstützen, wobei es sich meistens um Zuschüsse für den Ankauf von Bildern und Kunstgegenständen oder allgemeine finanzielle Unterstützung handelt. Auch hier erfolgt die Förderung teilweise branchengebunden: Ein Unternehmen der Unterhaltungselektronik unterstützt das Deutsche Rundfunkmuseum; eine Dortmunder Brauerei vergibt finanzielle Mittel an eine Stiftergesellschaft zur Förderung des örtlichen Brauereimuseums. Darüber hinaus engagiert sich dieses Unternehmen – wie auch andere – stärker in der lokalen Kulturszene: Unterstützt werden so auch der Verein zur Förderung der Städtischen Bühnen und die Staatliche Hochschule für Musik Westfalen-Lippe.

Ähnliche standortgebundene Leistungen erbringt auch ein Wuppertaler Chemieunternehmen, indem es örtliche Museen, die Stadtbibliothek und Veranstaltungen im Wuppertaler Musikleben finanziert.

Fortsetzen läßt sich diese Reihe von Beispielen mit dem Engagement einer Eifeler Brauerei, die eine Stiftung unterhält, deren Zweck unter anderem die Förderung des heimischen Kultur- und Musiklebens ist. Zuwendungen erhalten so ein Akkordeonorchester und eine Volkstanzgruppe.

Anläßlich des historischen Ereignisses „100 Jahre Automobil" war im Spendenvolumen eines Automobilunternehmens (BMW) „eine runde Summe" für eine Automobilausstellung im Münchner „Haus der Kunst" vorhanden, eine Aktivität, die zugleich der Selbstdarstellung des Unternehmens diente.

Eine weitere Dimension modernen Mäzenatentums erschließt sich die Philipp Morris GmbH, die regelmäßig als Veranstalter des „Marlboro-Country-Music-Festivals" auftritt und zusätzlich der Gewinnerband eine zehntägige Reise nach Tennessee/USA ermöglicht. Auch hier wird die Verknüpfung zwischen Mäzenatentum und Imagepflege deutlich.

Die Philipp Morris GmbH fördert darüber hinaus auch junge Künstler sowie zeitgenössische Kunst. Besondere Unterstützung seitens des Unternehmens findet dabei – im lokalen Rahmen – die Künstlerwerkstatt Lothringer Straße in München. Die Philip Morris GmbH fördert durch finanzielle Zuwendungen die Arbeit von jungen Münchner Künstlern.

Verstärktes Engagement auf dem Gebiet der Kunstförderung verzeichnet auch die Mobil Oil AG, Hamburg. In Kooperation mit der Gemeinde Jockem, die in der Nähe des Standortes des Unternehmens liegt, wird jungen Nachwuchsmalern Gelegenheit gegeben, ihre Arbeiten einer größeren Öffentlichkeit zu präsentieren. Die Gemeinde Jockem unterhält ein sogenanntes „Zehnthaus", in dem die Künstler ihre Werke ausstellen können; vom Unternehmen wird jungen Malern ein Stipendium zur Fortführung ihrer Arbeit gewährt.

Viermal jährlich finden die „Standpunkte" statt, eine Veranstaltung, die Mobil Oil mit der Hamburger Kunsthalle durchführt und an der sie sich ebenfalls finanziell beteiligt. Dabei sollen bislang wenig bekannte junge Künstler einer breiteren Öffentlichkeit vorgestellt werden. Die Zuwendungen durch die Mobil-Oil AG erfolgen im Rahmen des Mobil-Pegasus-Programms, das sich vornehmlich der Kunstförderung widmet. Das Unternehmen verfährt in diesem Zusammenhang nach folgender Maxime: „Ein modernes Unternehmen, das sich als integrierter und aktiver Bestandteil der Gesellschaft versteht, sollte für das Gemeinwesen nicht allein durch seine wirtschaftlichen Leistungen nützlich sein. Wir betrachten es darüber hinaus als eine Aufgabe, ergänzend zur öffentlichen Hand einen angemessenen Teil kultureller Aufgaben mitzutragen." Nach ähnlichen Grundsätzen dürften auch andere Unternehmen verfahren.

An die Stelle des „klassischen" Mäzens tritt heute vielfach eine Stiftung zur Förderung von Kunst und Kultur. Immer mehr zeichnen sich auch die Banken durch solche Aktivitäten aus, so auch eine Stiftung der Bayerischen Hypotheken- und Wechselbank AG, die Kunst, Kultur und Wissenschaft fördert und aus ihrem Vermögen auch eine Kunsthalle betreibt, die durch eine Reihe von Ausstellungen hervorgetreten ist (z.B. „Deutsche Romantiker").

Eigene Kunstausstellungen bereits seit mehr als 70 Jahren führt auch die Batig Beteiligungs-GmbH (BAT) durch. Eine Stiftung, die den Bereich der bildenden Kunst fördert, ist die Stiftung Skulpturenpark Seestern der Horten AG in Düsseldorf. Sie ist mit DM 220000,– ausgestattet und verfolgt den Zweck, Kunst und Kultur der Gegenwart zu fördern. In erster Linie werden Mittel an junge Bildhauer vergeben. (Zitatende).

Kultur-Sponsoring der deutschen Großunternehmen

In einer schriftlichen Kurzumfrage wurden im Frühjahr 1988 die 50 größten Unternehmen der BRD hinsichtlich ihrer Aktivitäten im Bereich des Kultur-Sponsoring befragt. Davon konnten 28 voll ausgefüllte rücklaufende Fragebogen in die Ergebnisauswertung einbezogen werden.

Aus den wenigen Fragen an die großen deutschen Konzerne lassen sich recht gut einige wichtige Tendenzen ablesen:

- Etwa zwei Drittel der antwortenden Unternehmen engagieren sich im Bereich des Kultur-Sponsoring.
- Dabei sehen die Unternehmen selbst diese Aktivitäten praktisch alle als bestes Mäzenatentum, d.h. ohne direkte Einbindung in werbliche Aktivitäten (gelegentliche Nennungen in der Öffentlichkeitsarbeit ausgenommen).
- Der Wandel vom Mäzen zum Sponsor ist aber auch schon bei einem großen Teil der Unternehmen, rund einem Drittel, in die Wege geleitet oder geplant, wenn auch in der Praxis von Fall zu Fall unterschiedlich entschieden wird.
- Der Ankauf von Kunst für Büro- und Repräsentationsräume ist für über die Hälfte der antwortenden Unternehmen ein wichtiger Teil des Mäzenatentums.
- Aus der Befragung wurde aber auch deutlich, daß diese deutschen Unternehmen ein sehr vielfältiges und breit angelegtes Mäzenatentum über die Kunstförderung hinaus im sportlichen, sozialen und gesellschaftlichen Bereich ausüben.
  So gab ein großer Konzern z.B. an, kontinuierlich als auch sporadisch etwa 1000 Institutionen zu unterstützen, darunter so bekannte wie die Bayreuther Festspiele, aber auch unbekannte lokale ortsansässige Sportvereine.
- Besondere Mäzenaten- beziehungsweise Sponsoren-Budgets werden immer dann in größerer Höhe eingeplant, wenn es bei den deutschen Großunternehmen etwas zu feiern gibt, z.B. bestimmte Produktionsleistungen oder Firmenjubiläen.

(Quelle: DFS & R Marktforschung, Februar 1988)

Die Bedeutung der Kultur-Institute
für Kommunen, Privatpersonen und Wirtschaft –
das Beispiel der Stadt Zürich

Der Blick aus Sponsoringsicht auf Kunst und Kultur rückt verständlicherweise den Aspekt der Bezuschussung sehr stark in den Vordergrund. Die Größenordnungen der Kultursubventionen allgemein und vor allem in den Städten sind beträchtlich. Doch gehen von den Kultur-Instituten wiederum aktivierende Wirkungen auf Privatwirtschaft und Privatpersonen aus. Für die Stadt Zürich wurde unter der Leitung von P. Daniel Bischof eine Studie erarbeitet, deren Ziel es war, für die vier großen Züricher Kultur-Institute die Finanzflüsse darzustellen, die deren Tätigkeit verursacht. Der Verfasser umschrieb die Aufgabe wie folgt: „Damit soll gezeigt werden, daß Kultursubventionen keinen Einbahnverkehr vom Staat zu den Instituten auslösen, sondern vielmehr zu regem Zirkulationsverkehr zwischen Staat, Instituten, Wirtschaft und Privatpersonen führen. Teile der Subventionen fließen an den Staat zurück, und die Tätigkeit der Kultur-Institute hat auch in finanzieller Hinsicht anregende Wirkung auf die Wirtschaft sowie auf Privatpersonen."
Die Untersuchung dient ausschließlich der quantitativen Erfassung und Darstellung der Finanzflüsse im Beziehungsfeld Staat-Kultur-Institute-Wirtschaft-Private. Ausgangspunkt sind die vielfältigen finanziellen Beziehungen zwischen Staat, Kultur-Instituten, Wirtschaft sowie Privaten, wie sie schematisch in der folgenden Graphik zusammengefaßt sind.
Dieses Schema zeigt, daß es zwei verschiedene Arten finanzieller Beziehungen gibt: direkte finanzielle Beziehungen und induzierte finanzielle Beziehungen.

499

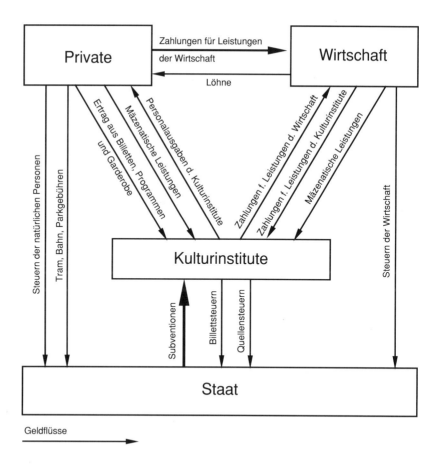

Die Untersuchung macht deutlich, daß die vier Kultur-Institute Opernhaus, Schauspielhaus, Tonhalle und Kunsthaus, abgesehen von ihrer
kulturellen, auch eine beträchtliche wirtschaftliche Bedeutung haben.
Damit sie ihre Aufgaben wahrnehmen können, sind sie zwar vorerst auf
Subventionen der öffentlichen Hand angewiesen; ihre Tätigkeit führt jedoch zu Rückflüssen an den Staat und zu einer starken Belebung der
Wirtschaft.

Der Staat (Stadt, Kanton und Gemeinden) zahlt mit mehr als 98 Prozent
den größten Teil der Unterstützung an diese vier Kultur-Institute. Den
Rest, häufig zweckgebundene Beiträge für eine bestimmte Aufführung,
eine Tournee oder ein Bild, stellen Privatpersonen und die Wirtschaft
zur Verfügung. Nicht berücksichtigt, aber dennoch wichtig sind die
nicht-geldmäßigen Leistungen, die der Staat, die Wirtschaft und die Privaten zugunsten der Kultur-Institute erbringen, beispielsweise bei der
Ausübung der Verwaltungsratstätigkeit und der Überlassung der Gebäude. Speziell beim Kunsthaus spielen Schenkungen und Leihgaben
eine große Rolle.

Die volkswirtschaftliche Rechnung

Den staatlichen Subventionen von jährlich 67 Millionen SFr. stehen – unter Berücksichtigung zweier Multiplikatorprozesse – Rückflüsse an den Staat in Form diverser Steuern sowie Transportausgaben und Parkgebühren von insgesamt 25 Millionen SFr. gegenüber.

Aus den Aktivitäten der Kultur-Institute entstehen – als induzierte finanzielle Ausgaben gesehen – Ausgaben an die Wirtschaft in der Größenordnung von insgesamt 196 Millionen SFr. Dabei handelt es sich um Ausgaben der Kultur-Institute für Leistungen in der Wirtschaft, des Personals der Kultur-Institute für die Bestreitung seines Lebensunterhaltes sowie die Ausgaben der Besucher, beispielsweise für auswärts konsumierte Mahlzeiten, Einkäufe oder Dienstleistungen.

Die zusammenfassende „Bilanz" (siehe unten) zeigt eine Detaillierung dieser Positionen.

Eindrucksvoll sind auch die Umrechnungen dieser Ziffern pro Besucher. Für jeden Besucher der Kultur-Institute leistet die öffentliche Hand im Durchschnitt SFr. 65,– und erzielt Einnahmen in Form von Steuern, Transportausgaben und Parkgebühren von durchschnittlich SFr. 25,–. Demgegenüber betragen die Einnahmen der Kultur-Institute aus Eintritten, Garderobengebühren, Programmheftverkäufen knapp SFr. 18,– pro Besucher. Die durchschnittlichen Ausgaben pro Besucher an die Wirtschaft, also die induzierten Ausgaben, belaufen sich pro Besucher auf SFr. 190,–.

„Bilanz" der 4 großen Züricher Kultur-Institute

Unterstützung an die vier großen Kulturinstitute:	Fr.	%	
Staat (Stadt, Kanton, Gemeinden)	67 103 125	98,4	**Staatliche**
Wirtschaft	214 800	0,2	**Unterstützung**
Private	890 375	1,3	**pro**
Insgesamt	68 208 300	100,0	**Besucher: Fr. 65.10**

Die Tätigkeit der Kulturinstitute führt zu Rückflüssen an den Staat und zu Ausgaben an die Wirtschaft

Staat	Fr.	Fr.	
Direkte Rückflüsse an den Staat			
– Quellensteuer	398 616		
– Billettsteuer	1 383 111	1 781 727	
Induzierte Rückflüsse an den Staat			
– Transportausgaben (Tram, Bahn)	5 066 681		
– Parkgebühren	1 531 230		
– Steuern des Personals der Kulturinstitute	8 628 282		
– Steuern der Privaten aus Wirtschaftstätigkeit	4 384 484		
– Steuern der Wirtschaft	3 914 718	23 525 395	**Pro**
Insgesamt		25 307 122	**Besucher: Fr. 24.55**
Anteil an der staatlichen Unterstützung: 37,7 %			

Wirtschaft

	Fr.	Fr.
Direkte Ausgaben an die Wirtschaft		
Zahlungen der Kulturinstitute für Leistungen der Wirtschaft unter Berücksichtigung des Multiplikators	**23 960 293**	
Induzierte Ausgaben an die Wirtschaft		
– Besucher		
Transportausgaben (Auto)	**14 806 460**	
Gastgewerbe	**17 751 180**	
Einkäufe	**26 107 800**	
Sonstige Ausgaben	**<u>13 118 100</u>**	
Total	**71 783 540**	
Besucherausgaben unter Berücksichtigung des Multiplikators		**107 675 309**
– Personal der Kulturinstitute		
Ausgaben des Personals der Kulturinstitute unter Berücksichtigung des Multiplikators	**64 100 308**	**Pro**
Insgesamt	**195 735 910**	**Besucher: <u>Fr. 189.85</u>**

Anteil an der staatlichen Unterstützung: <u>291,6 %</u>

Quelle: P. Daniel Bischof; Die wirtschaftliche Bedeutung der Zürcher Kulturinstitute; Studie der Julius Bär-Stiftung, Zürich 1984

Die Ausgaben der öffentlichen Haushalte für Kunst- und Kulturpflege

Das Statistische Bundesamt weist in seinen umfangreichen Zahlenwerken auch die Budgetstrukturen für den Bereich der Kunst- und Kulturpflege aus. Die folgende Tabelle zeigt die Zahlen für 1980 bis 1985.
Nun kann über die absolute Höhe des staatlichen Kulturbudgets verständlicherweise heftig diskutiert werden, je nachdem, welchen Stellenwert man der Kultur oder Kunst zuschreibt. Fest steht, daß die Budgets jährlich kontinuierliche Steigerungen erfahren, die erfreulicherweise über den allgemeinen Preissteigerungsraten liegen. Eine weitere positive Feststellung kann hinsichtlich der Verwaltungskosten für diese kulturellen und künstlerischen Angelegenheiten gemacht werden: Der Anteil dieser Kosten am Gesamtbudget ist relativ gering, und die Steigerungen dort sind unterproportional.

Ausgaben der öffentlichen Haushalte für Kunst- und Kulturpflege und verwandte Bereiche in der Abgrenzung der UNESCO nach Aufgabenbereichen und Körperschaftsgruppen *)

Aufgabenbereich	Rechnungs-jahr	Insgesamt	Bund, LAF, ERP zus.	Länder	Gemeinden/Gv.	Zweck-verbände
Mio. DM						
Kunst- und Kulturpflege	1980	4.246	96	1.758	2.368	23
	1981	4.573	116	1.859	2.573	25
	1982	4.618	114	1.881	2.597	26
	1983	4.761	88	1.982	2.663	27
	1984	5.040	89	2.120	2.802	28
	1985	5.542	94	2.298	3.120	31
davon:						
– Theater						
(Oper, Schauspiel etc.)	1980	1.928	—	799	1.113	16
	1981	2.095	—	861	1.217	18
	1982	2.124	—	860	1.246	18
	1983	2.207	—	904	1.284	19
	1984	2.276	—	937	1.319	20
	1985	2.439	—	995	1.424	20
– Berufsorchester und -chöre, sonstige						
Musikpflege	1980	532	14	135	371	12
	1981	565	15	138	406	6
	1982	585	16	148	415	6
	1983	608	17	157	428	6
	1984	654	16	191	440	6
	1985	704	19	204	474	7
– Museen, Sammlungen,						
Ausstellungen	1980	751	5	329	416	2
	1981	783	4	320	459	–
	1982	793	4	305	483	1
	1983	834	3	338	491	2
	1984	913	5	355	552	1
	1985	980	4	366	607	4
– Denkmalschutz mit						
-pflege	1980	297	16	281	–	–
	1981	299	9	289	–	–
	1982	303	8	295	–	–
	1983	292	6	286	–	–
	1984	300	6	295	–	–
	1985	354	7	347	–	–
– Naturschutz und						
Landschaftspflege	1980	104	4	100	–	–
	1981	116	7	109	–	–
	1982	115	5	110	–	–
	1983	116	5	111	–	–
	1984	157	4	153	–	–
	1985	181	4	177	–	–

Aufgabenbereich	Rechnungs-jahr	Insgesamt	Bund, LAF, ERP zus.	Länder	Gemeinden/ Gv.	Zweck-verbände
Mio. DM						
– Sonstige Kunst- und Kulturpflege	1980	642	56	115	468	2
	1981	715	80	143	491	1
	1982	698	80	164	452	2
	1983	704	56	186	460	1
	1984	740	58	189	491	1
	1985	884	60	210	615	1
– Verwaltung für kulturelle Angelegenheiten	1980	217	—	113	104	–
	1981	232	—	112	119	–
	1982	247	—	130	117	–
	1983	253	—	134	119	
	1984	267	—	140	126	–
	1985	281	—	145	136	–
– Kirchliche Angelegenheiten	1980	625	33	520	72	–
	1981	660	39	545	76	–
	1982	673	39	559	75	–
	1983	678	41	566	71	–
	1984	679	39	565	75	–
	1985	707	37	578	92	–
– Bibliotheken	1980	1.062	213	342	492	16
	1981	1.061	186	349	525	–
	1982	1.080	204	353	522	–
	1983	1.109	218	369	521	–
	1984	1.149	221	379	549	–
	1985	1.172	246	404	523	–
– Kulturelle Angelegenheiten im Ausland	1980	442	426	16	–	–
	1981	477	462	15	–	–
	1982	464	453	11	–	–
	1983	471	463	8	–	–
	1984	385	378	7	–	–
	1985	432	424	8	–	–
– Rundfunkanstalten und Fernsehen	1980	330	329	1	–	–
	1981	339	338	1	–	–
	1982	343	342	1	–	–
	1983	328	326	1	–	–
	1984	331	330	1	–	–
	1985	347	338	9	–	–
– Sport und Erholung	1980	7.224	78	1.172	5.946	27
	1981	7.428	78	1.150	6.184	15
	1982	7.205	82	1.177	5.922	24
	1983	6.885	83	1.125	5.655	22
	1984	6.883	93	1.148	5.623	19
	1985	7.143	87	1.131	5.914	10

Aufgabenbereich	Rechnungs-jahr	Insgesamt	Bund, LAF, ERP zus.	Länder	Gemeinden/ Gv.	Zweck-verbände
Mio. DM						
Reinhaltung von Luft, Wasser, Erde und dgl.	1980	525	368	156	–	–
	1981	523	339	184	–	–
	1982	543	349	194	–	–
	1983	583	362	221	–	–
	1984	668	442	226	–	–
	1985	730	478	252	–	–
Insgesamt	1980	14.682	1.544	4.078	8.982	78
	1981	15.293	1.558	4.216	9.477	40
	1982	15.172	1.583	4.305	9.233	50
	1983	15.067	1.581	4.406	9.029	50
	1984	15.402	1.592	4.586	9.175	47
	1985	16.354	1.704	4.825	9.785	41
Insgesamt in %						
Anteile am öffentlichen Haushalt	1980	2,1	0,7	2,3	8,8	2,6
	1981	1,9	0,6	1,9	6,2	0,6
	1982	1,8	0,6	1,9	6,0	0,7
	1983	1,8	0,6	1,9	6,0	0,8
	1984	1,8	0,6	2,0	5,9	0,7
	1985	1,8	0,6	2,3	8,4	1,6
Anteile am Bruttosozial-produkt	1980	1,0	0,1	0,3	0,6	0,0
	1981	1,0	0,1	0,3	0,6	0,0
	1982	0,9	0,1	0,3	0,6	0,0
	1983	0,9	0,1	0,3	0,5	0,0
	1984	0,9	0,1	0,3	0,5	0,0
	1985	0,9	0,1	0,3	0,5	0,0
Anteile der Körperschafts-gruppen	1980	100,0	10,5	27,8	61,2	0,5
	1981	100,0	10,2	27,6	62,0	0,3
	1982	100,0	10,4	28,4	60,9	0,3
	1983	100,0	10,5	29,2	59,9	0,3
	1984	100,0	10,3	29,8	59,6	0,3
	1985	100,0	10,4	29,5	59,8	0,3
Veränderungen gegenüber Vorjahr	1980	+ 15,5	+ 12,7	+ 15,0	+ 16,1	+ 27,9
	1981	+ 4,4	+ 0,9	+ 3,4	+ 5,5	– 21,6
	1982	– 0,8	+ 1,6	+ 2,1	– 2,6	+ 25,0
	1983	– 0,7	– 0,1	+ 2,3	– 2,2	± 0
	1984	+ 2,2	+ 0,7	+ 4,1	+ 1,6	– 6,0
	1985	+ 6,2	+ 7,0	+ 5,2	+ 6,6	– 12,8

*) Nettoausgaben; weitgehend nach UNESCO-Abgrenzung

Quelle: Statistisches Bundesamt, Jahreszusammenfassung

Die Entwicklung und Strukturierung der Museums-
besuche in der Bundesrepublik

Die Entwicklung der Museumsbesuche
Analyse von Besucher-Strukturen ausgewählter
Museen

Das Institut für Museumskunde Berlin stellt in unregelmäßigen Abständen unter dem Titel „Materialien" Daten und Fakten aus der laufenden Arbeit für interessierte Fachleute zur Verfügung. Darunter auch regelmäßige Erhebungen der Besucherzahlen an den Museen der Bundesrepublik Deutschland und Westberlin.

Für die Jahre 1983 bis 1986 sind auszugsweise Tabellen aus dieser Materialiensammlung wiedergegeben („Materialien", Hefte 14, 16 und 18). Diese Hefte gelangen nicht in den Buchhandel und werden nur auf begründete Anfrage hin abgegeben. Interessenten für weiteres detailliertes Zahlenmaterial sollten sich deshalb direkt an das Institut für Museumskunde wenden (Anschrift: In der Halde 1, D-1000 Berlin 33).

Anzahl der Museumsbesuche und Ausstellungen nach Museumsarten

	Museumsart	Anzahl der Museen mit Besuchszahlenangaben		Besuche von Museen		Anzahl der Ausstellungen	
		1986	(1985)	1986	(1985)	1986	(1985)
1	Heimatkundem.	908	(844)	13.245.138	(12.810.934)	1.781	(1.674)
2	Kunstmuseen	231	(208)	12.683.667	(11.772.246)	1.001	(880)
3	Schloß- und Burgmuseen	110	(104)	9.441.534	(9.064.112)	46	(54)
4	Wissenschaftsmuseen	110	(100)	3.398.402	(2.968.679)	161	(140)
5	Technik- und Verkehrsmuseen	119	(115)	8.282.917	(8.449.728)	154	(157)
6	Politisch - historische Museen	30	(29)	3.549.485	(3.764.657)	32	(31)
7	Sammelmuseen mit komplexen Beständen	14	(13)	2.436.644	(2.171.496)	112	(111)
8	Kulturgeschichtliche Spezialmuseen	205	(191)	5.846.676	(6.167.202)	375	(346)
9	Mehrere Museen in einem Museumskomplex	36	(36)	3.547.181	(3.609.867)	204	(185)
	Gesamtzahl	1.763	(1.640)	62.431.644	(60.778.921)	3.866	(3.578)

Anzahl der Museumsbesuche und Ausstellungen nach Museumsarten

Museumsarten	Anzahl der Museen mit Besuchszahlenangaben		Besuche von Museen		Ausstellungen (Anzahl)	
	1984	(1983)	1984	(1983)	1984	(1983)
1 Heimatkundem.	815	(794)	12.218.530	(11.100.345)	1.543	(1.344)
2 Kunstmuseen	206	(206)	11.289.230	(10.007.243)	911	(800)
3 Schloß- und Burgmuseen	101	(107)	8.368.688	(7.986.203)	49	(46)
4 Wissenschafts- museen	101	(102)	2.931.535	(2.695.260)	158	(136)
5 Technik- und Ver- kehrsmuseen	106	(101)	7.517.228	(7.069.796)	126	(100)
6 Politische und historische Museen	24	(23)	3.091.381	(2.946.081)	24	(6)
7 Sammelmuseen mit komplexen Beständen	14	(14)	2.296.394	(1.523.808)	120	(98)
8 Kulturgeschicht- liche Spezial- museen	181	(179)	5.592.526	(5.321.872)	343	(318)
9 Mehrere Museen in einem Museums- komplex	38	(34)	3.442.272	(3.376.101)	161	(27)
Gesamtzahl	1.586	(1.560)	56.747.784	(52.026.709)	3.435	(2.875)

Rangordnung der Gründe für Ansteigen/Absinken der Besucherzahlen

Rang-platz	Ansteigen (Grund) Anzahl und (in%)[1]		Absinken (Grund) Anzahl und (in%)[1]		Rang-platz
1	große Sonderausstellung 145	(29,2)	baulich-organisatorische Schließung 55	(11,1)	1
2	erweiterte Öffentlichkeitsarbeit u. Museumspädagogik 115	(23,1)	Sonderveranstaltung, -ausstellung 1985 38	(7,7)	2
3	Eröffnung neuer Räume, Neubau 70	(14,1)	Einschränkung von Sonderausstellungen 31	(6,2)	3
4	Verlängerung der Öffnungszeiten 45	(9,1)	erschwerter Zugang durch Bauarbeiten 14	(2,8)	4
5	Sonderveranstaltung 32	(6,4)	Rückgang des Fremdenverkehrs/Kurgäste/ Gruppenfahrten 13	(2,6)	5
6	höherer Bekanntheitsgrad 13	(2,6)	Verkürzung der Öffnungszeiten 10	(2,0)	6
7	Erweiterung der Schausammlung 10	(2,0)	Einschränkung von Öffentlichkeitsarbeit und Museumspädagogik 10	(2,0)	6
8	Erhöhung der Etatmittel 9	(1,8)	Erhöhung/Einführung von Eintrittsgeld 6	(1,2)	8
9	Senkung/Abschaffung von Eintrittsgeld 9	(1,8)	Wetter 5	(1,0)	9
10	Zunahme des Fremdenverkehrs/Kurgäste 8	(1,6)	Kürzung der Etatmittel 5	(1,0)	9
11	Schließung im Vorjahr 5	(1,0)	Eröffnung im Vorjahr 5	(1,0)	9
12	Wetter 3	(0,6)	Konkurenz naher Museen 3	(0,6)	12
	andere Gründe 18	(3,6)	andere Gründe 21	(4,2)	

[1] % bezogen auf 497 Museen, die diese Frage beantwortet haben; Mehrfachnennungen waren möglich.

Rangordnung der Gründe für Ansteigen/Absinken der Besucherzahlen

Rang-platz	Ansteigen/Gründe Anzahl und (in %)[1]		Absinken/Gründe Anzahl und (in %)[1]		Rang-platz
1	große Sonderausstellung		baulich-organisatorisch bedingte Schließung von Museumsräumen		1
	134	(24,1)	60	(10,8)	
2	Erweiterung von Öffentlichkeitsarbeit und Museumspädagogik		Einschränkung von Sonderausstellungen (Mittelkürzungen)		2
	115	(20,7)	38	(6,8)	
3	Eröffnung neuer Museumsräume/eines Neubaus		Wetter		3
	82	(14,8)	27	(4,9)	
4	Sonderveranstaltungen		Rückgang Fremdenverkehr, Kurgäste, Gruppenfahrten		4
	35	(6,3)	23	(4,1)	
5	Verlängerung der Öffnungszeiten		Bauarbeiten, dadurch erschwerter Zugang		5
	31	(5,6)	18	(3,2)	
6	Wetter		Einführung/Erhöhung von Eintrittsgeld		6
	12	(2,2)	17	(3,1)	
7	Erhöhung der Etatmittel für Ankäufe und Ausstellungen		Kürzung der Etatmittel für Ankäufe und Ausstellungen		7
	9	(1,6)	16	(2,9)	
8	Zunahme Fremdenverkehr, Kurgäste, Gruppenreisen		Einschränkung/Kürzung von Öffentlichkeitsarbeit und Museumspädagogik		7
	6	(1,1)	16	(2,9)	
9	Senkung/Abschaffung von Eintrittgeld		Verkürzung der Öffnungszeiten		9
	4	(0,7)	10	(1,8)	
	andere Gründe		andere Gründe		
	30	(5,4)	45	(8,1)	

[1] Die %-Zahlen beziehen sich auf die Museen, die diese Frage beantwortet haben (insgesamt 555 Museen)

Da Mehrfachnennungen möglich waren, ergeben sich bei Addition aller %-Angaben mehr als 100 %.

Besuchszahlen nach Museumsarten 1986 (85)

Museumsart	bis 5.000 / in %	5.001 bis 10.000 / in %	10.001 bis 15.000 / in %	15.001 bis 20.000 / in %	20.001 bis 25.000 / in %	25.001 bis 50.000 / in %	50.001 bis 100.000 / in %	100.001 bis 500.000 / in %	500.001 bis 1 Mio. / in %	über 1 Mio. / in %	Gesamtzahl je Museumsart / in %
1) Heimatkundemuseen	499 (471) 55,0 (55,8)	148 (132) 16,3 (15,6)	67 (64) 7,4 (7,6)	35 (31) 3,9 (3,7)	31 (26) 3,4 (3,1)	74 (66) 8,1 (7,8)	32 (32) 3,5 (3,8)	22 (22) 2,4 (2,6)	0 (0) 0,0 (0,0)	0 (0) 0,0 (0,0)	908 (844) 51,5 (51,5)
2) Kunstmuseen	50 (45) 21,6 (21,6)	27 (21) 11,7 (10,1)	16 (20) 6,9 (9,6)	26 (15) 11,3 (7,2)	13 (12) 5,6 (5,8)	35 (36) 15,2 (17,3)	30 (27) 13,0 (13,0)	31 (30) 13,4 (14,4)	3 (1) 1,3 (0,5)	0 (1) 0,0 (0,5)	231 (208) 13,1 (12,7)
3) Schloß- u. Burgmuseen	15 (14) 13,6 (13,5)	8 (6) 7,3 (5,8)	4 (6) 3,6 (5,8)	10 (4) 9,1 (3,8)	6 (9) 5,5 (8,6)	30 (24) 27,3 (23,1)	19 (23) 17,3 (22,1)	13 (13) 11,8 (̄2,5)	4 (4) 3,6 (3,8)	1 (1) 0,9 (1,0)	110 (104) 6,2 (6,3)
4) Wissenschaftsmuseen	42 (43) 38,2 (43,0)	18 (15) 16,4 (15,0)	11 (6) 10,0 (6,0)	5 (4) 4,5 (4,0)	6 (5) 5,5 (5,0)	15 (14) 13,6 (14,0)	4 (3) 3,6 (3,0)	9 (10) 8,2 (10,0)	0 (0) 0,0 (0,0)	0 (0) 0,0 (0,0)	110 (100) 6,2 (6,1)
5) Technik-Verkehrsmuseen	40 (37) 33,6 (32,2)	8 (12) 6,7 (10,4)	10 (12) 8,4 (10,4)	10 (3) 8,4 (2,6)	4 (5) 3,3 (4,4)	16 (15) 13,5 (13,0)	16 (15) 13,5 (13,0)	13 (14) 10,9 (12,2)	0 (1) 0,0 (0,9)	2 (1) 1,7 (0,9)	119 (115) 6,8 (7,0)
6) Polit. u. historische Museen	8 (9) 26,7 (31,0)	2 (1) 6,7 (3,5)	0 (0) 0,0 (0,0)	1 (1) 3,3 (3,5)	2 (1) 6,7 (3,5)	6 (4) 20,0 (13,8)	4 (5) 13,3 (17,2)	4 (5) 13,3 (17,2)	3 (3) 10,0 (10,3)	0 (0) 0,0 (0,0)	30 (29) 1,7 (1,8)
7) Sammelmuseen	0 (0) 0,0 (0,0)	0 (0) 0,0 (0,0)	0 (0) 0,0 (0,0)	0 (0) 0,0 (0,0)	0 (0) 0,0 (0,0)	3 (2) 21,4 (15,4)	3 (3) 21,4 (23,1)	8 (8) 57,2 (61,5)	0 (0) 0,0 (0,0)	0 (0) 0,0 (0,0)	14 (13) 0,8 (0,8)
8) Kulturgeschichtliche Spezialmuseen	91 (85) 44,4 (44,5)	29 (30) 14,1 (15,7)	19 (9) 9,3 (4,7)	4 (7) 2,0 (3,7)	8 (9) 3,9 (4,7)	21 (20) 10,2 (10,5)	19 (14) 9,3 (7,3)	13 (16) 6,3 (8,4)	1 (1) 0,5 (0,5)	0 (0) 0,0 (0,0)	205 (191) 11,6 (11,6)
9) Mehrere Museen	4 (3) 11,1 (8,3)	1 (3) 2,8 (8,3)	2 (2) 5,6 (5,6)	2 (2) 5,6 (5,6)	3 (1) 8,3 (2,8)	4 (6) 11,1 (16,6)	12 (10) 33,3 (27,8)	7 (8) 19,4 (22,2)	1 (1) 2,8 (2,8)	0 (0) 0,0 (0,0)	36 (36) 2,1 (2,2)
Gesamtzahl je Spalte in %	749 (707) 42,5 (43,1)	241 (220) 13,6 (13,4)	129 (119) 7,3 (7,3)	93 (67) 5,3 (4,1)	73 (68) 4,1 (4,1)	204 (187) 11,6 (11,4)	139 (132) 7,9 (8,0)	120 (126) 6,8 (7,7)	12 (11) 0,7 (0,7)	3 (3) 0,2 (0,2)	1763 (1640) 100,0 (100,0)

Besuchszahlen nach Museumsarten 1984

Museumsart	bis 5.000	5.001 bis 10.000	10.001 bis 15.000	15.001 bis 20.000	20.001 bis 25.000	25.001 bis 50.000	50.001 bis 100.000	100.001 bis 500.000	500.001 bis 1 Mio.	über 1 Mio	Gesamtanzahl je Museumsart in %
	in %	in %	in %	in %	in %	in %	in %	in %	in %	in %.	in %
1) Heimatkundemuseen	471 (465) / 57,8 (58,6)	112 (117) / 13,7 (14,7)	61 (55) / 7,5 (6,9)	31 (31) / 3,8 (3,9)	23 (21) / 2,8 (2,6)	60 (60) / 7,4 (7,6)	36 (29) / 4,4 (3,7)	21 (16) / 2,6 (2,0)	0 (0) / 0,0 (0,0)	0 (0) / 0,0 (0,0)	815 (794) / 51,4 (51,0)
2) Kunstmuseen	39 (40) / 18,9 (19,4)	25 (24) / 12,1 (11,7)	17 (18) / 8,3 (8,7)	17 (19) / 8,3 (9,2)	11 (13) / 5,3 (6,3)	35 (36) / 17,0 (17,5)	34 (32) / 16,5 (15,5)	27 (23) / 13,1 (11,2)	0 (1) / 0,0 (0,5)	1 (0) / 0,5 (0,0)	206 (206) / 13,0 (13,2)
3) Schloß- u. Burgmuseen	12 (12) / 11,9 (11,2)	7 (7) / 6,9 (6,5)	4 (8) / 4,0 (7,5)	9 (7) / 8,9 (6,5)	5 (12) / 4,9 (11,2)	29 (23) / 28,7 (21,5)	18 (20) / 17,8 (18,7)	13 (14) / 12,9 (13,1)	3 (3) / 3,0 (2,8)	1 (1) / 1,0 (1,0)	101 (107) / 6,4 (6,8)
4) Wissenschaftsmuseen	42 (45) / 41,6 (44,1)	18 (12) / 17,8 (11,7)	8 (10) / 7,9 (9,8)	1 (3) / 1,0 (2,9)	4 (6) / 4,0 (5,9)	14 (12) / 13,8 (11,8)	4 (7) / 4,0 (6,9)	10 (7) / 9,9 (6,9)	0 (0) / 0,0 (0,0)	0 (0) / 0,0 (0,0)	101 (102) / 6,4 (6,5)
5) Technik-Verkehrsmuseen	31 (29) / 29,2 (28,7)	13 (14) / 12,3 (13,9)	10 (9) / 9,4 (8,9)	6 (3) / 5,7 (3,0)	3 (6) / 2,8 (5,9)	16 (16) / 15,1 (15,8)	11 (10) / 10,4 (9,9)	14 (12) / 13,2 (11,9)	0 (0) / 0,0 (0,0)	2 (2) / 1,9 (2,0)	106 (101) / 6,7 (6,5)
6) Polit.- u. historische Museen	5 (5) / 20,8 (21,7)	2 (2) / 8,4 (8,7)	0 (0) / 0,0 (0,0)	2 (2) / 8,4 (8,7)	3 (1) / 12,5 (4,3)	1 (5) / 4,1 (21,7)	5 (3) / 20,8 (13,1)	3 (2) / 12,5 (8,7)	3 (3) / 12,5 (13,1)	0 (0) / 0,0 (0,0)	24 (23) / 1,5 (1,5)
7) Sammelmuseen	0 (0) / 0,0 (0,0)	0 (0) / 0,0 (0,0)	0 (0) / 0,0 (0,0)	1 (2) / 7,2 (16,7)	1 (0) / 7,2 (0,0)	1 (1) / 7,2 (8,3)	2 (3) / 14,2 (25,0)	9 (6) / 64,2 (50,0)	0 (0) / 0,0 (0,0)	0 (0) / 0,0 (0,0)	14 (12) / 0,8 (0,8)
8) Kulturgeschichtl. Spezialm.	82 (83) / 45,3 (46,4)	27 (25) / 14,9 (13,9)	10 (12) / 5,5 (6,7)	8 (5) / 4,4 (2,8)	7 (8) / 3,9 (4,5)	17 (17) / 9,4 (9,5)	14 (12) / 7,7 (6,7)	15 (17) / 8,3 (9,5)	1 (0) / 0,6 (0,0)	0 (0) / 0,0 (0,0)	181 (179) / 11,4 (11,5)
9) Mehrere Museen	5 (1) / 13,2 (2,9)	1 (2) / 2,6 (5,9)	5 (3) / 13,2 (8,8)	3 (2) / 7,9 (5,9)	1 (2) / 2,6 (5,9)	5 (6) / 13,2 (17,7)	9 (8) / 23,7 (23,5)	8 (10) / 21,0 (29,4)	1 (0) / 2,6 (0,0)	0 (0) / 0,0 (0,0)	38 (34) / 2,4 (2,2)
Gesamtzahl je Spalte (in %)	687 (680) / 43,3 (43,6)	205 (203) / 12,9 (13,0)	115 (115) / 7,2 (7,4)	78 (74) / 4,9 (4,8)	58 (69) / 3,7 (4,4)	178 (176) / 11,2 (11,3)	133 (124) / 8,4 (8,0)	120 (107) / 7,6 (6,9)	8 (7) / 0,5 (0,4)	4 (3) / 0,3 (0,2)	1586 (1558) / 100,0 (100,0)

Verteilung der Museen nach Bundesländern

Bundesland	Museen, angeschrieben		davon: geantwortet in %		davon: mit Besuchszahl in %		Besuchszahl der Museen		Anzahl der Ausstellungen	
	1986	(1985)	1986	(1985)	1986	(1985)	1986	(1985)	1986	(1985)
Baden-Württemberg	521	(505)	480 / 92,1	(446) / (88,3)	415 / 79,7	(391) / (77,4)	11.379.946	(9.944.601)	582	(541)
Freistaat Bayern	534	(507)	479 / 89,7	(453) / (89,3)	414 / 77,5	(395) / (77,9)	16.685.806	(16.718.108)	667	(625)
Berlin (West)	51	(48)	50 / 98,0	(45) / (93,8)	42 / 82,4	(39) / (81,3)	4.143.888	(4.056.768)	101	(111)
Bremen	15	(15)	13 / 86,7	(12) / (80,0)	12 / 80,0	(10) / (66,7)	953.998	(817.813)	76	(75)
Hamburg	25	(25)	23 / 92,0	(23) / (92,0)	17 / 68,0	(19) / (76,0)	1.103.866	(1.273.840)	61	(58)
Hessen	256	(239)	239 / 93,4	(220) / (92,1)	213 / 83,2	(201) / (84,1)	6.444.144	(6.384.879)	439	(409)
Niedersachsen	219	(204)	193 / 88,1	(179) / (87,7)	182 / 83,1	(165) / (80,9)	4.824.358	(5.735.090)	453	(371)
Nordrhein-Westfalen	318	(301)	301 / 94,7	(281) / (93,4)	270 / 84,9	(257) / (85,4)	10.763.573	(10.314.871)	1.037	(977)
Rheinland-Pfalz	142	(101)	124 / 87,3	(90) / (89,1)	110 / 77,5	(80) / (79,2)	2.793.573	(2.255.977)	264	(215)
Saarland	9	(7)	9 / 100,0	(7) / (100,0)	8 / 88,9	(7) / (100,0)	240.379	(236.714)	22	(24)
Schleswig-Holstein	95	(91)	88 / 92,7	(85) / (93,4)	80 / 84,2	(76) / (83,5)	3.085.113	(3.040.260)	164	(172)
Gesamt	2.185	(2.043)	1.999 / 91,5	(1.841) / (90,1)	1.763 / 80,7	(1.640) / (80,3)	62.431.644	(60.778.921)	3.866	(3.578)

Verteilung der Museen nach Trägerschaften

Trägerschaft	Museen, angeschrieben 1986	(1985)	davon: geantwortet in % 1986	(1985)	davon: mit Besuchszahl in % 1986	(1985)	Besuchszahl der Museen 1986	(1985)	Anzahl der Ausstellungen 1986	(1985)
1 Bundesland	210	(205)	204 / 97,1	(198) / (96,6)	185 / 88,1	(179) / (87,3)	16.895.335	(16.648.064)	402	(364)
2 Kreis, Bezirk	91	(83)	88 / 96,7	(79) / (95,2)	85 / 93,4	(76) / (91,6)	2.447.368	(2.044.520)	198	(168)
3 Gemeinde	953	(895)	887 / 93,1	(827) / (92,4)	782 / 82,1	(729) / (81,5)	15.351.313	(15.185.681)	2.090	(1.829)
4 Einrichtung des Bundes	18	(15)	18 / 100,0	(15) / (100,0)	13 / 72,2	(12) / (80,0)	1.020.775	(1.335.457)	10	(11)
5 Verein/Körperschaft	617	(564)	546 / 88,5	(488) / (86,5)	487 / 78,9	(447) / (79,3)	16.920.329	(16.105.574)	934	(1.013)
6 Private Gesellschaft	270	(252)	230 / 85,2	(205) / (81,3)	187 / 69,3	(170) / (67,5)	8.175.026	(7.430.462)	149	(102)
7 Ausländischer Staat	2	(2)	2 / 100,0	(2) / (100,0)	1 / 50,0	(1) / (50,0)	2.800	(3.000)	0	(0)
8 Mehrere Träger/Museum	5	(5)	5 / 100,0	(5) / (100,0)	5 / 100,0	(5) / (100,0)	88.737	(87.284)	11	(18)
9 Mehrere Träger/Sammelmuseum	19	(22)	19 / 100,0	(22) / (100,0)	18 / 94,7	(21) / (95,5)	1.529.961	(1.938.879)	72	(73)
Gesamt	2.185	(2.043)	1.999 / 91,5	(1.841) / (90,1)	1.763 / 80.7	(1.640) / (80,3)	62.431.644	(60.778.921)	3.866	(3.578)

Analyse von Besucher-Strukturen ausgewählter Museen in der BRD und Westberlin

Ebenfalls vom Institut für Museumskunde Berlin initiiert wurde eine Untersuchung über die „Besucherstrukturen von Museen" im Jahr 1984. Ziel dieser Studie war die Ermittlung von Art und Stärke der Unterschiede von Besucherstrukturen sowie Verursacherfaktoren für die Abweichungen und außerdem die Herausarbeitung typischer Verlaufsformen von Besuchern und deren Determinanten.

Die Ergebniszusammenfassung dieser Untersuchung (Originaltext Seite 6, 7, 8 des Berichtsbandes) und verschiedene interessante Tabellen sind im folgenden zu finden.

Zu den Ergebnissen:

In den Museen der Bundesrepublik werden unterschiedlichste Anteile an Fernbesuchern zwischen 10 Prozent und 90 Prozent angetroffen. Maßgeblichen Einfluß auf diesen Wert haben weniger Größe und Bekanntheit des betreffenden Museums oder die Ortsgröße, sondern in erster Linie der Umstand, welche touristischen Funktionen in der betreffenden Stadt oder Standort-Region vorliegen. Das gilt besonders für die Sommersaison. Die Anteile von Ausländern unter den Besuchern sind in grenznahen Gebieten und an international bekannten Häusern am höchsten. In Deutschland lebende Ausländer bilden in der Regel eine verschwindende Minderheit im Publikum. Männer überwiegen unter den Besuchern der meisten Museen deutlich – besonders stark in technischen und Militärmuseen –, wobei mit zunehmendem Alter der Männerüberschuß wächst. Rentner sind allgemein unterrepräsentiert. Ebenso bestehen in sehr vielen Museen für Frauen über 40 Jahre offenkundige Zugangsbarrieren parallel zu anderen kulturellen Einrichtungen. In Großstadtmuseen sind die Altersjahrgänge der 20- bis 40jährigen überproportional als Besucher vertreten, während kleinere Heimat- und Regionalmuseen ein im Mittel älteres Publikum aufweisen.
Ungleiche formale Bildung als eine vielzitierte andere „Barriere" wirkt sich in stark abgestufter Form bei bestimmten Museumstypen aus. Keineswegs tritt sie bei allen Museen in Erscheinung: Kunstmuseen haben ein eindeutig elitär selektiertes Publikum, manche andere Museen werden von Akademikern eher vernachlässigt. Der Arbeiteranteil unter den Besuchern – ein im übrigen zweifelhafter Indikator schwankt zwischen 5 und 35 Prozent.
Die zeitliche Verteilung von Besuchen zeigt wenig allgemeingültige, wohl aber einige spezifisch ausgeprägte Regelhaftigkeiten. An vielen Museen werden an Werktag-Vormittagen außerhalb der Reisezeiten so spärliche Besucherzahlen – unter 7 Prozent der Wochensumme entfallen auf einen beliebigen Werktag, darunter vielleicht ein Drittel auf den Vormittag – registriert, daß dies Grund genug wäre, um über veränderte Öffnungszeiten nachzudenken. Entgegen oft vertretenen Annahmen gibt es keine generellen jahreszeitlich-typischen Publikums-Zyklen: Schwach sind die Besuchszahlen im Dezember, Januar und Februar, aber Sommer„buckel" und Sommer„löcher" sind gleichermaßen vertreten. Längerfristig, also etwa auf ein Jahrzehnt bezogen, kann an vielen der untersuchten Museen von einem „gebremsten Boom" der Besuchszahlen am Beginn der 80er Jahre gesprochen werden.
Die Suburbanisierung der Stadtbevölkerung bewirkt auch eine Lockerung oder gar Auflösung der Beziehungen zu Kultureinrichtungen der Zentralstadt. Umlandbewohner reduzieren ihre kulturellen Aktivitäten und ihre kognitive Partizipation in bezug auf die „City". Dies sollte allen Kulturverantwortlichen, besonders auch im Hinblick auf die zu erwartende Dispersion der neuen Medien, zu denken geben.
Generell werden Museumsbesuche in geselliger Form ausgeübt, nur we-

nige „Einzelbesucher" kommen wirklich allein. Es dominiert der gemeinsame Besuch von Familienmitgliedern, was in einer Zeit, in der allenthalben „Zerfallserscheinungen" der Familie beklagt werden, noch gar nicht recht gewürdigt und berücksichtigt worden zu sein scheint. Sehr hoch ist auch der Anteil „spontaner", d.h. am Tagesbeginn oder erst angesichts des Eingangs entschiedener Museumsbesuche.

Die meisten Museumsbesuche werden unternommen, um in unterhaltsamer Weise eine inhaltlich relativ beliebige Bereicherung des persönlichen Allgemeinwissens zu gewinnen. Unter dieser Voraussetzung wird u.E. eine Polarisierung der Diskussion um die Ausrichtung von Präsentationskonzepten mit dem Schlagwort „Lernort oder Museumstempel" ad absurdum geführt. Die Vorkenntnisse der Besucher über Sammlungsgebiete und -hintergründe des aufgesuchten Hauses sind nach eigener Einschätzung häufig sehr bescheiden. Informationshilfen fast aller Art werden dankbar begrüßt, allerdings stoßen die „flüchtigen" audiovisuellen Darbietungsformen dabei auf viel Skepsis. Präferenzen gegenüber thematisch verschiedenen Museumstypen sind nach Geschlecht, Alter und Bildung, Berufstätigkeit und persönlichen Neigungen der Besucher sehr unterschiedlich verteilt.

Bei Gruppenbesuchen dominieren Schulklassen verschiedenster Schultypen. Bei dieser Art praktizierter „Kooperation" zwischen Museum und Schule belasten allerdings Konzentrationen auf einige „auserwählte" Häuser diese zeitweilig in bedenklicher Weise. Ebenso kann einmal mehr bestätigt werden, daß Pauschalreisen-Bildungstourismus zu fragwürdigen „Erlebniseindrücken" führt. Es bliebe zu diskutieren, inwieweit neben einer fast überall verbesserungsbedürftigen „Normaldidaktik" für solche Fälle eine Art von „Instant-Einstiegshilfe" von Museen entwickelt und angeboten werden kann und sollte. (Zitat Ende)

Altersanteil in der Bevölkerung und unter Einzelbesuchern an Museen (ab 15 Jahre)

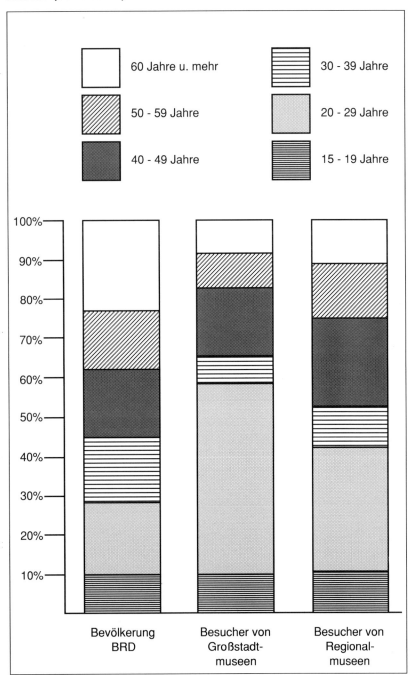

**Einzugsbereiche (Entfernung der Wohnorte) bei Besuchern mit unter-
schiedlicher Erwerbsstellung**

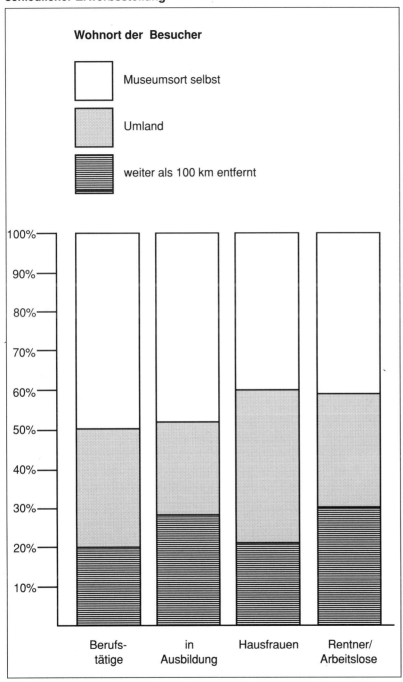

Präferenzen für verschiedene Museumstypen bei Besuchern von Museen an verschiedenen Standorten und nach dem Alter gegliedert.

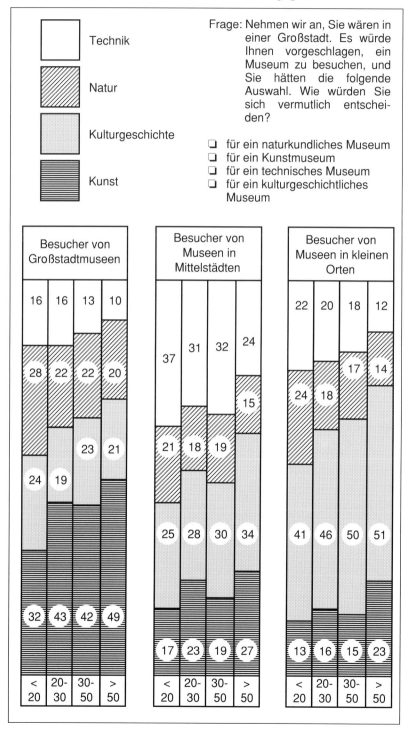

Altersgliederung der Museumsbesucher nach jeweiligen Bildungsquali-
fikationen (% vertikal (v) und horizontal (h))

		Haupt-schule	Real-schule	Abitur	Studium	
		v	v	v	v	
20 – 29 J.	v	18	26	32	39	–
	h	17	22	31	40	100
30 – 39 J.	v	24	24	22	25	–
	h	28	24	17	31	100
40 – 49 J.	v	25	25	21	19	–
	h	30	27	17	26	100
50 – 59 J.	v	17	13	13	10	–
	h	36	22	18	23	100
über 60 J.	v	16	12	12	7	–
	h	38	25	19	18	100
		100	100	100	100	
		–	–	–	–	

Spontane und geplante Besuchsentscheidungen an verschiedenen
Wochentagen (in %)

Besuchs-entscheidung	Besuchszeitpunkt		
	Werktag	Samstag	Sonntag
spontan	30	32	34
heute morgen	15	17	20
am Vortag	16	16	16
schon früher	38	34	30

Anhang

Diese Fragen zum Thema Kultur-Sponsoring richtete der Verfasser an Kultur-Politiker:

Auch in der Bundesrepublik spricht man immer häufiger von der Notwendigkeit, Sponsoren für die Förderung von Kunst und Kultur zu gewinnen.

1. Stehen Sie einer Zusammenarbeit mit Sponsoren aus der Wirtschaft positiv, abwartend oder negativ gegenüber?

2. Wenn Sie ein Sponsoring befürworten, in welchen Bereichen sehen Sie eine sinnvolle Zusammenarbeit? Bei der „Hochkultur", den etablierten Institutionen (Oper, Theater, Philharmonische Orchester, Ballett, Museen) oder bei der „Basiskultur", den kritischen, alternativen Kunstrichtungen (z.B. Stadtteilkultur)?

3. Welche Gefahren sehen Sie bei einer Zunahme der Sponsor-Tätigkeit?

4. Sponsoren tendieren zu den eher etablierten Kunstrichtungen, weil risikoloser. Gäbe es bei einer verstärkten Zusammenarbeit mit der Wirtschaft die Möglichkeit, Gelder der Wirtschaft für die „etablierte Kunst" einzusetzen, um mit den freiwerdenden Mitteln der öffentlichen Hand vermehrt die Basis-Kunst unterstützen zu können?

5. Besteht die Gefahr, daß – bei einer Zunahme der Fördermittel von der Wirtschaft – der Staat und Kommunen aus ihrer Verantwortung entlassen werden?

6. Gibt es Beispiele aus Ihrem Land/Ihrer Stadt für eine in der Sache und in der Zusammenarbeit gelungene Partnerschaft zwischen Kultur und Wirtschaft?

Diese Fragen zum Thema Kultur-Sponsoring richtete der Verfasser an Leiter von Kultur-Instituten:

Auch in der Bundesrepublik spricht, liest, hört man nun immer häufiger von der Notwendigkeit, Sponsoren für die Förderung von Kunst und Kultur zu gewinnen.

1. Trifft es auch auf Ihr Haus zu, daß geplante und für die Aufgabenstellung Ihres Museums notwendige Programme nicht mehr durchgeführt werden können, wenn nicht Geldquellen – über die öffentliche Hand hinaus – erschlossen werden?

2. Sehen Sie Gefahren, wenn diese Mittel von Sponsoren aus der Wirtschaft kommen – und wenn ja, welche?

3. Sehen Sie auch diese Gefahr: Je mehr die Wirtschaft fördert, umsomehr werden Staat und Kommunen aus der Verantwortung entlassen?

4. Warum ist der Dialog zwischen Kultur-Institutionen und der Wirtschaft (und vice versa) schwierig? Weil das gegenseitige Verständnis fehlt? Weil ein gewisses Mißtrauen herrscht?

5. Wäre es deshalb von Vorteil, Mittler einzuschalten, welche die Interessen beider Seiten verstehen und für beide Teile sinnvolle Konzepte verwirklichen helfen (neutrale Institution oder Berater mit geisteswissenschaftliccher Ausbildung)?

6. Ist die Tatsache, daß ein Sponsor-Unternehmen in der Öffentlichkeit kundtut, es habe eine Ausstellung unterstützt, ein Bild für ein Museum erworben, zu billigen, sofern es dezent und seriös geschieht?

7. Wenn Sie eine Sponsortätigkeit grundsätzlich für notwendig und auch vertretbar halten, wo liegen die Grenzen? Keine Einflußnahme auf Themen und Programme? Art der Selbstdarstellung des Sponsors?

8. Besteht mit der zunehmenden Sponsortätigkeit der Wirtschaft die Gefahr, daß kritische, alternative Kunstrichtungen ins Hintertreffen geraten (weil die Wirtschaft meist die risikolose, etablierte Kunst fördert)?

9. Wenn Sie eine Sponsor-Tätigkeit grundsätzlich für vertretbar halten, sollte sich der Beitrag des Sponsors auf die Finanzierung eines Projektes beschränken oder wären Sie auch an Unterstützung in der Öffentlichkeits-Arbeit interessiert?

Literaturverzeichnis

1 Wilhelm Wemmer, Grundsatzreferat für kulturelle Angelegenheiten im Bundesinnenministerium, zit. nach Bernd Geisen, „Gut in Hölderlin", in Süddeutsche Zeitung 15.7.1988
2 Wolfgang Till, zit. nach Dorothee Müller, in Süddeutsche Zeitung 17.3.88
3 Rolf Michealis, „Theatertod auf Raten", in Die Zeit 1.4.88
4 Vgl. Fragen an Kultur-Politiker, Seite 527
5 ebd.
6 ebd.
7 ebd.
8 ebd.
9 Friedrich Erwin Rentschler, zit. nach Claus Rentschler, „Keine Spur von Schikkimicki", in Management Wissen 3/88
10 Vgl. Fragen an Kulturpolitiker, Seite 527
11 J. Simkins, Sponsorship 1980/81, The Economist Intelligence Unit, Special Report No. 86, London
12 Arnold Hermanns/Norbert Drees, „Kultur-Sponsoring – neue Möglichkeiten für die Kommunikation", in Jahrbuch der Absatz- und Verbrauchsforschung, Nürnberg, 1/87
13 Alphons Silbermann, „Beziehungen", in Kölner Zeitschrift für Soziologie und Sozialpsychologie, Sonderheft 17/74
14 Hermann Glaser, „Das Verschwinden der Arbeit", Seite 29, Düsseldorf 1988
15 Michaela Dumme-Döring, „Die Förderung Bildender Kunst durch Unternehmen in der Bundesrepublik Deutschland", Dissertation, Stuttgart 1986/87
16 Alain-Dominique Perrin, zit. nach Michael Freitag, in FAZ-Magazin 3.4.87
17 Brigitte Conzen, zit. nach Alfred Nemeczek, „Ein Mann ist auf der Flucht", in Art 4/88
18 Fachveranstaltung „Kultur-Sponsoring – Theorie und Praxis eines neues Mediums", München 11.7.88
19 ebd.
20 Vgl. Alfred Nemeczek a.a.O.
21 ebd.
22 Christian Jaques, „Die Kultur zwischen Medien und Sponsoren", Kolloqium Neuenburg, Schweiz 21/22.11.87
23 Karla Fohrbeck, „Mehr Geld für die Kultur – mehr Interessen an der Kultur", in artis 2/88
24 Christian Jaques, „Die Berührungsängste zwischen Kultur und Wirtschaft – und wie sie überwunden werden können", Vortrag auf dem Seminar „Sponsoring von Sport und Kultur, München 23/24.6.88
25 Helmut Lesch, „Die Kunst Kunst sein lassen", Abendzeitung, München, 13.7.88
26 Fachveranstaltung „Kultur-Sponsoring – Theorie und Praxis eines neuen Mediums", München 11.7.88
27 ebd.
28 Jürgen Ponto Stiftung zur Förderung jünger Künstler 1977-87, Dokumentation herausgegeben zum 10jährigen Bestehen
29 Bericht in Business Committee für the Arts News May/June 87
30 Bericht in Business Committee für the Arts News March/April 87
31 Bericht in Business Committee für the Arts News
32 Vgl. Fragen an Leiter von Kultur-Instituten, Seite 528
33 ebd.
34 ebd.

35 ebd.
36 ebd.
37 Vgl. Fragen an Kultur-Politiker, Seite 49
38 ebd.
39 Arnold Hermanns, „Sponsoring – Innovatives Instrument der Kummunikations-politik im Marketing", in WISU Nr. 8–9/87
40 Peter Roth, „Die Methoden der Werbeplanung" in „Die Werbung" – Handbuch der Kommunikations- und Werbewirtschaft, Band 1, Landsberg 1982
40a Clemens August Andreae, „Perpetuum Mobile zwischen Ästhetik und Ökono-mik", in Kunst-Sponsoring, Wien 1987
41 Hans H. Hofstätter, „Symbolismus und die Kunst der Jahrhundertwende", Köln 1987
42 Giovanni Segantini, „Schriften und Briefe", Leipzig
43 John Kenneth Galbraith, „Die moderne Industrie-Gesellschaft", München/Zü-rich 1968
44 Franz Kühle/Eike Silvester Wiemann, „Mehr Kunst in der Werbung", in Marke-ting-Journal 4/88
45 T. C. McLuhan, „Bilder für den weißen Mann", München 1985
46 Arnold Hermanns/Norbert Drees, „Kultur-Sponsoring – neue Möglichkeiten für die Kommunikationspolitik", in Jahrbuch der Absatz- und Verbrauchsfor-schung, Nürnberg 1/87
47 Heiner Erke, „Psychologische und symbolische Aspekte der Corporate Iden-tity", in Corporate Identity, Hrsg. Birkigt/Stadler, Landsberg 1985
48 Marinus M. Stadler, „Corporate Identity – Grundlagen", in Corporate Identity, Hrsg. Birkigt/Stadler, Landsberg 1985
49 Helmut H. Haschek, „Kunst und Wirtschaft" in Kunst und Wirtschaft, Wien 1987
50 Peter M. Bode zur Frage „Welche Verbindung sehen Sie zwischen Architektur und Kultursponsoring?, 20.5.88
51 Oswald Neuberger/Ain Kompa, „Wir, die Firma", Weinheim und Basel 1987
52 Renzo Zorzi, „Design Process Olivetti 1908–1983", Mailand 1983
53 ebd.
54 George Weissmann, „Philip Morris and the Arts", Denver/Colorado, USA 1980
55 Johann Marte, „Lassen Sie sich Kunstfördern", in Kunst-Sponsoring, Wien 1987
56 Vgl. Fragen an Kulturpolitiker, Seite 95
57 Lothar Späth, zit. nach „Vor dem Kultur-Sturm", Interview in Manager-Magazin 1/88
58 Albrecht Roeseler, „Im Dickicht der Stadtkultur", in Süddeutsche Zeitung 9.2.88
59 Vgl. Fragen an Kultur-Politiker, Seite 527
60 Albrecht Roeseler, „Im Dickicht der Stadtkultur", a.a.O.
61 Vgl. Fragen an Kultur-Politiker, Seite 527
62 Dieter Sauberzweig, „Im elektronischen Gehäuse – Herausforderungen an das kulturelle Leben in der Gemeinde", in Der Städtetag 4/85 und 5/85
63 „Kunst im Untergrund", in Pan, 2/88
64 Peter M. Bode „Contra" in „Kunst im Untergrund", in Pan 2/88
65 „4711 stiftet Kunst im U-Bahnhof", in Absatzwirtschaft 4/88
66 „Nutzungskonzept Mediapark" Stadt Köln, 1987
67 J. Burton Casey, „The Arts and Business – Partners in Economic Growth" in Executive Viewpoints, Business Committee for the Arts 1986
68 Bericht in Business Committee for the Arts News Jan./Feb. 1988
69 Horst Avenarius, zit. nach Eva-Elisabeth Fischer, „Ein Industriegigant gibt sich bescheiden", in Süddeutsche Zeitung 16.10.87
70 Vgl. Fragen an Kultur-Politiker, Seite 527
71 ebd.
72 Lutz Jonas zur Frage der Zusammenarbeit Sponsor/Kommune
73 „München macht Musiktheater", in Süddeutsche Zeitung 27.5.88

74 Hermann Glaser, „Das Verschwinden der Arbeit", nach Dieter Sauberzweig a.a.O.
75 Hermann Glaser „Das Verschwinden der Arbeit" a.a.O.
76 ebd.
77 Studienkreis für Tourismus, Urlausbsreisen 1982, Starnberg
78 Jost Krippendorf, „Die Ferienmenschen", Zürich und Schwäbisch-Hall 1984
79 Alain-Dominique Perrin, „Mécénat Francais", Paris 1986
80 O. Verf. „Schauspielhaus oder Grundig-Bühne", in Der Spiegel 18.8.88
81 Anette Meyhöfer, „Museen und Management", in Frankfurter Allgemeine Zeitung 24.11.87
82 ebd.
83 Hermann Glaser zur Frage der Anforderungen an das Kultur-Management
84 Barbara Müller-Wesemann/Manfred Brauneck, „Öffentlichkeitsarbeit und Marketing an Theatern in der Bundesrepublik Deutschland", Untersuchung bei 96 Theatern, Zentrum für Theaterforschung Universität Hamburg, 1986/87
85 Christian Meyer, Time-Code Berlin, zur Frage nach den Anforderungen an den Sponsoring-Berater
86 David Resnicov, Arts and Communications Counsellors, Firmenbroschüre New York
87 Vgl. Fragen an den Minister für Bildung und Wissenschaft Seite 527
88 Lutz Jonas, Omnis Agentur für Medienlizenzrechte, München, zur Frage nach den Anforderungen an den Sponsoring-Berater
89 „Business Sponsorship of the Arts – a tax guide", Hrsg. Association für Business Sponsorship of the Arts and Arthur Andersen & Co., London 1985
90 zit. nach „Kultur-Sponsoring-Grundsätze der Philip Morris GmbH", in Kultur reportage Bayerischer Rundfunk 21.8.88
91 § 10 b Einkommensteuergesetz
92 Artware – Kunst und Elektronik – Drucksache der Siemens AG, zur Ausstellung im Siemens-Museum in München.

Autorenverzeichnis

Tony Bagnall-Smith
Direktor Dorland Advertising Ltd., London bis 1987, seitdem Berater der Gesellschaft

Klaus G. Brinkmann
Steuerberater, Geschäftsführer Arthur Andersen & Co. GmbH, in Frankfurt

Blacket Ditchburn
Direktor der Prudential Corporation London, verantwortlich für Corporate Advertising und Sponsorship

Armin Fehle
Professor, Diplomkaufmann, geschäftsführender Gesellschafter und Vorsitzender der Geschäftsleitung HDM Dorland, Wien

Manfred Hanrieder
Leiter der Abteilung Marketing Services und Miglied der Geschäftsleitung DFS&R Werbeagentur München. Lehrbeauftragter an der Fachhochschule München

Bill Kallaway
Chairman and Managing Director Kallaway Ltd., London. Seit 1972 als Berater für Kultur-Sponsoring tätig. Zahlreiche Auszeichnungen im Rahmen der Association of Business Sponsorship for the Arts (ABSA)

Peter Roth
Professor an der Fachhochschule in München. Geschäftsführender Gesellschafter DFS&R Werbeagentur, München

Erhard Thiel
Journalist und Buchautor in Oberschleißheim bei München

Adressen-Verzeichnis
(Institutionen)

Kulturkreis im Bundesverband
der Deutschen Industrie e.V.
Gustav-Heinemann-Ufer 84-88
5000 Köln 51

Zentrum für Kulturforschung
Hochkreuzallee 89
5300 Bonn 2

Kunstfond e.V.
Bennauerstraße 31
5300 Bonn 1

Österreichischer Kultur-Service
Schwedenplatz 3—4
1010 Wien 1
Österreich

Wirtschaft für Kunst
p.a. Management Club
Kärtner Straße 8
1010 Wien
Österreich

Stiftung Pro Helvetia
Bern, Schweiz

Stichwortverzeichnis

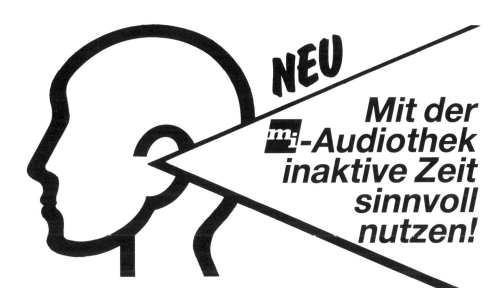